# 汽车发动机构造、原理与维修

## 第 2 版

于增信　孙　莉　徐志军　编著

机 械 工 业 出 版 社

本书以四冲程水冷发动机为主，系统阐述了汽车发动机构造、原理与维修的基本知识，主要内容包括：发动机基本构造与工作过程，发动机性能及评价，机体组与曲柄连杆机构，换气过程及配气机构，汽油机燃油系统及燃烧，柴油机燃油系统及燃烧，进、排气系统，冷却系统，润滑系统，发动机的装配、磨合及验收。本书还配有部分视频资源，可登录 www. cmpedu. com 获取。

本书可作为本科和高职高专学校汽车类专业教材，也适合汽车检修与运用和汽车服务其他领域的技术人员阅读。

**图书在版编目（CIP）数据**

汽车发动机构造、原理与维修/于增信等编著. —2 版. —北京：机械工业出版社，2022. 5

ISBN 978-7-111-71103-2

Ⅰ. ①汽…　Ⅱ. ①于…　Ⅲ. ①汽车-发动机-构造-教材②汽车-发动机-理论-教材③汽车-发动机-车辆修理-教材　Ⅳ. ①U464. 11②U472. 43

中国版本图书馆 CIP 数据核字（2022）第 113427 号

机械工业出版社（北京市百万庄大街 22 号　邮政编码 100037）
策划编辑：王华庆　王　博　责任编辑：王华庆　王　博
责任校对：闫玥红　刘雅娜　封面设计：张　静
责任印制：张　博
北京雁林吉兆印刷有限公司印刷
2022 年 11 月第 2 版第 1 次印刷
184mm×260mm · 16 印张 · 393 千字
标准书号：ISBN 978-7-111-71103-2
定价：49. 80 元

| 电话服务 | 网络服务 |
| --- | --- |
| 客服电话：010-88361066 | 机　工　官　网：www. cmpbook. com |
| 010-88379833 | 机　工　官　博：weibo. com/cmp1952 |
| 010-68326294 | 金　　书　　网：www. golden-book. com |
| **封底无防伪标均为盗版** | 机工教育服务网：www. cmpedu. com |

# 前言

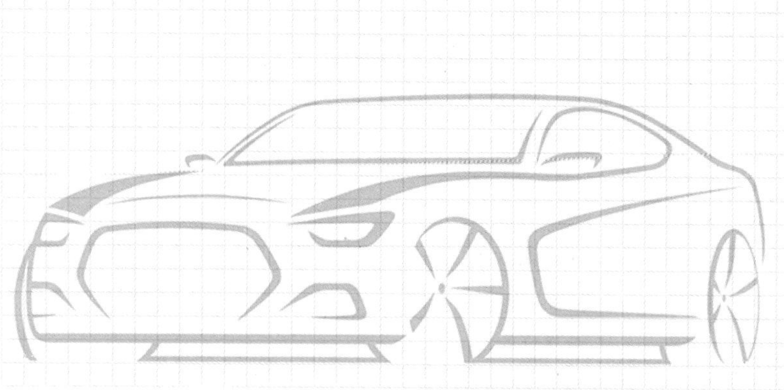

本书第一版自2014年2月出版以来，深受广大读者欢迎和关注，已重印十多次。此次修订，仍然立足于专业人才培养、从业人员自学的需求和汽车技术的发展，考虑了互联网对学习方式的影响，并吸纳了读者使用中的部分反馈要求，做了多方面优化改进。

此次修订保持了原有特色，将汽车发动机构造、原理、维修及必要的基础知识等融为一体，突出发动机构造和原理基本知识与检修运用、先进技术的有机结合，注重发动机结构、原理、技术配置、技术状况与整机性能、维修和基本故障的内在联系，强调系统性、实用性、适用性和启发性，避免发动机原理的过度弱化，兼顾持续自行深入学习的知识与能力平台的构筑。

在内容取舍上，删去了化油器等内容，增加了压缩比可变技术，强化了汽油机和柴油机电控喷射内容，充实了可变配气技术、增压技术等。此外，应读者要求，适当增加了原理方面的内容，并以性能特性为基础，介绍了变排量技术、混合动力技术等。

在内容描述上，去粗取精，坚持把数学知识减到最少限度，强调概念清晰、循序渐进、深入浅出、语言简练、通俗易懂；对容易混淆和忽视，以及与安全、规范生产有关的重要事项，均进行了提示。

为便于读者自主学习，归纳梳理和理解巩固相关知识点，本书保持了集学习内容与学习指导于一体的模式，每章均有明确的学习目标、精练的本章小结和针对性强的适量复习思考题，各级标题、段落与知识点紧密相扣，图文并茂，层次分明。本书还配有部分零部件构造、工作过程及检修的数字资源。

本书由北京联合大学于增信、孙莉和徐志军编著。其中，于增信编著第3、4、6章并对全书进行了统稿，孙莉编著第1、2、5、8、9章，徐志军编著第7、10章。

在本书编写过程中，参阅了大量的文献资料，在此向这些文献资料的作者表示诚挚的感谢。

由于写作水平有限，书中错误和疏漏之处在所难免，敬请专家、同行和广大读者批评指正。

编　者

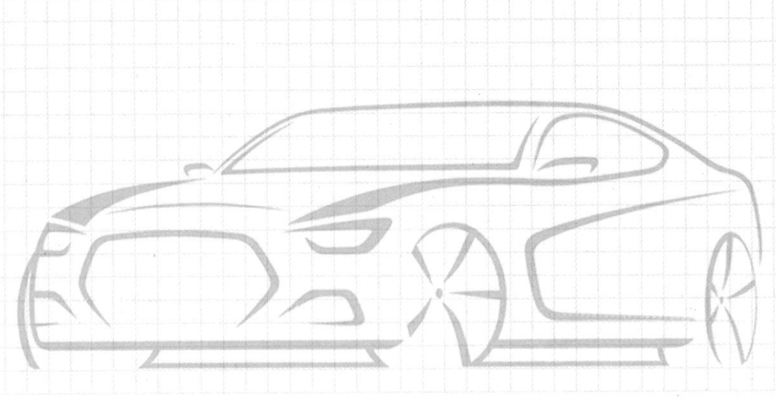

# 目 录

# 第1章 发动机基本构造与工作过程

【学习目标】

1. 掌握发动机基本结构参数。
2. 掌握四冲程发动机基本工作过程及总体构造。
3. 理解往复活塞式内燃机的分类。
4. 了解二冲程发动机基本工作过程。
5. 能够辨识柴油机与汽油机。

## 1.1 能量转换与发动机分类

### 1.1.1 能量转换

能量以不同的形式或状态储存在各种物质或物体中。能量可以从一种形式转换成另一种形式，转换过程中能量的总和保持不变。要想得到一定的功，必须消耗一定其他形式的能量，不消耗能量而产生机械功的机器（第一类永动机）是不可能制成的。

汽车上存在各种形式的能量及能量转换方式。例如：燃料燃烧时燃料中的化学能转变成热能，蓄电池将电解液内的化学能转变成电能，燃料电池则将燃料中的化学能转变成电能，发电机把机械能转变成电能，电动机将电能转变成机械能（如起动电动机、刮水器电动机等），制动器或其他做相对运动的零部件等通过摩擦将机械能转变成热能，光电传感器将光能转变成电能，灯泡则将电能转变成光能。

但能量转换过程的实现是有条件、方向及限度（效率）约束的。例如：热量总是自发地由高温物体传向低温物体，而不能自发地从低温物体向高温物体传递；机械能（摩擦功）能够自发地转变为热能，而热能却不能自发地、全部地转变成机械能；从热物体排出热量的制冷过程必须消耗功；从高温热源获得的热量（如发动机燃料燃烧释放热量等）转变成机械能时，必须有一部分热量被损失掉（如发动机排出的废气带走的热量排向大气，冷却液带走的热量等），热利用率不可能是100%，但可以通过减少各种损失，尽可能提高热利用率。

### 1.1.2 发动机分类

发动机是将其他形式的能量转变为机械能的机器。根据能量转换方式和方法的不同，发动机可分为热力发动机、电动机、核能发动机、水力机、风力机等。其中，在汽车上应用的是热力发动机和电动机。

热力发动机简称热机，是将热能转变为机械能的机器。绝大多数的热机，热能来源于燃料的燃烧。热机中实现能量转换的物质称为工质。根据工质准备和燃烧发生位置的不同，热机分为外燃机和内燃机两大类。

外燃机是燃料在外部（如锅炉）燃烧或从外部热源获得热能（如太阳能、地热能）的热机，它包括活塞式蒸汽机、蒸汽轮机和热气机（斯特林发动机）等。

内燃机就是燃料直接在内部燃烧获得热能并转变为机械能的热机，它包括活塞式内燃机、燃气轮机、喷气式发动机等。活塞式内燃机又分为往复活塞式内燃机和旋转活塞式内燃机两种。

电动机是将电能转换为机械能的机器，其电能可来自电网、蓄电池、燃料电池、太阳能电池等。

### 1.1.3 汽车用发动机

迄今为止，用作汽车发动机的主要是内燃机、电动机以及内燃机与电动机混合动力。与其他热机相比，往复活塞式内燃机的综合性能占优，如：热效率高（30%~46%），经济性好；功率输出范围（0.59~40000kW）和转速范围（90~10000r/min）广，适应性好；结构紧凑，体积小，质量轻（比质量为1.4~5kg/kW），移动方便；起动迅速，维护简单，操作方便；造价低廉、耗水少；运行比较安全，不易引起爆炸事故。其缺点是：需要燃用高品质的液体燃料或气体燃料；排气及运行噪声对环境危害较大；低速运转时动力输出特性较差。

旋转活塞式内燃机在汽车上也有使用，且其速度、运转平稳性和结构紧凑性优于往复活塞式内燃机。但其结构密封性差，润滑、燃烧室设计、零件布置困难，以及由此带来的经济性问题等，限制了其在商品汽车上的应用。目前，世界上只有日本的马自达汽车公司批量生产旋转活塞式发动机及汽车。

近几年，由于对汽车节能、环保方面的要求越来越严，节能与新能源汽车的研制提高到了国家战略高度，电动汽车、混合动力（电动机+内燃机）汽车等不断面世。但由于电池等技术的原因，加之往复活塞式内燃机新的节能减排技术不断涌现，综合性能不断提高，因此往复活塞式内燃机在汽车用发动机中仍占主导地位。混合动力的汽车，随着技术的成熟及其成本的降低，会有较好的发展前景。

燃气轮机可以用在汽车上，但由于其造价昂贵、效率低等原因限制了其在汽车上的应用。人们也曾经尝试使用外燃发动机作为汽车原动机的可能性，但由于其效率低、体积和重量大等固有的缺陷，没有在商品化的汽车上获得成功。

限于篇幅，很难将各种发动机一一详细说明，但若详细了解了其中一种，其他发动机则可触类旁通。本书将以往复活塞式内燃机及与其相关的节能减排新技术为主进行讲解。

## 1.2 发动机基本结构与工作循环

单缸往复活塞式发动机基本结构如图1-1、图1-2所示。单缸往复活塞式发动机通常由一个气缸、一个活塞、一个连杆和一根曲轴，以及飞轮、气门、凸轮轴等组成。

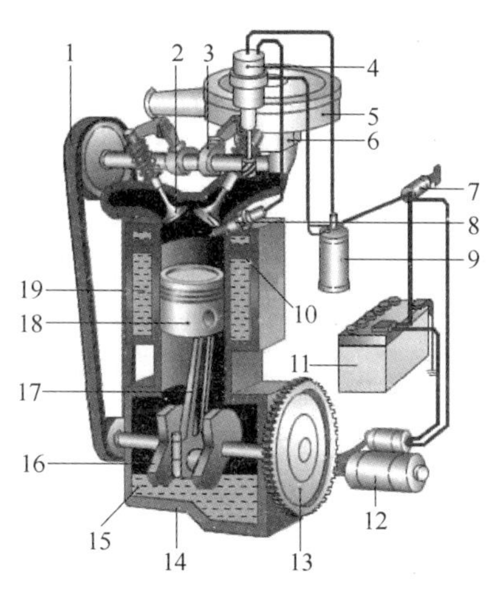

图 1-1　单缸往复活塞式汽油机结构示意图
1—正时带　2—排气门　3—凸轮轴　4—分电器
5—空气滤清器　6—化油器　7—点火开关　8—火花塞　9—点火线圈
10—进气门　11—蓄电池　12—起动机　13—飞轮兼起动齿轮
14—油底壳　15—机油　16—曲轴　17—连杆　18—活塞　19—冷却液

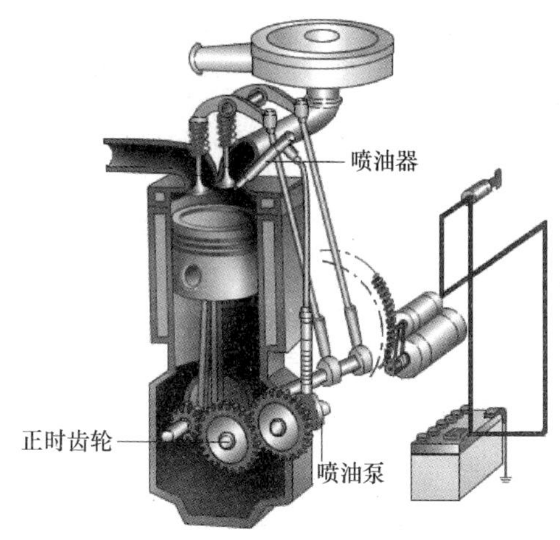

图 1-2　单缸往复活塞式柴油机结构示意图

气缸体内的圆筒形孔腔称为气缸孔，其顶部由气缸盖封闭。活塞在气缸孔内做往复运动，并封闭气缸孔下部。气缸盖与气缸体、活塞构成的孔腔为发动机的工作腔，称为气缸，其容积随活塞的运动而变化。每个气缸至少有一个进气口和一个排气口，绝大多数发动机将进、排气口设在气缸盖上（曾经有部分发动机将其设在气缸体上部或气缸的一侧），每个进、排气口都有一个与之相配合的喇叭状气门，可使气体流入、流出气缸。气门的打开与关闭由曲轴驱动的凸轮轴控制。连杆的一端（小头）通过活塞销与活塞相连接，随活塞做往复运动。连杆的另一端（大头）滑套在曲轴的曲柄销上，与曲轴相连并随其做圆周运动。活塞、连杆、曲轴构成曲柄连杆机构，以实现活塞往复运动与曲轴旋转运动的相互转换。曲轴的一端装有飞轮，向外输出动力，另一端装有驱动凸轮轴的机构。

当发动机工作时，首先由曲轴通过连杆带动活塞由气缸顶部向下移动，与此同时，进气门在凸轮轴的控制下处于开启状态，使新鲜空气或空气与燃油混合气经进气管、进气门进入气缸；之后活塞反向上移，气体在密封的气缸内受压缩，在活塞移至气缸顶部附近时着火燃烧；燃烧产生的高温高压燃气推动活塞向下运动，通过连杆使曲轴旋转对外输出功；活塞再次向上移动，将膨胀做功后的废气通过排气门排出气缸。至此，完成了一个由进气、压缩、做功（燃烧-膨胀）和排气过程组成的工作循环，实现了一次热功转换。一个接一个的工作循环，使内燃机连续运转、输出动力。

## 1.3　发动机基本结构参数

图 1-3 为发动机基本结构参数示意图。

**1. 曲柄半径**

曲轴旋转中心到曲柄销（连杆大头轴颈）中心线的距离，叫作曲柄半径，即曲轴的旋

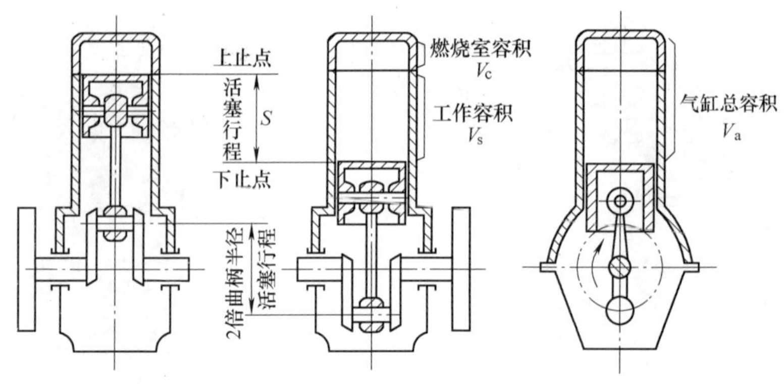


图 1-3　发动机基本结构参数示意图

转半径，以 $R$ 表示。

**2. 上、下止**（死）**点**

活塞在气缸内做往复运动时，其离曲轴旋转中心最远的位置称为上止点，离曲轴旋转中心最近的位置称为下止点。

在上、下止点时，活塞的运动方向发生改变，其速度为零。此时，活塞、连杆的中心线与曲柄半径在一条直线上。

**3. 缸径与行程**

缸径即气缸的直径，以 $D$ 表示。行程是活塞从一个止点运行到另一个止点所移动的距离，以 $S$ 表示。气缸直径和活塞行程均用“mm（毫米）”计量。

显然，曲轴每旋转半圈（即 180°），活塞运动一个行程。所以，气缸中心线与曲轴中心线相交的发动机，活塞行程是曲柄半径的 2 倍，即 $S=2R$。

气缸直径和活塞行程决定了发动机气缸的尺寸，是重要的结构参数。通常在叙述发动机气缸尺寸时，缸径和行程两个参数总是同时出现，表示为“$D\times S$”。例如“100×88”的气缸，即表示缸径为 100mm，行程为 88mm。

活塞行程与气缸直径相等，即 $S/D=1$ 的发动机称为方型发动机；活塞行程大于气缸直径，即 $S/D>1$ 的发动机称为长行程发动机；活塞行程小于气缸直径，即 $S/D<1$ 的发动机称为短行程发动机。

**4. 单缸排量**（气缸工作容积）

一个气缸中，活塞从一个止点运行到另一个止点，即移动一个行程所扫过的容积称为气缸工作容积，又称单缸排量，即上、下止点间的气缸容积，以 $V_s$ 表示，用“L（升）”计量。可以想象，这个容积空间是个圆柱体，其直径是气缸直径 $D$，高是活塞行程 $S$。因此

$$V_s=\frac{\pi D^2}{4}S\times10^{-6} \tag{1-1}$$

式（1-1）中，$D$ 和 $S$ 均以 mm 为单位。

**5. 发动机排量**（发动机工作容积）

对多缸发动机，所有气缸工作容积的总和即为发动机工作容积，又称发动机排量，以

$V_L$ 表示。若气缸数为 $i$，则

$$V_L = iV_s \tag{1-2}$$

排量是由缸径和行程决定的，是判断发动机大小的基本参数，是发动机也是内燃机动力汽车等级划分的依据之一。一般说来，大排量发动机发出的功率比小排量发动机发出的大。

**6. 燃烧室容积**

活塞在上止点时其顶面与气缸盖底面、气缸内壁围成的空间称为燃烧室，是燃油与空气的混合气进行燃烧的封闭空间，其容积称为燃烧室容积，也叫压缩容积或最小气缸容积，以 $V_c$ 表示。

**7. 气缸总容积**

活塞在下止点时其顶面上方的全部容积称为气缸总容积，也叫最大气缸容积，以 $V_a$ 表示。它等于燃烧室容积与气缸工作容积之和，即

$$V_a = V_c + V_s \tag{1-3}$$

**8. 压缩比**

压缩比是指气缸总容积与燃烧室容积之比，或开始压缩前的容积与压缩终了时的容积之比，以 $\varepsilon$ 表示。

$$\varepsilon = \frac{V_a}{V_c} = 1 + \frac{V_s}{V_c} \tag{1-4}$$

压缩比的大小表明活塞从下止点移动到上止点时，气缸体积的减小及气缸内气体受压缩的程度。假若气缸总容积为 0.9L，而燃烧室容积为 0.09L，那么压缩比便是 0.9/0.09=10，说明在压缩过程中，气体的容积从 0.9L 被压缩到 0.09L，为原来容积的 1/10。

压缩比是发动机的一个重要结构参数。在其他条件相同的情况下，发动机的压缩比越大，则气体在气缸内受压缩的程度就越大，压缩终了时气缸内气体的压力和温度就越高，气缸内的最高燃烧压力和温度就越高，推动活塞做功的能力就越强，发动机的功率也越大，热转化为功的效率也就越高。由于发动机所用燃料性质的不同，其着火和燃烧方式也不同，压缩比则不同。点燃式着火的汽油机压缩比较小，一般 $\varepsilon = 8 \sim 12$；压燃式着火的柴油机压缩比较大，一般 $\varepsilon = 12 \sim 24$。这一差异也是柴油机经济性、动力性比汽油机好的主要原因之一。

理论上，传统发动机的压缩比是固定不变的，然而在发动机使用过程中，燃烧室壁面、活塞顶面的积炭将使燃烧室容积减小，气缸磨损将使气缸总容积增大，都将导致压缩比有所增大；发动机修理过程中，尺寸的变化也会引起压缩比的改变。但压缩比可变的汽油机已经出现，在运转过程中通过调节燃烧室容积使压缩比发生改变，以获得良好的性能。

## 1.4　往复活塞式内燃机的分类

依据往复活塞式内燃机结构、工作上的特点，可将其按不同的方法分为很多类型。

**1. 按所用的燃料分类**

根据所用燃料，可将往复活塞式内燃机分为柴油机、汽油机、气体燃料（天然气、液化石油气等）发动机、醇类燃料发动机、双燃料发动机、氢气发动机等。

汽油和柴油是传统上的常规燃料，故汽油机与柴油机又称常规燃料发动机。其他着眼于能源与环保问题新开发应用的燃料与发动机分别称为代用燃料及代用燃料发动机。

### 2. 按循环行程数分类

按完成一个工作循环所需的行程数，往复活塞式内燃机可分为四冲程内燃机和二冲程内燃机两种。由四个行程完成一个工作循环的内燃机叫作四冲程内燃机；由两个行程完成一个工作循环的内燃机叫作二冲程内燃机。

### 3. 按着火方式分类

按着火方式的不同，可将往复活塞式内燃机分为压燃式（或自燃式）和点燃式两种。压燃式内燃机是将气缸内的空气压缩升温至高于燃料的着火温度，使燃料自行着火燃烧。点燃式内燃机是利用火花塞发出的电火花强制点火燃烧。柴油自燃温度低，易于自燃，柴油机采用压燃式着火。汽油的自燃温度较柴油的高，但遇明火易着火燃烧，所以汽油机采用点燃式着火。煤气机、气体燃料发动机等也采用点燃式着火。

### 4. 按进气方式分类

按进气方式的不同，可将往复活塞式内燃机分为增压内燃机和非增压内燃机。增压内燃机使新鲜气体在进入气缸前经增压器预压缩，提高其压力、密度。非增压内燃机则不使新鲜气体在进入气缸前预压缩，又称自然吸气式内燃机。

### 5. 按冷却方式分类

按冷却方式的不同，可将往复活塞式内燃机分为水（液）冷式内燃机和风（空）冷式内燃机。以水或其他冷却液为冷却介质的为水冷式内燃机，以空气为冷却介质的为风冷式内燃机。汽车发动机几乎都是水冷式。

### 6. 按气缸数和气缸布置形式分类

按气缸数的不同，可将往复活塞式内燃机分为单缸内燃机和多缸内燃机（有 2 个以上气缸）。多缸内燃机有 3 缸、4 缸、5 缸、6 缸、8 缸、10 缸和 12 缸等。

多缸内燃机的气缸布置方式主要有直列式（所有气缸中心线在同一平面内）、V 形（缸数相等的 2 列气缸的中心线平面呈 V 形相交）和对置式（V 形夹角为 180°），也有更复杂的 W 形（气缸呈 3 列、4 列布置）、星形或 X 形（多列气缸呈辐射状）布置方式。

### 7. 按可燃混合气形成的位置分类

根据燃料与空气开始混合的位置，可将往复活塞式内燃机分为气缸外部混合气形成式和气缸内部混合气形成式两种。气体燃料和蒸发性好的液体（汽油、醇等）燃料的发动机，绝大多数是燃料在进入气缸之前（进气管道内）就开始与空气混合，至着火时已形成较均匀的混合气，为均质预混合燃烧；柴油的黏度大，蒸发性差，因此柴油机采用将燃油在高压下以良好的雾化状态喷入气缸内形成混合气的方式。目前，也有部分汽油机采用缸内直喷的内部混合气形成方式。

### 8. 按照燃料供给控制方式分类

按照燃料供给控制方式的不同，可将往复活塞式内燃机分为机械控制式和电子控制喷射式两种。传统的化油器式汽油机、柴油机的燃油供给控制为机械控制式，现在的汽油机和柴油机则多为电子控制喷射式。

另外，还可按配气机构形式、排量是否可变、压缩比是否可变、功率或负荷调节方式等进行分类，这些将在后续相关章节中介绍。

各种类型的内燃机中，目前被广泛应用的仍是水冷四冲程汽油机和柴油机（或是它们的改装型），是本书的主要讨论对象。

## 1.5　四冲程发动机工作过程

四冲程发动机每个循环的进气、压缩、做功、排气过程，由对应的四个活塞行程完成，如图 1-4 所示。

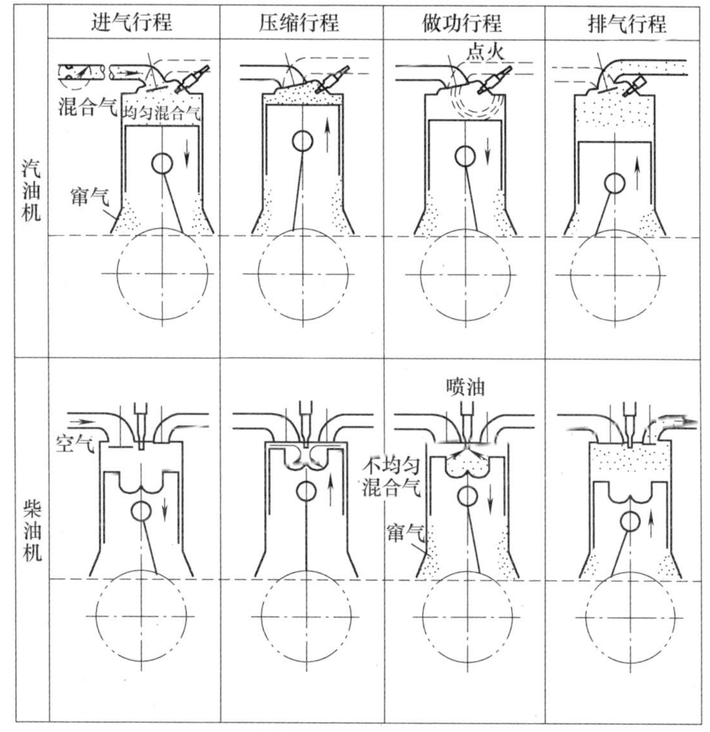

图 1-4　四冲程发动机工作原理示意图

### 1.5.1　四冲程汽油机工作过程

#### 1. 进（吸）气行程

进气行程中，进气门是打开的，排气门处于关闭状态。曲轴带动活塞从上止点向下止点移动，气缸容积逐渐增大，使气缸内压力降低，产生真空度（对非增压汽油机，又称“负压”，即真实压力低于大气压力），空气和汽油的可燃混合气（大多数缸外喷射的汽油机）或空气（少数缸内喷射的汽油机）由进气管道经进气门被吸入（或被推入）气缸内（增压发动机则靠增压器将更多新鲜气体挤压入气缸），直至进气门关闭，停止进气。此时，气缸内充满了新鲜进气和上一循环未排净的残余废气。

由于进气系统存在阻力，进气终了时气缸内压力低于大气压力（非增压发动机），约为 0.075~0.092MPa。而气门、活塞顶、气缸壁等高温零件与上一循环残留在气缸内的高温废气对新鲜混合气的加热，使得进气终了时气缸内的温度升高至 340~380K。

#### 2. 压缩行程

进气行程结束后，进、排气门均关闭，气缸封闭。曲轴继续旋转带动活塞由下止点向上止点移动，气缸容积逐渐减小，其内气体被压缩，压力和温度同时升高。与此同时燃油和空气在缸内运动空气和高温的作用下进一步混合均匀。压缩行程结束时，气缸内温度达到600~750K，压力达0.8~2.0MPa，为可靠、迅速着火燃烧和有效做功做好了准备。

3. 做功（膨胀）行程

进、排气门仍都保持关闭。在压缩行程接近上止点时，受压缩的可燃混合气极易着火。此时火花塞产生电火花，点燃可燃混合气，形成火焰并迅速烧遍整个燃烧室，放出大量热，生成高温高压的燃气，直接作用在活塞顶面，推动活塞由上止点迅速向下止点移动，并通过连杆推动曲轴旋转而对外做功，完成热功转换。

做功行程初始，在上止点附近，气缸内压力可达3.0~6.5MPa，温度高达2200~2800K。膨胀终了时压力降至0.35~0.50MPa，温度为1200~1500K。

4. 排气行程

排气门处于开启状态，进气门仍关闭着，曲轴通过连杆带动活塞由下止点向上止点移动。膨胀做功后的燃气（称为废气）在其自身压力和活塞的推动下经排气门从排气管道排出气缸，直至排气门关闭。

由于燃烧室容积的存在，排气终了时废气不可能完全被排除干净，气缸内还存留少量废气，称为残余废气。排气系统也存在排气阻力，排气终了时气缸内残余废气压力稍高于大气压力，为0.105~0.12MPa，温度为900~1100K。

至此，四冲程汽油机曲轴旋转2圈，活塞往复运动4个行程，进、排气门各开关1次，完成了吸气、压缩、做功、排气过程组成的工作循环，活塞又回到进气行程上止点，进气门再次开启，曲轴继续旋转，又开始了下一个新的工作循环。如此周而复始，汽油机就连续不断地输出动力。

### 1.5.2　四冲程柴油机工作过程

四冲程柴油机工作过程中，曲柄连杆机构和气门的运动规律与四冲程汽油机的相同，其工作循环也是在曲轴转2圈，活塞运行4个行程内，进、排气门各开关1次，完成吸气、压缩、做功、排气4个过程。所不同的是柴油的黏度大、蒸发性差、自燃性能好，不适于在气缸外部较低温度下与空气开始混合并随空气进入气缸，须在压缩行程接近终了时，通过高压喷油器以雾状直接喷入燃烧室内。柴油机采用较大的压缩比，使压缩终了时缸内的压力达到3.0~5.0MPa，温度达到750~1000K，远高于柴油的自燃温度。此时在高压下喷入的柴油快速受热、蒸发、扩散，与热空气混合形成可燃混合气而自燃着火。故柴油机也称为内部混合式或压燃（自燃）式内燃机。

非增压柴油机气缸内最高压力可达6~9MPa，最高温度可达1800~2200K。膨胀终了时压力为0.2~0.5MPa，温度为1000~1200K。排气终了时缸内压力为0.105~0.12MPa，温度为700~900K。

柴油机进气阻力较小，新鲜空气受热少，进气终了时气缸内压力较高，为0.085~0.095MPa；温度较低，为310~340K。

### 1.5.3　气缸密封性和几个重要参数

1. 气缸密封性

气缸密封良好，是有效进行压缩和燃烧膨胀做功的保证。理想的状况是不存在任何泄

漏。但实际上，活塞与气缸壁之间存在配合间隙，不可能完全密封气缸下部，在压缩和做功行程中，气缸内气体压力很高，总有一些气体会通过活塞组件与气缸壁之间的配合面泄漏入曲轴箱内，这就是所谓的“窜气”现象。另外，气门处、气缸盖与气缸体之间、火花塞孔处或喷油器孔处等也可能发生泄漏。“窜气”和泄漏就意味着气缸内气体（含燃油蒸气）或能量的流失，严重时将影响发动机的正常工作，会带来一系列不良后果，后续章节将对其进一步阐述。所以，气缸的密封性直接关系到发动机工作的品质，是结构上、工艺上及检修中关注的核心问题之一（详见第 3 章、第 4 章）。

2. 压缩压力

压缩压力即压缩终了时的压力，俗称“缸压”，是表征发动机技术状况的重要参数。它主要取决于发动机压缩比和气缸的密封性。若压缩压力低于标准值，说明发动机气缸密封不良，发动机性能将恶化或不能正常着火；若压缩压力高于标准值，说明发动机压缩比由于某种原因增大，会引起不正常燃烧（详见第 5 章）。使用过程中，凡是引起压缩比减小和气缸密封性恶化的因素均会导致缸压降低。

若活塞组件与气缸壁、气缸盖与气缸体、气门与气门座等因选用、拆装不当，或因受力受热变形、磨损、破损等影响了配合状况，都会导致气缸的密封性下降，使压缩压力降低。活塞组件与气缸壁的磨损、活塞环断裂等即是上述“窜气”现象加重的主要原因（详见第 4 章）。

燃烧室壁面和活塞顶面的积炭将使燃烧室容积减小，气缸磨损将使气缸总容积增大，都将使压缩比增大，导致压缩压力升高。同样，发动机修理过程中，尺寸的变化也会引起压缩比及压缩压力的改变（详见第 3 章、第 4 章）。

3. 最高压力和最高温度

气缸内最高压力和最高温度，既表征循环做功能力的强弱，又代表发动机机械负荷与热负荷的高低。气缸内最高温度、最高压力越高，一般来说做功能力越强，热功转换越有效，但机械负荷和热负荷也越大。

气缸内最高压力和最高温度主要取决于压缩压力、温度及混合气形成与燃烧。若压缩不良，压缩压力和温度将降低，最高压力与最高温度也降低。所以，有效压缩不仅能使着火更容易，而且是获得高热功转换效率的有力保证；混合气越均匀，空气利用率越高，燃烧越迅速及时，最高压力与最高温度就越高（详见第 5 章、第 6 章）。

4. 排气温度

排气终了时的温度是表征发动机工作状况的重要参数。通常情况下，做功终了时的温度越低，排气温度就越低，说明工作循环进行得越完善，燃料燃烧、膨胀做功越充分，热功转换越有效，热负荷也越低。传统上，发动机结构上的膨胀比与压缩比相等。但若膨胀比更大，即燃气推动活塞行走的距离更长，膨胀会更充分，做功终了时的压力、温度将更低，热功转换会更彻底；若排气温度偏高，则说明工作循环恶化，或是燃烧不及时、不完全，或是气门密封性不良等，应查明原因并排除。

### 1.5.4　发动机运转的平稳性

四冲程发动机每一个工作循环中，只有一个做功行程是燃气推动活塞运动，其余三个辅助行程中活塞的运动全靠曲轴通过连杆带动，均消耗功。显然，做功行程时曲轴的转速较其他三个行程时的要高，即在一个工作循环中曲轴的转速是不均匀的，这是发动机工作不平稳、振动的主要原因之一。为减小曲轴转速波动，保证运转平稳，通常采取以下基本措施。

1）在曲轴的输出端安装旋转质量很大的飞轮，利用其惯性在做功行程储存能量，在辅助行程释放能量。

2）增加气缸数，各气缸的活塞连杆组都连接在同一根曲轴上，让每个气缸的做功行程均匀间隔地分布在一个工作循环的曲轴转角内（四冲程为720°，二冲程为360°），使得各缸的做功行程相互交替衔接。这就是多缸发动机均匀间隔发火（工作）的原则。

对多缸四冲程发动机，若气缸数为$i$，则发火间隔角应为$\Delta\varphi_i = 720°/i$。例如，4缸发动机发火间隔角为180°曲轴转角，6缸发动机发火间隔角为120°曲轴转角，依此类推。

显然，气缸数越多，发火间隔角越小，发动机工作越平稳。气缸数越少的发动机，为保证其运转平稳，需要的飞轮越大，所以单缸发动机的飞轮一般都很大。

3）多缸发动机各缸工作均匀，是发动机平稳运转的重要保证。所谓各缸工作均匀是指同一运转状态下，各缸发出的功率相同，在循环中相对应的同名位置或时刻，气缸内的热力参数、几何参数应相同。例如，各缸的几何参数、配合间隙、活塞连杆组重量等应在一定误差范围内，每循环进入各气缸的混合气的数量和浓度相同、各缸气门开启和关闭的时刻及点火或喷油时刻也必须相同，对应时刻的温度、压力相同等，否则，将会出现不同程度的抖动。

## 1.6 柴油机与汽油机的比较

从工作过程来看，汽油机和柴油机的主要区别体现在混合气形成、着火燃烧方式及压缩比的大小。

1）汽油机的可燃混合气可从进气管中开始形成，直至延续到压缩行程末期，时间长，混合均匀，可以实施均质混合气燃烧；柴油机则在压缩终了时将柴油以很高的压力喷入高温、高压的燃烧室内，可燃混合气仅在压缩行程和做功行程上止点附近很短的时间内形成，具有很大的不均匀性。所以，汽油机进气行程可以吸入汽油与空气的混合气，柴油机则只吸入纯空气。

2）柴油机压缩比较大，气缸内最高压力较高，其机械负荷较大。这是其零部件尺寸和质量相对较大、较笨重的主要原因。

3）汽油机混合气较均匀，易于完全燃烧，空气利用率高，空燃比较小，其最高温度较高，热负荷较大；但柴油机混合气不均匀，为保证燃料完全燃烧，需要较大的空燃比，其最高温度较低，热负荷较小。

4）汽油机的着火靠火花塞点燃。柴油着火性能好，柴油机着火靠压缩终了时缸内的混合气高温自燃。

燃料和工作过程的差异，导致了柴油机与汽油机在结构、性能、使用等方面的不同。柴油机突出优点是经济性、动力性好（压缩比大），工作可靠、故障少（无点火系统）。但其冷起动困难（压燃），转速低（燃烧持续期长），机械载荷大，笨重，平稳性差，振动、噪声大。汽油机则具有转速高、重量轻、起动容易、噪声小、结构紧凑、运转平稳、适应性好等优点，但其经济性差。表1-1给出了柴油机与汽油机的特点对比，表中某些参数或比较项

目将在后续章节中介绍。

表 1-1　汽车用汽油机与柴油机的比较

| 比较项目 | | 汽油机 | 柴油机 |
|---|---|---|---|
| 空气-燃油混合 | | 缸外/缸内,均质/非均质 | 压缩末期缸内混合,非均质 |
| 平均空燃比 | | 12~18 | 17~31 |
| 进气 | | 空气燃油混合气/空气 | 空气 |
| 压缩比 | | 8~12 | 12~25 |
| 着火方式 | | 火花塞点火点燃 | 自燃(压燃) |
| 燃烧方式 | | 火焰传播燃烧 | 以扩散燃烧为主 |
| 功率输出调节 | 原理 | 改变混合气量——量调节 | 改变喷油量(混合气浓度)——质调节 |
| | 方法 | 控制节气门开度 | 控制供油机构/系统 |
| 有效热效率/经济性 | | 0.25~0.33/差 | 0.35~0.40/好,增压后可达 0.45 |
| 温度/热负荷 | 最高温度/K | 2200~2800 | 1800~2200 |
| | 排气温度/K | 900~1100 | 700~900 |
| 最高压力(机械负荷)/MPa | | 3.0~6.5 | 6.0~9.0,9.0~15.0(增压) |
| 最大转速/(r/min) | | 6000~8000 | 5000 |
| 冷起动性 | | 好 | 差 |
| 振动、噪声 | | 小 | 大 |
| 排放的主要有害物质 | | CO、HC、$NO_x$ | $NO_x$、碳烟 |
| 气缸直径/mm | | 50~110 | 70~160 |
| 结构紧凑性 | | 紧凑、轻巧 | 笨重 |

近年来，由于汽车节能、环保、安全发展的要求，柴油机的优点更显突出，其技术也得以迅速发展，在保持原有经济性、动力性优势的基础上，固有的振动噪声大、起动困难、转速慢的弱点已经或正在被改进，甚至可与汽油机媲美，越来越受到青睐。

## 1.7　二冲程发动机工作过程

二冲程发动机是在两个活塞行程内完成进气、压缩、做功、排气四个过程，即曲轴转一圈，发动机就对外做一次功。

### 1.7.1　二冲程汽油机工作过程

图 1-5 是一种曲轴箱扫气的二冲程汽油机的工作过程示意图。在气缸壁下部开有三个气孔——进气孔、排气孔和扫气孔，通过活塞的移动控制其开、闭，完成充量的更换。在说明其工作过程时，需同时关注活塞上方气缸的容积和下方曲轴箱容积的变化。

1. 第一行程

活塞从下止点到上止点移动，完成压缩过程的同时，新鲜混合气进入曲轴箱。活塞在下止点附近时，进气孔被关闭，排气孔和扫气孔都开启，曲轴箱内受到预压的可燃混合气经扫气孔进入气缸，在凸起的活塞顶（导流作用）的配合下，将气缸内的废气从排气孔扫出。

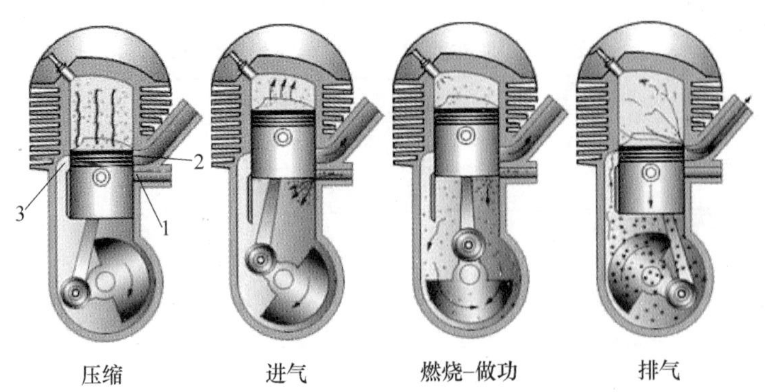


图 1-5 二冲程汽油机工作过程示意图

1—进气孔 2—排气孔 3—扫气孔

随着活塞的上行，其头部先将扫气孔遮蔽，扫气终止。随后活塞头部遮蔽排气孔，气缸被封闭。活塞继续上行，压缩可燃混合气的同时，其下方封闭的曲轴箱内容积增大，产生真空度。当进气孔露出时，新鲜混合气进入曲轴箱。

2. 第二行程

活塞从上止点到下止点，完成膨胀做功和排气过程的同时，压缩曲轴箱内的混合气。活塞接近上止点时，火花塞产生电火花，点燃已经被压缩的可燃混合气，燃烧产生的高温高压气体推动活塞下行，并通过连杆使曲轴转动。当活塞下行至将进气孔关闭时，开始压缩已进入曲轴箱内的混合气。活塞接近下止点时，首先打开气缸壁上的排气孔，废气开始从排气孔冲出。紧接着扫气孔被打开，又开始扫气。换气过程一直进行到活塞越过下止点并上行至再次遮蔽扫气孔和排气孔为止，又开始了下一循环。

二冲程汽油机经济性较差，因为其换气过程中有部分混合气在扫气时随废气流失，且排气不充分。

## 1.7.2 二冲程柴油机工作过程

图 1-6 是带扫气泵的二冲程柴油机工作过程示意图。这种发动机气缸盖上装有排气门，气缸壁中部周围开有进气孔。

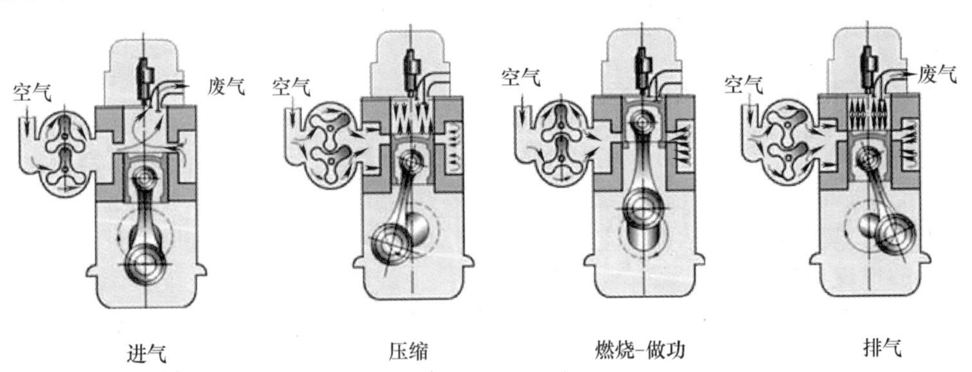


图 1-6 二冲程柴油机工作过程示意图

1. 第一行程

活塞位于下止点时，进气孔和排气门已经开启，经扫气泵加压后的空气经进气孔进入气缸，将气缸内的废气从顶部的排气门扫除。活塞上行关闭进气孔时，排气门关闭，空气被压缩。活塞接近上止点时，柴油通过喷油器在高压下被喷入气缸，遇高温空气自行着火燃烧。

2. 第二行程

活塞在高温高压燃气作用下自上止点下行对外做功。当活塞下行至约 2/3 行程时，排气门开启，废气开始排出。随之，进气孔打开，开始了扫气过程。这一过程持续到活塞越过下止点上行再次遮闭进气孔为止。

二冲程柴油机用纯空气扫气，不存在燃料短路损失，其经济性和排放特性均比二冲程汽油机好。

### 1.7.3　二冲程发动机的特点

与四冲程发动机比较，二冲程发动机具有以下特点：

1）运转平稳，加速响应快。这是因为曲轴每转一圈完成一个工作循环，做功一次。

2）结构简单，体积小，质量轻，制造、维修、使用方便，成本低。这是因为采用气孔换气，无需或有较少的气门机构零部件。

3）经济性较低，有害排放物较多。换气时间短，废气不易排干净，且换气时会损失部分做功行程。此外，汽油机中总有部分混合气在扫气时随废气流失，柴油机扫气泵消耗功。同时，二冲程汽油机需在燃油中混入一定量的润滑油（1/50～1/20）随混合气进入气缸来润滑活塞与气缸壁，降低了燃烧效率。

4）燃烧做功频率高，热负荷高，噪声大。

由于以上原因，二冲程汽油机多限于在摩托车、摩托艇和一些便携式的小型机具上使用，二冲程柴油机多限于在大中型船舶上使用。

目前，二冲程发动机很少用于汽车上。但随着电控缸内直接喷射技术及气动燃油喷射技术（利用压缩空气将充分雾化的燃油直接供入燃烧室）的发展，二冲程发动机的排放和经济性问题有望解决，使传统的二冲程技术焕发生机，有可能用在未来的汽车上。

## 1.8　发动机总体构造

实际的发动机是极为复杂的机器，由许多机构和系统的 5000 多个零部件组成，它们协同完成进气、压缩、做功、排气的工作循环，保证了能量的有效转换和发动机的可靠、持久运行。虽然发动机类型、结构、性能、用途、生产厂商千差万别，但就其总体构成而言，按功能分不外乎一个骨架、两大机构、五或六大系统。

1. 机体组

机体组由气缸体、气缸盖、曲轴箱等主要零件组成，是发动机的骨架或安装基体。发动机其他的零部件都安装在它上面，或与之配合组成其他机构和系统。

2. 曲柄连杆机构

曲柄连杆机构由活塞组、连杆组、曲轴飞轮组等运动件组成，是实现活塞往复运动和曲轴旋转运动间的相互转换，使热能转变为机械能，并对外输出动力的主运动机构。

**3. 配气机构**

配气机构由气门组件及驱动气门开关的传动组件（凸轮轴、挺柱、正时传动机构等）组成。其功用是驱动并控制进、排气门的打开和关闭，完成发动机的进气和排气过程，使新鲜气体进入气缸并将废气排出气缸。

**4. 燃油供给系统**

柴油机和汽油机由于所用燃油和混合气形成方法的不同，其燃油供给系统有较大差别。

柴油机燃油供给系统主要由燃油箱、输油泵、燃油滤清器、喷油泵、喷油器及调速器或调控系统组成。其功用是根据工况需求，定时、定量、定压地向燃烧室按一定规律喷入清洁的燃油。

传统的化油器式汽油机燃油供给系统主要由燃油箱、输油泵、燃油滤清器、化油器等组成。其功用是按工况要求向气缸供入数量和浓度合适的均质可燃混合气。现在，电控燃油喷射系统取代了化油器，主要由燃油箱、燃油滤清器、电动燃油泵、燃油压力调节器、各种传感器、电控喷油器、电控单元等组成，不仅更精确地实施均质混合气供给，而且也可实现非均质（分层）混合气供给。

**5. 润滑系统**

润滑系统的功用是将机油（润滑油）不间断地输送到所有相对运动件的摩擦表面，以减少摩擦阻力和表面磨损，并起到冷却、清洗摩擦表面等作用。润滑系统主要由机油泵、机油滤清器、机油冷却器、机油油道和各种阀门等组成。

**6. 冷却系统**

冷却系统的功用是将受热零件吸收的部分热量带走，散入大气中，以保证发动机在正常的温度下工作，防止因过冷或过热造成性能恶化甚至损坏。汽车发动机多采用强制水循环冷却系统，主要由风扇、散热器、水泵、节温器、水管、气缸体及气缸盖内的水套等组成。

**7. 点火系统**

点火系统是点燃式发动机——汽油机、气体燃料发动机特有的系统，其主要功用是按照点火顺序和点火正时可靠地产生火花点燃压缩后的可燃混合气。点火系统主要由火花塞、点火线圈、蓄电池、传感器和电控单元等组成。

**8. 起动系统**

起动系统的作用是使发动机由静止状态进入自行运转状态。目前，汽车用发动机广泛采用电动机起动，主要由蓄电池、起动电动机、起动控制机构和起动传动机构组成。

**9. 进排气系统**

传统发动机上，进排气系统中只有空气滤清器、进气管、排气管、消声器等，它与燃油供给系统都为热功转换提供物质基础，故统一归为供给系统。但随着发动机技术的发展，进排气系统中的新技术、新装置等越来越多，有必要将其单独划入一个系统。

进排气系统的主要功用是把尽可能多而清洁的新鲜气体或废气迅速地导入或导出气缸，主要由空气滤清器、进气管、进气道、排气管、排气道、消声器、废气净化装置、进气预热装置、空气流量计、怠速阀等组成。增压发动机的进排气系统还包括增压装置。

由上文可知，柴油机和汽油机在总体构成上的主要差别是：其一，汽油机有点火系统，而柴油机没有；其二，燃油供给系统中供油装置（喷油泵、喷油器）存在差异。这两点也是从外表上区分柴油机和汽油机的主要依据。

机体组、曲柄连杆机构、配气机构是发动机的基本机械部分，配以燃油供给系统便可实现热与功的转换。而工作良好的冷却系统、润滑系统、进排气系统、点火系统却是发动机高效、安全、可靠、耐久地运行的重要保证，也是日常维护保养的主要对象。如果发动机得不到充分的润滑和适当的冷却，很快就会损坏。

图 1-7 和图 1-8 给出了汽油机的纵剖图。

图 1-7　轿车汽油机纵剖示意图

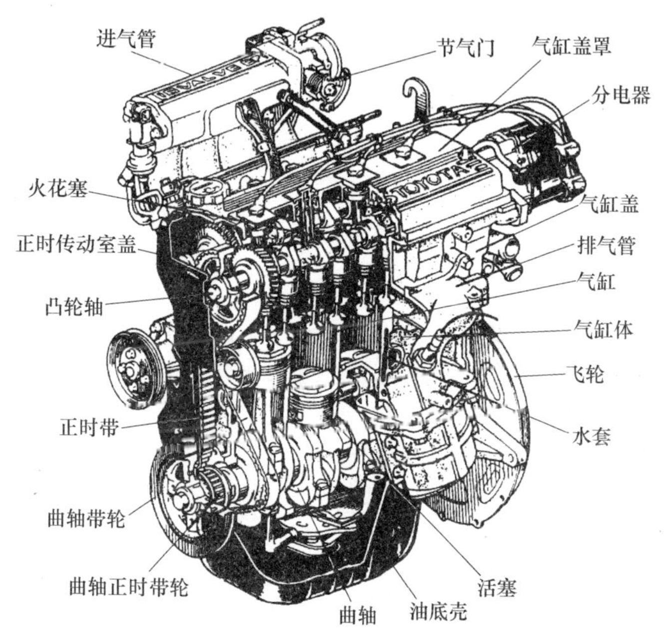


图 1-8　丰田 4E-FE 四气门电控喷射式汽油机纵剖图

## 本章小结

现代汽车的动力装置仍以往复活塞式四冲程内燃机为主。按所用燃料、冷却方式和吸气方式等的不同，内燃机可分为柴油机和汽油机及气体燃料发动机、水冷式发动机和风冷式发动机、增压发动机和非增压发动机等。

活塞在气缸内做往复运动时，其离曲轴旋转中心最远和最近的点分别称为上止点和下止点，活塞从一个止点运行到另一个止点走过的距离叫作行程。活塞从下止点到上止点扫过的容积叫作气缸工作容积，又叫单缸排量，它取决于行程和缸径。发动机排量是各缸排量之和。活塞在上止点时其上部的气缸容积叫作燃烧室容积，活塞在下止点时其顶面上部总的容积叫作气缸总容积。压缩比是气缸总容积与燃烧室容积之比。压缩比越大，发动机的动力性和经济性越好。

往复活塞式发动机每个工作循环都由进气、压缩、做功、排气四个过程组成，不管是二冲程发动机还是四冲程发动机。气缸的良好密封是发动机有效完成工作循环的基本保证，而循环中的压缩压力、最高压力、最高温度、排气温度，则表征了发动机的基本工作状况。

四冲程发动机曲轴转两圈完成一个循环，只有一个做功行程，曲轴的转速不均匀。改善发动机工作平稳性的措施是，在曲轴的输出端安装旋转质量很大的飞轮，多缸发动机各缸均匀间隔发火，且保证各缸工作均匀。

汽油的挥发性好，传统的汽油机的燃油和空气从进气管中开始混合，到压缩行程末期火花塞跳火点燃时已是均匀的混合气，是均质混合气点燃式发动机；柴油机进气行程只吸入纯空气，挥发性差的柴油在接近压缩终了时借助高压喷油器喷入燃烧室，在上止点附近很短的时间内与压缩后的高温、高压空气快速混合而自燃，是压燃式发动机。柴油机压缩比大，经济性好，坚固耐用，但其冷起动难、转速低、笨重、平稳性差、噪声大。

发动机总成由机体组、曲柄连杆机构、配气机构、燃料供给系统、润滑系统、冷却系统、进排气系统、点火系统（汽油机）和起动系统等构成。柴油机和汽油机在外表上的主要差别是汽油机有点火系统而柴油机没有，并且二者的燃油供给系统也有较大区别。

## 【复习思考题】

1. 解释发动机基本结构参数：活塞排量、压缩比、燃烧室容积。
2. 使用过程中，发动机的压缩比会发生变化吗？
3. 一台 CA488 型汽油机，其气缸尺寸为 87.5×92，压缩比为 8.1。问：发动机排量和燃烧室容积分别是多大？
4. 往复活塞式发动机是如何分类的？
5. 四冲程柴油机与四冲程汽油机在工作过程上有什么不同？
6. 何为发动机“缸压”？
7. 何为“窜气”？“窜气”对发动机工作有何影响？
8. 如何根据排气温度的高低判断发动机工作状况的好坏？
9. 发动机转速波动的原因是什么？
10. 汽油机与柴油机相比，谁的机械负荷与热负荷高？为什么？
11. 发动机由哪些机构和系统组成？
12. 如何从外形上区分柴油机与汽油机？

# 第2章

# 发动机性能及评价

【学习目标】

1. 掌握发动机动力性、经济性指标。
2. 理解发动机速度特性及意义。
3. 理解发动机负荷特性及意义。

发动机是以消耗燃料获取动力，同时伴有废气、噪声排出的装置。其工作状态和工作效果的好坏，可从不同视角、由一系列性能指标或参数来描述和评价。这些性能指标主要是动力性指标（功率、转矩、转速等）、经济性指标（热效率、燃料消耗率等）、排放指标、冷起动性能指标、噪声性能指标等。本章将主要讨论发动机的动力性指标、经济性指标及其随工况的变化特性，简介以此为指导的新的节能动力技术。

## 2.1 动力性指标

发动机动力性能就是其输出机械功、驱动配套机构工作的性能。有效转矩、转速、有效功率、平均有效压力等是评价发动机的动力性最常用的指标参数。

### 1. 有效转矩

转矩又称力矩或扭转力矩，等于回转中心到力作用线的垂直距离与作用力之积。发动机输出轴（即曲轴）对外输出的转矩称为有效转矩，以 $T_{tq}$ 表示，单位为 N·m。

在实验室里，有效转矩可由测功器直接测得。

### 2. 转速

发动机曲轴每分钟的旋转次数为发动机转速，以 $n$ 表示，单位为 r/min，可由转速仪直接测得。

转速表征着发动机做功频率的快慢。转速越大，单位时间内做功次数越多，输出功越多。

### 3. 有效功率

功率是做功的速率，即单位时间所做的功。发动机单位时间所输出的有效功称为有效功率，即输出轴（曲轴）对外（配套机械）输出的有用功率，以 $P_e$ 表示，单位为 kW。

从功率的物理概念出发，旋转的曲轴输出的功率就等于其传递的转矩与其角速度之积，即

$$P_e = T_{tq}\frac{n}{60}2\pi \times 10^{-3} = \frac{T_{tq}n}{9550} \tag{2-1}$$

式中　$P_e$——有效功率（kW）；

$T_{tq}$——有效转矩（N·m）；

$n$——转速（r/min）。

式（2-1）说明，功率和转矩是随转速而变的。所以，在说明发动机功率和转矩的大小时，必须同时指明其相应的转速。如 200N·m/3000r/min，指发动机转速在 3000r/min 时输出转矩为 200N·m。发动机出厂标牌上标识的有效功率及相应转速分别称为标定功率和标定转速。

实验室里，当测得有效转矩和转速后，可根据式（2-1）计算出有效功率。

**4. 平均有效压力**

单位气缸工作容积发出的有效功称为平均有效压力，以 $p_{me}$ 表示，单位为 MPa。平均有效压力可用来评价不同排量发动机的动力性。根据“功率=单位时间所做的功=有效功（平均有效压力×气缸工作容积）×气缸数×单位时间循环次数”，可得 $p_{me}$ 与其他动力性指标间的关系为

$$P_e = \frac{p_{me}V_s ni}{30\tau} \times 10^{-3} \tag{2-2}$$

式中　$i$——气缸数；

$V_s$——气缸工作容积（L）；

$\tau$——冲程数。四冲程时 $\tau=4$；二冲程时 $\tau=2$。

由上式可见：转速增加、平均有效压力增大，均使有效功率增大；排量越大、气缸数越多，发出的功率越大。

## 2.2　发动机工况

### 2.2.1　工况与工况参数

发动机工况就是其实际运行状况，简称工况。转速、有效功率或有效转矩可表示发动机所处的工况，称之为工况参数。转速则说明了发动机工作频率的快慢，有效功率或转矩说明了发动机承受负荷的能力。根据式（2-1），功率、转矩、转速三个参数中，只有两个是相互独立的，第三个参数可由另两个参数表示。所以，两个确定的参数即可确定发动机的运行工况。常用发动机转速和输出功率或与功率成单值正比关系的参数表示其工况。

发动机带动配套机组运行时，其工况可能是稳定的，也可能是不稳定的。稳定工况下，发动机性能指标参数如转速、功率、转矩等不随时间变化。若随时间变化，则为不稳定工况，如起动、加减速等工况。

负荷或负载是指发动机驱动的配套机构施加给曲轴的阻力矩或消耗的功率。发动机只有在发出的功率或转矩与负载消耗的功率或施加给曲轴的阻力矩相等时，才能稳定运转。若负

荷增大，则需要发动机发出的功率增大；发动机输出的功率越大，则能带动的负荷就越大。所以，发动机负荷可用其输出功率 $P_e$ 表示，而表示负荷的参数则称其为负荷参数，即功率或与功率成单值正比关系的参数叫作负荷参数，如汽油机节气门开度、进气歧管压力、进气流量、柴油机循环油量及平均有效压力等。

对于给定的汽车来说，其发动机工况取决于道路条件、负载状况及行驶速度等。

注意，勿将功率和负荷的概念混淆。

### 2.2.2　怠速工况与标定工况

发动机有两个特殊的稳定工况，一个是怠速工况，另一个是标定工况。

**1. 怠速工况**

怠速工况即发动机空转工况。此时，有效功率 $P_e=0$。传统上，怠速工况就是发动机能够稳定运转的最低转速工况。但现代发动机，为改善怠速排放，怠速转速都高于稳定运转的最低转速。

**2. 标定工况**

标定工况又叫额定工况，是发动机厂商规定的最大功率及对应的转速所确定的工况。标定工况下发出的功率和转速分别称为标定（或额定）功率和标定（或额定）转速。

注意，标定转速和标定功率并不是发动机所能达到的极限最高转速和最大功率，而是制造企业根据发动机用途、使用特点、寿命、可靠性及维修条件等，人为规定限制使用的最高转速下发出的最大功率。标定功率也可以理解为在一定工作条件（标准大气条件、标定转速、工作持续时间等）下生产厂商所担保的、发动机能够发出的最大有效功率。国家标准规定了四种标定功率。

（1）15min 功率　允许发动机以最大（标定）功率连续运转 15min，适合于短时间使用最大功率的发动机，如汽车、摩托车、摩托艇等的发动机的标定功率。

（2）1h 功率　允许发动机以最大（标定）功率连续运转 1h，适合于较长时间重载运行的发动机，如工程机械、拖拉机、船舶等的发动机的标定功率。

（3）12h 功率　允许发动机以最大（标定）功率连续运转 12h，适合于长时间重载运行的发动机，如用于拖拉机、农业排灌、内燃机车、内河船舶、发电等的发动机的标定功率。

（4）持续功率　允许发动机以最大（标定）功率长期连续运转，适合于长时间连续运行的发动机，如用于农业排灌、远洋船舶、发电等的发动机的标定功率。

同一台发动机，用途不同时可以有不同的标定功率。标定功率下运转的时间越长，则标定功率应越小。对非持续功率标定的发动机，若按标定功率运行超过限定时间，将影响使用寿命和可靠性。

### 2.2.3　工况类型

由于发动机用途很广，不同的应用场合，其工况种类不同。

汽车发动机能在较大的转速、功率（或转矩）变化范围下可靠工作。在每一转速下，其有效功率或转矩可以从零（怠速）变化到能够发出的最大值。在以转速作为横坐标，功率或转矩作为纵坐标的坐标系中，发动机全部可能的工况点都在由最高转速 $n_{max}$ 和最低转速 $n_{min}$ 所对应的两条竖直线、横坐标轴及最大节气门时功率（或转矩）随转速变化的曲线 3

（或不同转速下所能够输出的最大功率曲线）所限定的面积内，如图2-1所示。所以，汽车发动机工况在一个面内变化，称之为面工况。

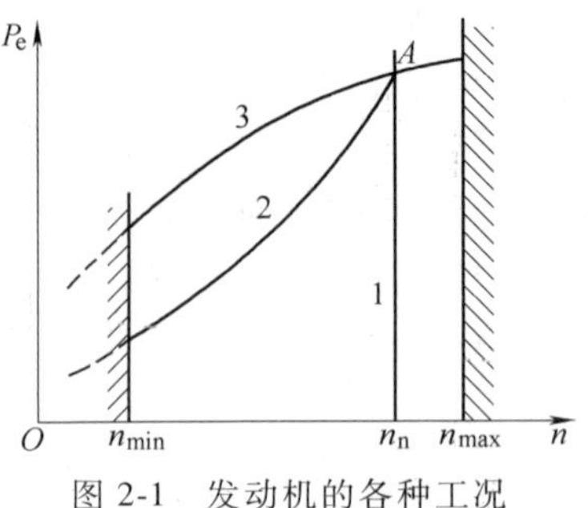

图2-1　发动机的各种工况

发电用发动机，要求无论外界负荷如何变化，发动机转速保持不变，以保证电压和频率都保持不变，称之为恒速工况。在图2-1上它们表现为垂直线1。

灌溉用发动机，不仅转速不变，而且功率也因扬程不变而恒定，此为点工况，如图2-1中的$A$点。

发动机作为船用主机时，其发出的功率必须符合螺旋桨吸收的功率与转速成三次方的关系，既$P_e \propto n^3$，此为螺旋桨工况，如图2-1中的曲线2。

## 2.3　经济性指标

前文所述动力性指标关注的是获得机械功的数量，经济性指标则聚焦于能量转换过程的质量或完善程度。评价发动机经济性的重要指标是有效燃油消耗率$b_e$和有效热效率$\eta_e$。

### 1. 有效燃油消耗率

发动机每输出1kW·h的有效功所消耗的燃料量，称为有效燃油消耗率，单位为g/(kW·h)，可按下式计算：

$$b_e = \frac{G_T}{P_e} \times 10^3 \tag{2-3}$$

式中　$G_T$——每小时耗油量（kg/h），可在实验室中测得；

$P_e$——有效功率（kW）。

### 2. 有效热效率

效率就是输出（获得）的能量与输入（消耗）的能量之比。发动机有效热效率是其输出的有效功与所消耗燃料完全燃烧放出的热量之比，以$\eta_e$表示。它代表着发动机所消耗燃料中热能的有效利用率，其值总是小于1。有效热效率与1的差值就是能量转换过程中损失掉的份额，它涵盖了气缸内热能变成活塞功过程中排气带走和冷却散失的热量、不完全燃烧损失及活塞功经曲柄连杆机构传出过程中的机械损失。所以，有效热效率是发动机中能量转换的总效率，反映了热变功及其输出的全过程的完善程度。

有效热效率取决于缸内热功转换效率$\eta_{it}$和机械效率$\eta_m$。热功转换效率$\eta_{it}$是所消耗燃料中的热能转化成活塞功的份额，代表气缸内热变功的完善程度。机械效率$\eta_m$是活塞功转换为输出的有用功的份额，反映了机械功输出过程的质量。机械效率等于实际输出有效功或功率与没有机械损失时可能输出的最大功或功率（理想功或功率）之比，即$\eta_m = P_e/(P_m + P_e)$，$P_m$为机械损失功率。

效率与燃油消耗率成反比。效率越高，燃油消耗率越小，则经济性越好。

柴油机：$\eta_e = 0.30 \sim 0.45$，$\eta_m = 0.75 \sim 0.92$，$\eta_{it} = 0.25 \sim 0.40$，$b_e = 195 \sim 285$g/(kW·h)。

汽油机：$\eta_e = 0.20 \sim 0.35$，$\eta_m = 0.80 \sim 0.90$，$\eta_{it} = 0.41 \sim 0.50$，$b_e = 250 \sim 380$g/(kW·h)。

总体上，非增压发动机燃料总热量中，约 1/3 转化为有效功输出，柴油机比汽油机略高。其余约 2/3 甚至更多是损失掉的：约 1/3 由排气带走（汽油机比柴油机略高），近 1/3 为冷却散失；其余近 10% 为机械损失。

影响发动机机械功输出数量及热功转换输出全过程质量的另一重要因素是充气效率 $\eta_v$，又叫容积效率。它是进气过程中实际进入发动机气缸的新鲜气体量与理想条件下可能进入气缸的新鲜气体量之比，描述了发动机使气缸充满新鲜气体的能力（详见 4.1 节），反映了能量加入气缸这一环节的完善程度。一般情况下，发动机的动力输出与热效率随充气效率的提高而提高。所以，充气效率 $\eta_v$、热功转换效率 $\eta_{it}$ 和机械效率 $\eta_m$ 是影响发动机性能的三个基本要素。在使用维护、设计制造及新技术开发方面，保证换气质量、提高充气效率、增加气缸充量，保证燃烧完全、减少各种热损失、提高热效率，降低机械损失、提高机械效率，是永恒的追求目标。

## 2.4　机械损失

### 1. 机械损失的组成

气缸内的气体对活塞做出的功或功率在向外传递的过程中，有一部分被发动机本身消耗掉，不能被输出。这部分消耗的总功或功率叫作机械损失，由下列三项组成：

（1）摩擦损失　主要是各运动件之间的摩擦损失，如活塞组件与缸壁间的摩擦损失、各轴承与轴颈间的摩擦损失、配气机构中的摩擦损失等，极小部分是运动件与空气、燃气摩擦损失及曲轴搅动机油摩擦损失。

（2）驱动附件损失　包括驱动燃油泵、机油泵、风扇、水泵、发电机、增压器（机械增压发动机）、助力转向泵、空气压缩机等附件的消耗。

（3）泵气损失　即进、排气行程中新鲜气体进入和废气排出气缸所消耗的功。

在各项机械损失中，各运动件之间的摩擦损失的份额最大，为 60%～80%，驱动附件消耗不超过 10%～20%，泵气损失占 10%～20%。

### 2. 机械损失的影响因素

摩擦损失和驱动附件损失的直接影响因素主要是运动件摩擦表面的比压、相对速度、材料、润滑油质量与黏度、附件效率、技术状况等，其他运转因素、环境因素等均通过引发上述因素的变化间接施加影响。凡是能导致摩擦面比压（如气缸内最高压力增大）增大、摩擦表面速度加快、摩擦面积增大、润滑及技术状况恶化的因素，均使摩擦损失和驱动附件损失增加。

泵气损失主要与进排气系统、发动机类型、进排气流速等有关，凡是增大进排气阻力的因素均使泵气损失增大。

（1）转速　发动机转速升高，各运动零部件惯性力增大，各运动副的相对速度增大，导致摩擦损失增大。与此同时，泵气损失和驱动附件消耗功也增大。所以，随转速的升高，机械效率下降较快，这是以提高转速来提高输出功率的主要障碍之一。

（2）负荷　转速一定时，随负荷的减小，有效功率减小，机械效率下降。当负荷为零，即怠速时，发动机空转，气缸内的气体对活塞做的功全部用来克服内部的机械损失，输出功率 $P_e=0$，$\eta_m=0$。

负荷变化对汽油机机械效率影响较大。汽油机是通过调节节气门（俗称“油门”）开度，改变进入气缸的混合气数量来调节功率输出，以适应负荷变化的。随着负荷的降低，节气门开度减小，进气阻力增大，泵气损失增多，机械效率降低较明显。这是汽油机在小负荷时经济性恶化的主要原因之一。

负荷变化对柴油机机械效率的影响较小。因为，柴油机是通过调节喷入气缸内的燃油量，改变气缸内的混合气浓度来改变功率输出，适应负荷变化的，无须在进气管中设置节气门。所以，柴油机负荷变化时，机械损失变化不大。

（3）机油黏度与温度　机油的黏度、温度对摩擦损失有重要影响。机油若黏度适当，则具有良好的流动性和承载能力，易于形成机油膜，使摩擦损失减小；若黏度过大，则内摩擦力大，机械损失增多；若黏度过小，则不易形成机油膜，又使摩擦增加，磨损加速，甚至引发更大的故障。

机油黏度随温度降低而增大。冷却液温度影响机油黏度，从而影响摩擦损失。实验证明，发动机在某一最佳温度下工作时，其摩擦损失最小。因此，使用中应使发动机尽快达到并保持正常的冷却液温度（80~95℃）和机油温度（85~110℃），以保持最佳的热状态，减少机械损失，提高机械效率。

发动机在冷起动和低温下工作时，由于机油黏度大，摩擦损失大，机械效率降低。冷起动后适当地暖机怠速的目的就是减少磨损，延长寿命。

严格按要求选用机油非常重要。一般原则是：在保证各种环境和工况能可靠润滑的前提下，尽量选用黏度较小的机油，以减少摩擦损失，改善起动性。长期在高温环境下工作、或机械载荷较大的或低转速运行的或磨损严重的旧发动机，宜选用黏度较大的机油；新发动机、长期在低温下工作的发动机宜选用黏度较小的机油。

（4）技术状况　使用过程中，零部件的磨损、受力或受热变形等，使相对运动的零件偏离了初始较理想的配合状态，导致受力、受热进一步恶化，摩擦、磨损、变形逐渐加剧，使机械效率降低。

发动机冷却系统与润滑系统工作状况对机械损失影响很大。冷却系统工作不佳，引发的发动机过冷或过热都使摩擦、磨损加剧，机械效率下降（详见第8章）。机油中的任何杂质或沉积物都使摩擦、磨损加剧。机油老化、稀释，形成油泥、黏稠等，都使油性降低。润滑系统某一个或几个零部件工作不良引起的油压不足等，均导致润滑条件恶化，加剧摩擦、磨损（详见第9章）。

另外，气缸壁、轴颈、轴承等摩擦表面加工精度、微观结构对机械损失影响较大。较高的表面加工精度，有利于储存润滑油或形成润滑油膜的表面结构，均有利于减少摩擦损失，提高机械效率。

## 2.5　发动机使用性能特性

使用中，当发动机的负荷、汽车运行速度、汽车道路状况等发生变化时，发动机性能指标参数也将随之变化，以适应外界的需要。发动机主要性能指标（功率、转矩、燃油消耗率、排气温度等）随其工况参数变化而变化的关系称为发动机使用性能特性，表示这些变化关系的曲线称为发动机特性曲线。

发动机使用性能特性中最常用的是速度特性、负荷特性及万有特性。它们是评价发动机不同工况范围内动力性和经济性、汽车等配套机具合理选用和匹配、有效使用发动机的主要依据，也是调整或改进发动机、开发新节能动力技术的重要理论依据和鉴定依据。

## 2.5.1　速度特性

### 1. 速度特性曲线

当油门[㊀]位置保持不变时，发动机主要性能指标参数（功率 $P_e$、转矩 $T_{tq}$、燃油消耗率 $b_e$、排温 $t_r$ 等）随转速的变化关系称为速度特性，表示此关系的曲线称为速度特性曲线。当汽车沿阻力变化的道路行驶（如上坡、下坡），而加速踏板的位置保持不变时，发动机转速会因路况而变化（上坡时速度下降，下坡时速度增加），这时发动机即按速度特性工作。

根据油门位置的不同，速度特性分外特性、部分特性。油门开启位置最大（汽油机节气门开度最大或柴油机供油拉杆在最大供油位置）时的速度特性为全负荷速度特性，又称外特性。油门在部分开启位置时的速度特性为部分负荷速度特性，简称部分特性。

图 2-2 所示为柴油机和汽油机的速度特性曲线，其横坐标为转速，纵坐标是其他性能指标参数（功率、转矩、油耗率等）。

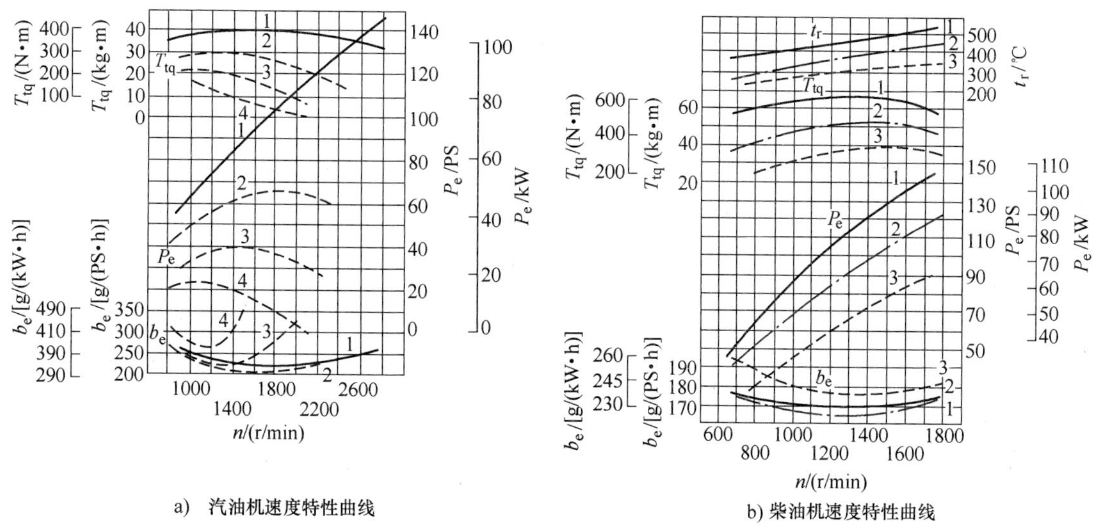


a)　汽油机速度特性曲线

b) 柴油机速度特性曲线

图 2-2　发动机速度特性曲线

注：功率单位 PS 为马力。

速度特性是在发动机试验台架上测出的。测量时，油门调节机构位置固定不动，调整测功器的负荷，改变发动机的转速，记录每个转速下的有关数据，并整理绘制出曲线（以转速为横坐标）。

如图 2-2 所示，随着转速的升高，有效功率稳步增长。这主要因为，转速升高，单位时间内做功的次数增多。但对汽油机，在最高转速附近，转速再升高时，由于摩擦功率迅速增

㊀　柴油机中称“油门”，汽油机中称“节气门”。

大，进气流动阻力大，燃烧恶化等，功率反而下降。

发动机转矩外特性曲线比较平坦，在中间某转速达到最大值。对采用变配气技术、变进气歧管技术的发动机，转矩曲线会出现2个以上的峰值点，或在较宽的转速范围内保持高的转矩输出。

油耗速度特性曲线也较平坦，在中等转速（经济转速）时有一最低油耗率点，过低或过高的转速均使油耗增加。

2. 外特性的意义

1）发动机外特性表明了其对外界载荷变化的适应性。当外界阻力增大时，发动机转速会降低，其输出转矩应随之提高，才能平衡负载阻力矩。由转矩外特性曲线可见，只有在最高转速 $n_{max}$ 和最大转矩转速 $n_{T_{tqmax}}$ 之间，发动机转矩才随转速的降低而升高，其工作是稳定的，此转速范围即为稳定转速区域。这段曲线的变化趋势决定了发动机的工作稳定性，为此引入转矩适应系数和转速适应系数来说明。

转矩适应系数
$$\kappa_T = \frac{T_{tqmax}}{T_{tq}} \tag{2-4}$$

转速适应系数
$$\kappa_n = n_H / n_{T_{tqmax}} \tag{2-5}$$

式中　$T_{tqmax}$——外特性曲线上的最大转矩；

$T_{tq}$——标定工况下的转矩；

$n_H$——标定工况下的转速；

$n_{T_{tqmax}}$——最大转矩时的转速。

$\kappa_T$ 和 $\kappa_n$ 越大，转矩曲线稳定工作段变化越陡，稳定工作转速范围越宽，说明在不换档的情况下，发动机克服短期超载（如爬坡）能力越强，转速波动较小。

2）外特性表明了发动机在各转速下能够发出的最大功率和转矩，代表了发动机使用中的最高动力性能，直接关系到汽车的动力性。

显然，外特性曲线上最大功率及其相应的转速越大，则发动机动力性越好。最大转矩越大且相应的转速越小，发动机工作越稳定或适应负载变化的能力越强。

最低稳定转速与对应的转矩，则说明了起步转矩的大小、加速能力的强弱。

发动机铭牌上或技术参数中标明的功率、最大转矩及相应转速，就是外特性曲线上标定工况点的功率及转速、最大转矩及对应转速。

注意，标定工况点的转速和功率都不一定是最大功率和最高转速。

3）发动机最低燃油消耗率转速介于其最大功率转速和最大转矩转速之间，最高动力性与最好经济性不能兼得。

3. 柴油机与汽油机外特性的比较

各种负荷下，汽油机转矩速度特性曲线都比柴油机的陡，其动力适应性更好，工作稳定性更强。

按外特性工作时，柴油机的转矩特性曲线较平坦。一般汽油机的转矩适应系数 $\kappa_T$ = 1.25~1.35、转速适应系数 $\kappa_n$ = 1.6~2.5，柴油机的 $\kappa_T$ = 1.05~1.15、$\kappa_n$ = 1.4~2.0。

按部分特性工作时，随负荷的减小，汽油机转矩特性曲线变陡，工况稳定性提高，而柴油机的几乎保持不变，甚至随转速升高而增大。

在各种负荷下柴油机燃油消耗率曲线均较平坦，仅在两端略有翘起，说明其在较大的转

速范围内有较好的经济性；汽油机燃油消耗率曲线的翘曲度随节气门开度减小而剧烈增大，相应经济转速范围越来越窄。

**4. 负荷率**

2.2.1 节已叙及，稳定工况下，发动机输出的功率等于其负载消耗的功率，故负荷可用输出功率 $P_e$ 表示。发动机在某一转速工况下发出的有效功率与同一转速下能发出的最大功率之比称为负荷率，以百分数表示。下面借助于速度特性予以说明。

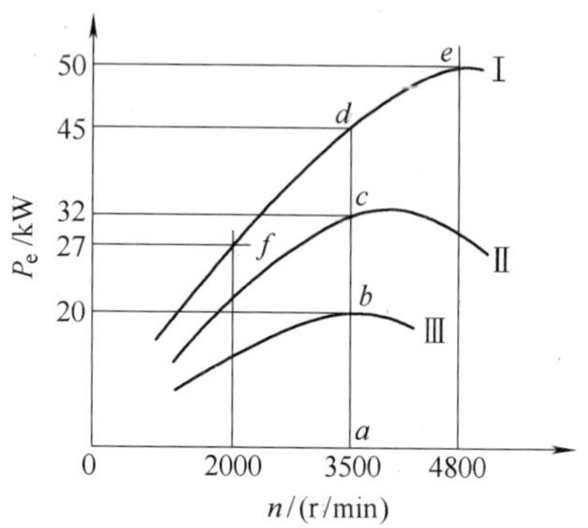


图 2-3 发动机有效功率速度外特性曲线

图 2-3 所示为发动机有效功率速度外特性曲线。曲线Ⅰ为外特性，曲线Ⅱ、Ⅲ为部分速度特性。若在 3500r/min 转速下，发动机可工作在不同节气门开度的 $a$、$b$、$c$、$d$ 等工况点，则负荷率分别是：

工况 $a$：负荷率 = 0。

工况 $b$：负荷率 = 20/45×100% = 44.4%。

工况 $c$：负荷率 = 32/45×100% = 71.1%。

工况 $d$：负荷率 = 45/45×100% = 100%。

## 2.5.2 负荷特性

**1. 负荷特性曲线**

发动机转速不变时，其性能指标（主要指燃油消耗率、小时耗油量、排气温度等）随负荷而变化的关系为负荷特性。汽车不换档，等速沿阻力变化的道路行驶时，即是这种情况。此时，必须改变发动机节气门，以调整有效转矩或功率，适应外界阻力的变化，来保持发动机转速不变。

图 2-4 所示为发动机负荷特性曲线。横坐标是表示负荷的参数之一，如 2.2.1 节所述，它可以是功率 $P_e$、转矩 $T_{tq}$ 或平均有效压力 $p_{me}$，汽油机可以是进气流量 $G_a$、节气门开度

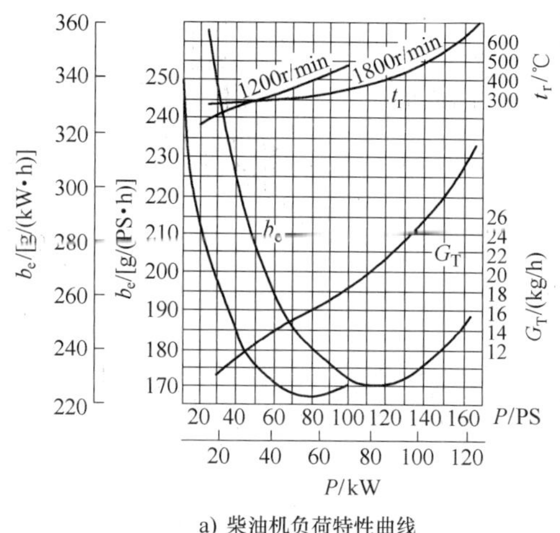


a) 柴油机负荷特性曲线

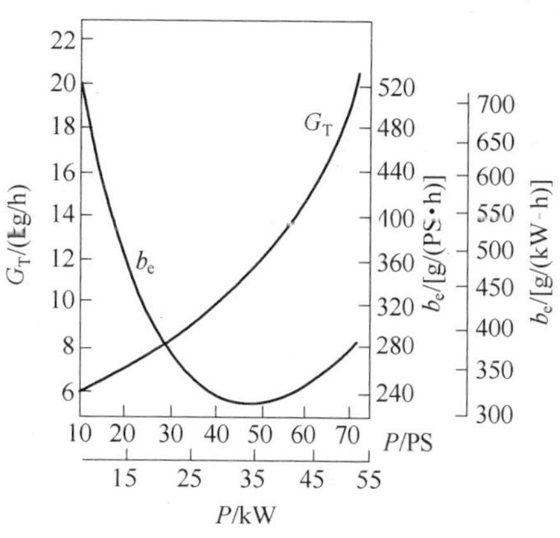


b) 汽油机负荷特性曲线

图 2-4 发动机负荷特性曲线

$\vartheta_{ta}$、进气歧管压力 $p_s$，柴油机则可以是循环油量 $g_b$、过量空气系数 $\lambda$。纵坐标主要是燃油消耗率 $b_e$，还可以是小时耗油量 $G_T$、排气温度 $t_r$、排放指标等。

在发动机的负荷范围内，存在一最低燃油消耗率负荷。当负荷为零时（怠速工况），发动机发出的功率全部用于克服内部损失，输出功率为零，有效热效率为零，燃油消耗率 $b_e$ 趋近无穷大。随着负荷的增大，输出有效功率增大，有效热效率增大，燃油消耗率迅速下降。当负荷增大到较大时（如汽油机80%左右，柴油机90%左右），燃油消耗率达到最低值 $b_{emin}$。负荷再继续增大时，由于混合气浓度增大，燃烧不完全，热效率降低，燃油消耗率又上升。

**2. 负荷特性的意义**

（1）评价与比较不同发动机的经济性　同一转速下，最低燃油消耗率 $b_{emin}$ 越低，且 $b_{emin}$ 附近燃油消耗率曲线越平坦，表明发动机在较宽广的负荷变化范围内保持较好的燃油经济性。

（2）作为选用发动机的依据　发动机在大、中负荷下工作时，燃油消耗率最低，经济性最好。负荷率过高或过低，发动机燃油消耗率都升高。据此可根据运输任务或配套机构合理选用汽车或发动机，使其常运行在最经济区，尽可能避免长期大马拉小车（在小负荷下运行，尤其高速小负荷）和小马拉大车（在全负荷下运行）的现象。

（3）作为汽车节能技术的理论依据　可变排量发动机、混合动力技术、停止怠速技术，均是以提高发动机负荷率，使其运行在经济区而达到节能、减排的目的。

**3. 柴油机与汽油机负荷特性的比较**

柴油机的 $b_{emin}$ 比汽油机的小15%~30%，$b_{emin}$ 附近曲线也较平坦。而在中、小负荷段，汽油机与柴油机燃油消耗率的差值明显比在大负荷和全负荷时大，且随负荷的降低此差值增大。所以，负荷特性曲线也表明，柴油机的经济性优于汽油机。

汽油机的压缩比小，且在小负荷时节气门开度小，导致较大的泵气损失和较多的残余废气，加之汽油机的过量空气较少，是造成上述差异的主要原因。

## 2.6　几种节能减排技术

根据负荷特性，发动机在小负荷时经济性很差，怠速时燃油消耗率为无穷大。因此，提高发动机的负荷率是节能减排的主要方向之一。

**1. 变排量技术**

如2.5.2节所述，发动机燃油消耗率随负荷率的减小而明显增大，在中等偏大负荷下经济性最好。若使发动机减少空载和小负荷工况，常运行在经济区附近，对汽、柴油机都有明显降低油耗和减少排放的效果，量调节的汽油机效果更佳。

变排量技术就是根据汽车动力的需求来实时决定发动机的有效排量，使工作的气缸总是处于较高负荷率状态，从而达到节能环保的目的。

最直接的变排量方法是2台发动机并联工作，即2台直列小排量发动机并排安置（或双曲轴发动机），输出轴间设置专门的耦合齿轮箱。齿轮箱有2个输入轴，分别与2台发动机接合，一个输出轴负责综合动力输出。需要大功率输出时，2台发动机同时工作。需要小功率输出时，其中一台发动机工作，另一台退出耦合装置并同时停止工作。这种变排量技术

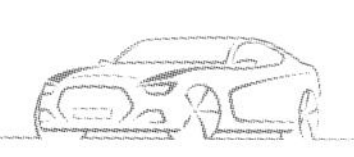

中，非工作气缸及其相关的机构和附件完全停止运动，没有消耗功及磨损的问题，耗油量较同排量的单台发动机降低 40%，缺点是自重和体积都大。

对单台多缸发动机，汽车负荷率低时，关歇部分气缸的工作，使相同转速、相同功率输出下工作气缸的负荷率提高，工作点落于经济区内；当负荷较大，需要输出大功率时，则让全部气缸参与工作。如此，既保证了发动机的动力性，又增加了经济负荷区工况运行的比例，达到改善车辆经济性和排放性的目的。如本田公司曾把 V6 发动机改造成可以停止 2 个气缸，也可以停止 3 个气缸的发动机。停止工作的气缸断电、断油、断气，气缸只起到配重的作用。为了减少停缸后的抖动感，工程师在驾驶室内安装了自动发音系统。发音系统的声频，正好抵抗机舱传来的抖动声频。所以，驾驶室内乘员根本感觉不到变缸过程。

#### 2. 混合动力技术

混合动力技术是指车辆采用两种或更多动力源联合协调驱动的技术。通常，混合动力是指燃料（汽油、柴油）化学能和电能的混合，简称油电混合，即内燃机与电动机联合驱动的系统，主要由发动机、发电机、驱动电动机、蓄电池等组成。

传统汽车由单一动力源发动机驱动，在最高车速、最大爬坡度和极限加速时要求的发动机功率，比平常行驶工况的需求功率高出较多，导致发动机大部分时间以轻载低负荷工作，出现“大马拉小车”现象，造成了高的燃油消耗率和有害物质排放。纯电动汽车则由于蓄电池比能量、比功率的问题，影响续驶里程、最高车速、加速性及爬坡能力。

由发动机和电动机组成的混合动力系统，两种动力源相互补充，克服了上述缺陷，从以下几个方面体现了其优势所在。

1）选择较小的发动机来满足平常大多数情况下的驱动功率需求，提高其负荷率，而在较少的需求大功率的工况时由蓄电池-电动机协助驱动。

2）控制发动机始终工作在最佳区域，不受或较少受到运行工况的影响。负荷小时，发动机富余的功率不断驱动发电机给蓄电池充电。

3）蓄电池-电动机驱动系统的协助，减少或避免了发动机高油耗、高有害排放的起动、怠速、小负荷等工况。

4）对制动能量进行回收。制动减速时，汽车带动发电机工作为蓄电池充电，使部分能量得以回收。

5）内燃机方便地解决了耗能大的空调、取暖、除霜等纯电动汽车遇到的难题。

6）可保持电池在良好工作状态，不发生过充、过放现象，延长其使用寿命，降低成本。

在目前的技术水平和应用条件下，混合动力汽车最具有产业化和市场化前景，它既有燃料发动机动力性好、反应快和工作时间长的优点，又有电动机无污染和低噪声的好处，达到了发动机和电动机的最佳匹配，具有良好的经济性和排放性，且可只加油，不需外接电源充电，不存在基础设施条件问题。

#### 3. 停止怠速技术

根据节气门信号和车速信号判断车辆处于怠速状态时，自动停止发动机怠速，减少了空转，提高燃油经济性，减少有害物质排放。

# 本章小结

有效功率、有效转矩、转速和平均有效压力是评价发动机动力性能的指标。曲轴输出的功率、转矩为有效功率和有效转矩，曲轴转速就是发动机的转速。平均有效压力是指单位气缸工作发出的有效功，用来评价不同排量发动机的做功能力。发动机的转速越高、排量越大、平均有效压力越大，发出的功率就越大。

有效燃油消耗率和有效热效率是发动机的经济性指标。有效燃油消耗率是发动机发出1kW·h的功消耗的燃油量，单位是g/(kW·h)。有效燃油消耗率越低，则热效率越高，经济性越好。

机械效率就是实际输出有效功率与没有机械损失时可能输出的功率之比。机械损失用来克服发动机内部各运动件之间的摩擦损失、泵气损失、驱动附件损失。机械效率随转速的升高而减小。对汽油机，因其功率（负荷）调节方式是量调节，所以随负荷的减小，节气门开度减小，进气阻力增大，机械效率下降；柴油机机械效率随负荷的改变变化不大。发动机在低温下运行，会加剧摩擦磨损。技术状况恶化，配合间隙失准、磨损等都会使机械效率下降。

有效功率、有效转矩和转速为工况参数，其中的任意两个参数可表征发动机所处的运行工况。发动机稳定运转时，其输出的功率或转矩与负载消耗的功率或施加于曲轴上的阻力矩相等。常以功率等表示发动机的负荷，与功率成单一正比关系的参数叫作负荷参数。

发动机主要性能指标随其工况而变化的关系称为发动机性能特性，表示这些变化关系的曲线称为发动机特性曲线。最常用的性能特性是速度特性和负荷特性。速度特性是指发动机油门位置不变（汽油机节气门开度或柴油机供油拉杆）时，主要性能指标（功率、转矩、燃油消耗率、排温等）随转速的变化关系。速度特性分全负荷速度特性和部分负荷速度特性，全负荷速度特性又称为外特性，是油门开度最大时的速度特性，表示了发动机最高使用动力性能及适应外界负荷变化的能力。负荷特性是指发动机转速不变时，其性能指标随负荷而变化的关系，表示了发动机的经济性。发动机性能特性曲线对正确选用、使用发动机具有指导意义，也是变排量、混合动力等节能技术的理论依据。

## 【复习思考题】

1. 发动机动力性指标主要有哪些？经济性指标有哪些？
2. 发动机转速越高，有效功率越大，对吗？
3. 何为平均有效压力？有何意义？
4. 何为有效燃油消耗率？有何意义？
5. 小时耗油量越多的发动机，其经济性就越差，对吗？为什么？
6. 何为机械效率？随着发动机转速的升高，机械效率如何变化？
7. 为什么长期在低温下工作的发动机会加速磨损？
8. 随着负荷的减小，汽油机的机械效率如何变化？
9. 何为“怠速”？怠速时缸内的热变功去哪儿了？
10. 表示发动机工况的参数有几个？几个参数可以描述发动机的工况？

11. 发动机的负荷就是其有效功率，对吗？

12. 何为发动机外特性？有何意义？画出汽油机外特性曲线。

13. 何为转矩适应系数和转速适应系数？

14. 何为发动机负荷特性？有何意义？画出发动机负荷特性曲线。

15. 完成某一运输任务时，选用小排量发动机的汽车能省油，对吗？为什么？

16. 多缸发动机断缸技术为什么能节油？

17. 混合动力技术为什么节油效果较明显？

18. 比较汽油机和柴油机经济性的好坏，说明原因。

19. 不换档、不改变油门位置时，搭载汽油机的车辆较搭载柴油机的车辆爬坡的能力强，对吗？为什么？

# 第3章

# 机体组与曲柄连杆机构

【学习目标】

1. 掌握机体组与曲柄连杆机构的功用与组成。
2. 掌握主要零部件的功用、结构、装配和传动关系，拆装与调整规范，检修方法。
3. 掌握活塞组件、轴承的选配方法及要求。
4. 理解多缸发动机曲拐布置与气缸工作顺序的关系。
5. 理解主要零部件的工作原理、损伤形式、规律或特征及危害。
6. 了解主要零件的工作条件、要求及材料。
7. 了解曲柄连杆机构各种异响的特征、成因及诊断方法。
8. 了解可变压缩比技术。
9. 认识机体组、曲柄连杆机构的结构、技术状况与发动机性能、检修之间的关系。

## 3.1 机体组

### 3.1.1 机体组的组成及功用

1. 基本组成

机体组主要由气缸体（又称机体）、气缸盖、气缸垫、曲轴箱、气缸盖罩等组成。气缸体和气缸盖构成发动机的基本骨架，几乎是其他所有零部件的安装基础。

形成圆筒形气缸的部分叫气缸体。对多缸水冷发动机，各气缸体通常铸成一个整体。

气缸盖置于气缸体的顶部，它们之间装有气缸垫，三者通过螺栓紧固在一起，形成对气缸顶部的封闭。

曲轴箱在气缸体的下部，用于安放曲轴，并封闭曲轴及气缸体的下方。曲轴箱分上曲轴箱和下曲轴箱。车用发动机中，下曲轴箱兼作储集机油之用，又称为油底壳或机油盘。

对水冷式发动机，通常将其气缸体与上曲轴箱做成一体，简称为机体或仍称为气缸体。图 3-1 所示为水冷式发动机机体组组成。

对风冷式发动机，通常将气缸体与上曲轴箱分别制造，气缸体多采用单体式结构，以便于其外表面布置散热片。

**2. 功用**

1）气缸体和气缸盖支撑发动机的主要运动件，并保持它们相互位置的正确性。

2）气缸体和气缸盖内设置合适的燃烧室和进排气道、冷却液道、机油通道，是进排气系统、冷却系统、润滑系统的组成部分。

3）安装各机构和系统的附件。

4）承受发动机工作时产生的惯性力和气体压力。

5）支撑发动机安装在基座上。

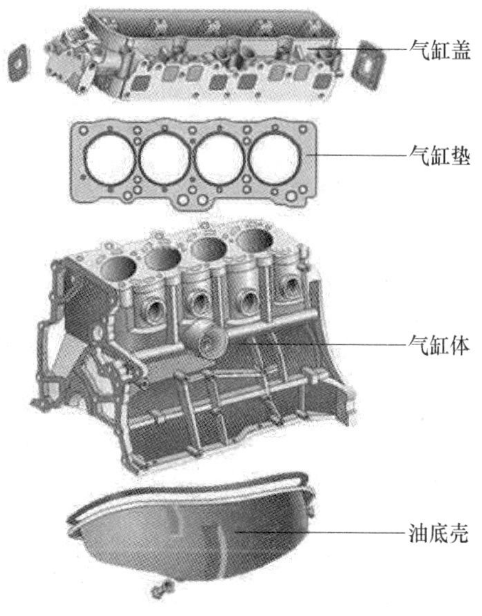

图 3-1　水冷式发动机机体组组成

## 3.1.2　气缸体

**1. 气缸体特点与要求**

气缸体是发动机中体积、质量最大的零部件，且结构复杂。当发动机工作时，气缸体支承高速滑动的活塞，承受大幅度剧烈交变的气体压力、运动件惯性力的作用，同时交替接触高温燃气及低温进气，且受热非常不均匀。所以，气缸体要具有足够的刚度、强度、耐磨性、耐热性和散热性，以保证变形量在限定范围内，不致破坏原有的配合和各零件间准确的位置关系，以及引起异常磨损、裂损和漏水、漏气、漏油等故障。

**2. 气缸体材料**

气缸体多由优质灰铸铁或铝合金铸成。汽油机多采用铝合金材料气缸体，它不但适应轻量化的发展趋势，而且散热性好，但成本较高。高速柴油机的机体常用铸铁铸造。

**3. 气缸体结构**

气缸体内除了有各零件安装孔外，还设有机油油道及环绕在气缸周围的冷却液腔或水套，它们通过缸体顶面及气缸盖底面的孔与气缸盖内冷却液腔的油道相通。

气缸体的顶面和底面必须非常平整，以便能安装气缸盖和油底壳，并实现很好的密封。气缸体下部有同心的主轴承孔，以安放主轴承和曲轴。各种形式的机体，为减小重量又不影响刚度、强度，在机体外部均有加强肋。

气缸体的结构形式除了受冷却方式影响外，主要与曲轴箱结构形式、气缸形成方式、气缸数及其排列形式有关。

（1）曲轴箱结构　按曲轴箱结构的不同，气缸体分为平分式、龙门式和隧道式三种形式。

1）平分式，又称一般式。其上、下曲轴箱接合面与曲轴中心线在一个平面上（图 3-2a）。它的结构简单、

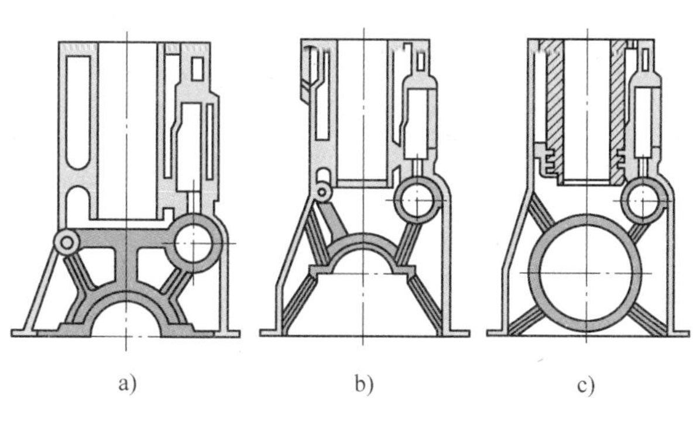

图 3-2　曲轴箱结构

高度小，便于加工、拆装；质量小，但刚度较差，且曲轴前后端密封较复杂。这种结构形式在汽油机上较为常见。

2）龙门式。其上、下曲轴箱分界面低于曲轴中心线（图3-2b）。其刚度和强度较平分式好，工艺较平分式复杂，质量稍大。柴油机和汽油机都采用此形式。

3）隧道式。其主轴承孔不分开（整体式）（图3-2c），轴承孔较大，曲轴从一端装入，刚度和强度高；但工艺性差、质量大、拆装不便，多用于柴油机。

汽车发动机常见的机体形式是前两种：如红旗轿车CA488-3发动机、夏利轿车TJ736发动机等为平分式机体，捷达、高尔夫、富康、桑塔纳等轿车发动机均采用龙门式机体。

（2）气缸与气缸套　气缸是发动机热变功的工作腔，其表面直接与高温高压的燃气接触，且有活塞组件在其中高速相对滑动，故要求其必须坚硬、耐热、耐磨、耐腐蚀。为此，气缸表面均采用优质合金材料，并同时做特殊的珩磨或多孔电镀表面处理，以提高加工精度，并形成微观上的网纹状或多孔的油膜化结构，以便储存机油，改善其与活塞组之间的润滑。

根据形成气缸方法的不同，气缸体又分为整体式和气缸套式。

1）整体式机体，又叫无缸套式机体，是在气缸体上直接加工出气缸孔。其结构紧凑（气缸中心距小），质量轻，刚度大，但要求整个气缸体都要采用优质材料，会造成浪费，多见于铸铁气缸体或负荷较小、缸径不大的汽油机，如红旗CA108、跃进NJ70、红旗CA488-3、捷达EA827、上海桑塔纳JV、富康TU、夏利TJ376Q等汽油机均采用整体式的气缸体。某些高档车型如奔驰、宝马、法拉利等部分车型的发动机也采用了整体式铝合金气缸体。

2）气缸套式机体，即圆筒形的气缸套采用优质合金铸铁或合金钢单独制造后镶装到气缸体内形成气缸，而气缸体采用普通铝合金或铸铁制造。这样既降低成本，又便于维修时拆卸和更换损坏的气缸，延长气缸体的使用寿命。现在发动机上广泛采用气缸套式机体，尤其是铝合金的气缸体。

根据气缸套是否与冷却液接触，将其分为干式和湿式两种，如图3-3所示。

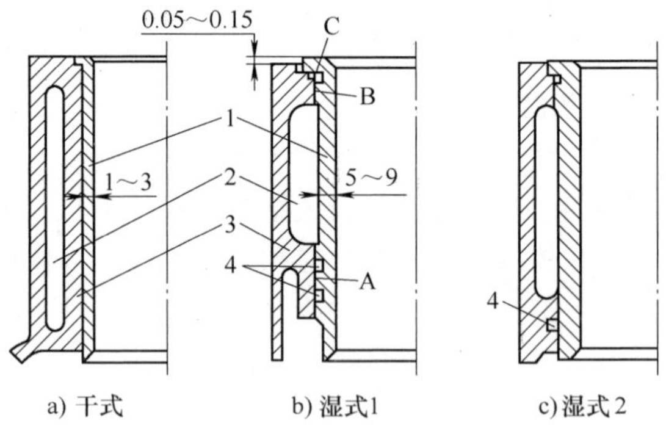


图3-3　气缸套

1—气缸套　2—水套　3—气缸体　4—橡胶密封圈

A—下支承密封带　B—上支承密封带　C—气缸套凸缘平面

① 干式气缸套，其外表面不与冷却液直接接触，直接套装入并支撑在气缸体上镗好的气缸套孔内，其壁厚仅为1~3mm。其优点是机体刚度大，气缸中心距小，质量小；缺点是散热不良，拆装不方便，且外表面也要求精加工。

② 湿式气缸套，其外表面直接与冷却液接触，仅靠外表面上、下凸出的圆环带和上部的凸缘下平面与机体配合面进行径向和轴向的支撑定位，壁厚为3~9mm。气缸套下部外表面径向定位环带有1~3道，上部有1道耐热、耐油的橡胶密封圈以防漏水。其优点是散热性好，拆装方便；缺点是刚度、强度稍差，易漏水、漏气。湿式气缸套多见于柴油机上。

注意：湿式气缸套装入气缸体后其上端面应比机体上平面略高0.05~0.15mm，在拧紧

缸盖螺栓时，使其与气缸垫贴合得更紧密，以保证密封性；干式气缸套装入气缸体后，其上端面应与气缸体上平面平齐。

（3）气缸排列形式 按照气缸的排列形式，车用发动机气缸体有直列、V 型、水平对置三种，如图 3-4 所示。

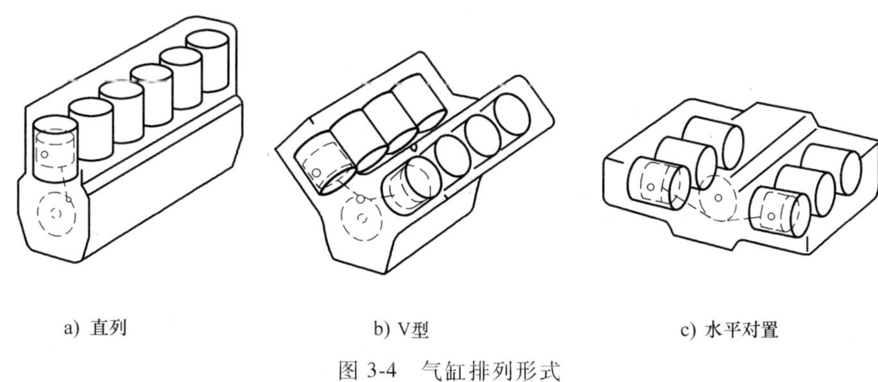

a) 直列　　b) V型　　c) 水平对置

图 3-4 气缸排列形式

1）直列式，即发动机所有气缸的中心线在一个平面内成一列布置，共用一根曲轴和一个缸盖。特点是结构简单、宽度小，易于制造、维护和修理，但高度和长度较大，多见于 6 缸以下的发动机。气缸中心线可以垂直（立式）、水平（卧式），还有斜置的。

2）V 型，即相同数量的两列气缸的中心线平面成一定夹角，此夹角多为 90°或 60°。V 型结构的优点是长度、高度尺寸小，结构紧凑、刚度好；缺点是宽度尺寸较大、结构复杂。6 缸以上、排量较大的发动机多采用 V 型布置。

3）水平对置式。当 V 型发动机两列气缸的夹角为 180°时，便成为水平对置发动机。其优点是运转平稳性好，发动机的高度、重心均较低。保时捷汽车和斯巴鲁汽车采用这种发动机。

另外，还有一种特殊的 V 型布置，即将 V 型发动机每侧的气缸数各增加 1 倍，并使其小角度地错开，称作 W 型发动机。W 型发动机长度更短，结构更紧凑，但宽度也相应增大，结构更复杂，只在少数车上应用。

## 3.1.3 气缸盖

### 1. 气缸盖功用与材料

除前述机体组的共同功用外，气缸盖用来密封气缸顶部，其底面与活塞顶面、气缸壁一起构成发动机的燃烧室。

气缸盖的工作条件及要求与气缸体的类似，但其热负荷更大。气缸盖多由优质铸铁和铝合金制成。车用发动机气缸盖多为铝合金制成。

### 2. 气缸盖结构

气缸盖（图 3-1）是发动机中结构最复杂的箱形零件，其内布置了配气机构零件（如气门、气门导管、气门弹簧、摇臂、顶置凸轮轴等）的安装座或孔，喷油器、火花塞等的安装孔。气缸盖内设有冷却水套、机油油路，通过底端面处的孔与气缸体内相通。气缸盖内还有连接进、排气管和燃烧室的进、排气道，侧面有进、排气道孔。

气缸盖的底部形状与燃烧室有关。为此，不管柴油机还是汽油机，气缸盖底面都有不同形状和深浅各异的凹坑，以达到理想的燃烧室形状（见本书第 5 章和第 6 章）。

气缸盖的结构形式有整体式、分块式。整体式气缸盖即整列气缸共用一个气缸盖，车用发动机多为此种形式。其结构紧凑（缸心距较小）、散热效果好；但受力不均、刚性差、易变形，维修更换不经济。大型发动机则多用分块式气缸盖，即三缸一盖、二缸一盖或一缸一盖。此种类型的气缸盖刚性好、变形小，加工维修方便，更换经济。

气缸盖上部装有气缸盖罩，主要起到防止灰尘进入缸盖顶部和阻隔噪声的作用。

**3. 气缸盖的拆装**

气缸体和气缸盖通过气缸盖螺栓紧固在一起，每个气缸周围通常有 4 个以上气缸盖螺栓。气缸盖螺栓的拆装方法对气缸体和气缸盖的受力、变形有重要影响。为使变形减到最小，保证密封性，拆装气缸盖时应注意以下事项。

1）安装时，必须用扭力扳手按照由中间对称地向四周扩展的顺序，交替着分 2~3 次拧紧，最后一次达到规定的拧紧力矩。若气缸螺栓的预紧力过小，易造成密封不严，撞击振动等。若预紧力过大，则造成缸体、气缸盖变形，螺栓破坏等，同样造成密封不严现象。

2）对铸铁气缸盖，冷态下拧紧一次，热态下需再拧紧一次，因为铸铁气缸盖的膨胀系数小于螺栓的膨胀系数；对膨胀系数较大的铝合金气缸盖，冷态下拧紧一次即可。

3）拆卸必须在冷态下进行，按照由四周向中间的顺序，均匀交替着分 2~3 次将气缸盖螺栓拧松。

## 3.1.4　气缸垫

**1. 气缸垫功用**

气缸垫安装在气缸盖与机体接合面之间，起密封和缓冲作用，防止气缸内气体及穿过气缸体与气缸盖接合面的冷却液和机油窜漏。

气缸垫的厚度影响压缩比的大小，更换不同厚度的气缸垫是微调压缩比的手段之一。厚度增大，压缩比减小；反之，压缩比增大。

**2. 气缸垫材料及结构**

气缸垫接触高温、高压燃气及冷却液和机油，使用中容易被烧蚀、腐蚀，尤其是气缸孔周围；气缸垫还承受拧紧缸盖螺栓时的压力。所以，气缸垫都采用耐热、耐腐蚀、耐压、有一定弹性的高强度材料制成。

以前气缸垫多是石棉制品，因发现其有致癌作用，现大多数采用多层金属片气缸垫，少部分采用金属-石棉气缸垫。

气缸垫的形状、尺寸及其上的孔完全与气缸体上平面上的相对应，如图 3-1 所示。

（1）金属-石棉垫　一种由夹有金属丝或金属屑的石棉外包钢皮或铜皮组成，另一种以编织的钢丝或轧孔钢板为骨架，外覆石棉及黏结剂压成。金属-石棉垫在冷却液孔、机油孔、气缸孔周围用金属包边强化。

（2）金属垫　用铜、铝或低碳钢片制成的一叠薄钢片。在各冷却液孔、机油孔、气缸孔周围有弹性的凸肋以加强密封。

近年来，国外一些发动机开始采用耐热密封胶代替传统的气缸垫。

**3. 气缸垫的安装**

气缸垫常见的损伤是烧蚀。破损的气缸垫只能更换，不能修复。安装气缸垫时要注意如

下事项：

1）检查气缸垫应完好无损，清洁，无任何污物或物料附着。

2）旧的气缸垫不可再用，即使看起来还很好，因为其弹性、密封性已降低。

3）气缸垫的安装方向：

① 若气缸垫上有安装标记，则按标记安装。

② 有卷边的面要朝向易修整的或较硬的接触面。若气缸体、气缸盖同是铸铁的，则卷边面朝向气缸盖；若气缸体为铸铁的、气缸盖为铝合金的，则卷边面应朝向气缸体；若气缸体和气缸盖同是铝合金的，则卷边朝向湿式气缸套的边缘。

4）检查气缸垫上的各孔与气缸体上的孔对正、接合面无任何夹杂物后装合气缸盖。

气缸垫若安装不当，容易造成气缸垫烧蚀及机油、冷却液、缸内气体的窜漏，导致机油和冷却液消耗过快，甚至引起发动机过热、动力性和经济性恶化等现象。

### 3.1.5　油底壳

油底壳又称下曲轴箱，通过螺栓紧固到气缸体下端面，其间装有油底壳衬垫或涂密封胶。其主要功用是封闭曲轴箱，收集并储存机油。

油底壳多由薄钢板冲压或用铝铸造而成，如图 3-1 所示。油底壳侧面通常有油标尺孔，以插入油标尺，便于检查机油油位。

车用发动机油底壳多做成前浅后深的楔形形状，其内设有挡油板，防止在汽车颠簸或转弯时油面波动、激溅和起泡沫等引起供油不畅，同时起到加强刚度，减小振动噪声的作用。在最低处装有带磁性的放油塞，以便吸附机油中的金属屑并放出机油。

### 3.1.6　机体组的常见损伤

机体组的主要损伤形式是磨损、变形和裂纹。

**1. 磨损**

气缸体的磨损主要发生在气缸、主轴承孔和后端面，其中气缸的磨损程度是决定发动机寿命和是否需要大修的主要因素。气缸内侧与高温高压燃气直接接触、活塞组在其中高速相对滑动、润滑不良及气缸内杂质等是磨损的主要原因。随着气缸磨损程度的加深，活塞与气缸配合间隙增大，漏气、窜机油、异响等加重，引起气缸压力不足、机油消耗增多等，并导致发动机动力性和经济性下降，排放恶化，起动困难等故障。当气缸磨损到一定程度时，发动机综合性能明显下降，需进行大修作业。

气缸的磨损是不均匀的，呈现以下特点：

1）沿气缸轴线方向呈上大、下小的锥形，磨损最大的部位是活塞在上止点时第一道活塞环对应的气缸壁处，而其上方活塞环行程之外的部位几乎没有磨损，形成了所谓的“缸肩”。这是因为第一道活塞环上止点处：

① 活塞环受到的气体压力最高，与气缸壁的接触压力最大。

② 高温、高压气体的作用，使机油膜不易建立，且易烧蚀，形成积炭。

③ 燃气中的酸性氧化物与水蒸气产生的酸性腐蚀物质对缸壁的腐蚀作用最强，尤其长期在低温下工作及频繁冷起动的发动机，这种磨损更严重。

④ 进气中的灰尘附着较多，磨料磨损严重。

检修过程中，必须先用铰刀去掉此“缸肩”，以防止拆卸活塞时活塞环断裂或活塞表面划伤，新换活塞环装入后与其碰触而损坏。

2）气缸沿圆周方向的磨损呈不规则的椭圆形，其最大磨损部位随使用条件的不同而不同。一般由于活塞侧压力和曲轴轴向移动的原因，纵向或横向的磨损最大。另外，受进气流冲刷，油膜易遭到破坏，且易聚集杂质，因此进气门对面（迎着进气流）的气缸壁磨损较大。

3）就整台发动机而言，各缸的磨损情况也不一致。通常位于发动机两端的气缸因冷却强度大，磨损量往往比中部的略大。

**2. 变形**

在使用过程中，气缸体和气缸盖的接合平面发生翘曲变形及螺纹孔口周围凸起的现象是普遍存在的。其主要原因是：

1）发动机的高低温变化、受热不均、制造加工过程中存在的缺陷等造成的应力不均。

2）装配前未将螺纹孔和接合面清除干净。

3）拆装时不按次序和规定的拧紧力矩操作，或高温下拆卸气缸盖。

4）承受急剧交变的拉、压、弯曲和扭转载荷。

气缸体和气缸盖接合面的翘曲变形和螺纹孔口周围凸起，会导致气缸顶部密封不严而漏气、漏水、漏机油，影响发动机的正常工作。

气缸体变形、气缸磨损不均匀将导致主轴承孔变形、主轴承孔同轴度偏差增大、气缸中心线与主轴承孔（曲轴）中心线垂直度偏差增大，而且是相互影响、相互恶化的。

**3. 裂纹**

气缸盖裂纹多发生在气门座或火花塞座孔附近，气缸体裂纹多发生在水套薄壁处。产生裂纹的主要原因是：

1）在发动机工作时机体组承受拉、压、弯曲和扭转等交变载荷而导致裂纹。

2）严寒的冬季未使用防冻液，停机后忘记放出冷却液，冷却液套被冻裂。

3）发动机处于高温状态时突然加入大量冷水，或水垢积聚过多而散热不良，使水套产生裂纹。

4）镶装气缸套、气门导管、气门座圈等过盈配合零部件的工艺不当。

5）制造加工中存在缺陷。

## 3.1.7　机体组的检修

**1. 机体组变形的检修**

（1）机体组变形的检查　气缸体和气缸盖接合平面的平面度误差、气缸体上下平面的平行度误差等反映了机体组变形的程度。检查前，必须彻底清除待检测平面上的各种异物、杂质，消除螺纹孔周边毛刺。

用长的钢直尺和塞尺检测平面的平面度误差。检查时，把直尺沿待测气缸盖或气缸体接合平面的纵、横方向和对角线方向分别放置，将塞尺插入平面与直尺间，能够插入的塞尺最大厚度即为平面度误差。

不同发动机对气缸体和气缸盖接合平面的平面度误差有具体要求。通常，对气缸体，其上平面上任意位置，每 50mm×50mm 范围内平面度误差应不大于 0.05mm；全长小于 600mm

的气缸体平面，平面度误差应不大于 0.15mm；全长大于或等于 600mm 的铸铁气缸体，平面度误差应不大于 0.25mm，铝合金气缸体平面度误差应不大于 0.35mm。对气缸盖，长度小于 300mm 的，平面度误差应不大于 0.05mm；长度大于 300mm 的，平面度误差应不大于 0.03mm。

用高度规或直尺检查气缸体两端的高度，以确定气缸体上下平面的平行度误差；检查气缸体下平面至主轴承孔的距离，以确定两者间的平行度误差。这些平行度误差应符合原厂技术要求。

（2）机体组变形的修理　若平面度误差超过限定值，应予以修理。当平面度误差较小或局部凸起时，可用刮削法、研磨法修复；当平面度误差较大或缸体平面与主轴承孔不平行时，可采用平面磨床进行磨削加工。对 V 型发动机，必须将两侧气缸体的上平面修复到相同高度，以保证压缩比相等及歧管对正。

注意，气缸盖的总切削量不宜过大，一般不得大于 0.50mm，否则会带来以下问题：

1）燃烧室容积减小，使压缩比增大。

2）顶置凸轮轴与曲轴间的距离减小，使气门正时（见第 4 章）发生改变。

3）活塞顶与气门发生碰撞。

所以，气缸体和气缸盖平面修复后，注意恢复在发动机高度方向相关的尺寸参数及与气缸盖有装配关系的配气机构零部件的几何参数。

当气缸盖厚度小于标准厚度 2mm 时，应换气缸盖或加一片气缸垫。

**2. 机体组裂纹的检修**

（1）机体组裂纹的检查　对细微的裂纹常用水压试验法检查。检查时，将气缸盖、气缸垫装在气缸体上，把水压机出水管连接于用专用盖板封住的气缸体前端进水口，其他水口封闭，然后用水压机将水压入气缸体和气缸盖水套内。要求在水压 0.3～0.4MPa 下保持 5min 而不出现任何渗漏现象，若有水珠出现，则表明该处有裂损，应予以修复。

在镶换完干式气缸套、气门座圈或对气缸体进行焊接修理后，都应进行一次水压试验。

（2）机体组裂纹的修理　气缸体裂纹的修理方法有焊接法、补板法、螺钉填补、黏结法等，应根据裂纹的程度、部位、设备条件等选用。

焊接法一般用于裂纹部位受力较大或温度较高且距水道较近的地方。焊前应在裂纹两端钻止裂孔，并沿裂纹开 V 形口、进行清洁等处理。此方法，焊接质量较高，变形小，成本低，易于操作；补板法适于受力不大且裂纹较长或有破洞的部位；环氧树脂黏结法一般用于受力和受热不大且距水道较远的部位；螺钉填补法适于某些受力不大、强度要求小、裂纹短的平面部位。

气缸盖出现裂纹一般应予以更换。

**3. 气缸体磨损的检修**

（1）气缸磨损的检验　测量气缸圆度误差和圆柱度误差，以确定磨损程度，判断发动机是否需进行大修及确定修理尺寸。

圆度误差是指同一横截面上不同方向测得的最大与最小直径差值的 1/2。圆柱度误差是指在被测气缸活塞行程范围内测得的所有截面和方向上的最大与最小直径差值的 1/2。

测量气缸的磨损量通常用量缸表（又称内径百分表），方法如下：

1）根据气缸尺寸，选择合适的接杆及固定螺母，装在量缸表的下端。

2）校正量缸表的尺寸。将外径千分尺校准到被测气缸的标准直径，再将量缸表的测杆伸入到标准缸径的千分尺开口内，观察表针，使伸缩杆压缩1~2mm为止，然后将连接杆上的固定螺母拧紧，旋转表盘使表针对准“0”刻度。

3）将量缸表的测杆伸入到气缸上部第一道活塞环在上止点时对应的缸壁，分别测量纵横两个方向的气缸直径。

4）将量缸表下移，用同样的方法测量气缸中部和下部的磨损。气缸下部为活塞行程下止点处，距离气缸下边缘10~20mm处。气缸中部为上、下止点中间的位置。

注意：测量时要保持测杆与气缸轴线垂直，以达到测量的准确性。将量缸表放在测量处进行轻微摆动，当指针指示到最小读数时，即表示测杆已垂直于气缸轴线，此时方可记录读数。

5）计算圆度和圆柱度误差。

生产中，有一种简单的测量方法，只用一个旧活塞环和一把塞尺：将活塞环先后摆放在气缸内上部和下部所测截面，用塞尺测开口间隙（参见3.2.2与3.2.5节）。两个开口间隙之差反映的是气缸横截面周长的变化量，再除以2π（π可近似取3）就得到气缸的锥度。

（2）气缸的修理　当气缸磨损达到规定的圆度、圆柱度误差限值或有拉缸时，必须对气缸进行修理。通常，汽油机和柴油机圆度误差的限值分别是0.05mm和0.065mm，圆柱度误差的限值分别是0.20mm和0.25mm。

气缸的修理就是通过镗削、磨削等修理尺寸法和镶换气缸套等修复方法，恢复气缸尺寸和正确的几何形状与配合性质的过程。所谓修理尺寸即扩缸修理后的气缸直径。

1）气缸的镗削、磨削。

① 确定气缸的修理尺寸。气缸修理尺寸以标准气缸直径每增加0.25mm为一级，一般分为4~6级，每次气缸大修时都要超过一级修理尺寸。常用的是+0.5mm、+1.0mm、+1.5mm三级，0.75mm、1.25mm为辅助级。

气缸修理尺寸就是测量得到的磨损气缸最大直径与镗磨加工余量的和，与各级修理尺寸相对照，其相符的修理等级尺寸或相近的稍大一级的尺寸。

注意：同一台发动机各气缸应采用同一级修理尺寸。

② 气缸镗磨加工余量的确定。根据已确定的气缸修理尺寸，选配同级修理尺寸中的同一分组的活塞和活塞环，根据选定活塞的裙部最大直径和活塞与气缸壁的标准配合间隙确定气缸的镗削量。

镗削量=活塞裙部最大直径+活塞与气缸的标准间隙-镗磨余量-气缸最小直径

加工余量一般取0.10~0.20mm，尽可能取小值。

③ 气缸的镗削（镗缸）。镗削应在专用镗床上进行，镗削后的气缸圆度误差不超过0.005mm，圆柱度误差不超过0.001mm，表面粗糙度不超过1.6μm，并留有0.03~0.05mm的磨削余量。

④ 气缸的磨削。镗缸后进行珩磨，消除缸壁上的刀痕，达到粗糙度要求。气缸珩磨质量要求：圆度误差不超过0.005mm，圆柱度误差不超过0.0075mm，表面粗糙度不大于0.6μm，与活塞配合间隙符合原厂规定。使用证明，若活塞与气缸壁的间隙偏大0.01mm，就等于这辆汽车至少少行驶10 000km而提早大修。

注意，为防止气缸体变形，镗磨气缸应在完成气缸体的修补、镶配气门导管等相关件后

进行，且应隔缸进行镗磨。

2）气缸套的镶换。发动机经过多次镗缸修理后，当直径超过最大修理尺寸或气缸套壁上出现特殊损伤时，应更换新气缸套。其方法如下：

① 用专用气缸套拆装工具拉出旧气缸套。对湿式气缸套，可轻轻敲击气缸套底部，用手或专用工具拉出旧气缸套；对干式气缸套，若拉出旧的气缸套有困难，可用镗床将其镗掉。

② 选择新气缸套。气缸套外径的修理尺寸一般分四级，相邻两级直径差为 0.25mm。第一次应选用标准尺寸的气缸套，而对镗去旧缸套的气缸体，应选用大一级修理尺寸的气缸套。

③检修气缸套承孔。气缸套承孔应镗为与气缸套同一级修理尺寸，干式气缸套应留有适当的过盈量。一般有凸缘的气缸套过盈量为 0.05~0.07mm，无凸缘的气缸套过盈量为 0.07~0.10mm，凸缘部分与气缸体上端凸缘槽的配合间隙应不小于 0.05mm。

④ 镶装气缸套。

a. 镶装干式气缸套。先将气缸套和承孔的配合面涂上机油，然后利用专用工具将气缸套插入承孔中并放正，再缓慢平稳地压入承孔中，压入时的力不大于 59kN。每压入承孔 20~30mm 的过程中，放松压力几次，以便气缸套自动校正轴线与气缸孔的同轴度，同时用直角尺检查气缸套是否歪斜。

若在压装过程中感到压力急剧增大，应立即停止操作，找出原因（一般是气缸套歪斜或过盈量太大所致）。如果压入时的力过低，则可能是承孔尺寸过大，过盈量不足。

注意：干式气缸套镶装后，其上端面应与气缸体上平面平齐，若高出少许，可锉削或磨削修平。压装时要按隔缸镶装的顺序进行。

b. 镶装湿式气缸套。先将气缸承孔接合面清理干净，再将未装密封圈的气缸套装入承孔内，压紧后检查其是否高出气缸体上平面 0.05~0.15mm，各缸高出误差不得大于 0.04mm。若不符合要求，可用在气缸套台肩下加、减铜垫片（铝合金缸体加铁垫片）或修整气缸套下止口的方法解决；在承孔、镗磨好的气缸套上装密封圈的部位及密封圈上涂上密封胶，密封圈装入后连同气缸套压入承孔。密封圈应高出气缸套外圆柱面 0.5~1.5mm，其侧面应有 0.5~1.0mm 的间隙。

⑤ 按标准尺寸镗缸和磨缸后，进行水压试验。水压试验时若发现漏水，则表明干式气缸套的缸体因装配应力过大产生了裂纹，湿式气缸套则多为密封圈处密封不严所致。

（3）气缸的激光淬火　近年来，许多进口汽车发动机采用整体式气缸体，利用激光淬火技术进行表面强化，使气缸壁的耐磨性大大提高，磨损率不大于 0.01mm/10000km，气缸使用寿命可达到 15 万 km 以上。气缸磨损超限后，在粗磨之后进行激光淬火，淬火后进行精磨（因激光淬火后会使直径缩小 0.01mm 左右）。

**4. 气缸盖燃烧室容积的测量方法**

气缸盖与气缸体接合面经过铲削或磨削修理并更换气缸垫后，燃烧室容积必然发生变化，使压缩比改变。因此，对修理过的气缸盖的燃烧室容积要认真地测量。测量方法为：清除燃烧室表面上的积炭和污垢后，将进、排气门和火花塞或喷油器按规定装配好，确保不泄漏；倒置气缸盖，用玻璃板盖住燃烧室，然后用量杯配制煤油占 80%、机油占 20% 的混合油液，用其注满燃烧室，量杯中液面变化的差值即为燃烧室容积。

要求：维修后燃烧室容积不得小于公称容积的 95%；同一台发动机各燃烧室容积的公差为公称容积的 1%~2%。

# 3.2 活塞组

活塞组主要由活塞、活塞环、活塞销等零件组成。

## 3.2.1 活塞

### 1. 活塞的功用

活塞密封气缸下部，其顶面与气缸盖、气缸壁一起构成燃烧室，并承受高温燃气压力，通过活塞销座和活塞销传给连杆。

### 2. 活塞要求及材料

活塞与高温、高压燃气直接接触，在润滑、冷却散热均不良的情况下高速往复滑动，并承受交变的惯性力、侧压力的作用。所以要求活塞必须耐磨、耐热，热膨胀系数小、导热性好，具有足够的刚度和强度，质量小，且多缸发动机各缸活塞的质量、性能须一致。

汽车发动机活塞广泛采用高强度铝合金材料，少数低速增压柴油机活塞有时采用合金铸铁或耐热合金钢。

### 3. 活塞基本构造

活塞由顶部、头部和裙部三部分组成，如图 3-5 所示。

（1）活塞顶部　活塞顶部是燃烧室的一部分，其形状取决于燃烧室的形式。常见的活塞有平顶、凸顶和凹顶等结构形式，如图 3-6 所示。

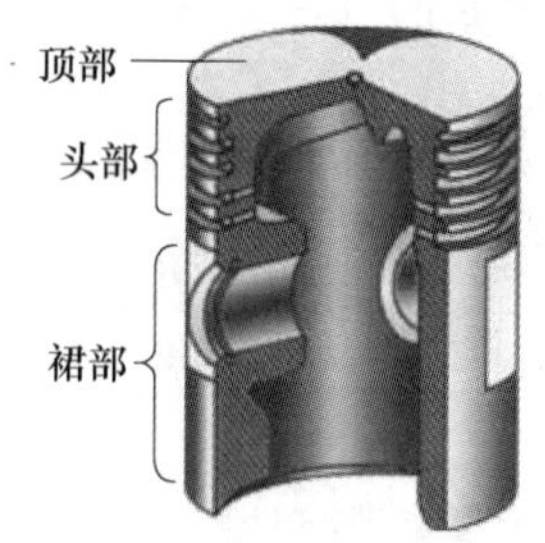


图 3-5　活塞的基本结构

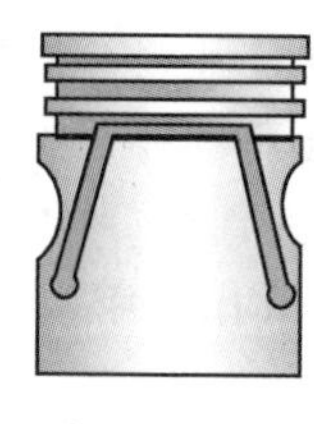

a) 平顶

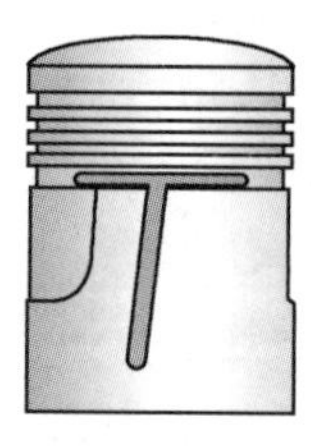

b) 凸顶

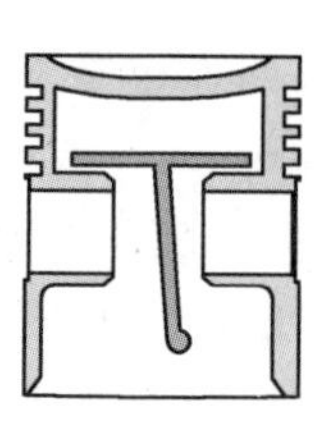

c) 凹顶

图 3-6　活塞顶部形状

平顶活塞结构简单、受热面积小，多见于汽油机。有的汽油机也采用浅凹顶活塞。

凸顶活塞强度大，多见于二冲程汽油机，利于扫气导流。

柴油机活塞顶有不同形状和深度的凹坑，以配合混合气的形成与燃烧，如 ω 形、盆形、球形等，这将在第 7 章中讲述。

气门顶置、升程又较大的发动机中，活塞顶部还加工有气门凹坑，防止活塞在进气上止点时与气门发生干涉。

改变活塞顶面凹坑或凸起的形状及尺寸，可用来调节发动机压缩比。

活塞顶部标有安装记号，如三角、箭头、缺口等，以指示活塞朝向发动机前端。

（2）活塞头部　从活塞顶到活塞销孔上方最后一道环槽下端面的部分为活塞头部。其上切有若干道环槽，用以安装活塞环。上面的环槽用来安装气环，下面的环槽用来安装油环，防止高温高压燃气漏入曲轴箱，并阻止机油窜入燃烧室，所以又称其为环槽部或防漏部。活塞顶

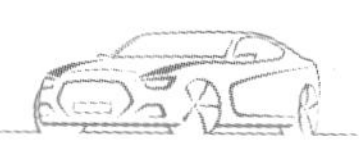

部所吸收的热量大部分也要通过活塞头部和活塞环传给气缸壁，再由冷却液带走。

现代车用汽油机一般有 3 道环槽，上面的两道用于安装气环，下面的一道用于安装油环。柴油机压缩比大，气缸内压力高，一般有 2~3 道气环槽，1~2 道油环槽。赛车用高速发动机，为减少摩擦损失，一般有两道环槽，其中一道气环槽，一道油环槽。

第一道活塞环槽至活塞顶面这一段称为活塞环岸或活塞顶岸。某些活塞在第一道环槽上方切有一道较窄的隔热槽，用来减少传到第一环槽和环的热量，如图 3-7 所示。有的活塞在第一道环槽内镶嵌耐热护圈。

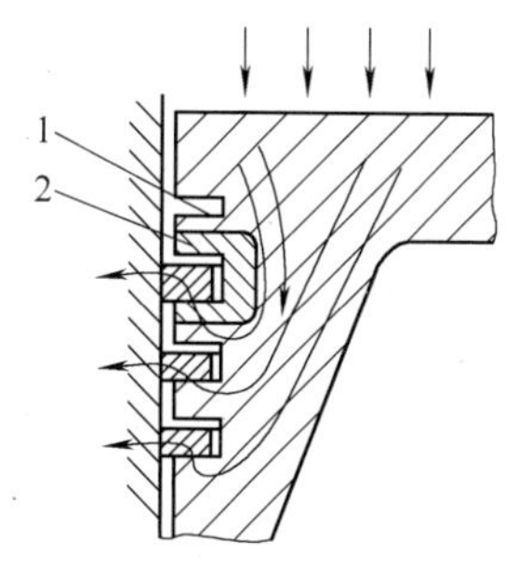


图 3-7　环槽护圈和隔热槽

1—隔热槽　2—环槽护圈

油环槽底面加工有穿透活塞壁的回油孔或槽，使油环从气缸壁上刮下的多余机油流回到油底壳，所以油环槽高度较气环槽高度略大。

（3）活塞裙部　活塞销上方最后一道环槽下端面以下的部分称为活塞裙部。其作用是为活塞在气缸内往复运动导向、承受侧压力并传递气体压力给连杆。

活塞裙部区加工有活塞销座孔，用以安装活塞销，将活塞受到的气体作用力传给连杆，所以销座孔部分必须加厚。有的活塞销座孔的内端有用于安装活塞销挡环的挡环槽，防止活塞销在工作中发生轴向移动。销座与活塞顶部内壁之间还有加强肋，以提高强度和刚度。

活塞销座孔上侧面是主要承压面，因压缩、膨胀、排气行程中活塞销均与之贴靠，在某些高强化发动机中，将活塞销座制成上宽下窄的楔形或梯形，以减小销座上的侧面压力。

活塞销座孔中心到活塞顶的距离称为活塞的压缩高度，它对压缩比的大小有影响。因为，即使活塞外形尺寸、行程不变，当压缩高度改变时（源于加工尺寸误差、活塞销与活塞销座孔的磨损），燃烧室容积也将有所改变。维修时大一尺寸等级的活塞，一般都减小了压缩高度，以保持压缩比不变。

活塞裙部垂直于活塞销座孔轴线的两侧区域叫推力面。承受做功行程中侧压力的一侧为主推力面，承受压缩行程中侧压力的一侧为次推力面。

**4. 活塞的敲缸、拉缸、变形及预防**

（1）活塞的敲缸　敲缸又称拍缸，即活塞在越过止点变换方向时，与另一侧气缸壁接触产生拍击并发出响声。主要原因是活塞与气缸间隙过大。发动机在冷态下，活塞膨胀量小，气缸间隙较大，“敲缸”声较明显，称为冷敲。当发动机出现敲缸时，往往伴随着窜气、烧机油等现象的加重，甚至起动困难。通常在活塞与气缸磨损较严重的旧发动机上能听到较明显的“敲缸”声，且在冷态或较大负荷时最为明显。

（2）活塞的拉缸　相对滑动的活塞与气缸表面间隙很小，且温度十分高，机油膜破坏时，某些局部点（表面较高处）小面积相互接触、摩擦，发生熔接（黏着）。活塞继续运动中熔接面被撕脱，形成粗糙的金属碎片磨粒，划伤气缸壁面，并迅速扩展，在活塞和气缸壁上出现长的拉痕，此即为拉缸。拉缸使气缸壁表面变得粗糙，气缸的密封性遭到破坏，窜气、烧机油等现象加重，发动机工作状况迅速恶化，甚至损坏。

活塞与气缸的间隙不足、机械杂质、活塞组件与气缸表面缺陷是拉缸的主要原因。发动机过热时，因活塞膨胀量增大，容易发生拉缸，又称为“热拉”。拉缸易发生在发动机长时间大负荷运行后、冷却系统工作不良时和磨合运行期中。

为保证活塞在高低温下正常工作，要求活塞各部与气缸壁之间必须保持适当的间隙，其中，裙部与气缸的间隙尤为重要。间隙过小时，易出现拉缸、卡死等故障；间隙过大时，则敲缸严重。

（3）活塞的变形　活塞工作时裙部变形的主要原因有两个，即热变形和挤压变形，如图3-8所示。

1）活塞受侧向力挤压变形。活塞往复运动时，在连杆的作用下其两个推力面交替着与气缸壁接触，受到气缸壁侧压力的挤压，使该方向尺寸趋向缩短，而沿销座孔轴线方向的尺寸增大。

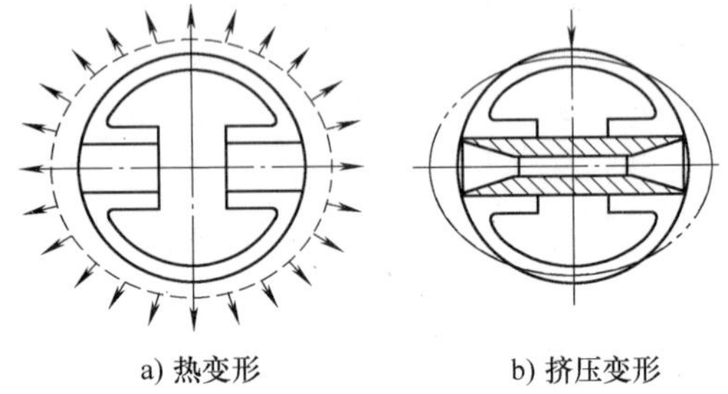

图3-8　活塞裙部变形

2）活塞受热膨胀不均匀。其一，活塞工作时，自顶部向下温度由高到低，热膨胀量上大下小；其二，裙部厚度不均匀，销座孔附近最厚，沿销座孔轴线方向的热膨胀量最大。

所以，活塞工作时受热、受力变形的结果是：裙部呈椭圆形，椭圆长轴沿销座孔轴线方向，短轴垂直于销座孔轴线方向；横截面沿轴线方向呈上大下小趋势。

（4）预防措施　为防止因活塞的受热、受力变形引起的“冷敲热拉”，活塞在结构上要采取相应的预防措施，使活塞工作时不同截面及方向上与气缸壁的间隙较合理且均匀。

1）将活塞加工成与工作时变形相反的形状。沿轴向制成上小、下大的锥形或阶梯形。还有的新式活塞采用桶形或鼓形；裙部横截面加工成椭圆形，其短轴沿销座孔轴线方向。活塞达到工作温度时，受热、受力变形后接近正圆柱体。有些活塞的销座两外端面处凹陷0.5~1mm，留出了充分的膨胀余地。

2）双金属活塞。某些汽油机活塞在销座孔处镶入热膨胀系数小的“恒范钢片”，限制裙部的膨胀，如图3-9所示。有些柴油机活塞采用在裙部镶铸圆筒式钢片限制热膨胀，如图3-10所示。

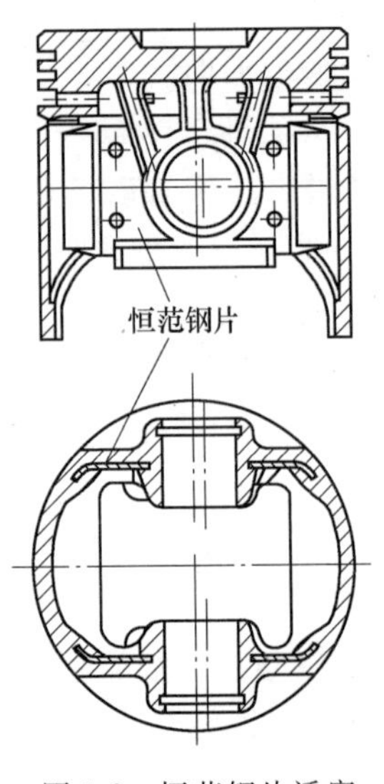

图3-9　恒范钢片活塞

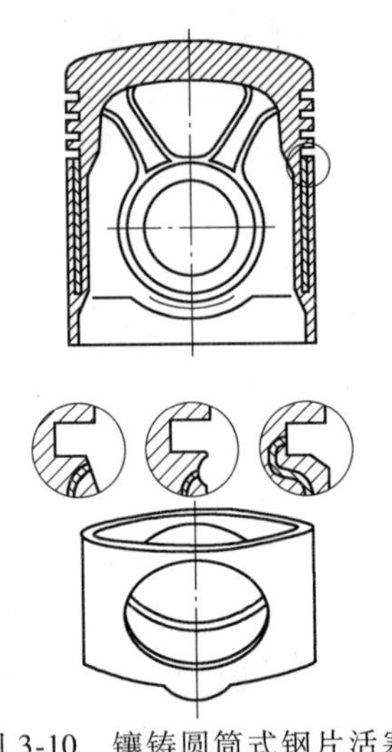
图3-10　镶铸圆筒式钢片活塞

3）拖板式活塞，如图 3-11 所示。将活塞裙部不受侧压力的两底边切去一部分或全部去掉，即为半拖板式或拖板式活塞。此种活塞因材料的减少，既减轻了质量，减小了惯性力，又减少了裙部的受热膨胀量，同时可避免活塞在下止点时与曲轴平衡重相撞。此种活塞在车用高速发动机上被广泛采用。

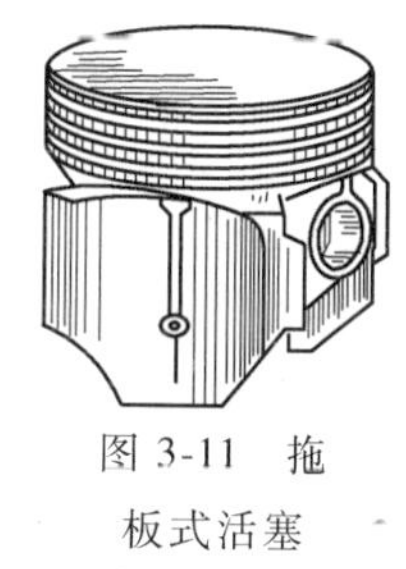

图 3-11　拖板式活塞

4）裙部开槽。较早的汽油机活塞在裙部上部切有“T”形或“Π”形槽。横向槽为隔热槽，可减少传到裙部的热量；纵向槽使裙部具有弹性，允许其横向膨胀而不增大尺寸，称为膨胀槽。但开槽降低了活塞强度，现有发动机活塞上已很少见到。柴油机活塞受力大，裙部不开槽，其装配间隙较汽油机大。

5）活塞销座孔偏置，如图 3-12 所示。一般发动机活塞销座孔轴线与活塞中心线垂直相交，活塞在越过上止点时，侧向力方向瞬间改变，活塞与缸壁的接触面突然变换，发生活塞与缸壁的拍击现象。若将活塞销座孔轴线向主推力面偏移 1～2mm，则活塞在尚未到达压缩上止点之前因其顶面两侧气体压力的不平衡而发生倾斜，主推力面底部边缘先与气缸壁接触，越过上止点后主推力面上部才逐渐与气缸壁承压侧接触，实现平顺地摇摆过渡，减轻了敲缸和磨损等。

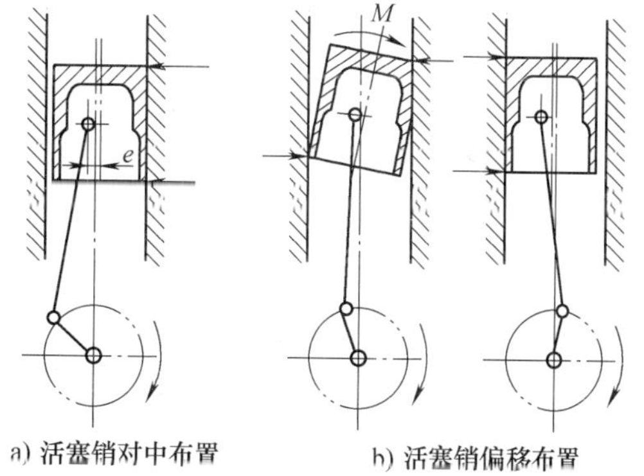


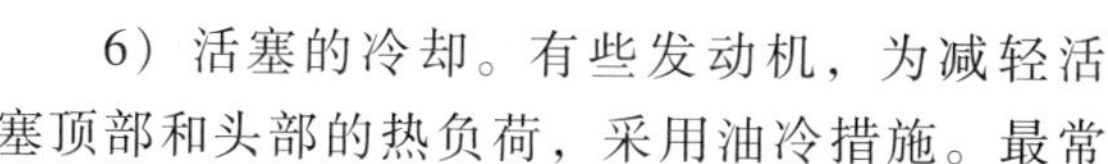

a) 活塞销对中布置　　b) 活塞销偏移布置

图 3-12　活塞销位置与活塞的换向过程

6）活塞的冷却。有些发动机，为减轻活塞顶部和头部的热负荷，采用油冷措施。最常用的是由连杆中心油道到小头上的喷油孔或从机体上油道处专设的喷油器向活塞顶部内侧喷射机油。

对高强化发动机，在活塞头部铸出冷却油道，用机体上专用的喷油器将机油喷入，进行强制冷却。

注意，对于活塞销座孔偏置和裙部开槽的活塞，其安装是有方向性的，切勿装反。同样，对顶部有气门凹坑的活塞和高压缩比发动机上的凸顶活塞，也不得装反，否则发动机就不能运转（气门与活塞顶相撞）。切记观察活塞顶面上指向发动机前端的安装标记。

## 3.2.2　活塞环

### 1. 活塞环分类与作用

活塞环是切有一个开口的环状零件，在自由状态下其外径比气缸直径稍大。活塞环按功用分为气环和油环两种类型，如图 3-13 所示。

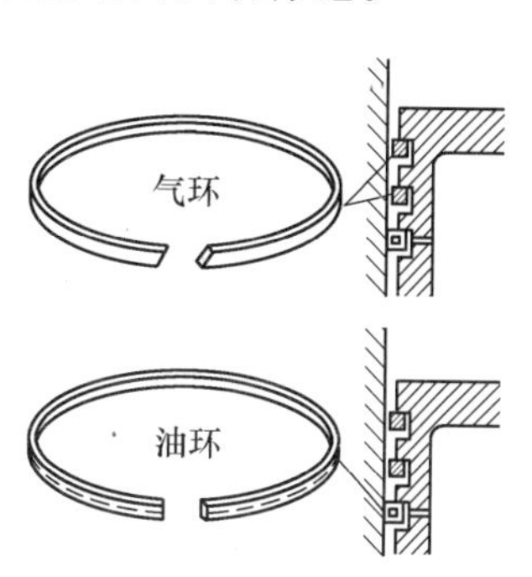


图 3-13　活塞环

（1）气环的作用　气环具有两个基本作用：

1）在气缸壁和活塞间形成密封，防止气缸内气体漏入曲轴箱，以维持良好压缩。所以，气环又叫密封环或压缩环。

2）将活塞顶接受的大部分热量传给气缸壁。

若气环的密封性不好，过多的燃气会窜入曲轴箱。窜气不仅会造成压缩压力降低、起动困难、功率损失和燃油消耗，而且高温高压燃气会污染油底壳内的机油，加速其老化，缩短使用寿命。

（2）油环的作用 油环的主要作用是在气缸壁上涂布一层均匀的油膜，并将多余的机油刮下集中起来，通过油环槽底部的回油孔流回油底壳，防止机油向上窜入燃烧室。同时，油环也具有辅助密封的作用。

**2. 活塞环间隙**

活塞环在装入活塞环槽及气缸后，要预留热膨胀间隙，即端隙、侧隙与背隙，如图3-14、图3-15所示。

端隙，即开口处的开口间隙，一般为0.25~0.50mm。

侧隙，又叫边隙，是指活塞环在高度方向与环槽侧面的间隙，等于环槽高度与环厚度之差。一般第一环侧隙为0.04~0.10mm，其余环为0.025~0.07mm。组合油环不留侧隙。

背隙，是环内圆柱面与环槽底部的间隙，一般为0.30~0.40mm。

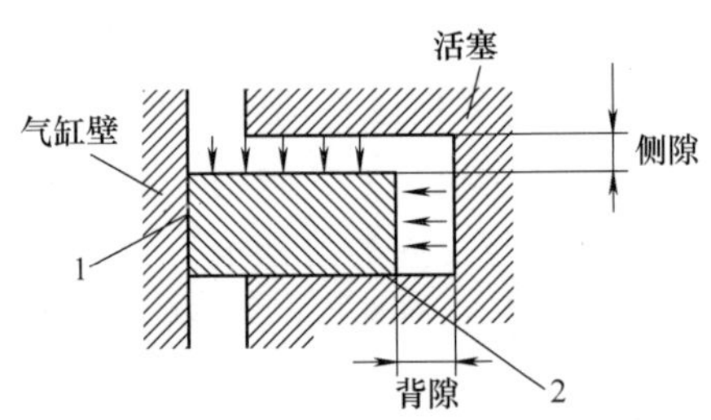

图3-14 气环密封机理

1—第一密封面 2—第二密封面

活塞环间隙随温度升高而变小。若间隙过小，受热膨胀空间不足，易造成环卡死而失去弹性，密封不良，甚至断裂、拉缸；若间隙过大，将导致窜气量增多，环与环槽撞击及磨损加剧，烧机油、积炭严重。所以，间隙不当，会使发动机综合性能下降，甚至不能正常工作。

**3. 活塞环工作条件与材料**

活塞环在高温、高压、冷却困难、润滑不良的条件下相对于气缸壁高速滑动，并伴有径向缩张以及与环槽上下侧面的撞击，是发动机中最易磨损、折断的零件之一。

活塞环必须具有弹性好、耐磨、耐热、强度高、有韧性等特性。活塞环应尽可能地窄，以减轻质量及其在环槽中的颤动。常用的活塞环材料有优质灰铸铁、合金铸铁、合金球墨铸铁等。

第一道活塞环工作环境最恶劣，常采用镀铬或喷钼处理，使其更耐磨、耐热。其余各环多采用镀锡或磷化处理，以改善其磨合性。

**4. 气环结构与工作机理**

（1）气环开口形式 多数气环为直开口，结构简单，但密封性差。一些强化发动机上用斜切口、阶梯切口，改善了密封性，但工艺复杂，如图3-15所示。

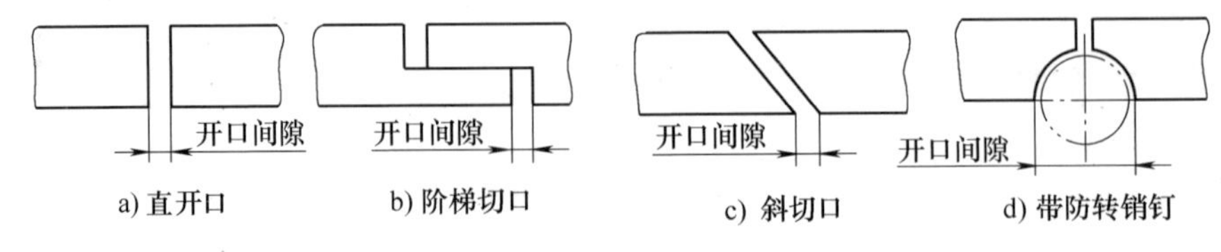

图3-15 气环开口形式

（2）气环密封机理（图3-14）

1）活塞环在自由状态下的外径比气缸直径稍大，当将其装入活塞环槽并一起装进气缸

后，在自身的弹力作用下其外表面始终紧压在气缸壁上，形成第一密封面。而穿过活塞顶与气缸壁的间隙、活塞环侧隙进入背隙的气体，又增强了活塞环在气缸壁上的压力。

2）活塞环运动中受到的摩擦力、惯性力和进入侧隙内的高压气体的联合作用，将其交替着压靠在环槽的上、下侧面，形成第二密封面。吸气行程中，缸内压力低，摩擦力使活塞环压靠在环槽上侧面；压缩、排气行程中，气体压力与摩擦力共同将活塞环压靠在环槽下侧面；做功行程，缸内高压气体使活塞环压靠在环槽下侧面。这样只有少量气体从环切口处通过。

3）将各活塞环（包括油环）的开口沿圆周方向相互错开，呈迷宫式布置，并使第一道环的开口位置避开主推力面，窜气量就很少了。

第一密封面和第二密封面的形成，及各环开口的迷宫式布置，实现了气缸下部的良好密封，只有极少的窜气量。若活塞环因磨损弹性降低、活塞环卡死失去弹性、活塞环断裂、各环开口对正，则密封性恶化，窜气、烧机油等加剧，甚至使发动机不能正常工作。

（3）气环的泵油现象　如图 3-16 所示，气环随活塞往复运动，把气缸壁上的机油不断送入气缸内的现象，称为“气环泵油”现象。在工作过程中，气环在气体压力、惯性力、摩擦力的作用下，交替地靠在环槽的上下侧面。当气环与环槽上侧面贴靠时，从缸壁上刮下的机油充满环背隙及下方侧隙。当环靠向环槽下侧面时，背隙中的机油被挤到环槽上方。如此反复作用，机油就窜入了燃烧室内。

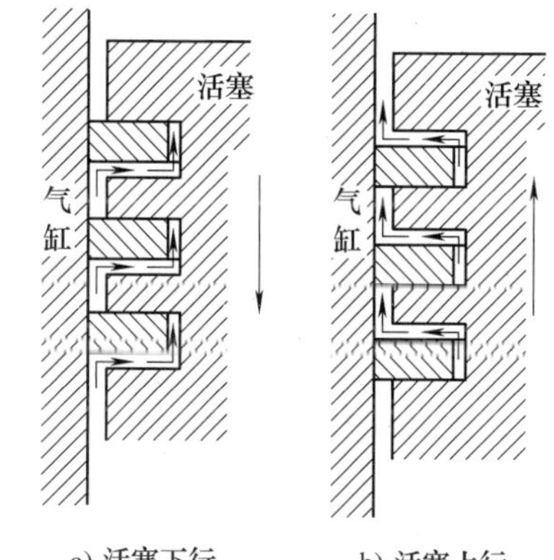


图 3-16　气环泵油现象

活塞环泵油是发动机烧机油的根源之一。这不仅使机油消耗量大、冒蓝烟，而且会在燃烧室不同的部位形成积炭，影响正常工作。若火花塞沾油或形成积炭，会引起不跳火；若在环槽中形成积炭，会造成环被卡死，失去密封弹性，甚至折断、拉伤缸壁，损伤活塞等；若在活塞顶、气缸盖底面形成积炭，则使燃烧室容积减小，压缩比增大；若在气门头部形成积炭，会造成气门关闭不严，缸内气体泄漏，烧损气门等。所以，应尽可能减少活塞环泵油。

显然，活塞环泵油的严重程度，主要与活塞与气缸之间的间隙、活塞环间隙有关。实际运行中，随磨损的加重，气缸与活塞间隙增大，活塞环泵油增多，机油消耗加快。

（4）气环断面形状　气环断面形状有矩形、微锥面形、阶梯形、梯形、桶面形和 L 形等，如图 3-17 所示。

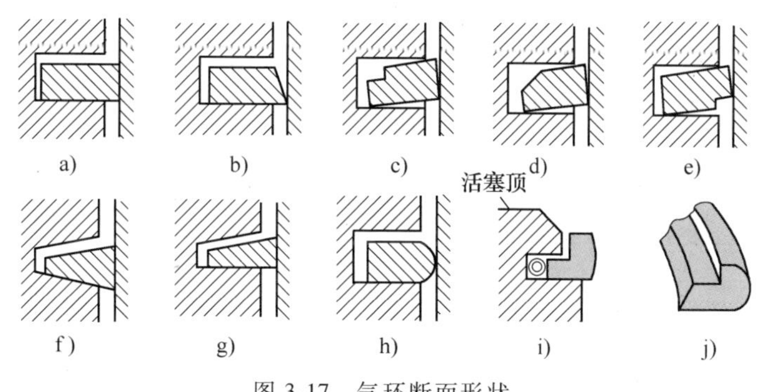


图 3-17　气环断面形状

a）矩形环　b）微锥面环　c）、d）上侧内切扭曲环　e）下侧外切扭曲环　f）、g）梯形环　h）桶面环　i）、j）L 形环

1）矩形环，结构最简单、制造方便，与气缸壁为面接触，散热效果好，但与气缸壁的磨合性和密封性差，泵油严重。

2）微锥面环，与气缸壁是线接触，利于磨合、密封。当活塞下行时，其向下刮油；当活塞上行时，其与气缸壁形成楔形油膜，以减小磨损。但其传热性差，不宜用作第一环。

注意，安装时锥面向上，不得装反；否则，会向上刮油，增加机油消耗。由于锥面角度很小，不易识别，为避免装错，在环的上侧面标有向上的记号。

3）扭曲（阶梯形）环，是在矩形环内圆面上边缘切槽（正扭曲环）或外圆面下边缘切槽（反扭曲环）而形成的。断面形状不对称，装入气缸后发生扭曲，使其与气缸壁、环槽上下端面都为线接触。在大负荷工况的做功行程时，高压的燃气作用在环的上侧面及背面，使环不再扭曲，整个外圆柱面与气缸壁接触，下侧面与环槽下端面接触，改善了散热效果。所以，扭曲环兼有微锥面环和矩形环的优点，同时又减轻了环的上、下窜动对环槽的冲击及磨损，几乎消除了泵油现象。

注意，安装扭曲环时有方向要求，内圆切槽向上，一般用于第一道环；外圆切槽向下，用作第二、第三道环。一旦装反，将造成严重的机油消耗。

4）梯形环，它的突出优点是抗结胶性好。梯形环与环槽的间隙随活塞的移动、横向摆动而变化，能把积炭或结胶物碾碎并从环槽中挤出，不易卡环、断环。但其加工较困难，多用于柴油机第一道环。

5）桶面环，外表面为凸圆弧形，与气缸壁为线接触，其磨合性、密封性、润滑性俱佳（上、下行时与气缸壁均能形成楔形油膜），且能很好地适应活塞的摆动及气缸表面的不均匀磨损导致的形状变化。但其加工困难，多用于第一道环。

6）L 形环又称顶岸环，具有“L”形的断面，其外表面为凸圆弧形。L 形环的第一个优点是，离活塞顶面很近（只有 1.5mm 左右，仅是普通环的 1/8 左右），活塞顶岸与气缸壁的间隙中的气体量减少，减少了未燃碳氢化合物（CH）的排放；第二个优点是，对燃烧压力反应快，燃烧开始后，气缸内压力迅速作用在其上侧面和内侧面，使 L 形环迅速伸张，与气缸壁和环槽下侧面贴紧，形成良好的密封，减少窜气量。

**5. 油环结构**

油环分整体式和组合式两种。

（1）整体式油环（又叫普通铸铁油环）　在环外圆柱面加工出环形集油凹槽，形成上、下两道刮油唇，槽底开有回油孔或回油槽，与环槽上的回油孔或槽相通，使刮下的油流回油底壳，如图 3-18 所示。

（2）组合式油环　由上下刮油钢片和中间的撑簧组成，如图 3-19、图 3-20 所示。撑簧产生的径向力和轴向力使刮油片与气缸壁及环槽上、下侧面贴紧，防止机油上窜。接触压力大而均匀，刮油效果好，回油通路宽畅，且上、下两个刮片分别动作，对气缸不均匀磨损及活塞摆动、变向、变形的适应性好，不易卡死、折断。

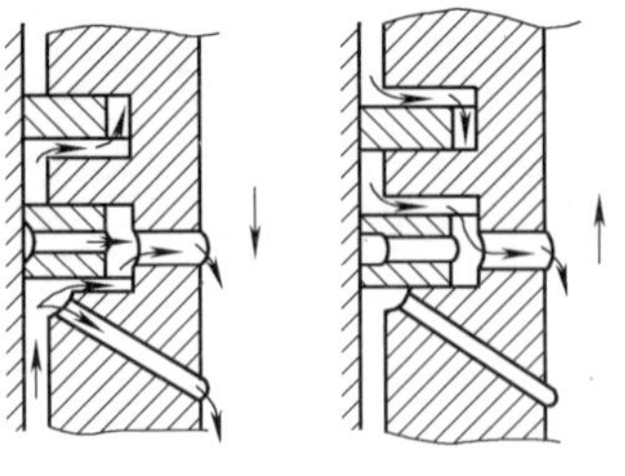

a) 活塞下行　　b) 活塞上行

图 3-18　油环刮油作用

注意，油环和油环槽内的回油孔或回油槽必须保持畅通。如果安装时未清理干净而存留污物，或机油未按要求定期更换，回油孔或回油槽就会堵塞，油环从气缸壁上刮下的机油不能流回油底壳，活塞环泵入燃

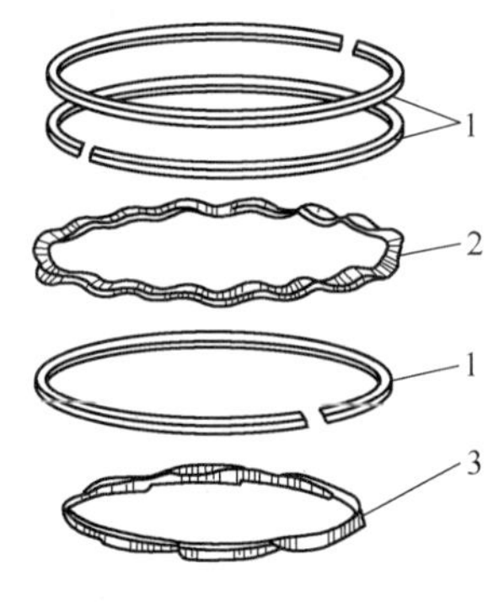


图 3-19　组合式油环

1—刮油片　2—轴向撑簧　3—径向撑簧

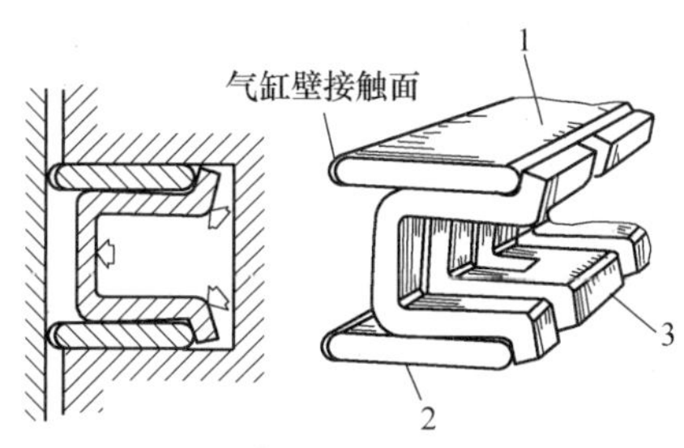


图 3-20　钢带组合式油环

1—上刮油片　2—下刮油片　3—轨形撑簧

烧室的机油增多，最终导致烧机油严重。

## 3.2.3　活塞销

### 1. 活塞销功用与工作条件

活塞销连接活塞和连杆小头，将活塞承受的力传给连杆，或反向传递。

活塞销在高温、润滑不良条件下承受峰值很大的周期性冲击载荷。因此，活塞销必须具有足够的刚度和强度，耐磨性要好，质量要小。

### 2. 活塞销材料与结构

活塞销一般用低碳钢或低碳合金钢制造。外表面先做渗碳处理，再进行精磨、抛光，以提高表面硬度和耐磨性，并保证心部有一定的冲击韧度。

活塞销一般做成中空圆柱形，内孔形状有圆柱形、两段截锥形和组合形状三种，如图 3-21 所示。

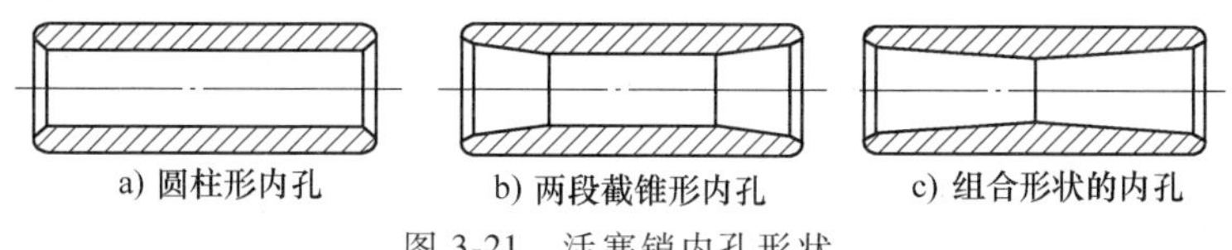

a) 圆柱形内孔　b) 两段截锥形内孔　c) 组合形状的内孔

图 3-21　活塞销内孔形状

### 3. 活塞销连接方式

活塞销与销座孔及连杆小头衬套的连接方式有全浮式与半浮式两种。

(1) 全浮式活塞销　即发动机工作时，活塞销在连杆小头衬套和销座孔内都能自由转动，使活塞销在圆周方向磨损较均匀，不易卡住。为防止活塞销轴向窜动而刮伤气缸壁，在其两端用嵌入销座孔凹槽内的弹性卡环（环的开口必须朝向活塞底部）进行轴向限位。

(2) 半浮式活塞销　即活塞销与连杆小头衬套和销座孔，一处固定，一处浮动。大多数采用活塞销与小头衬套固定的方式。此种连接方式无须用活塞销轴向定位，连杆小头无须使用衬套。

## 3.2.4　活塞组的损伤

活塞组件的工作条件恶劣，属于易损件。其主要损伤形式是磨损、活塞环折断、活塞顶烧蚀、脱顶（活塞头部与裙部分离）、拉缸等异常损坏及活塞销弯曲变形等。

**1. 磨损**

活塞环与环槽是磨损量和磨损速度最大的部位，第一道环与环槽尤为严重，由上而下逐渐减轻。因工作中活塞环大部分时间作用在环槽下面，环与环槽的磨损部位主要是下平面及环的外圆柱面。环与环槽磨损后，侧隙增大，活塞环弹性减弱，密封性降低，使窜气、烧机油倾向加重。

现代发动机的活塞，由于结构及新材料、工艺技术的保证，加之活塞裙部润滑条件稍好，承压面积较大，使活塞裙部的磨损较小，只是在侧压力较大的一侧发生轻微磨损和擦伤。

活塞销与销座孔受力主要在上、下侧面，其最大的磨损发生在上、下方向。活塞销与销座孔的磨损将引起配合松旷，使工作中出现异常的敲击声。同时，磨损使活塞压缩高度减小，压缩比减小。

**2. 裙部拉伤**

裙部拉伤是在活塞与气缸壁之间的油膜破坏时发生的。可能的原因是活塞裙部与气缸壁的间隙过小，发动机长时间过热或超载运行，气缸壁上黏附机械杂质，活塞销卡环窜出，活塞环折断等。

通常活塞环比活塞更易发生拉缸，尤其是第一道环。

**3. 活塞顶烧蚀**

活塞顶部烧蚀由发动机长期在大负荷、不正常燃烧条件下工作产生的过高温度所致，表现为活塞顶面有麻坑。

**4. 脱顶与活塞环折断**

脱顶即活塞头部与裙部分离。若活塞环间隙过小，而发动机又长期在高温、高负荷下工作，活塞环易卡死在气缸中，活塞裙部又被连杆向下拖动，将导致活塞脱顶或活塞环折断。

活塞环折断除了间隙过小的原因外，活塞环槽和活塞环上的积炭使环失去弹性也是原因之一。

### 3.2.5　活塞组的检修

当活塞组件出现较严重的拉伤、顶部烧蚀、脱顶、磨损，引起活塞裙部与气缸配合间隙（称为活塞配缸间隙）过大时，应更换活塞组件。发动机大修时要更换全部活塞组件。

活塞组件的尺寸、重量对发动机的平衡性是十分重要的。维修作业中，为保证发动机各缸配合间隙、工作一致性及整机动平衡的要求，并以较低的加工精度达到较高的配合精度，须对活塞组件进行选配，即按实际零件的尺寸、重量进行分组选用，使每组内零件尺寸的差别较小，从而得到较高的配合精度。

**1. 活塞的选配**

选配活塞时应注意以下几点：

1）按气缸的修理尺寸选配，即选用与气缸同一修理尺寸级别的活塞。有些汽车发动机的气缸套、活塞、活塞环、活塞销等维修配件常采用厂商已选配好的“三组合”或“四组合”套件。

活塞也有与气缸修理尺寸对应的4~6级修理尺寸，每个修理尺寸级别通常又分为3~6

组不等，相邻两组的直径差为 0.01~0.015mm。活塞的修理尺寸级别和分组尺寸代号常打印在活塞的顶部。

2）同一台发动机必须选用同一厂牌的同一组活塞，以保证材质、性能的一致性。

3）在选配的同一组活塞中，质量差不大于 8g，直径尺寸差在 0.02~0.025mm 内。当质量超过规定值时，可采用车削活塞裙部内壁下部向上到 20mm 处的方法进行调整；若质量较小，可在活塞销处加大质量。

4）活塞裙部的圆度和圆柱度应符合规定的要求。

5）活塞配缸间隙（气缸直径与活塞裙部直径之差）应符合规定值。

6）若维修中气缸套仍可使用，只需更换活塞，则应选用同一级别活塞中直径较大的组别的活塞。若只更换个别气缸活塞，则要求新活塞的质量与原活塞的质量相同。

**2. 活塞环的选配与检验**

（1）活塞环的选配　活塞环除有标准尺寸外，也同气缸、活塞一样有 4~6 级加大的修理尺寸，但不因气缸、活塞尺寸的分组而具有分组尺寸。发动机大修时，应按气缸的修理尺寸，选配与气缸、活塞修理尺寸等级相同的活塞环。若气缸磨损未达到大修标准，仅需更换活塞环，其尺寸等级应与原活塞环一致，严禁选择加大一级修理尺寸的活塞环锉端隙后使用。进口汽车发动机活塞环应按原厂规定进行更换。

（2）活塞环的检验　为保证活塞环工作可靠，其“三隙”及弹力、透光度等都要达到原厂的规定。

1）活塞环“三隙”的检验

① 端隙的检验。测量时，用倒置的活塞将活塞环平推入气缸内，再用塞尺测量开口间隙。对加工修复的气缸，活塞环应推至其在气缸内相应的上止点位置；对未加工修理的气缸，则应将活塞环推至气缸下部磨损最小处或未磨损的区域。若端隙大于规定值，应另选活塞环；若端隙小于规定值，可用细平锉对环口的一端（只能锉一端）加以锉修。注意环口要平整，边锉边量，锉后去掉毛刺。

② 侧隙的检验。将环放入洁净的相应环槽内，转动一周，将塞尺插入环与环槽之间测量。若间隙过小，用车削法加宽环槽，而不宜采用在平板细砂布上研磨环上下平面的方法，以免破坏环表面的强化层；间隙过大时，只能重新选配。

③ 背隙的检验。为测量方便，通常将活塞环装入活塞环槽内，以环槽深度与环径向厚度的差值来衡量。测量时，将环落入环槽底，再用游标深度卡尺测出环外圆柱面低于环岸的数值。若背隙过小，应更换活塞环或车深环槽底部。

实际操作中，多以经验法来判断环的侧隙和背隙，即将环置入环槽内，环应低于环岸，且能滑动自如，无明显的松旷感觉为宜。

2）活塞环弹力的检验。活塞环弹力是指使活塞端隙为规定值时，作用在活塞环上的径向力。弹力过大，使环的摩擦、磨损加剧；弹力过小，不仅气密性差，窜机油、漏气严重，而且其散热热阻增大，易导致活塞和气环烧损。

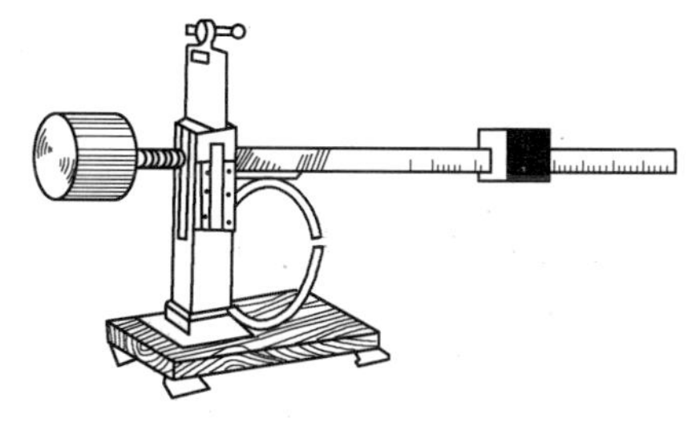

图 3-22　活塞环弹力的检验

活塞环弹力的检验可在专用弹力检验仪上进行，如图 3-22 所示。检验时，将活塞环放在检验仪底板的凹槽里，环的开口近于水平，移动秤杆上的量块，使环端口间隙压缩至规定值，此时量块在秤杆上的读数即为活塞环的弹力值。

在实际使用中，活塞环弹力检验还可用简易的对比法进行：将旧活塞环和新活塞环并立在一起，使环的端口朝向同一侧，用手从上面施加同样的压力，观察两环端隙。如果旧环端隙比新环小，则表明旧活塞环的弹力已减弱。

3）活塞环漏光度检验。活塞环与气缸壁贴合的好坏由漏光度检验测定。常用的简易方法是：将活塞环平放在其在气缸内相应的上止点位置，在气缸下部放一个灯泡，用一块比活塞环外径略小的圆板盖在环上，观察环与气缸壁间的漏光缝隙，用量角器和塞尺进行测量。

要求：活塞环端口左右30°圆心角范围内不应有漏光；任意处的漏光缝隙应不超过0.03mm；同一活塞环上的漏光不得多于两处，每处漏光弧长的圆心角不得超过25°，漏光弧长圆心角的总和不得超过45°；若漏光缝隙小于0.015mm，其弧长对应的圆心角总和可放宽至120°。

### 3. 活塞销的选配

发动机大修时，活塞销必须随活塞一起更换。

活塞销同其他活塞组件一样，除具有标准尺寸外，还有四级加大的修理尺寸，即标准尺寸（直径）、+0.08mm、+0.12mm、+0.16mm、+0.20mm，以适应小修的需要。

活塞销选配的原则：同一台发动机应选用同一厂牌、同一修理尺寸级别和同一分组尺寸的活塞销；表面应无锈蚀、斑点；活塞销质量差不大于10g；圆柱度误差不超过0.0025mm。发动机大修时则应选择标准尺寸的活塞销，为小修留有更换的余地。

全浮式活塞销的配合要求：汽油机常温下活塞销与销座孔应有轻微过盈，过盈量为0.0025~0.0075mm；当活塞处于80℃左右时，有微量的间隙，活塞销能在销座孔中转动；销与连杆衬套的配合间隙为0.005~0.01mm，且销与销座孔及衬套的接触面积应在75%以上；柴油机常温下活塞销与销座孔的过盈量一般为0.02~0.05mm，与连杆衬套的间隙为0.03~0.05mm。这些配合要求通常通过活塞销的选配或销座孔的手工铰配来实现。若活塞销与销座孔过盈量太大，往往会引起活塞销两个端口左右45°处拉缸。

新活塞的销座孔都是标准尺寸，应选用与其标记相同的活塞销进行装配。同时，更换活塞和活塞销时应进行组内选配。

由于制造工艺的不断改进，活塞销与销座孔及连杆衬套的耐磨程度得到了很大提高。进口汽车行驶30万km时，活塞销仅有轻微的磨损，仍可继续使用。当销座孔磨损超限时，只需更换活塞。即使更换活塞销，也不再提倡采用铰削等方法对销座孔和连杆衬套进行扩孔修复，再配以加大的活塞销的修理方法，而采用对活塞销、销座孔和连杆衬套进行分组选配的方法，并标涂颜色予以识别。装配时注意三者的涂色标记应相同。

## 3.3 连杆组

### 1. 连杆组的组成与功用

连杆组件包括连杆体、连杆盖、连杆螺栓、连杆轴承等，如图3-23所示。

连杆组的功用是连接活塞和曲轴，将活塞承受的力传给曲轴或将曲轴驱动力传给活塞。

**2. 连杆工作条件与材料**

连杆在高速摆动中承受拉、压、弯等交变载荷作用，要求其有足够的强度和刚度。若强度不足，会造成杆身或连杆螺栓断裂。若刚度不足，则会造成杆身变形及连杆大头孔失圆，导致活塞、气缸、轴承、曲柄销偏磨，进而造成气缸漏气、窜机油等。

连杆体和连杆盖由优质高强度中碳钢或中碳合金钢模锻或辊锻而成。

**3. 连杆结构**

连杆体由连杆杆身、连杆小头和连杆大头三部分组成，如图 3-23 所示。

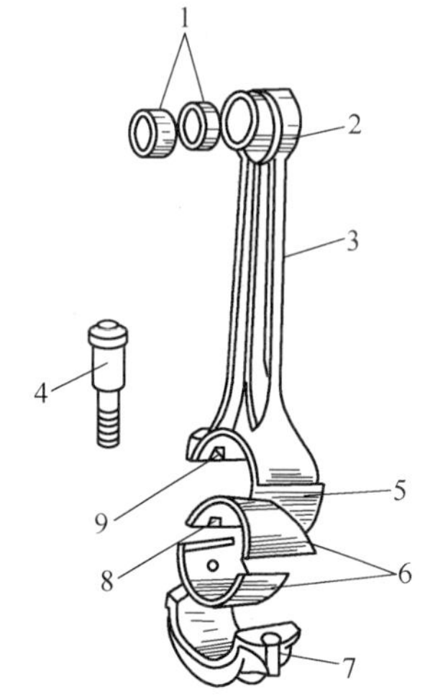

图 3-23 连杆组件

1—连杆衬套 2—连杆小头 3—连杆杆身 4—连杆螺栓 5—连杆大头 6—连杆轴瓦 7—连杆盖 8—连杆轴瓦凸键 9—凹槽

（1）连杆杆身 通常做成“工”字形断面，以在较轻的质量下获得最大的刚度、强度。有些发动机连杆杆身内钻有连通大头和小头的中心油道孔，将机油从连杆大头处送入小头以润滑活塞销衬套，再由小头顶部的油孔喷向活塞顶底部，以强制冷却活塞。

（2）连杆小头 与活塞销相连的部位称为连杆小头，多为薄壁短圆筒形式。全浮式连接的活塞销，小头孔内压入耐磨的青铜衬套。在小头和衬套顶部钻有集油孔或槽，以收集飞溅来的机油润滑活塞销和衬套的配合面。有的发动机通过连杆杆身上的油道引来的机油润滑连杆小头。

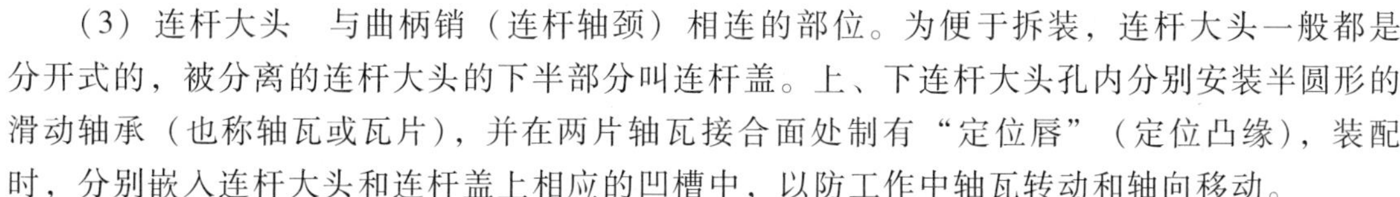

（3）连杆大头 与曲柄销（连杆轴颈）相连的部位。为便于拆装，连杆大头一般都是分开式的，被分离的连杆大头的下半部分叫连杆盖。上、下连杆大头孔内分别安装半圆形的滑动轴承（也称轴瓦或瓦片），并在两片轴瓦接合面处制有“定位唇”（定位凸缘），装配时，分别嵌入连杆大头和连杆盖上相应的凹槽中，以防工作中轴瓦转动和轴向移动。

连杆大头的横向尺寸应小于气缸直径，以便拆装时能穿过气缸而不划伤缸壁。

连杆大头的剖分面有平切口和斜切口两种。平切口连杆剖分面垂直于连杆中心线，斜切口连杆剖分面与连杆中心线成 30°～60°夹角。

一般汽油机连杆大头尺寸小于气缸直径，拆装时可通过气缸，多采用平切口。柴油机连杆大头横向尺寸较大，往往大于气缸直径，若要在拆装时通过气缸，须采用斜切口。

有的连杆大头钻有喷油孔，当曲轴旋转时，曲柄销上的油孔与喷油孔相对的瞬间，机油从喷油孔喷向气缸壁主承压面一侧，以改善活塞组件与气缸壁的润滑。

（4）连杆大头的装合 连杆螺栓和螺母将连杆大头和连杆盖对合连接到曲柄销上。在安装拧紧时必须用扭力扳手，分 2～3 次逐步拧紧，达到原厂规定的力矩要求，并采取防松动措施。

连杆螺栓由优质合金钢精加工而成，损坏后绝不能用其他相同规格的螺栓代替。

连杆大头盖与连杆大头是组合后整体加工的，需成对装配，没有互换性，且有方向性，以保证内孔不失圆及配合间隙。为防止装配时配对错误，连杆和连杆盖上同一侧都有配对和朝前的记号，并与活塞的安装方向相配。同时，为防止连杆盖横向移动，要对其严格定位。

（5）连杆大头的定位 连杆大头的定位如图 3-24 所示。

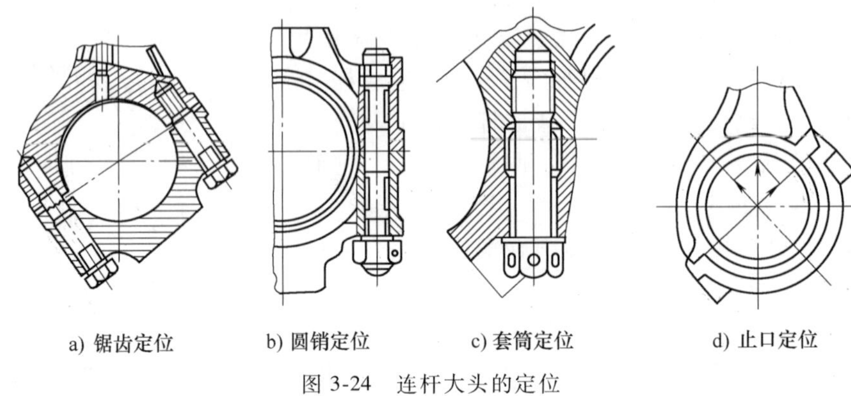


图 3-24　连杆大头的定位

1）连杆螺栓定位。利用连杆螺栓上精加工的圆柱凸台定位带与精加工的螺栓孔来实现，用于平切口连杆。

2）止口定位。工艺简单，但止口受力易变形，定位不可靠。

3）套筒定位或销定位。在连杆盖上的螺栓孔中同心压入定位套筒与连杆体上的定位孔精密配合。对四螺栓连接的连杆大头，用定位销定位。

4）锯齿定位。依靠接合面精制的锯齿定位，定位可靠，结构紧凑，贴合紧密，应用广泛。

**4. V 型发动机连杆**

V 型发动机上，其左右相对应气缸的连杆共用一个曲柄销，有三种结构形式，如图 3-25 所示。

(1) 并列连杆　左、右两个气缸采用完全相同的连杆，并排安装在同一曲柄销上。两连杆可通用，左右两缸活塞连杆组的运动规律与工作过程完全相同。但气缸轴线须错开，以使发动机长度增加。

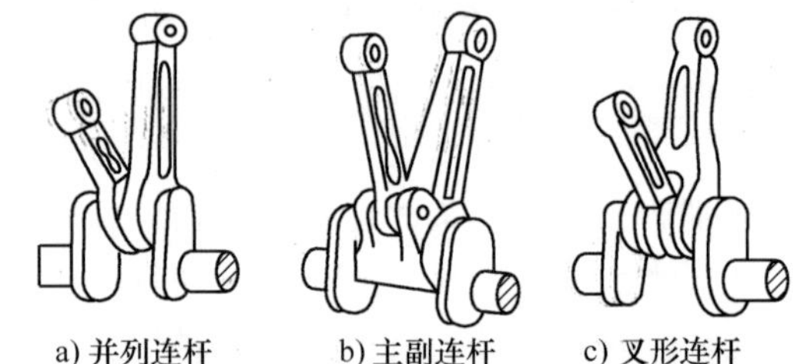


图 3-25　V 型发动机连杆的结构

(2) 主副连杆（关节式连杆）　主连杆大头直接装在曲柄销上，副连杆通过销轴装在主连杆大头的凸耳上。左右两缸中心线在同一平面内，不增加发动机长度。但主副连杆不能互换，两列气缸活塞运动及工作过程不同步。

(3) 叉形连杆　一个连杆的大头做成叉形——叉连杆，另一个连杆大头插在叉形连杆的开叉处。两列气缸活塞运动规律相同，对应的两缸中心线在同一平面内。但连杆大头制造困难，维修不便。

目前，并列连杆应用最多，叉形连杆和主副连杆只在大功率 V 型发动机和特殊用途的 V 型发动机上应用。

**5. 连杆的损伤形式**

制造中的缺陷及工作中受到复杂的交变载荷作用、曲轴轴向间隙过大、连杆螺栓拆装不当（过紧、过松或不均匀）、连杆各配合处不符合要求，或气缸垫密封不好、冷却液进入气缸等，会使连杆产生弯扭变形、大头端面磨损、连杆轴承磨损和烧瓦，螺栓损坏，甚至连杆

断裂等。

连杆一旦产生弯扭变形，将会加剧大头端面磨损、连杆轴承与轴颈偏磨、烧瓦，以及活塞歪斜在气缸内导致活塞与气缸偏磨、敲缸、拉缸等不正常损伤。例如，连杆弯曲会造成活塞的活塞销以上部位发生磨损、连杆轴承相互斜对角的两侧磨损，也会导致活塞销在销座孔内窜动，使其定位卡环断裂，进而造成活塞和气缸拉伤；连杆扭曲则造成活塞裙部不正常磨损。

连杆弯曲是指小头孔轴线对大头孔轴线在轴线平面内的平行度误差超限，扭曲则是指小头孔轴线在轴线平面法向上的平面度误差超限。汽车修理技术标准规定，连杆每 100mm 长度内弯曲度值不得大于 0.03mm，扭曲度值不得大于 0.06mm。

连杆大头端面磨损会改变其与曲柄之间的间隙。此间隙值一般为 0.10~0.35mm，上限为 0.50mm。

**6. 连杆变形的检验**

连杆变形的检验是在连杆检验仪上进行的，如图 3-26 所示。测量工具是一个带有 V 形架的三点规，三点规上三个测点构成的平面与 V 形槽的对称平面垂直，下面两个测点的距离为 100mm，上测点到两个下测点连线的距离也是 100mm。检测时按下列步骤进行：

1）取下连杆轴承和衬套，清洁轴承孔，装上连杆盖，再按规定力矩拧紧连杆螺栓。

2）将心轴装入小头孔中（无专用心轴时可用已选配好的活塞销代替）。

3）把连杆大头套装在检验仪上的可调支承轴上，旋动调整螺钉，使半圆键扩张，将连杆固定以保证大头轴承孔轴线与检验平板垂直。

4）将三点规的 V 形槽放在连杆小头的心轴上，并推向检验平板，观察并测量三点规与检验平板、心轴或活塞销的接触情况，判断连杆的变形情况。

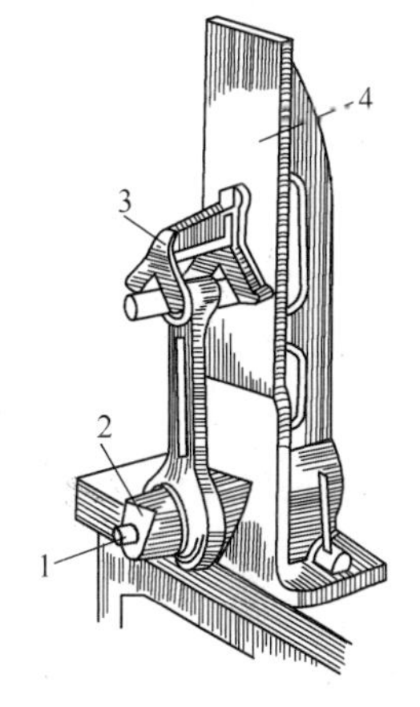


图 3-26　连杆检验仪
1—调整螺钉　2—菱形支撑轴
3—量规　4—检验平板

① 连杆正直：三测点都与平板接触。

② 连杆弯曲：上测点（或两个下测点）与平板接触，两下测点（或上测点）不与平板接触且与平板的间隙一致。用塞尺量出平板与测点的间隙，就是连杆在 100mm 长度上的弯曲度值。

③ 连杆扭曲：若只有一个下测点接触平板，一个不接触，且与平板的间隙等于上测点与平板间隙的 2 倍，则下测点与平板的间隙就是连杆在 100mm 长度上的扭曲度值。

④ 弯曲、扭曲并存：若一个下测点与平板接触，但另一个下测点与平板的间隙不等于上测点与平板的间隙的 2 倍，则下测点与平板的间隙即为连杆扭曲度，上测点与平板的间隙和下测点与平板间隙 1/2 的差值为连杆的弯曲度。仅上测点接触平板而两个下测点与平板的间隙不等，也说明弯扭并存。

**7. 连杆变形的校正**

当连杆每 100mm 长度内弯曲度超过 0.03mm，扭曲度超过 0.06mm 时，应进行校正。弯扭并存时，应先校正扭转，后校正弯曲，避免反复校正。

校正扭曲时，先将连杆盖按规定装配和拧紧，然后把连杆大端端面夹在钳口垫有软金属片的台虎钳上，用专用扳钳卡装在连杆杆身的上下部位进行校正，如图3-27所示。

校正弯曲时，把连杆放入专用的压器内（图3-28），使弯曲的凸起部位对着支点并加入垫块，扳转丝杠，使连杆产生的反向变形量是原弯曲部位变形量的几倍到几十倍，并停留一段时间后再卸下，检查校正是否合格，反复校正，直至校正合格。

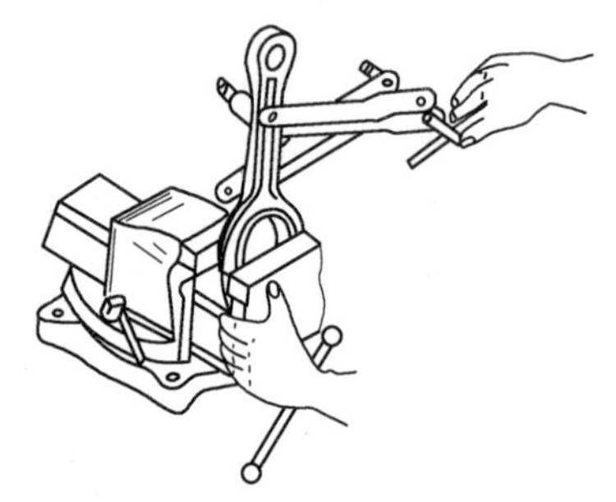
图3-27　连杆扭曲的校正

图3-28　连杆弯曲的校正

常温下校正连杆，卸载后连杆有恢复变形而成为原状的趋势。因此，在校正弯、扭变形较大的连杆时，校正后需进行稳定（时效）处理。即将校正后的连杆加热（可用喷灯）至300℃左右，保温约1h。校正变形较小的连杆时，只需在校正载荷下保持一定时间即可。

连杆经弯、扭校正后，两端孔轴线的距离变化应不大于0.15mm，否则会影响压缩比。

**8. 连杆衬套的修复**

在更换活塞和活塞销时，必须同时更换连杆小头衬套，并按活塞销的修理尺寸进行铰削，以满足上述配合要求。连杆小头孔与衬套为过盈配合，过盈量为0.1~0.2mm，以防止工作中衬套转动。

（1）更换衬套　更换连杆衬套，须在连杆变形校正后进行。

1）压出旧衬套。用锤子和专用工具将旧衬套压出（已在检验变形时完成）。

2）选择新衬套。先将衬套与已选配好的活塞销试配，以能勉强套入活塞销为宜。若不能装入或装入后松旷，应重新选用。测量连杆小端轴承孔内径和新衬套外径，其差值就是过盈量与加工余量之和。

3）压入新衬套。先检查轴承孔内是否有毛刺等不洁物，然后将衬套有倒角端对着连杆小头倒角端放正，并使衬套油孔与小头油孔对正，在台虎钳或压床上缓缓压入至端面平齐。

（2）铰削衬套　按下列步骤进行：

1）选择铰刀。根据活塞销实际尺寸选择铰刀，并将刀把垂直地夹装在台虎钳上。

2）调整铰刀。把连杆小端衬套孔平稳地套入铰刀，使切削刃露出衬套上端3~5mm，并将切削刃调整到与衬套相接触，为第一刀铰削量。以后各刀将调整螺母转过60°~90°为宜，当尺寸接近要求时每次的调整量要小一些。

3）铰削。铰削时，应一手扶持连杆小头并向下略施加压力，一手托住大头均匀用力扳转。当衬套下平面与切削刃下方平齐时停止铰削，将连杆小端下压，使衬套退出铰刀。在保持铰刀不变动的情况下，反转连杆重铰一次。

4）试配。铰削过程中应经常用活塞销试配，以免铰削过量。当用手能将活塞销推入衬

套 1/3~2/3 时，应停止铰削，用木槌将活塞销打入衬套内，并使其两端夹持在台虎钳上，来回转动后将活塞销敲出。

5）修刮。根据衬套上接触压痕的情况和松紧度，用刮刀微量地加以修刮。修刮时应遵循从里到外、刮大留小、刮重留轻的原则，直到能将涂有机油的活塞销用拇指推入衬套，表明松紧度合适。

## 3.4　活塞连杆组的组装

活塞连杆组的组装是发动机修理中的重要环节。其装配技术的好坏，直接影响发动机运行品质和使用寿命。

### 1. 组装步骤

1）再一次检验已校正、修配好的活塞连杆组各零件是否合格。

2）彻底清洗各零件。用铁丝仔细疏通连杆上的油道孔，用汽油或煤油将孔中污物清洗干净，以压缩空气吹干。

3）加热活塞（或冷缩活塞销）。将活塞置入水中加热至 80~100℃，取出后迅速擦净。

4）装活塞销。在活塞销座孔、连杆小头衬套孔、活塞销上涂一层薄薄的机油；将连杆小头放入活塞内腔，使衬套孔对准销座孔，随即将活塞销推入活塞销座孔和连杆衬套。

5）装活塞销卡环。用尖嘴钳将活塞销卡环装入卡环槽中。两卡环装入环槽内的深度应不小于卡环钢丝直径的 2/3，应能在环槽中拨转，且与活塞销两端留有 0.10~0.25mm 的间隙。

6）检验活塞轴线对连杆大头孔轴线的垂直度。活塞冷却后，将连杆大头端套装在连杆检验仪的支承轴上，使活塞裙部贴在检验仪平板上；用塞尺测量活塞顶部边缘与平板的间隙；翻转 180°，测量另一侧的间隙。两间隙之差即为垂直度误差，其数值应不大于 0.08mm。

7）检查活塞连杆装合后活塞裙部的圆度。用千分尺测量裙部直径，应不出现反椭圆或较大的圆度变动量，否则，可能是活塞销与座孔配合过紧或装配工艺不良，此时应压出活塞销，重新铰削座孔。

8）检查连杆小头端面和销座之间的间隙。

9）安装活塞环。应使用活塞环拆装钳将活塞环装入相应的环槽内。安装组合油环时，先安装内撑簧，方法是将撑簧的锁口接头拉开，将弹簧装到油环槽内，再插入锁口钢丝，使两端接合好，最后再装上、下刮油片。

10）将活塞连杆组装入气缸。在活塞连杆组各零件上涂抹机油，使连杆从气缸体上端穿过气缸，摆正活塞及环开口位置，用锤子木柄或木块轻轻敲击活塞顶，直至活塞完全进入气缸，连杆大头露出气缸下端。

11）将连杆轴瓦装到连杆大头端和连杆盖内。

12）将连杆大头连接到曲柄销上，使连杆大头落于曲柄销上，装上连杆盖，按要求拧紧连杆螺栓并可靠锁止。

### 2. 注意事项

因结构、配合间隙、发动机平衡性、孔精度及工作特性的要求，在安装活塞连杆组时应特别注意各组件的方向、序号等，不得错乱。

（1）非互换性

1）各缸活塞、活塞环、活塞销均无互换性。

2）各缸连杆、连杆盖无互换性，注意连杆体、连杆盖上的配对标记及缸序标记。

3）各缸活塞连杆组无互换性。

4）同一气缸的各道活塞环没有互换性。

（2）安装方向性

1）活塞方向性。按照活塞顶标记（如箭头、圆点、三角等）或标记指向安装，一般有标记的一侧朝向发动机前端或使标记指向朝向发动机前端。

2）活塞环方向性。前已叙及，活塞环开口的布置、微锥面环和扭曲环都有方向性要求。

微锥面环的锥面朝向活塞顶，扭曲环的内圆切槽向上、外圆切槽向下，不得装反。为方便和防止出错，活塞环上都有安装方向和序号的标记，有标记的一面应朝向活塞顶部，如“O”“OO”或“T1”“T2”等，同时还标明了第一道、第二道环的环序。

活塞环的开口要交错布置。第一道环开口应避开主推力面一侧，以防在发动机运转初期拉伤气缸。以第一道环的开口为始点，其他环（包括油环）依次间隔 90°~180°；各道环开口一般都不要布置在与活塞销轴线成±45°圆心夹角的区域内，因为活塞销两端的裙部圆柱面下凹，机油存量较多，容易从环口向上窜入燃烧室；对设有膨胀槽的活塞，各道环口还应避开膨胀槽位置。

对气缸水平对置的发动机，活塞环开口不能朝下，否则会有过多的机油进入燃烧室。

组合油环的刮油片、撑簧的开口及气环的开口也要交错排列。一般情况下，将撑簧开口置于活塞销端的上面；上、下刮油片的开口分别置于撑簧开口的两侧，其开口间隔应不小于 90°。

3）连杆、连杆盖的方向性。连杆杆身和连杆盖上有朝向发动机前端的标记（如凸圆点）。大头钻有喷油孔的连杆，喷油孔的方向应朝向气缸壁主承压面一侧或朝向凸轮轴一方。

## 3.5　曲轴飞轮组

曲轴飞轮组由曲轴总成和飞轮组成。曲轴总成主要包括曲轴、主轴承、主轴承盖、止推片、油封、正时齿轮、带轮、链轮、扭转减振器等零件，如图 3-29 所示。

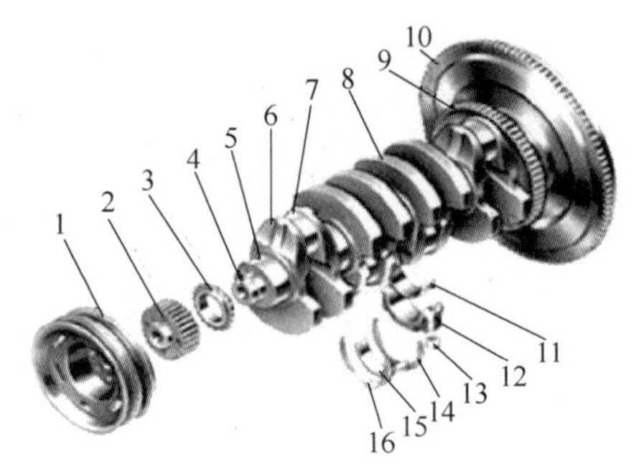


图 3-29　曲轴飞轮组

1—带轮　2—正时齿轮　3—链轮　4—前端轴　5—主轴颈　6—曲柄臂　7—连杆轴颈　8—平衡重　9—转速传感器脉冲轮　10—飞轮　11、15—主轴瓦　12—主轴承盖　13—螺母　14、16—止推片

### 3.5.1　曲轴

#### 1. 曲轴的功用及材料

曲轴由主轴承、主轴承盖和螺栓紧固在机体的底部。它有 3 个基本作用：承接活塞连杆组传来的力，并将其转变为转矩输出；驱动配气机构和其他系统附件工作；当发动机起动时，

输入驱动力。

曲轴一般用优质中碳钢、中碳合金钢模锻或用球墨铸铁铸造而成。

**2. 曲轴的基本结构**

曲轴主要由主轴颈、曲柄臂、曲柄销、平衡重、前端、后端等组成，如图 3-30 所示。

（1）曲拐与平衡重　一个曲柄销和它左右两个曲柄臂及主轴颈构成一个曲拐，它是构成曲轴的主要单元。也可以说曲轴主要是由曲拐与平衡重、前端、后端组成的。

主轴颈是曲轴通过主轴承支承在机体上的表面光滑的部位，其中心为曲轴的旋转中心。

曲轴销偏置于曲轴旋转中心线，是连接曲轴和连杆的部位，与连杆大头装配在一起，又称其为连杆轴颈。曲柄销中心线偏离主轴颈中心的距离即为曲柄半径，它决定了活塞行程的大小（见 1.3 节）。

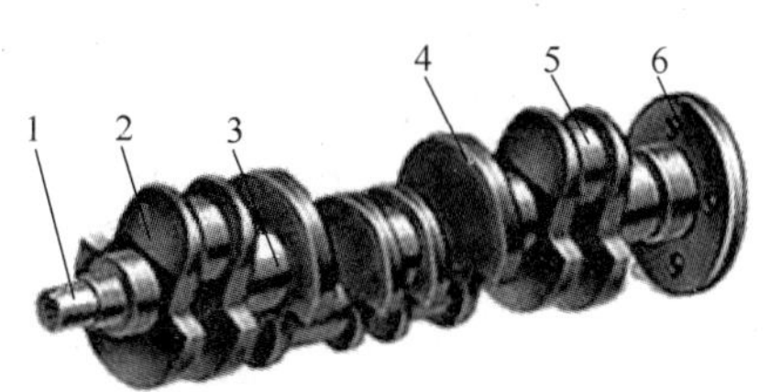

图 3-30　曲轴的基本结构

1—前端轴　2—曲柄轴　3—主轴颈
4—平衡重　5—连杆轴颈　6—凸缘盘

主轴颈和曲柄销一般是实心的。有的发动机也将曲柄销制成空心的，以减小质量及旋转惯性力。

曲柄臂又叫曲柄，是主轴颈和曲柄销的连接部分，多数为椭圆盘形状或圆盘形状。连接处采用圆角过渡。

平衡重在曲柄销、曲柄臂的对侧，以平衡发动机运转时的不平衡离心力和部分往复惯性力，减轻振动及噪声。平衡重多为扇形（重心距曲轴旋转中心较远，能以较小的重量获得较大的平衡惯性力），与曲柄可做成一体，也可单独制成零件，再用螺钉紧固在曲柄上，形成装配式平衡块。同一发动机并非每个曲柄上都配平衡重，配平衡重的发动机也并非能够完全平衡。直列六缸发动机平衡性最好，几乎不振动。

某些轿车发动机，为达到良好的平衡效果，还专门配置了与曲轴平行、由曲轴驱动的平衡轴。

曲拐的个数取决于气缸数及其排列方式。直列发动机曲轴的曲拐数目等于气缸数，V 型发动机曲轴的曲拐数等于气缸数的 1/2，单缸发动机的曲轴则只有一个曲拐。

（2）曲轴内油道　曲轴主轴颈、曲柄臂和曲柄销中钻有互通的油孔，如图 3-31 所示。机油经机体内的油道进入主轴承，再从主轴颈上的径向油孔经曲柄臂内斜油道、曲柄销径向油孔进入曲柄销表面，或进入中空曲柄销的空腔（两端封闭）中，在离心力的作用下杂质被甩到空腔壁面上，洁净的机油通过插在孔中的油管进入曲柄销表面。

（3）曲轴前、后端　曲轴前端伸出机体外，为阶梯式的轴段，又叫正时机构驱动端或自由端。其上加工有键槽和螺纹或螺纹孔，以安装正时齿轮、链轮、扭转减振器、驱动风扇、水泵或压气机及其他装置的带轮等，如图 3-32 所示。在中小功率发动机的曲轴前端还装有用于人力起动的起动爪。

曲轴后端也伸出机体外，端部有安装飞轮用的凸缘盘，又叫飞轮端或动力输出端。在后端主轴颈与凸缘盘之间制有挡油凸缘、回油螺纹或卸压槽等，如图 3-33 所示。

为防止机油沿主轴颈外漏，曲轴前后端都装有油封和甩油盘或挡油圈，如图 3-32、图 3-33 所示。甩油盘随曲轴转动，抛落在它上面的机油被甩到齿轮室盖内壁上，回流到油底壳。

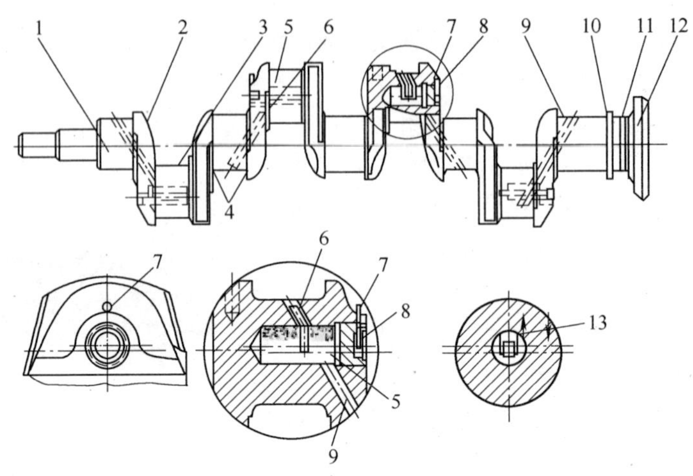

图 3-31　曲轴内油道

1—主轴颈　2—曲柄臂　3—连杆轴颈　4—过渡圆角　5—积污腔　6—油管　7—开口销　8—螺塞　9—斜油道　10—挡油盘　11—回油螺纹　12—凸缘盘　13—沉积物

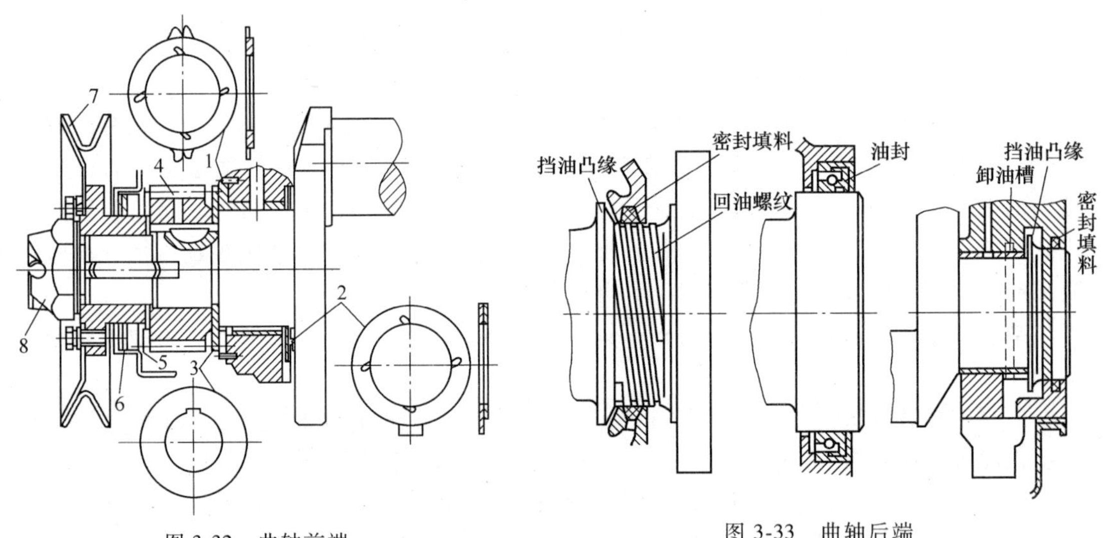


图 3-32　曲轴前端

1、2—滑动轴承　3—止推片　4—正时齿轮　5—甩油盘　6—油封　7—带轮　8—起动爪

图 3-33　曲轴后端

### 3. 曲轴分类

1）按其各组成部分的连接情形，曲轴分为整体式和组合式两种。整体式曲轴的各组成部分铸造或锻制成一个整体，具有结构简单而紧凑、质量轻、加工面少、工作可靠等优点，在车用发动机及其他中小型发动机上被广泛应用。组合式曲轴的各组成部分分开加工，然后组装成一体。其结构复杂，加工、拆装复杂，但若使用中某一单元损坏，不必报废整根曲轴。

2）按主轴颈数的不同，曲轴可分为全支承曲轴和非全支承曲轴两种。全支承的曲轴在相邻两个曲拐间都有一个主轴颈。显然，直列式发动机全支承曲轴的主轴颈总数比缸数多一

个，V 型发动机主轴颈总数比缸数的 1/2 多一个。这种曲轴的优点是刚度和强度好，主轴承载荷小，在现代发动机中被广泛采用。非全支承的曲轴，两个曲拐共用一个主轴颈，主轴颈数小于曲拐数。其优点是曲轴长度缩短。

**4. 多缸发动机的曲拐布置与发火（工作）顺序**

曲轴各曲拐的相对位置（或空间夹角）取决于发动机气缸数、冲程数、气缸排列方式和各缸发火工作顺序。在气缸数、冲程数、气缸排列方式确定后，曲拐的布置仅与发火顺序有关。

发火顺序是指各缸活塞到达工作循环中压缩行程上止点的顺序。各缸发火顺序遵循以下原则：

1）各缸应均匀间隔地发火。如 1.5.4 节所述，发动机在完成一个工作循环的曲轴转角内，各个气缸应均匀间隔地发火一次，以保证发动机运转平稳。四冲程发动机的发火间隔角为 720°/气缸数，即为连续发火两缸曲拐的夹角。

2）尽可能避免相邻两缸连续发火，或连续发火的两缸相距尽可能远，以减轻主轴承载荷，并避免可能发生的进、排气相互干扰现象。

3）V 型发动机的两列气缸应交替发火。

例如，直列四冲程四缸（V4）发动机的发火间隔角为 720°/4＝180°，即 4 个曲拐在同一平面内，如图 3-34 所示。其发火顺序可以是 1-3-4-2（其工作循环见表 3-1），也可以是 1-2-4-3。

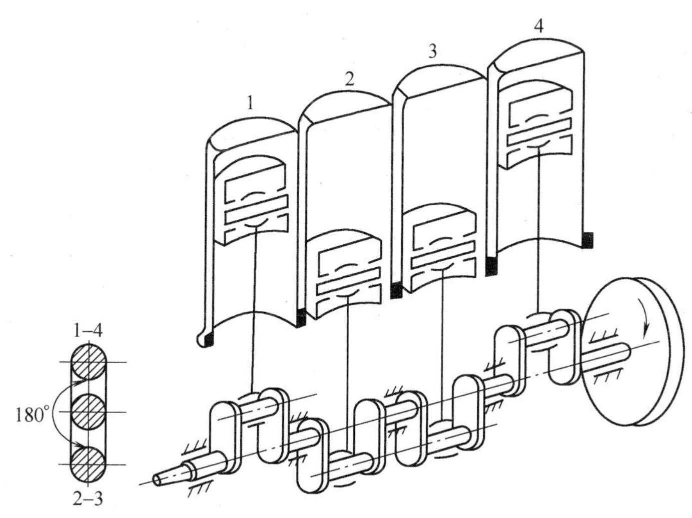


图 3-34　直列四冲程 V4 发动机曲轴曲拐的布置

**表 3-1　直列四冲程 V4 发动机工作循环表**（发火顺序为 1-3-4-2）

| 曲轴转角/(°) | 第一缸 | 第二缸 | 第三缸 | 第四缸 |
|---|---|---|---|---|
| 0～180 | 做功 | 排气 | 压缩 | 进气 |
| 180～360 | 排气 | 进气 | 做功 | 压缩 |
| 360～540 | 进气 | 压缩 | 排气 | 做功 |
| 540～720 | 压缩 | 做功 | 进气 | 排气 |

又如，直列四冲程六缸（V6）发动机，发火间隔角为720°/6 = 120°，6个曲拐在互成120°夹角的3个平面内，如图3-35所示；发火顺序为1-5-3-6-2-4或1-4-2-6-3-5，国产发动机均采用前者，工作循环见表3-2。

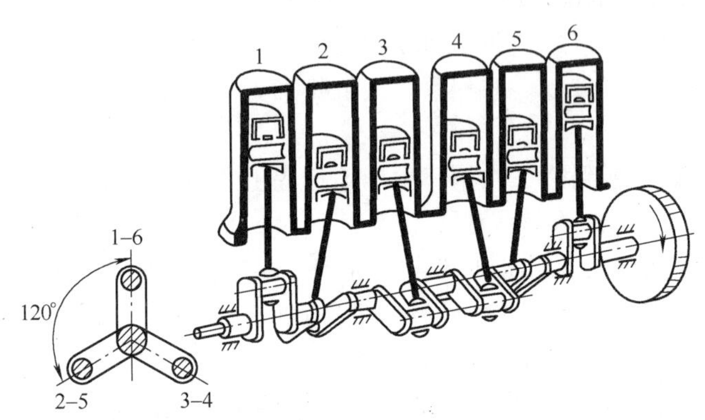


图3-35　直列四冲程V6发动机曲轴曲拐的布置

**表3-2　直列四冲程V6发动机工作循环表**（发火顺序为1-5-3-6-2-4）

<table>
<tr><th colspan="2">曲轴转角/(°)</th><th>第一缸</th><th>第二缸</th><th>第三缸</th><th>第四缸</th><th>第五缸</th><th>第六缸</th></tr>
<tr><td rowspan="3">0～180</td><td>60</td><td rowspan="3">做功</td><td rowspan="2">排气</td><td>进气</td><td>做功</td><td rowspan="2">压缩</td><td rowspan="3">进气</td></tr>
<tr><td>120</td><td rowspan="3">压缩</td><td rowspan="3">排气</td></tr>
<tr><td>180</td><td rowspan="3">进气</td><td rowspan="3">做功</td></tr>
<tr><td rowspan="3">180～360</td><td>240</td><td rowspan="3">排气</td><td rowspan="3">压缩</td></tr>
<tr><td>300</td><td rowspan="3">做功</td><td rowspan="3">进气</td></tr>
<tr><td>360</td><td rowspan="3">压缩</td><td rowspan="3">排气</td></tr>
<tr><td rowspan="3">360～540</td><td>420</td><td rowspan="3">进气</td><td rowspan="3">做功</td></tr>
<tr><td>480</td><td rowspan="3">排气</td><td rowspan="3">压缩</td></tr>
<tr><td>540</td><td rowspan="3">做功</td><td rowspan="3">进气</td></tr>
<tr><td rowspan="3">540～720</td><td>600</td><td rowspan="3">压缩</td><td rowspan="3">排气</td></tr>
<tr><td>660</td><td rowspan="2">进气</td><td rowspan="2">做功</td></tr>
<tr><td>720</td><td>排气</td><td>压缩</td></tr>
</table>

四冲程V6发动机，发火间隔角为120°，3个曲拐在互成120°夹角的3个平面内，工作顺序为R1-L3-R3-L2-R2-L1（R代表右、L代表左），工作循环见表3-3。

四冲程八缸（V8）发动机，发火间隔角为720°/8 = 90°，4个曲拐可以在同一平面内，也可互成90°角。其发火顺序为R1-L1-R4-L4-L2-R3-L3-R2或L1-R4-L4-L2-R3-R2-L3-R1。工作循环见表3-4。

表 3-3　四冲程 V6 发动机工作循环表（发火顺序为 R1-L3-R3-L2-R2-L1）

<table>
<tr><th colspan="2">曲轴转角/(°)</th><th>R1</th><th>R2</th><th>R3</th><th>L1</th><th>L2</th><th>L3</th></tr>
<tr><td rowspan="3">0～180</td><td>60</td><td rowspan="3">做功</td><td rowspan="2">排气</td><td>进气</td><td>做功</td><td rowspan="3">进气</td><td rowspan="2">压缩</td></tr>
<tr><td>120</td><td rowspan="3">压缩</td><td rowspan="3">排气</td></tr>
<tr><td>180</td><td rowspan="3">进气</td><td rowspan="3">做功</td></tr>
<tr><td rowspan="3">180～360</td><td>240</td><td rowspan="3">排气</td><td rowspan="3">压缩</td></tr>
<tr><td>300</td><td rowspan="3">做功</td><td rowspan="3">进气</td></tr>
<tr><td>360</td><td rowspan="3">压缩</td><td rowspan="3">排气</td></tr>
<tr><td rowspan="3">360～540</td><td>420</td><td rowspan="3">进气</td><td rowspan="3">做功</td></tr>
<tr><td>480</td><td rowspan="3">排气</td><td rowspan="3">压缩</td></tr>
<tr><td>540</td><td rowspan="3">做功</td><td rowspan="3">进气</td></tr>
<tr><td rowspan="3">540～720</td><td>600</td><td rowspan="3">压缩</td><td rowspan="3">排气</td></tr>
<tr><td>660</td><td rowspan="2">进气</td><td rowspan="2">做功</td></tr>
<tr><td>720</td><td>排气</td><td>压缩</td></tr>
</table>

表 3-4　四冲程 V8 发动机工作循环表（发火顺序为 R1-L1-R4-L4-L2-R3-L3-R2）

<table>
<tr><th colspan="2">曲轴转角/(°)</th><th>R1</th><th>R2</th><th>R3</th><th>R4</th><th>L1</th><th>L2</th><th>L3</th><th>L4</th></tr>
<tr><td rowspan="2">0～180</td><td>90</td><td rowspan="2">做功</td><td>做功</td><td>排气</td><td rowspan="2">压缩</td><td>压缩</td><td rowspan="2">进气</td><td rowspan="2">排气</td><td>进气</td></tr>
<tr><td>180</td><td rowspan="2">排气</td><td rowspan="2">进气</td><td rowspan="2">做功</td><td rowspan="2">压缩</td></tr>
<tr><td rowspan="2">180～360</td><td>270</td><td rowspan="2">排气</td><td rowspan="2">做功</td><td rowspan="2">压缩</td><td rowspan="2">进气</td></tr>
<tr><td>360</td><td rowspan="2">进气</td><td rowspan="2">压缩</td><td rowspan="2">排气</td><td rowspan="2">做功</td></tr>
<tr><td rowspan="2">360～540</td><td>450</td><td rowspan="2">进气</td><td rowspan="2">排气</td><td rowspan="2">做功</td><td rowspan="2">压缩</td></tr>
<tr><td>540</td><td rowspan="2">压缩</td><td rowspan="2">做功</td><td rowspan="2">进气</td><td rowspan="2">排气</td></tr>
<tr><td rowspan="2">540～720</td><td>630</td><td rowspan="2">压缩</td><td rowspan="2">进气</td><td rowspan="2">排气</td><td rowspan="2">做功</td></tr>
<tr><td>720</td><td>做功</td><td>排气</td><td>压缩</td><td>进气</td></tr>
</table>

## 3.5.2　曲轴轴承与轴向定位

### 1. 轴承材料及结构

主轴承支承曲轴在机体内旋转，并起到保护轴颈、延长曲轴使用寿命的作用。绝大多数发动机曲柄连杆机构的轴承均是滑动轴承，除了连杆小头是整圆衬套结构外，主轴承和曲柄销轴承（连杆大头轴承）都是剖分式的，即由上、下两个半圆柱面状的瓦片（称为轴瓦）对合而成，上半片安装在机体或连杆轴承座孔内，下半片装在主轴承盖或连杆大头盖里，再由螺栓将其紧固在一起。

轴瓦由钢背（基体）和其内表面覆盖的减摩合金层构成。钢背的材料多是青铜或优质低碳钢，以保证有足够的刚度和强度。内表面覆盖层则是相对较软的白合金、铜铅合金或铝基合金等，有的还再覆一层低熔点的锡基或锡铅巴氏合金。如果有异物进入轴承与轴颈间，或者机油供给不足或表面油膜破坏，可能的磨损和烧结则首先主要发生在轴承表面，以保护贵重的曲轴避免过早损坏。

多数主轴瓦内壁设有周向环形油槽和穿透壁厚的机油孔，如图3-36所示。有的发动机则仅在上轴瓦片上开油槽和油孔。它们与机体上的主油道相通，安装时应注意使油孔对正。但连杆大头瓦片则不开油槽。

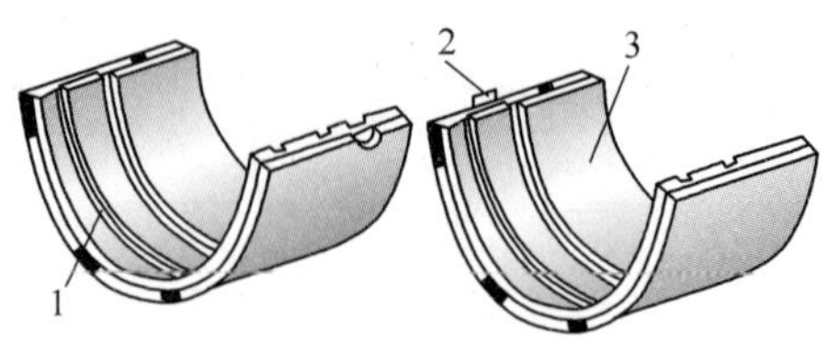

图3-36　轴瓦
1—环形油槽　2—定位唇　3—减摩合金层

主轴瓦在轴承孔内需要定位，防止其转动或轴向移动。薄壁轴瓦在剖分、对合端背面有凸起的定位唇与轴承座孔内的定位沟槽配合定位。厚壁轴瓦则多用背面定位销和座孔内的定位孔定位。

**2. 曲轴轴向定位与推力轴承**

发动机工作时，曲轴经常受到离合器等配套机构施加的轴向作用力而发生轴向窜动。过大的轴向窜动将改变曲柄连杆机构各零件正确的相对位置，不仅造成连杆弯曲、活塞与气缸的偏磨，而且对正时齿轮为斜齿轮的配气机构及其配气正时和柴油机喷油正时也有影响。所以，必须对其进行轴向定位，这就是在主轴承中设置推力轴承。注意，只能在一处设置推力轴承，可以设在前端主轴颈上（图3-32），也可以设在后端主轴颈上，或设在中部某一主轴颈上。

推力轴承有翻边轴瓦式、半圆止推片式和圆环止推片式等，如图3-37和图3-32所示。圆环止推片式用于曲轴前端第一主轴承处。

轴瓦止推面与曲轴止推面之间应留有一定的轴向间隙，以允许机油流入及曲轴等零件受热膨胀时可自由伸缩，防止轴向卡咬。此间隙叫作曲轴轴向间隙或端隙，一般在0.06~0.2mm。

曲轴轴向间隙可由止推片厚度来调整。曲轴在使用中磨损后，间隙增大，可更换或修复。

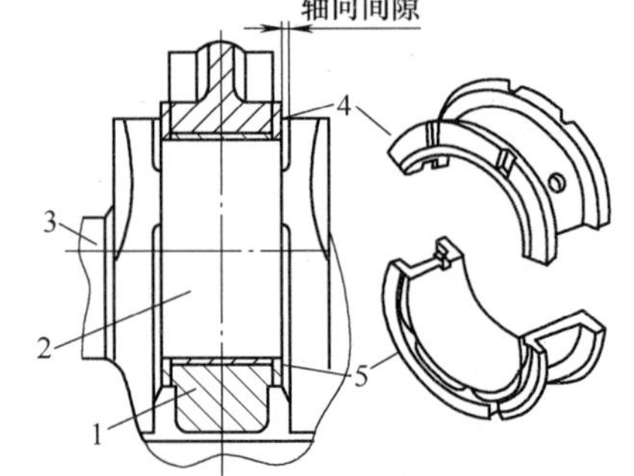

图3-37　推力轴承
1—主轴承盖　2—主轴颈　3—连杆轴颈
4—止推面　5—翻边轴瓦

**3. 轴承、轴承盖安装注意事项**

1）保证轴承孔与轴承背面、表面干净。

2）轴瓦上的油孔与座孔上的油孔要对正，以确保油路畅通。

3）轴瓦上的定位唇与座孔上的槽要对正，以确保定位。

4）轴承盖无互换性，且有方向性。因轴承盖与轴承座是组合后整体加工的，必须成对装配，才能保证内孔不失圆及配合间隙。为防止装配错误，轴承盖上都有配对和朝向标记。

5）止推片的止推面须朝向曲轴止推面，不得装反。

6）拧紧主轴承盖螺栓时，使用扭力扳手，由中央向两端对称地交替着进行，分2~3次拧紧，最后一次拧紧到规定力矩；拆卸时则按相反的次序进行，目的是防止曲轴在拆装过程中发生弯曲变形。

## 3.5.3　飞轮

飞轮是具有很大转动惯量的圆盘，由铸铁制造，用螺钉紧固在曲轴后端的凸缘盘上，如

图 3-29 所示。

1. 飞轮的功用

飞轮的主要功用是贮存做功行程中的部分能量，并在其他行程中释放出来，使活塞顺利越过上、下止点，以保持曲轴旋转平稳。另外，飞轮也是动力输出、输入的传递部件，是离合器的主动盘。

2. 飞轮的结构

飞轮的直径较大，外缘部做得较厚，以达到同样质量下获得更大转动惯量的效果。

飞轮外缘过盈套装一个齿圈，可与起动机的驱动齿轮啮合。汽车离合器装在飞轮外端面，飞轮是摩擦式离合器的主动件。

飞轮外缘齿圈上刻有第一缸压缩上止点记号（刻线、凸点或凹孔），用以判断各缸位置，调整和校正配气正时、喷油正时、点火正时及气门间隙。

飞轮与曲轴要一起进行动平衡试验，平衡后的相对位置应予以限定，以防止在拆装时破坏原有的平衡状态。为此，飞轮上或是设置定位销或是采用螺栓不对称布置的方法进行定位、紧固，拆装时应注意。

### 3.5.4　曲轴扭转减振器

发动机稳定工作时，各缸的燃气压力和往复惯性力周期性地冲击在曲拐上，使各曲拐产生瞬时扭曲和回弹的现象叫扭转振动。扭振会消耗能量，引起曲轴变形、噪声，破坏配气正时，严重时甚至发生曲轴断裂。所以现代发动机多在扭振幅度较大的曲轴前端（因为后端的飞轮能抑制一部分振动）装扭转减振器，以吸收曲轴扭转振动的能量。

汽车发动机多采用橡胶扭转减振器、硅油减振器和硅油-橡胶减振器。图 3-38 给出了与带轮组合在一起的橡胶减振器，在构成带轮的金属盘之间的夹缝中镶入橡胶，利用橡胶的黏弹性吸收、抑制振动。

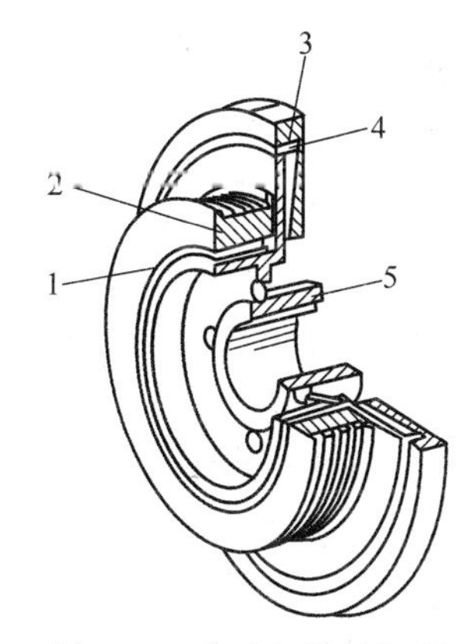

图 3-38　橡胶扭转减振器

1—橡胶层　2—惯性盘（兼作带轮）　3—惯性盘　4—橡胶　5—带轮毂

## 3.6　曲轴飞轮组的检修

曲轴飞轮组的检修包括：曲轴、飞轮的检修，曲轴轴承的选配以及曲轴扭转减振器的检查、更换等内容。

### 3.6.1　曲轴常见损伤

曲轴常见的损伤主要是各轴颈的磨损，曲轴弯曲和扭曲变形、裂纹甚至断裂等。

1. 轴颈的磨损

由于轴颈表面受力的大小、方向、作用时间及润滑的差异，其磨损是不均匀的，表现为轴颈失圆或呈锥形。

1）主轴颈和连杆轴颈均易出现失圆磨损，径向最大磨损部位发生在它们相互靠近的一侧——主要承载侧。

2）连杆轴颈还会出现锥形磨损，轴向最大磨损部位在背离主轴颈通向连杆轴颈倾斜油道的倾斜（油流）方向一端。这是由于旋转离心力使机油中的杂质偏积所致。

3）连杆轴颈的磨损比主轴颈的磨损严重。因为它承受的载荷较大，润滑条件又较差。

另外，曲轴与气缸的中心线不垂直、连杆弯曲、曲轴弯曲等，会使轴颈或轴承出现锥形磨损。例如，连杆弯曲会造成连杆轴承或轴颈相互斜对角的两侧磨损严重；若有一个轴承或轴颈比其他轴承或轴颈磨损得严重，则大多是曲轴弯曲造成的。

轴颈表面还可能出现擦伤和烧伤。擦伤是不清洁的机油中夹杂着的较大坚硬杂质在轴颈表面划出沟痕；烧伤是轴颈与轴瓦发生了干摩擦而产生的烧瓦（或抱轴），使轴颈表面有严重的划痕并呈蓝色。轴承与轴颈间隙太小或机油膜破坏（机油压力不足、机油太稀、机油路阻塞）是烧伤的主要原因。

磨损使轴颈与轴承间隙过大，机油压力显著下降，异响加重。

**2. 曲轴弯曲与扭曲变形**

主轴颈的同轴度误差大于0.05mm，称为弯曲。连杆轴颈的分配角误差大于30′，称为扭曲。

引起曲轴弯、扭变形的主要原因是：个别气缸工作不良或不工作（俗称“缺缸”），各主轴承松紧度不一致或间隙过大，主轴承孔同轴度误差增大，发动机超负荷或爆燃条件下工作。另外，烧瓦，气缸间隙过小、活塞膨胀过大引起的活塞卡缸，拖带挂车时起步过猛或紧急制动时未踩下离合器，超速超载等，都会引起扭曲变形。

曲轴弯曲变形后，会加剧活塞连杆组与气缸的磨损、曲轴轴颈和轴承的磨损，严重时会导致曲轴疲劳折断；扭曲变形使曲柄夹角发生改变，将直接影响发动机配气正时、点火正时和喷油正时。

**3. 曲轴的断裂**

曲柄臂与轴颈之间的过渡圆角处及油孔处是裂纹极易发生的部位。前者是横向裂纹，严重时会使曲轴断裂；后者是纵向裂纹，沿斜置油孔的锐边轴向发展。曲轴的裂纹主要是因应力集中引起的。磨轴时，如过渡圆角磨得太小，或曲轴变形，都会使曲柄与轴颈过渡区的应力剧增，加剧曲轴的疲劳断裂倾向。

### 3.6.2 曲轴裂纹的检修

清洗曲轴后，首先检查有无裂纹。可用目测、磁力探伤法、浸油敲击法等检查。

浸油敲击法简单易行，具体做法是：将曲轴浸入煤油中，取出后擦拭干净，在其表面撒上白粉，然后用锤子沿轴向分段敲击非配合面（平衡重或曲柄），若白粉有明显的裂纹状油迹出现，表明该处有裂纹。

一经发现横向裂纹，曲轴就应报废。对轴颈上出现的表面细微的纵向裂纹，可在曲轴的磨削过程中予以消除。

### 3.6.3 曲轴弯曲的检验与校正

**1. 曲轴弯曲的检验**

因为曲轴中间主轴颈的负荷大，弯曲变形量最大，所以应以两端主轴颈的公共轴线为基准检查中间主轴颈的径向圆跳动误差。

检验时，先将曲轴两端主轴颈置于检验平台的 V 形架上，再将百分表的触头垂直抵在中间主轴颈上，用手慢慢将曲轴转动一圈，百分表指针所指示的最大摆差，即为中间轴颈的径向圆跳动误差值，如图 3-39 所示。此值若大于一定值（轿车 0.06mm，中型车 0.15mm）则应进行压力校正，低于此值，可结合磨削主轴予以修正。

**2. 曲轴弯曲的校正**

冷压校正法和表面敲击法是曲轴弯曲校正通常采用的方法。

（1）冷压校正　一般在压床上进行。将曲轴两端的主轴颈放在工作平台上的两个 V 形架上（图 3-40），转动曲轴使弯曲凸起侧向上，使百分表头抵着两被压主轴颈正下方，且指针指向“0”，将压头对准中间主轴颈逐渐增压，使其反向弯曲变形，压弯量为曲轴弯曲量的 10~15 倍（球墨铸铁曲轴不大于 10 倍），保持压力 1.5~2min 后卸压，然后检查弯曲度值，至校正合格为止。对变形量较大的曲轴，可分几次校正，以免一次压弯量过大，造成曲轴折断。将冷压后的曲轴加热至 300~500℃，保温 0.5~1h，以消除冷压造成的内应力引起的变形反弹。

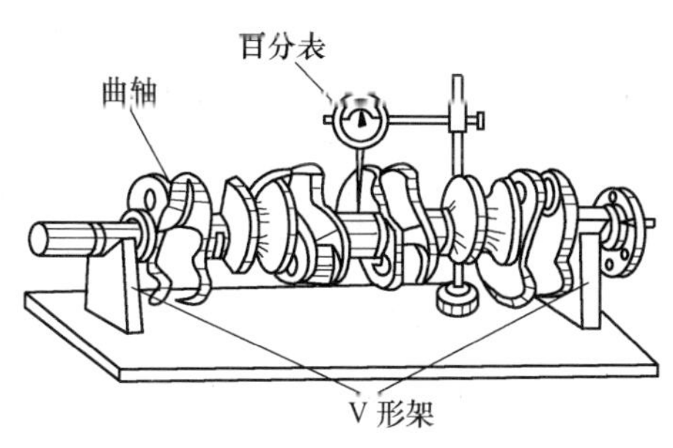


图 3-39　曲轴弯曲的检验

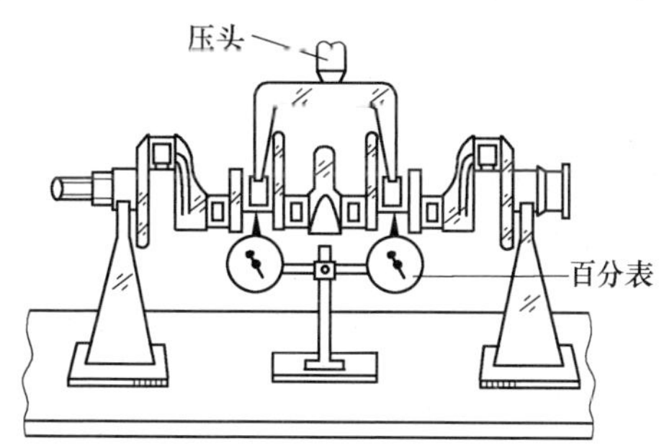


图 3-40　曲轴弯曲的校正

（2）表面敲击法校正　对于弯曲变形量不大的曲轴，用锤子敲击曲柄臂的两侧，使曲柄变形，轴线发生位移，达到校正目的。当敲击曲柄臂的外侧时曲柄臂外侧延伸，内侧收缩，曲柄臂下方并拢，主轴颈远端则向下移动，近端向上移动；若敲击曲柄臂内侧，则主轴颈的远端就会向上移动，近端向下移动。

### 3.6.4　曲轴扭曲的检验与校正

曲轴扭曲变形的检验是将连杆轴颈转到水平位置上，用百分表分别确定在同一方位上的连杆轴颈至平板的距离差值，这个差值即为扭曲变形量。

曲轴扭曲的校正较困难，曲轴扭曲严重时，应报废曲轴；曲轴扭曲轻微时，可结合连杆轴颈的磨削予以修理。

### 3.6.5　轴颈磨损的检修

**1. 轴颈磨损的检验**

清洗曲轴后，对于经过探伤检查而允许修复的曲轴，首先检视轴颈表面有无划痕和损伤，然后用千分尺认真测量主轴颈、连杆轴颈不同截面、不同方向的直径，计算各轴颈的圆度和圆柱度误差。若圆度、圆柱度误差小于 0.025mm，表面无损伤，且径向圆跳动误差小于 0.15mm，可继续使用，不需磨修；若轴颈圆度、圆柱度误差大于 0.025mm，或表面有沟痕、烧伤，须按修理尺寸在专用曲轴磨床上进行磨轴修理。若曲轴中间主轴颈的径向圆跳动误差小于0.15mm，可直接通过磨轴来修正其弯曲变形；若大于0.15mm，必须校正至小于0.15mm方可进行磨削。

**2. 轴颈的磨削**

为了延长曲轴的使用寿命，对于需磨削的曲轴，应在保证加工余量的前提下，尽量选用最接近的修理尺寸级别。经验证明，因为曲轴很耐磨，所以一般的维修乃至第一次大修都不需要磨轴，只需换轴瓦而已。

曲轴轴颈有六级修理尺寸，可根据其变形、磨损、现有尺寸以及磨削余量来确定。每级修理尺寸以0.25mm递减，修理尺寸的级数因机型不同而异。因曲轴的轴瓦是成套供应的，故主轴颈、连杆轴颈应分别按同一级别的修理尺寸磨削，以便于选配轴瓦。

磨削曲轴时，应先磨削主轴颈，后磨削连杆轴颈。磨削后，各轴颈的圆度、圆柱度误差不得大于0.005mm。连杆轴颈磨削后，其轴线与主轴颈轴线的平行度误差不大于0.01mm。磨削连杆轴颈时，尽量减小曲柄半径的增加量，以保证同向位连杆轴颈轴心线的同轴度误差不大于0.10mm，以利于曲轴的动平衡。

有些进口车的曲轴是一次性曲轴，即曲轴的强化层磨尽后即可报废，更换新曲轴。此种曲轴的轴承间隙一般不得大于0.08mm，其使用极限不得大于0.12mm。强化层检验方法如下：将轴清洗干净，把5%～10%的氯化铜喷洒在曲轴的表面，经过30～40s后若颜色不变，说明强化层还存在，若轴颈的圆度误差未超限，那么曲轴就可继续使用；若溶液由浅蓝变为透明，轴颈表面变为铜色，表明强化层已磨尽。

### 3.6.6　轴承（瓦）的选配与修理

**1. 轴承常见损伤**

轴承的主要损伤形式是磨损、减摩层疲劳脱落及烧熔、刮伤，且与曲轴、连杆的变形及损伤、气缸异常磨损等是相互影响、相互加重的。

长时间受交变载荷的剧烈冲击，发动机极限运转造成的轴承过载，轴承顶隙不当，机油供给不足，难以有效建立机油膜或油膜遭到破坏，机械杂质进入轴承与轴颈间隙等，是轴瓦损伤、损坏的主要原因。其中，几乎50%的轴承失效是由机油中含有坚硬杂质、金属磨屑和其他摩擦物等污垢造成的。

离合器或变速器从飞轮端施加的向前推力、连杆弯曲等使止推面敲击曲轴，轴向间隙不合适等，则是推力轴承止推面磨损的主要原因。

**2. 轴承间隙的检查**

曲轴轴承间隙是指顶隙和轴向间隙。

（1）顶隙的检查　主轴瓦、连杆轴瓦顶隙可由下述两种方法检查：

1）量具检查法。将轴承装入轴承孔，按原厂规定力矩紧固轴承盖，用百分表、千分尺分别测出轴瓦内孔径和轴颈外径，二者之差即为顶隙。

2）塑料线规法。将轴颈表面擦干净的曲轴放入主轴承中；取一小段专用的塑料线规顺轴向放入轴承、轴颈间；按原厂规定的力矩、次序紧固已装好轴瓦的轴承盖（注意，紧固过程中不得转动曲轴）；松开轴承螺栓、拆下轴承盖后，取出压扁的线规；将压扁的塑料线规的最宽处与带有不同宽度刻线（或色标）的线规标尺相对比，线规标尺上与被压扁的塑

料线规宽度相等的刻线（或色标）所标示的值，就是轴承最小径顶隙值。注意观察塑料线规厚度沿其长度方向的变化，以此能判断哪个轴颈呈锥形磨损。

塑料线规不能在高于 38℃ 或低于水的冰点的环境使用，否则，此法不能提供正确的数据。

3）经验法。技术熟练的工人，常用手感来检查轴瓦的顶隙。例如，单道主轴瓦符合标准间隙时，曲轴的转动力矩应不大于 10N · m；若连杆轴瓦符合标准间隙，则连杆按规定装在轴颈上后，用力甩动连杆小头时，连杆应能连续转动 1. 25 ~ 1. 75 圈。

当顶隙接近限值时，要更换轴瓦，否则将使发动机丧失工作能力。其顶隙限值一般货车为 0. 20mm，轿车为 0. 15mm，使用极限为 0. 35mm。发动机大修时，应更换全部轴瓦。

（2）轴向间隙的检查　用撬杠将曲轴拨向后端或前端，然后用塞尺测量推力轴承和曲轴止推面间的间隙，或将百分表触杆顶在曲轴一端或某一平衡快上，撬动曲轴使其前后窜动，表针最大摆动值即为轴向间隙。轴向间隙一般为 0. 06 ~ 0. 20mm，极限值为 0. 35mm。发现其超过规定值时，应更换推力轴承或止推片、止推环。

用同样的方法，可测量连杆大头的轴向间隙。

**3. 轴瓦的选配**

为保证轴承与轴颈及轴承座孔的配合达到规定要求，安装时轴承能正确就位，工作可靠、耐久，所选配的轴瓦应满足下列要求：

1）轴承与轴颈配合间隙符合要求。必须根据磨削后变小的轴颈尺寸和规定的顶隙选用合适内径的轴瓦。轴瓦内径的修理尺寸与轴颈的一样，在其背面一般标有标准尺寸或缩小的尺寸级别，如：“-0. 25”“-0. 75” 等。

2）轴瓦背面要光滑无损，其定位唇或销完好且与轴承孔上的定位沟槽或孔能严密配合。

3）一定的弹开量和高出量（图 3-41），以保证装合后轴瓦紧密地与座孔贴合，工作时不转动，并具有良好的散热效果。

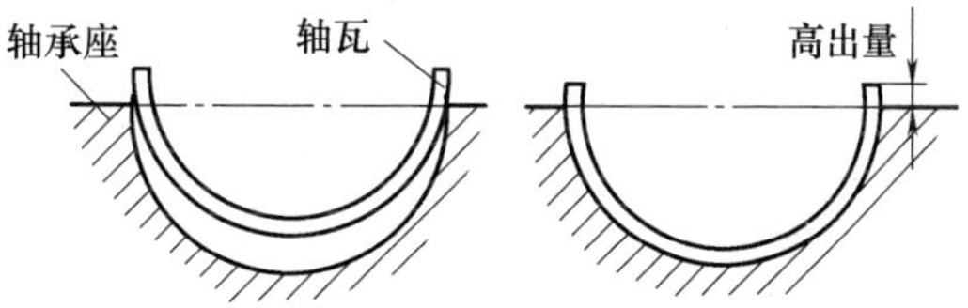


a) 轴瓦在自由状态　　b) 轴瓦装入轴承座后的高出量

图 3-41　轴瓦弹开量与高出量

轴瓦在自由状态下，开口尺寸应比轴承座孔直径略大，二者的差值称为轴瓦弹开量。一般汽油机轴瓦的弹开量为 0. 8 ~ 1. 5mm，柴油机的为 1. 5 ~ 2. 5mm。

轴瓦外径周长比座孔周长稍长些，当每片轴瓦压装入轴承座孔后，轴瓦的每端应稍伸出轴承座端面一点，伸出的部分称为高出量或过盈量。汽油机轴瓦的高出量一般为 0. 03 ~ 0. 05mm，而柴油机的高出量略大于汽油机。

## 3. 6. 7　飞轮的检修

飞轮常见的损伤是齿圈磨损、断齿，以及与离合器接触的工作面磨损。

（1）飞轮齿圈的修理　飞轮齿圈齿的磨损主要发生在背向旋转方向的一面。对于齿圈齿单面磨损，可将其翻面使用；若齿圈双面严重磨损或断齿三个以上或有两个连续断齿，应更换新齿圈。齿圈应在加热至 350 ~ 400℃ 时热压于飞轮上，其配合过盈量为 0. 3 ~ 0. 6mm。

（2）飞轮工作面的修理　飞轮工作面如有烧伤或磨损沟槽深度超过 0. 5mm 时，应采用精车或磨削进行修整。修整后飞轮厚度不得小于标准尺寸 1.2mm，平面度误差必须小于 0.10mm。飞轮装到曲轴上后，轴向圆跳动误差不得大于 0.15mm，否则，会造成飞轮振动、离合器工作不良（打滑或对摩擦片产生撞击）。

(3) 曲轴、飞轮、离合器总成组装后必须进行动平衡试验　组件中任一机件在更换和修整后都应重新进行动平衡试验，但是不能单独进行曲轴的动平衡试验，只有将其与一起运转的离合器总成等部件同时进行动平衡试验才是正确有效的。

## 3.7　曲柄连杆机构异响的诊断与排除

异响是发动机故障的最初表现形式。正确诊断异响，可避免不必要的发动机拆卸工作，也能减少可以继续运行但会酿成发动机损坏的事故发生。

零部件连接松动、装配不当、配合间隙失准、润滑不良等都会产生前兆性异响。其中，机油不足、最初的零件选配及由各种损伤导致的配合间隙偏离标准是最常见的原因。所以，借助于异响的特征、机油压力信号及异响随温度、速度、负荷等的变化规律判断异响发生部位是诊断与排除的关键。

### 3.7.1　曲轴主轴承异响

#### 1. 特征

1）连续的“咚、咚、咚”响声钝重而沉闷，怠速时突然加大节气门（油门）开度响声更明显。

2）转速越高，声响越大；负荷增大，声响加剧。

3）单缸断火时，响声变化不大；相邻两缸同时断火时，响声明显减弱。

4）声响与发动机温度无关，但机油压力明显下降，发动机振抖。

#### 2. 原因及诊断

轴承异响的主要原因是烧瓦、轴承或轴颈磨损过度使间隙过大，通过更换主轴承、维修曲轴就可消除。

1）主轴承松旷。使发动机低速运转，用手轻微抖动节气门（油门），若有明显沉闷的响声，且在节气门（油门）增大的瞬间响声明显，则为主轴颈与轴承间隙过大或轴承盖紧固螺栓松动所致。或通过断火实验判断：单缸断火时，响声变化不大，相邻两缸同时断火时，响声明显减弱，则为两缸间主轴承响；第一缸或最后一缸分别断火后，响声明显减弱，则分别为第一主轴承或最后主轴承响。

2）轴瓦减摩合金层烧毁或脱落。在高速时机体有较大振动，机油压力显著下降，则为主轴承松旷或轴瓦合金层烧毁脱落所致。

3）曲轴轴向间隙过大时，轴向窜动会产生间隔的沉重的“咯噔、咯噔”响声。踩下离合器踏板保持不动，响声明显减弱或消失。

4）其他：曲轴弯曲、机油压力过低。怠速或低速运转时响声明显，高速时很杂乱，可能是曲轴弯曲所致。

### 3.7.2　连杆轴承异响

**1. 特征**

1）比曲轴主轴承异响轻、短，连续、短促、坚实的“铛、铛、铛”敲击声。

2）转速越高，声响越大；负荷增大，声响加剧。

3）单缸断火时，响声明显减弱或消失，但复火时即出现。

4）轴承松旷严重，发动机怠速或中速以下运转时，响声都很明显。

**2. 原因及诊断**

造成连杆轴承异响的主要原因有连杆轴承盖螺栓松动或折断、连杆弯曲、润滑不良、烧瓦、轴承或轴颈磨损使轴承间隙过大等。通过维修或更换曲轴、校正或更换连杆、更换轴承可以消除。

1）变换车速，先使发动机怠速运转，然后由怠速向低速、中速、高速运行，随节气门（油门）的增大、转速的升高，响声增大，在加油的瞬间响声突出。

2）进行逐一单缸断火，若某缸断火后响声明显减弱或消失，而复火的瞬间响声立即出现，则此缸连杆轴承响。

### 3.7.3　活塞敲缸响

**1. 特征**

1）怠速或低速运转时，气缸上部发出“嗒、嗒、嗒”有节奏的、清晰而沉重的、像钟声一样的金属敲击声。

2）加速或加大节气门（油门）时，声音变大。

3）冷车响声明显，温度升高后响声减弱或消失。

4）单缸断火时，响声明显减弱或消失。

**2. 原因及诊断**

主要原因是活塞与气缸壁间隙过大、气缸壁润滑不良、连杆变形、活塞或气缸磨损、轴承磨损等。通过更换活塞、镗磨气缸、更换或校正连杆、更换轴承可以消除。根据特征 1）和 2）结合下列方法诊断：

1）低速下运转时，逐缸断火，若某缸断火后响声减弱或消失，复火后又恢复响声，即为该缸活塞敲缸响。

2）将发动机熄火，卸下火花塞，从火花塞孔向气缸内注入少量机油，再装回火花塞后起动发动机。若敲缸声减弱或消失，但短时间后又出现，则该缸活塞与气缸壁间隙过大导致敲缸。

3）用听诊器或螺钉旋具触及发动机机体一侧中上部听诊，若响声明显，并略有振动感，则为活塞敲缸声。

### 3.7.4　活塞销响

**1. 特征**

1）怠速或低速运转时，气缸上部发出有节奏、较尖锐、清脆的“嗒、嗒”金属敲击声。

2）转速升高时响声增大，加速时响声更大。

**2. 原因及诊断**

主要原因是磨损使活塞销与连杆小头松旷或活塞销与活塞销座孔配合松旷。

1）怠速时急速抖动节气门（油门），每抖动节气门（油门）加速1次，尖脆的“嗒、嗒”声随之增大并加快。

2）将发动机稳定在响声最明显的转速下，逐缸断火。某缸断火后响声减弱或消失，复火后又恢复响声，则为该缸活塞销响。

3）用听诊器或螺钉旋具触及气缸体一侧，若气缸上部声响较下部明显，表明活塞销响。

## 3.8　压缩比可变技术

发动机压缩比越大，热效率越高，燃油消耗率越低，且动力性提高。但传统上汽油机的压缩比是不可变的，且受爆燃的限制（详见5.3.2节）不得不采用较低的固定压缩比，一般不超过12。

所谓可变压缩比，即在不易产生爆燃的工况采用较高的压缩比，以获得高的经济性；而在易发生爆燃的大功率和大转矩的工况下，则转换为采用较低的压缩比。这样既避免了爆燃，又满足了动力性，提高了综合经济性。同时，可通过调整压缩比，适应于不同标号燃料的使用。另外，可变压缩比发动机，可在冷起动暖机时适当降低压缩比，提高排气温度，迅速加热三元催化转化器，缩短暖机时间，减少起动暖机阶段的排放。

**1. 可变压缩比方案**

压缩比的改变是通过调节燃烧室的容积而实现的。改变燃烧室容积的方法有很多种，大致分为三类。其一，改变活塞上止点位置，如图3-42a所示活塞头部可动式，图3-42b所示活塞销偏心套可动式、图3-42c所示曲柄销偏心环可动式、图3-42d所示连杆可变式、图3-42e所示多连杆式、图3-42g所示曲轴主轴颈偏心环可动式；其二，改变气缸盖与活塞顶的相对位置，如图3-42f所示气缸盖可动式、图3-42h所示气缸盖底部空间（火花塞位置）可变式；其三，改变气缸盖底部的形状，如图3-42h所示。其中，图3-42a、b、c、d、g、h方案的可变机构复杂，实施困难大，且前三者还使往复运动件质量增大，不适于高速。在此介绍多连杆方案（图3-42e）和气缸盖摆动方案（图3-42f）。

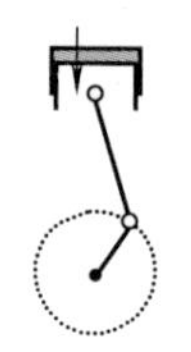

a) 活塞头部可动式

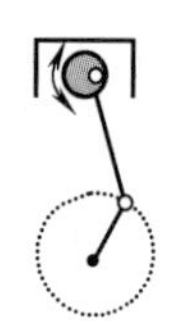

b) 活塞销偏心套可动式

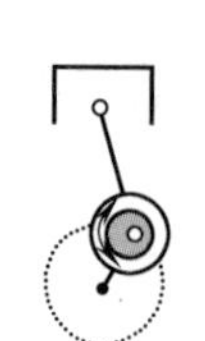

c) 曲柄销偏心环可动式

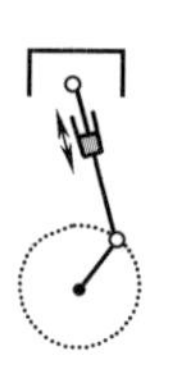

d) 连杆可变式

e) 多连杆支点位置可动式

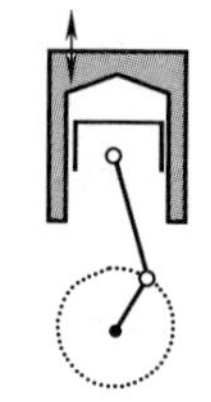

f) 气缸盖可动式

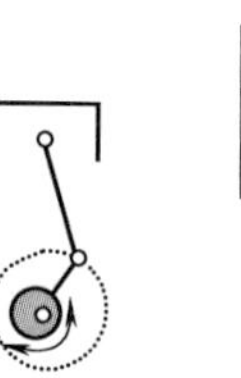

g) 曲轴主轴颈偏心环可动式

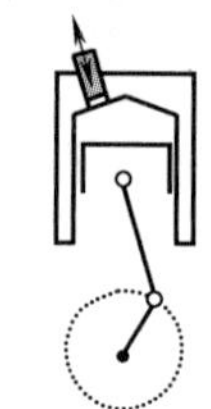

h) 火花塞位置可变式

图3-42　改变压缩比方案示意图

**2. 日产多连杆式可变压缩比机构**

日产公司利用多连杆位置可动式可变压缩比机构，可使压缩比在8：1~20：1之间变

化，如图 3-43 所示。这种可变机构是在原连杆与曲柄销之间增设一套中间多连杆系、一个偏心控制轴以及带有独特谐波减速齿轮的驱动电动机，同时原曲轴的曲柄长度缩短。当驱动电动机旋转时，驱动器连杆带动偏心控制轴旋转，改变控制连杆位置，从而带动 L 形连杆的位置（与连杆夹角）变化，最终导致活塞的上止点位置的变化，实现发动机压缩比在 8：1～20：1 之间变化。

曲轴上的曲柄长度缩短，减少了活塞的摆动幅度，进而减少了活塞与气缸壁之间的摩擦。也因为多连杆结构的特殊性，发动机惯性振动大大减弱，可无需平衡轴。但是可变机构较复杂，增加转速迟缓。

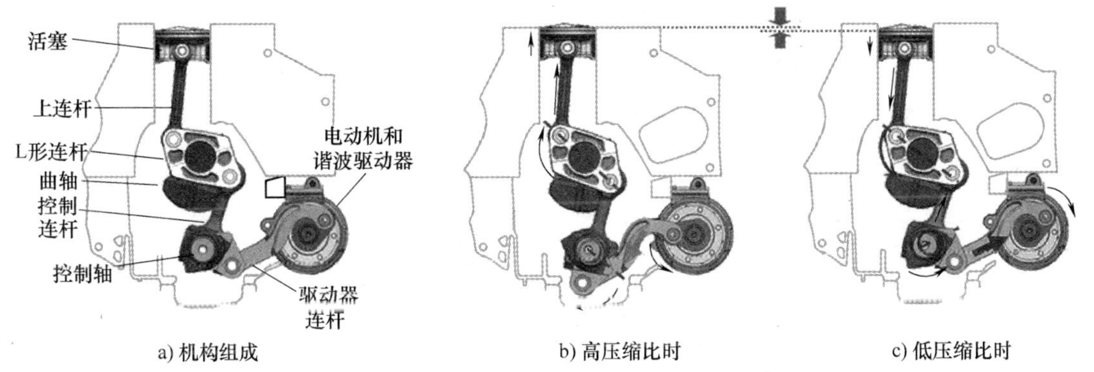


图 3-43　日产多连杆式可变压缩比机构

### 3. 萨博气缸盖可动式可变压缩比机构

萨博公司将发动机分为上下两部分，上部为做成一体的气缸盖和气缸筒，下部由曲轴、活塞、连杆、机体组成。两部分通过橡胶密封件密封连接并与曲轴箱隔开，可在一定程度上实现相对运动。气缸筒下端一侧铰接于气缸体，另一侧以偏心轴与气缸体连接。气缸盖与气缸体通过液压控制构件连接在一起（而不是螺栓），在气缸体与气缸盖之间安装楔形滑块，气缸体可以沿滑块的斜面运动。工作中气缸体位置相对不变，当需要改变压缩比时，ECU 控制偏心轴左、右转动，与之相连的控制连杆驱使发动机上部围绕支撑点转动一定角度，活塞则以曲轴为中心同步偏转，使得气缸盖底面与活塞顶面的相对位置发生变化，改变了燃烧室的容积，从而改变了压缩比，可变范围在 8：1～14：1 之间，如图 3-44 所示。

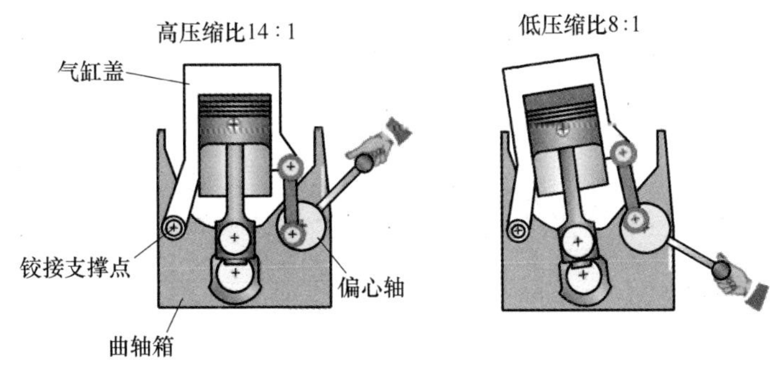


图 3-44　萨博气缸盖可动式可变压缩比机构

萨博的这套系统，气缸盖与气缸体铰接且能够摇动，工作时铰接处和压缩比控制部件需要承受巨大的交变应力，这要求气缸体强度必须很大且驱动的电动机必须有很大的功率，使得发动机的体积和质量大大增加。此外，还需要对气缸盖上的凸轮轴进行补偿，以及采用柔性的进、排气管等，这一切都会导致这套技术方案的结构异常复杂。

**4. 标致、雪铁龙可变压缩比机构**

可变机构由两个连杆、一个杠杆（两端加工齿扇）和液压控制杆组成，如图 3-45 所示。一个连杆与活塞刚性连接、滚子导向，齿条状的下端与杠杆一端啮合。另一连杆大头与曲轴连接，小头与杠杆中间支点连接。液压控制杆与活塞中心线平行，下端加工成齿条状与杠杆另一端啮合。通过控制液压控制杆的移动，使杠杆另一端的活塞反方向移动，在活塞行程不变的情况下，改变上止点位置，实现压缩比的改变。压缩比可变范围为 7∶1~20∶1。

因为活塞由滚子导向，活塞对气缸的侧压力和拍击几乎消失，摩擦损失降低。但特殊液压控制装置的存在，较大地增大了气缸体的体积，不利于发动机小型化。

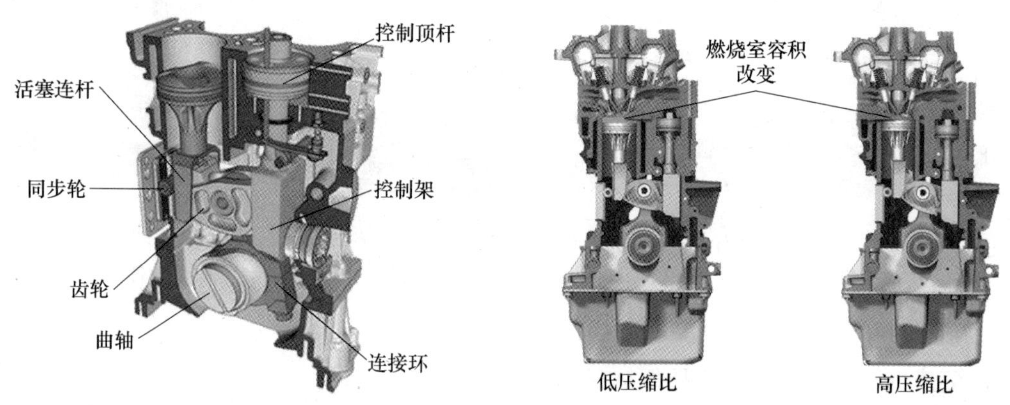


图 3-45　标致、雪铁龙可变压缩比机构

## 本章小结

机体组由气缸体、气缸盖和油底壳构成，是发动机的基本骨架，是其他所有零部件的安装基础。气缸体和气缸盖多采用铝合金和合金铸铁制造。气缸体按曲轴箱的形式分为平分式、龙门式和隧道式三种，前两者在车用发动机上常见。气缸可以直列、V 型、对置等形式布置，有无缸套式和镶装缸套式。气缸套分干式、湿式两种。

气缸盖与气缸体用螺栓紧固，之间用气缸垫密封。在拆装时注意螺栓拧紧（或松开）时的次序及拧紧力矩的大小，注意气缸垫的安装方向。

机体组的主要损伤形式是磨损、裂纹和变形。气缸体和气缸盖接合平面的翘曲变形，可用直尺、塞规进行测量，若平面度误差超过规定值，可采用刮削法、研磨法、磨削法予以修复。裂纹常用水压试验法检查，修理方法有焊接法、黏结法等。气缸盖出现裂纹一般应予以更换。磨损使气缸呈现上大下小的锥形和失圆，以圆度和圆柱度衡量其磨损程度，判断是否需要大修。按修理尺寸进行镗磨或换装新缸套修复后的气缸，其直径、圆度和圆柱度必须符合要求。

活塞组、连杆组、曲轴飞轮组构成曲柄连杆机构，实现往复运动与旋转运动的相互转换。

活塞组包括活塞、活塞环和活塞销。活塞由顶部、头部、裙部三部分组成，多采用铝合

金制造。其顶部是燃烧室的一部分，头部是密封带，开有活塞环槽，裙部起导向作用并承受侧压力。为控制工作状态下活塞与气缸壁的间隙，减轻“冷敲热拉”，活塞被预制成直径上小、下大，裙部呈椭圆的形状。活塞销偏置、拖板式或半拖板式活塞也被广泛采用，有的则采用活塞销座安装“恒范钢片”、裙部镶圆筒式钢片的双金属活塞。

活塞销用来连接活塞和连杆，分为全浮式和半浮式两种。

活塞环有气环和油环两种。气环在活塞和气缸壁之间靠第一密封面、第二密封面和各环呈“迷宫式”布置形成密封，同时起着导热作用。气环有矩形环、扭曲环、锥面环、梯形环、桶面环和 L 形环等。气环泵油是机油进入燃烧室被烧掉和形成积炭的主要原因之一。油环将机油均布在气缸壁上并刮下过多的机油，阻止机油进入燃烧室。

活塞组件属于易损件，常见的损伤是磨损、环折断、顶烧蚀、脱顶、拉缸、销弯曲变形等，采用选配、更换的方法修复。选配时应根据气缸的修理尺寸进行选配，各气缸活塞组件的材质、质量、几何公差应一致，以满足各缸配合间隙、平衡性、工作均匀性的要求。对活塞环应进行“三隙”、弹力和透光度检验。安装时必须注意各缸活塞组件不能互换，活塞、活塞环有方向性要求，各道活塞环类型和顺序不得错乱，开口不得重叠。

连杆连接活塞和曲轴，大、小头孔内装置轴承。为拆装方便，连杆大头多为分开式，有平分式和斜分式两种。连杆主要损伤形式是弯扭变形、大头端面磨损、轴承磨损、烧瓦、螺栓损坏甚至连杆断裂等。修理连杆时，应先进行弯曲、扭曲检验和校正，再修复轴承。各缸连杆和连杆盖不能互换，且有方向性要求，安装时应注意配对记号和朝向记号。

曲轴由曲拐、前端、后端和平衡重组成。曲拐由一个曲柄销和它左右两个曲柄臂及主轴颈构成，每个主轴颈到连杆轴颈均钻有油孔。曲拐数量及布置取决于气缸数、气缸排列形式和各缸发火顺序。曲轴前端为自由端，安装配气正时齿轮、带轮及扭转减振器等。曲轴后端安装飞轮，以稳定曲轴运转，输出、输入动力。曲轴由主轴承和轴承盖支撑在机体底部，利用推力轴承进行轴向定位，防止工作中过多的窜动。前后端均设油封防止机油渗漏。

曲轴常见的损伤主要是主轴颈和连杆轴颈磨损、弯曲和扭曲变形、裂纹甚至断裂等。其磨损、变形往往与连杆的变形、大头端面磨损及活塞气缸偏磨、敲缸、拉缸等形成互相加重的影响。曲轴的弯曲变形可采用冷压法或锤击法进行校正。其扭转变形则不易校正，严重时应予以更换。对轴颈磨损超限，或表面有沟痕、烧伤的曲轴，可视情况按修理尺寸进行磨削修复或更换，使其圆度、圆柱度符合要求。曲轴若出现裂纹应予以更换。

轴承与轴颈及轴承座孔的配合状况对发动机的正常运转至关重要。当轴向间隙达到极限值时，要更换推力轴承。当轴承顶隙达到极限值时，应按轴颈尺寸和顶隙选换瓦背光滑、定位键完好、高出量和弹开量符合要求的新轴瓦。

曲轴飞轮组中的任何一个零件在更换和修整后，必须做动平衡试验，以达到原厂要求。

曲柄连杆机构异响最常见的原因主要是轴承间隙过大、紧固螺栓松动、轴瓦减摩合金层烧毁或脱落，以及活塞-气缸、活塞销-销座孔、活塞销-连杆小头间隙过大和润滑不良。借助于异响的特征、随速度的变化规律及机油压力信号、油面高度、断火实验等可辨别发声部位。

传统的发动机，维修时可以通过活塞顶面形状及尺寸、气缸垫厚度微调压缩比。可变压缩比发动机已经量产面世，它可以根据发动机工况的变化调整压缩比，获得高的综合性能。

# 【复习思考题】

1. 简述机体组的组成及功用。
2. 按曲轴箱结构的不同，发动机气缸体有哪几种结构形式？各有何特点？
3. 气缸的形成方式有哪几种？各有什么特点？
4. 何为干式气缸套、湿式气缸套？如何防止湿式气缸套漏水？
5. 镶装干式气缸套和湿式气缸套时应分别注意什么？
6. 气缸垫有何功用？装配时应注意什么？
7. 气缸盖变形的主要原因及其危害有哪些？
8. 为减小气缸盖变形，拆装时应如何操作？
9. 气缸体、气缸盖裂纹的主要原因及其危害有哪些？
10. 气缸的磨损有何特点？
11. 如何表示气缸的磨损程度？如何检验气缸的磨损情况？
12. 气缸体和气缸盖平面磨削修复后，可能带来其他什么问题？
13. 简述曲柄连杆机构的组成和功用。
14. 简述活塞组的组成及各零件的功用。
15. 在气缸使用和维修过程中压缩比有无变化？为什么？
16. 何为“拉缸”？有何危害？主要原因是什么？
17. 何为“冷敲”？主要原因是什么？
18. 为控制活塞的“冷敲热拉”，在活塞结构上可采取哪些措施？
19. 装配时，各缸活塞有无互换性和方向性要求？为什么？
20. 活塞有哪些常见损伤形式？
21. 气环和油环有哪些主要作用？
22. 简述气环的密封机理。
23. 简述气环的泵油现象及其危害。
24. 常见气环的断面形状有哪几种？各有什么特点？装配时应注意什么？
25. 活塞销与连杆小头、活塞销孔有哪几种配合方式？活塞销如何进行轴向定位？
26. 选配活塞和活塞环时，应分别注意哪些事项？
27. 如何检验活塞环“三隙”、弹力和透光度？
28. 活塞环端隙太小有何危害？
29. 连杆大头为什么要采用剖分式？为何有平分式和斜分式？
30. 在装配连杆大头时应注意些什么？
31. V 型发动机连杆有哪几种形式？
32. 如何检验连杆的弯曲、扭曲变形？
33. 连杆变形的原因及危害有哪些？
34. 简述活塞连杆组的组装工艺及注意事项。
35. 曲轴为何要有轴向定位？如何定位？
36. 何为曲轴轴向间隙？如何检查？如何调整？
37. 曲轴的前后端有何不同？如何防漏？
38. 曲拐数与气缸数和气缸布置形式有何关系？
39. 飞轮的主要作用是什么？其上的刻度或其他记号有何作用？

40. 曲轴扭转减振器有何作用？通常装在曲轴哪一端？

41. 已知某 6 缸发动机的发火顺序是 1-4-2-6-3-5，请计算其发火间隔角，并画表分析当第一缸做功时，其他各缸的工作情况。

42. 轴承损伤或损坏的主要原因有哪些？

43. 如何用塑料线规检查轴承的顶隙？

44. 新选配的轴瓦应满足哪些要求？

45. 为何轴瓦要有一定的弹开量和高出量？

46. 机体组及曲柄连杆机构中，安装时有方向要求的零件和无互换性的零部件分别有哪些？

47. 曲柄连杆机构异响的主要原因有哪些？

# 第 4 章

# 换气过程及配气机构

【学习目标】

1. 掌握配气机构的功用、组成、类型。
2. 掌握主要零部件功用、构造、装配及传动关系，拆装规范及检修方法。
3. 掌握配气相位、气门间隙的概念，理解其检查与调整方法。
4. 理解主要零部件的工作原理、损伤形式、危害、特征。
5. 理解发动机换气过程、充气效率的概念及基本影响因素。
6. 了解主要零部件的工作条件、要求及材料。
7. 了解配气机构异响特征、成因及诊断方法。
8. 了解可变配气技术。
9. 认识配气机构的结构、技术状况与发动机性能、检修之间的关系。

## 4.1 概述

### 4.1.1 配气机构及换气过程的功用与要求

换气过程是排气过程和进气过程的总和，即从排气门开始开启到进气门完全关闭的全过程。在该过程中，膨胀做功终了的燃气（称为废气）排出气缸，下一工作循环所需的新鲜充量进入气缸。

所谓充量，是指在一个工作循环内，进入气缸内的空气或可燃混合气数量。对柴油机和缸内直接喷射式的汽油机而言，新鲜充量是指新鲜空气量；对缸外喷射式的汽油机和传统的化油器式汽油机而言，新鲜充量则是指燃料和空气的新鲜混合气量。

四冲程发动机广泛采用气门式配气机构，其功用就是根据发动机工作的要求，准确控制进、排气门定时开启和关闭，实现换气过程，并保证在压缩和膨胀过程中气缸密封。

发动机的配气机构及其控制的进、排气过程，就好像人在呼吸。呼吸顺畅，是人健康、干劲十足的基本保证。进、排气通畅，则是发动机动力充足、可靠耐久、节能环保的前提。所以，配气机构工作过程的好坏直接影响换气过程质量和整机性能的高低。

传统上，从改善发动机动力性、经济性和工作稳定性的视角出发，对配气机构及其控制

的进、排气过程的要求是：正时打开和关闭各个气门；保证排气彻底、进气充分；自身消耗功及换气过程损失功尽可能小；结构简单，质量轻，响应快；振动、噪声小，工作可靠；调整、维修方便。

从控制 $NO_x$ 排放的角度出发，并非在所有运行工况下都要求排气干净，而是除了全负荷工况（对量调节的汽油机，在大负荷和全负荷工况下，满足高的动力输出是首要目的，应尽可能多地吸入新鲜混合气）、怠速暖机工况、冷起动工况外，要适当地留一部分废气进入下一循环，即采用废气再循环控制气缸内混合气成分和温度。

### 4.1.2　配气机构的组成与工作过程

#### 1. 配气机构的组成

虽然气门式配气机构根据不同的分类方法有多种类型，但都由气门组及气门传动组零件组成，如图 4-1 所示。各种配气机构中的气门组件基本相同，包括气门、气门座、气门导管、气门弹簧、气门弹簧座、气门锁夹、气门油封 7 个基本零件。有的发动机气门组中还有气门旋转机构。但不同类型配气机构中气门传动组的组成有所不同。对传统靠凸轮轴机械控制气门开、关的配气机构而言，气门传动组是凸轮轴、正时机构、挺柱、推杆、气门间隙调整螺钉、摇臂或摆臂组件等零件的不同组合，其中凸轮轴、正时机构和挺柱是基本的零件。

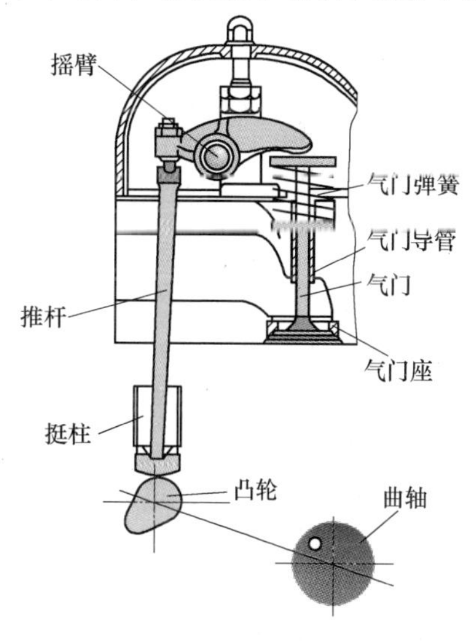


图 4-1　配气机构的组成

#### 2. 配气机构工作过程

对照图 4-1 说明由凸轮轴控制气门的配气机构的工作过程。

工作时，曲轴通过传动机构带动凸轮轴旋转。当凸轮上的基圆（半径最小处）部分与其相邻的传动件-挺柱接触时，挺柱位于最低点，气门处于关闭状态；当凸轮转至凸起部分开始接触挺柱时，依次推动挺柱、推杆、调整螺钉，使摇臂绕其轴摆动，摇臂的另一端——长臂端顶压着气门向燃烧室内移动，气门开启，与此同时气门弹簧受压缩；当凸轮转至最高点时，气门达到最大升程；之后，气门在气门弹簧力的作用下回落，开度逐渐减小，摇臂、推杆、挺柱逐渐回位，直至凸轮的凸起部分转过，气门完全落座、关闭。

由此可见，气门的开、关时刻及开度大小是由凸轮及传动件控制的，气门关闭并落座在气门座上是气门弹簧的作用。凸轮轴每转一圈，气门开关一次。对四冲程发动机，每个工作循环曲轴转两圈，各缸进、排气门分别开启和关闭一次，凸轮轴只需转一圈，所以曲轴与凸轮轴的转速比或传动比是 2∶1。

## 4.2　发动机换气过程

### 4.2.1　四冲程发动机换气过程诸阶段

理论上，四冲程发动机排气门在做功行程下止点开启，排气行程上止点关闭，进气门在

进气行程上止点开启、下止点关闭，进、排气过程各占180°曲轴转角。实际上发动机转速很高，一个活塞行程经历的时间很短，只有百分之几秒甚至千分之几秒。另一方面，受结构、运动惯性的限制，进、排气门从开始开启到完全打开或从开始关闭到完全关闭都需要一定的时间，这段时间气门处于半开启、半关闭状态，流通面积小，进、排气流阻力大。为了在极短的换气时间和有限的气缸工作容积内达到进气充分、排气干净、减少换气损失的目的，利用上下止点附近活塞运动速度慢、气缸体积变化小的特点，实际发动机均采用进、排气门提前开启，延迟关闭，延长进、排气持续期的方法。所以，四冲程发动机实际换气过程的曲轴转角为410°~480°。其中，大部分时间进、排气过程各自单独进行，但在上止点附近有一段进、排气门重叠开启期。

**1. 排气过程**

做功行程末期，活塞到达下止点前，排气门开始开启，直至活塞经历完排气行程，继续运行到上止点后关闭的整个过程为排气过程。

从排气门开启至活塞行至下止点时曲轴转过的角度称为排气提前角，一般为30°~80°曲轴转角，以$\gamma$表示。从排气行程上止点至排气门在上止点之后完全关闭时曲轴转过的角度称为排气迟闭角，一般为10°~35°曲轴转角，以$\delta$表示。整个排气过程持续$180°+\gamma+\delta$曲轴转角。

排气门开启初期，气缸内压力远高于排气管内压力（又称为排气背压），废气在此压力差作用下自动喷出气缸，故称为自由排气。直至活塞行至下止点附近，气缸内压力接近排气管内压力，自由排气结束。之后，活塞从下止点向上止点移动，强行将废气推出的过程为强制排气。

排气门提前开启，虽然损失了部分膨胀功，但排气行程开始时气缸内压力却大大下降，加之此时排气门开度也已较大，使活塞上行阻力减小，强制推出废气所消耗的功减少；排气门在上止点后关闭，则可利用排气流的惯性进一步排出废气，并减少了排气行程末期强制排气消耗功。

**2. 进气过程**

排气行程末期，活塞到达上止点之前，进气门开始开启，直到活塞经历完进气行程至下止点后关闭的整个过程为进气过程。

进气门开始开启至活塞行至上止点时曲轴转过的角度称为进气提前角，一般为0°~40°曲轴转角，以$\alpha$表示。进气行程下止点时至进气门在下止点之后完全关闭时曲轴转过的角度称为进气迟闭角，一般为40°~80°曲轴转角，以$\beta$表示。整个进气过程持续$180°+\alpha+\beta$曲轴转角。

进气主要发生在活塞从上止点向下止点移动的进气行程中，称为进气阶段。当活塞到达下止点时，气缸内压力仍低于进气管内压力，进气门延迟关闭，高速进气流仍可以靠惯性继续冲入气缸，使进气量增加，这就是所谓的过后充气，又叫惯性进气或补充进气。

进气门提前开启，保证了活塞开始下行时进气门已有足够开度，减小进气阻力，使新鲜气体能够顺利进入气缸，也减小了活塞下行阻力。

**3. 气门叠开期**

进气门提前开，排气门迟后关，使上止点附近出现进、排气门同时开启的现象，称为气门重叠。气门重叠开启期间曲轴转过的角度称为气门重叠角，它等于进气门提前角与排气门

晚关角之和。气门叠开期间，进气管、燃烧室、排气管三者连通，可能会出现燃烧室扫气或废气倒灌现象，这取决于三者之间相互压差和进、排气流的惯性。

（1）燃烧室扫气　若气门叠开期内进气管中压力高于排气背压，压差及排气流的惯性作用，使新鲜气体在进气门开始开启时即进入气缸，其中一部分将携带气缸内废气直接流入排气管，此即为“燃烧室扫气”现象。可见，燃烧室扫气，使流经进气门进入气缸的新鲜充量不能完全留在气缸内，有一部分随废气流到排气管内不参与压缩和燃烧做功过程而直接损失掉。

对于缸外形成混合气的点燃式发动机（进气管或进气道喷射式汽油机、气体燃料发动机），由于新鲜充量为可燃混合气，燃烧室扫气使一部分燃料直接进入排气管，造成燃油损失和 CH 排放量增加。所以，这类发动机不宜组织扫气。

对于柴油机和缸内喷射的汽油机，新鲜充量为纯空气，燃烧室扫气不会导致燃油的直接损失和 CH 排放量的增加，并具有以下两方面的有利之处：减少了残余废气量，增加气缸内的新鲜充量；较冷的新鲜充量流过燃烧室，降低了活塞顶、缸盖、喷油器、排气门等高温零部件的温度和排气温度。这类发动机适宜组织扫气，尤其增压发动机，进气管内压力高于大气压力和排气背压，扫气效果较明显。

（2）废气倒灌　若进气门开启时，气缸内压力、排气管内压力高于进气管内压力，则废气便经进气门倒流入进气管，即为“废气倒灌”。废气倒灌会带来一系列危害：

1）倒流入进气管的废气随着进气过程的进展，重新流回气缸内，减少了新鲜充量。

2）倒流的废气污染节气门、空气流量计及进气管道内壁，影响节气门的响应特性，并增加了进气阻力，进而影响了发动机的换气质量及响应特性。

3）缸外形成混合气的发动机会发生进气管回火，即燃烧在进气管内进行（详见 5.3 节）。回火除了会污染进气系统外，还会引起进气系统密封性的破坏、装在进气管上的传感器等部件损坏等，这是不允许出现的。

实际上，叠开期内进气门开启初始，由于排气流具有较强的惯性，进气门开度又小，废气由气缸流入进气管的阻力较大，不易立即转变方向而流入进气管，即使排气管内压力略高于进气管压力。所以，针对不同的发动机，只要气门重叠角适当，就可有效利用燃烧室扫气或减少废气倒流改善发动机性能。

对于以节气门开度调节进气量的汽油机一类的发动机，进气管内压力较低，易出现废气倒灌，尤其是节气门开度小的小负荷工况。因此，宜采用较小的气门叠开角，一般不超过 40°曲轴转角。

自然吸气式柴油机，因无节气门节流，进气管内压力较高，不易出现废气倒灌。即使有废气倒灌，就算是怠速工况，其影响也较小。所以，采用较大的气门重叠角，约为 60°曲轴转角。

对于增压发动机，进气管内压力高于排气背压，气门重叠期内扫气效果明显，且排气温度的降低对保护废气涡轮不被过高温度的废气烧损有重要作用。所以增压发动机的气门重叠角最大，一般可达到 80°~160°曲轴转角。但废气涡轮增压发动机在部分负荷时，增压压力有可能低于排气管内压力，此时会发生废气倒灌，甚至较之自然吸气发动机更强烈。

进、排气管内的压力是波动的，气门叠开期内不同时刻可能会短暂地出现废气倒灌和燃烧室扫气的条件。所以，废气倒灌是不能完全避免的，尤其非增压发动机。这也是进气管内壁及节气门等附着较脏的烟尘，需定期保养的主要原因之一。类似地，即使缸外形成混合气的非增压汽油机，也会存在瞬间的扫气，损失了燃油，增加了 CH 的排放。这也是汽油机较柴油机的经济性差、CH 排放多的原因之一。

### 4.2.2　配气相位及配气相位图

进、排气门开始开启和关闭终了时刻相对于活塞上、下止点的曲轴转角称为配气相位，也称配气正时或气门正时。它包括前述的进气提前角、进气迟闭角、排气提前角、排气迟闭角，以及它们决定的进气持续角、排气持续角和气门重叠角。

在以角度计的曲轴转角坐标中表示配气相位的环形图，就称为配气相位图，如图 4-2 所示。若已知进气门与排气门的提前角、迟闭角即可画出配气相位图。反之，通过配气相位图也可读出气门正时的所有信息。

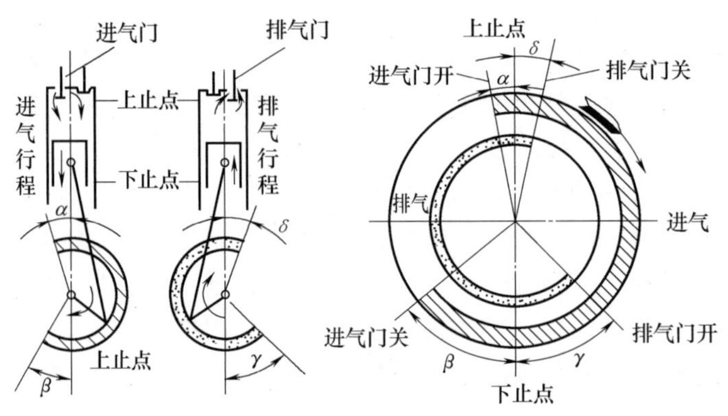


图 4-2　四冲程发动机配气相位图

注意，一个完整的配气相位图，除了标注出各配气相位值外，还要标注出曲轴旋转方向、上止点和下止点位置。

### 4.2.3　充气效率

换气过程进行得是否完善，决定着每一循环留在气缸内的新鲜充量的多少，直接影响发动机的动力性、经济性、排放性等。但换气过程的质量不宜用新鲜充量的绝对值评价（因为它与气缸尺寸及进气管内状态有关），而用相对量——充气效率来评价。

**1. 充气效率概念**

充气效率是每循环实际进入气缸内的新鲜充量与进气状态下可能充满气缸工作容积的最大充量（即不考虑实际进气阻力和进气受热时可能充满气缸工作容积的理论充量）之比。

进气管状态，简称进气状态。对自然吸气式发动机，进气管状态可近似取当地大气状态；对增压发动机，进气管状态取压气机出口或中冷器出口的状态。

可见，充气效率不受气缸工作容积大小和进气状态的影响，能够评价不同排量发动机在不同环境下换气过程的完善程度。充气效率越大，进入气缸内的新鲜充量越多，气缸的做功能力越强，发动机发出的功率或转矩就越大。

进气系统中存在流动阻力，使进气终了时气缸内的压力总是低于进气管内的压力。而新鲜气体在进入气缸的过程中受到较高温度的进气管道及高温的活塞顶、气缸盖底面、排气

门、气缸壁、残余废气等的加热升温，使进气终了时的温度总是高于进气温度。二者皆导致进气终了时的密度降低，加之进气持续期又短，故发动机不会达到“完满”充气。这就是所谓的“呼吸”困难。发动机转速越快，其“呼吸”越困难。对高速运转的发动机，如何在极短的时间和有限的气缸工作容积内实现多进气，一直是人们关注的重点。

**2. 充气效率的影响因素与提高措施**

进气与排气系统的阻力、新鲜气体流入气缸时的受热温升是影响换气过程完善程度的基本因素。其他结构与使用因素，如气门及气道的几何特征、进气管和排气管的几何特征（长度、直径、外形等）、配气相位、气门开启规律及工况（转速、负荷）和进、排气系统主要构件的技术状况等对充气效率的影响，均是引起上述基本因素的变化而产生的。笼统地说，凡是减小进、排气阻力，提高进气终了压力，降低排气终了压力的因素或措施，或减少进气受热及残余废气，降低进气终了温度的所有因素和措施，或充分利用气流惯性和波动效应的措施，均使充量增多、充气效率提高。

汽油机由于节气门的存在，进气阻力较大，且随负荷减小节气门开度减小，进气阻力增大，充气效率下降。汽油机温度较柴油机高，新鲜充量进入气缸时受热较严重，进气终了时气缸内温度较高，所以汽油机的充气效率（0.70～0.85）较柴油机的充气效率（0.75～0.90）低。

排气门尺寸对充气效率的影响远不及进气门的影响大。所以，进、排气门数相同的发动机，进气门直径均稍大于排气门直径。

进、排气管道应避免方向急转和截面突变，内壁面要光洁、圆滑。任何引起节流、涡流或使其强度增大的结构因素和使用因素均导致进、排气阻力增大，换气损失增多，充气效率降低。

使用中，各进、排气支管口与相应的气道口、垫片孔口要对中、对正，不发生错位，及时清理或更换空气滤清器滤芯，清洗节气门及进、排气管道内的积垢，清洗气门头与气门杆过渡圆弧处的积炭，防止进、排气管道受碰撞引起变形或损坏，避免排气系统中三元催化转化器及消声器破损等，目的均在于保持低的进、排气阻力，保证高的换气质量，得到高的充气效率。

配气相位和气门开度对充气效率影响很大。配气正时中进气迟闭角对充气效率具有决定性的影响，排气门早开角对换气损失的影响最大，气门叠开角则对降低热负荷和排气温度具有重要意义。为充分利用进、排气流的惯性和降低进、排气阻力，发动机理想的配气相位和气门升程应随工况的变化而改变，不应是固定不变的。高转速时，气流速度快，需采用较大的进气迟闭角和排气迟闭角（或气门叠开角），以充分利用惯性充气和排气。同时，为减小进气阻力，要适当增大进、排气提前角和气门开度；低转速时，为防止气缸内混合气回流，应采用较小的进气迟闭角。为防止排气管内废气倒流回气缸和进气歧管，应采用较小的进气提前角和排气迟闭角。汽油机小负荷运转时，节气门开度小，进气管内压力低，宜采用较小的气门叠开角，同时为使燃气充分膨胀做功，应采用较小的排气提前角。目前，已有越来越多的发动机采用了可变配气技术，根据工况适时调整配气定时和气门开度，以保证在较宽的工况范围内达到较理想的换气效果，提高发动机综合性能。

为改善发动机换气过程，提高充气效率，配气机构和进、排气系统的新技术层出不穷。多气门技术、可变配气技术、可变进气歧管技术、增压技术、控制进气预热技术等，已在越

来越多的发动机上得到应用。

## 4.3 配气机构的类型

现代汽车发动机中，顶置气门式配气机构以其燃烧室结构紧凑、压缩比大、进气阻力和排气阻力小等优点，取代了早期的侧置式气门机构。所谓顶置式气门，即进、排气门置于气缸盖内和燃烧室上面，倒挂在气缸顶上。

4.1节中已叙及，配气机构由气门组及气门传动组零件组成，可从不同的角度分为多个类型。根据气门开、关运动的控制方式，配气机构分为凸轮轴机械控制式和电磁气门式；按气门正时和升程是否可变，分为配气不可变式和配气可变式；按照挺柱的不同，分为机械挺柱式和液力挺柱式等。一直以来，几乎所有发动机都由凸轮轴控制气门的开和关。按凸轮轴布置形式及其驱动方式、每缸气门数等将配气机构分为下述类型。

### 4.3.1 凸轮轴布置形式

根据凸轮轴位置的不同，配气机构分为凸轮轴下置式、凸轮轴中置式和凸轮轴顶置式三种，如图4-3所示。

#### 1. 下置凸轮轴配气机构

如图4-3a、图4-1所示，凸轮轴位于曲轴箱内，离曲轴较近，只需一对齿轮驱动。但凸轮轴至气门的传动路线长，零件多，机构刚性差，噪声大，不适宜于高速发动机，多见于载货车和大中型客车的较低速发动机。气门传动组件有凸轮轴、挺柱、推杆、气门间隙调整螺钉、摇臂、摇臂轴、正时齿轮等。

a)下置式凸轮轴

b)中置式凸轮轴

c)顶置式凸轮轴

图4-3 凸轮轴布置形式

#### 2. 中置凸轮轴配气机构

凸轮轴位于机体上部，如图4-3b所示。与下置凸轮轴配气机构相比，中置凸轮轴配气机构省去了推杆或缩短了推杆，传动路线有所缩短，机构刚度增大，更适于较高转速的发动机。

#### 3. 顶置凸轮轴配气机构

凸轮轴置于气缸盖上，凸轮直接作用于摇臂（图4-3c、图4-4a）或摆臂（图4-4b）或

挺柱（图 4-4c、图 4-7）上来驱动气门。机构传动零件少，质量小，刚度大，非常适合于高速发动机。先进的轿车发动机几乎都采用了这一布置形式。

依据顶置凸轮轴的个数，又分为单顶置凸轮轴式和双顶置凸轮轴式。

单顶置凸轮轴式配气机构只有一个凸轮轴来控制进、排气门的开闭。当每缸四个气门时，同名气门由一根凸轮轴通过 T 形杆同时驱动。

双顶置凸轮轴式配气机构各缸的进、排气门分别排成一列，分别由各自的凸轮轴控制。由于进、排气凸轮轴彼此相互独立，增大了气门配置的自由度，大多数多气门发动机采用了双凸轮轴顶置式配气机构，但结构复杂，制造成本高。

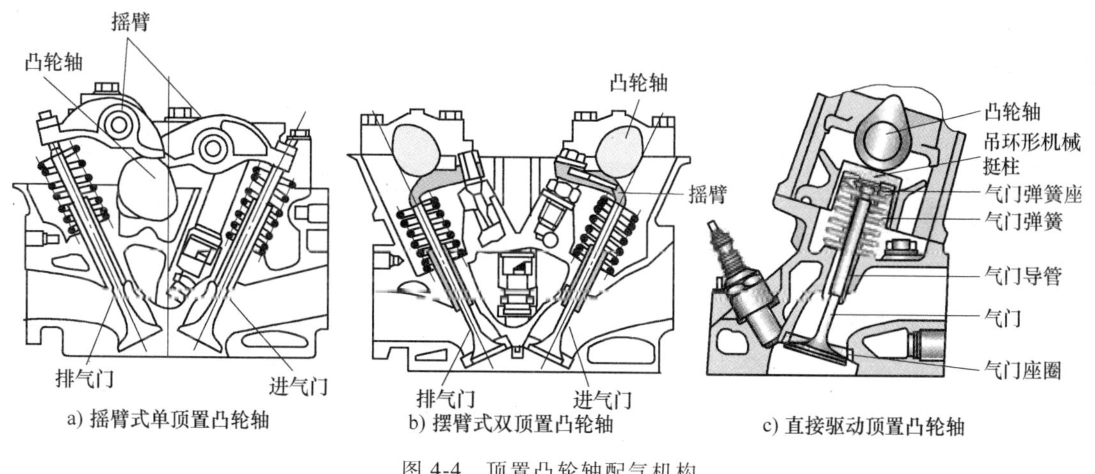


图 4-4　顶置凸轮轴配气机构

## 4.3.2　凸轮轴驱动（正时机构）方式

凸轮轴的旋转由曲轴通过正时机构驱动。因为凸轮轴与曲轴圆周方向的相对位置决定了配气相位是否正确，所以凸轮轴传动机构也叫正时机构。按照曲轴驱动凸轮轴的方式，配气机构可分为齿轮式、链条式和同步带式三种。

### 1. 齿轮传动式配气机构

曲轴前端的正时齿轮与凸轮轴上的正时齿轮啮合实现传动，如图 4-5 所示。对凸轮轴下置和中置的配气机构，凸轮轴与曲轴距离小，大多采用齿轮传动。汽油机一般只需一对正时齿轮（曲轴定时齿轮和凸轮轴定时齿轮）。对于柴油机而言，需要同时驱动喷油泵，因此要增加一个中间齿轮。

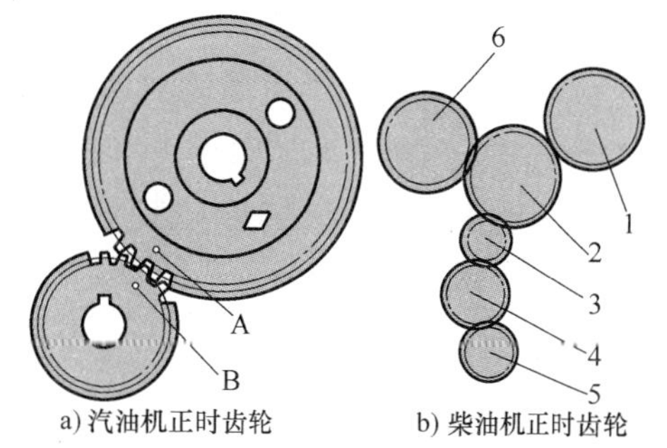


图 4-5　齿轮传动

1—喷油泵正时齿轮　2、4—中间齿轮　3—曲轴正时齿轮　5—机油泵传动齿轮　6—凸轮轴正时齿轮　A、B—正时记号

齿轮传动准确可靠，但噪声大，质量大，需要良好的润滑，制造精度要求高，成本高。为了啮合平稳，减小噪声，正时齿轮多采用斜齿轮，并用不同材料制成，如曲轴正时齿轮用钢制造，凸轮轴正时齿轮则用铸铁或夹布胶木制造。

### 2. 链传动式配气机构

链传动是指用正时链条连接曲轴和凸轮轴上的正时链轮而传递动力，如图 4-6 所示。该机构多见于顶置凸轮轴，中置凸轮轴中也有采用。

链传动可靠性好，寿命长，运行阻力小，不足之处在于必须对链条进行润滑，传动噪声较大。这种传动机构中需装导链板，并在链条松的一边装张紧装置（张紧轮），以保持正时链条的张紧度，并防止抖动、脱落，减轻噪声。

**3. 同步带传动式配气机构**

同步带传动是指用正时同步带（又称同步带）连接曲轴和凸轮轴上的正时齿轮而传递动力。同步带传动与链传动相似，为确保传动准确、可靠，也需设置由张紧轮与张紧弹簧组成的自张紧器，便于随时调整，如图4-7所示。

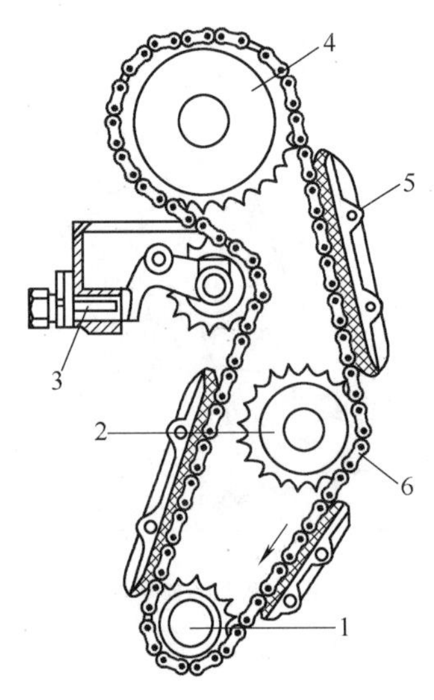


图4-6　链传动

1—曲轴正时链轮　2—油泵驱动链轮

3—液力张紧器　4—凸轮轴正时链轮

5—导链板　6—链条

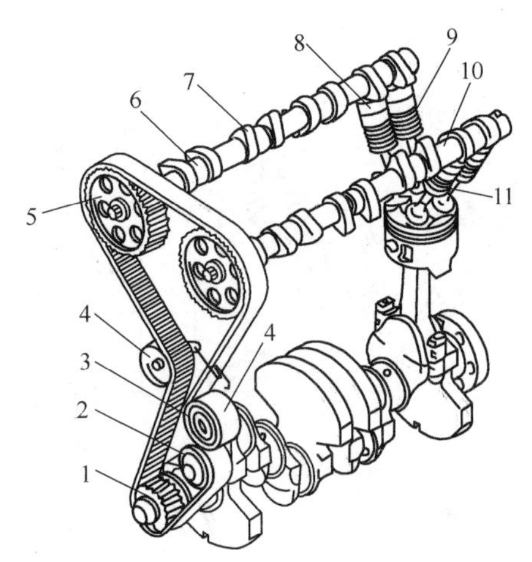


图4-7　同步带传动

1—曲轴正时带轮　2—中间带轮　3—同步带

4—张紧轮　5—凸轮轴正时带轮　6—进气凸轮轴

7—凸轮　8—液力挺柱　9—进气门组件

10—排气凸轮轴　11—排气门组件

与链传动相比，同步带传动无须润滑，噪声小、质量轻、成本低，但耐久性差，寿命短，必须定期更换。否则，如果发动机工作过程中同步带突然断裂，凸轮轴就会立即停止运转，若此时某缸凸轮正好处于将气门顶进气缸的开启状态，而曲轴仍然在转动，可能会导致气门与活塞发生猛烈碰撞，造成配气机构、活塞、气缸损坏。在使用、检修过程中，禁止同步带接触或沾有各种油液、油脂和水。

### 4.3.3　每缸气门数及布置方式

按每缸气门数，配气机构分为双气门式和多气门式。

传统上，发动机都采用双气门式，即每个气缸一个进气门，一个排气门。自20世纪80年代后半期开始，高速发动机普遍采用多气门机构，一个气缸3~5个气门。其中，最常见的是每气缸2进、2排的4气门机构，少数发动机采用每缸2进、1排的3气门机构或3进、2排的5气门机构。

多气门结构虽然结构较复杂、零件数增多、成本增加，但能在有限的气缸截面下增加进、排气口总流通截面，同时小而多的气口流速更快，不仅增大了充气效率，排气干净，而

且利于混合气形成与燃烧。除此之外，多气门机构的单个气门尺寸减小，质量与惯性力减小，对气门弹簧的要求降低，可采用软一点的弹簧，减少气门驱动损失，并有利于提高发动机转速。所以，多气门结构可综合改善发动机动力性、经济性、排放性等。

多气门发动机气门的布置方式有两种：一种是将各缸的同名气门都分别布置在发动机的两侧，这样进、排气凸轮轴分别置于两侧驱动进、排气门；另一种是将每个缸的同名凸轮分别布置在发动机的两侧，所有凸轮由一根凸轮轴通过 T 形杆驱动。

## 4.4　气门组件

气门组件由气门、气门导管、气门座、气门弹簧、气门弹簧座、气门锁片、气门油封组成，如图 4-8 所示。气门杆插入到气门导管中，靠压缩气门弹簧后而放入弹簧座内及气门杆尾部的气门锁片与气门弹簧座、气门弹簧连接在一起。随着弹簧被压缩和伸张，气门做间歇性的往复运动，实现气门的平稳升起与落座，以可靠封闭进、排气口。

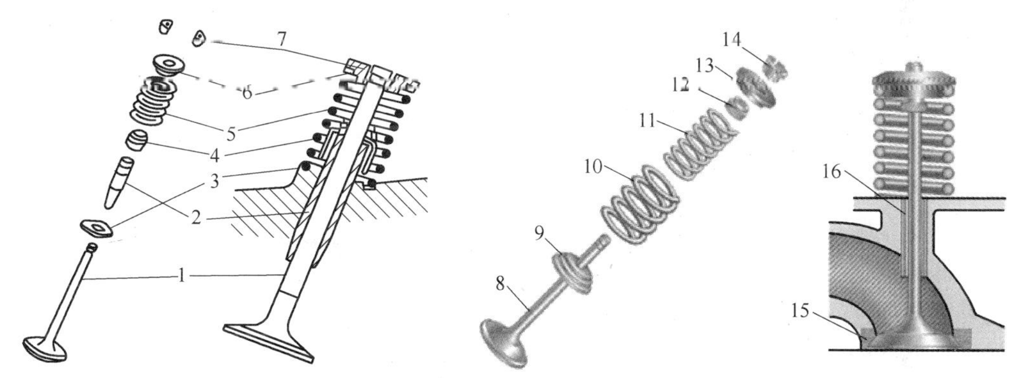


图 4-8　气门组件

1、8—气门　2、16—气门导管　3、6、9、13—气门弹簧座　4、12—气门油封　5—气门弹簧　7、14—气门锁片　10—外弹簧　11—内弹簧　15—气门座圈

### 4.4.1　气门

气门由气门头部和气门杆部组成，形状像蘑菇，称为菌形气门。其作用是打开和关闭燃烧室进、排气口。气门直接承受高温、高压燃气的作用和落座时的巨大冲击力，其工作温度高、机械载荷大，冷却与润滑较困难，必须采用耐热、耐磨、耐腐蚀、高强度、导热性好的合金钢材料制作。进气门多采用中碳合金钢制造，排气门则多采用耐热合金钢制造。

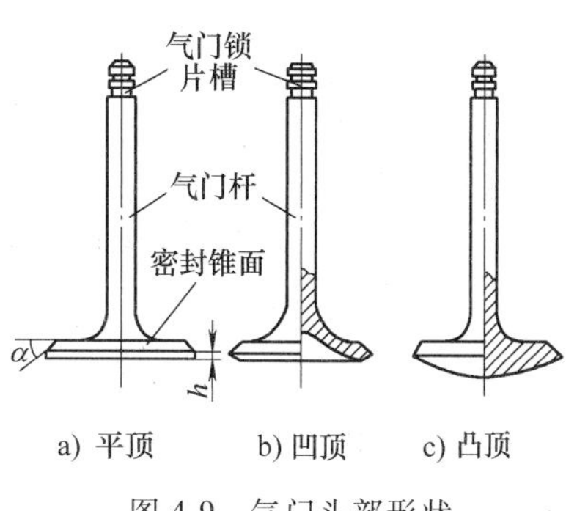


图 4-9　气门头部形状

#### 1. 气门头部

气门头部呈圆盘形并带有锥面，与气门座配合起密封进、排气口和将热量传给气门座的散热作用。

气门头部形状有平顶、凹顶和凸顶等，如图 4-9 所示。平顶气门结构简单，制造方便，受热面积小，质量轻，进、排气门都适用，应用广泛；凸顶气门头部刚度、强度大，适于用作排气门，减小排气阻力；凹顶气门头部与杆部呈流线型过渡，适于用作进气门，减小进气阻力。

气门头部与气门座相配合的锥面称为密封锥面（又称工作面），起密封和导热作用。密封锥面与顶平面间的夹角称为气门锥角，一般为45°，有少数的进气门锥角为30°。为保证气门与气门座良好的密封和导热性能，每个气门在安装前，都要与气门座配对研磨，直至密封锥面中部出现进气门1~2mm宽、排气门1.5~2.5mm宽的紧密接触环带。注意，研磨好后，各缸气门不能互换，即便是同一气缸的同名气门。

气门锥面与顶面之间的圆柱面高度称为气门头部厚度（或气门边缘厚度），一般为1~3mm。随着气门的使用或修磨，气门厚度会减小，气门上移，使燃烧室容积增大，压缩比减小。若气门厚度太小，容易造成气门烧损和冲击损坏（头部变形、烧蚀或开裂等），而使气缸密封性破坏。

气门头部直径叫气门直径，通常为气门座口直径的1.15倍。气门锥面长度也比气门座锥面长度稍大，以使装合后在气门座上方和下方约有0.5mm的凸出量，保证气门锥面与整个气门座坐合。

在进、排气门数量相同的发动机中，一般进气门直径略大于排气门直径，以增加进气量，提高充气效率。凡是进气门数较排气门数多的发动机（如二进一排，三进二排），排气门直径总比进气门直径大。

### 2. 气门杆部

气门杆身呈圆柱形，与气门导管精密配合，起到定位导向、导出热量的作用。

气门杆身与气门头部采用圆弧过渡连接，既可提高强度，又可减小气流阻力。

气门杆尾部的形状取决于气门弹簧座的固定方式。常用的固定方式是用剖分成两半的锥形锁片和气门杆尾部加工出的槽来固定，如图4-10a所示。另一种固定方式是锁销式，在气门杆尾端加工有一个用来安装圆柱锁销的径向孔，如图4-10b所示。

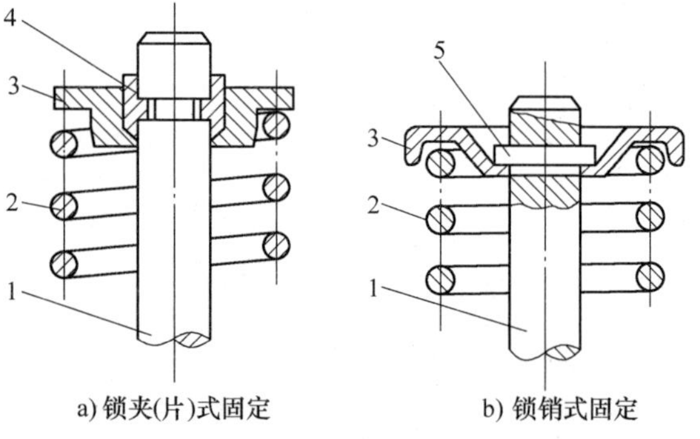


图4-10　气门弹簧座固定方式
1—气门杆　2—气门弹簧　3—气门弹簧座
4—气门锁夹　5—气门锁销

注意，在气门弹簧受压缩状态下，将气门锁片或锁销安装到位才使得气门、气门弹簧座、气门弹簧连接并固定。如果忘记了装入气门锁片（任一片），或气门弹簧断裂，气门便会落入气缸内。

### 3. 气门的冷却散热

气门接收的热量是靠其与气门座及导管的接触传给气缸盖而被冷却液带走的，其中绝大部分热量（约75%）通过气门座传出。气门与气门座是否密封良好、气门和气门导管的配合间隙是否合适，都会影响到气门的正常散热，进而引发烧损或黏滞。

有的发动机排气门杆部制成中空的，其内一半的空腔充入熔点为97℃的金属钠。在气门工作时，钠处于液态，随着气门往复运动强烈晃动，使气门头部吸收的热量更快地传到杆部，再经导管传给冷却液。

注意，切不可使充钠气门断裂，因为钠遇水后会发生剧烈的放热反应。

### 4.4.2　气门座与气门座圈

气门座是气缸盖上锥面形的燃烧室进、排气孔口，其作用是与气门锥面紧密贴合封闭燃烧室并传出气门头部的热量。其工作条件与气门一样恶劣，必须耐热、耐磨、耐冲击、易散热。

气门座可以在气缸盖上直接镗出（整体式），也可以单独制作耐热座圈镶入气缸盖内（镶嵌式），称为气门座圈。现代发动机大多采用后者（图 4-8），以延长缸盖寿命，方便更换、维修。铝合金气缸盖必须镶装气门座圈。

气门座圈是一个环状零件，由耐热合金钢或合金铸铁制成。为防止工作中松脱，它以一定的过盈量与座圈孔配合，镶装时冷缩座圈或加热座圈孔部位后压入。

气门座锥角与气门锥角相适应。有的发动机气门座锥角比气门锥角大 0.5°~1°，称之为干涉角，以利于初期磨合。

### 4.4.3　气门导管与气门油封

#### 1. 气门导管的作用与结构

气门导管对在其内做往复运动的气门起支撑导向作用，保证气门与气门座能正确贴合，并起导热作用。

气门导管有整体式和镶入式两种。整体式气门导管在气缸盖中直接加工出气门杆孔。镶入式气门导管在气缸盖内的导管孔内过盈压入一圆柱形管，过盈量为 0.015~0.065mm。有些气门导管外圆柱面加工有环槽，镶入卡环进行定位（图 4-11），限制下端深入气道中的深度，并防止松落。

#### 2. 气门导管间隙

气门杆与气门导管之间一般留有 0.05~0.12mm 的配合间隙，它们之间靠气门传动件飞溅出来的机油进行润滑。

气门杆与气门导管之间的间隙十分重要。若此间隙太小，易导致气门杆卡咬，气门落座不严，密封不良，会引起气门烧损，动力性、经济性、排放性下降等。

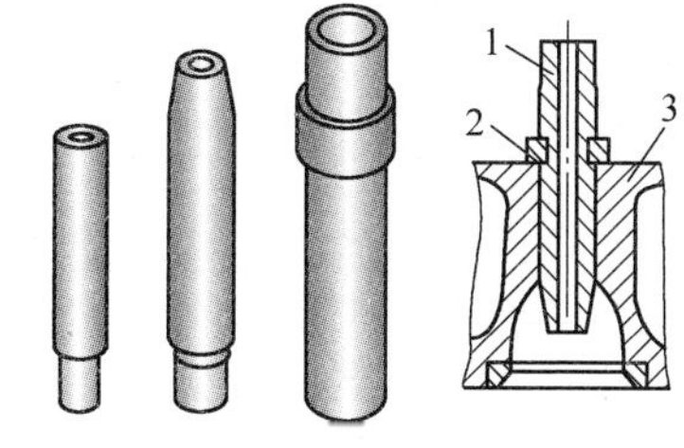

图 4-11　气门导管

1—气门导管　2—卡环　3—气缸盖

若气门杆和气门导管间隙过大，可能会引发多种故障：

1）将导致气门落座不平稳，气门可能漏气，并加速气门与气门座磨损，引发气门烧损及发动机整机性能下降等。

2）机油消耗加快，排气冒蓝烟。过多的机油顺气门进入气道、燃烧室而烧掉，尤其在进气道侧、进气行程中。在小节气门开度（怠速、低速、减速期间）工况下，这一现象更明显。

3）加速气门杆与头部接合处积炭、燃烧室壁面积炭的形成。

4）进气门导管间隙过大时，因额外的一部分空气由此间隙进入气缸使混合气变稀。而且，发动机减速（进气歧管真空度大）时，机油从间隙漏入燃烧室引起烧机油冒蓝烟。

5）火花塞黏附油污或积炭。若火花塞只有一侧有油污，则多由进气门油封破损或进气门导管间隙过大引起。

6）排气行程中废气通过过大的排气门导管间隙、气缸盖和机体上的回油孔进入曲轴箱。

7）当排气口处压力低于曲轴箱内压力时，机油通过排气门导管间隙泄漏到排气口。

8）起动时冒蓝烟。停机时机油通过排气门导管间隙渗漏下去黏附在排气门头部和排气道上，起动时被烧掉而冒蓝烟。但这一现象会随着发动机温度的升高而减轻或消失。

**3. 气门油封**

气门油封是一只橡胶密封圈，安装在气门导管上端。其作用就是防止过多的机油通过气门导管和气门杆的间隙渗流到进、排气道和燃烧室内。若气门油封损坏，将有过多的机油通过气门导管间隙向下渗流入燃烧室或气道，导致机油消耗增大，伴随着排气冒蓝烟，加速气门磨损及燃烧室内和火花塞积炭的形成。

实践证明，气门油封损坏所造成的机油消耗比导管磨损或间隙过大造成的机油消耗严重得多。即使气门导管间隙符合要求，气门油封也起到了保险作用，减缓机油的渗流，并阻止或减少机油中夹带的污物进入导管。

正常情况下，只有极少量机油进入燃烧室被烧掉而消耗。但若气门导管间隙过大或气门油封破损，或活塞环泵油严重，机油消耗将过快。

### 4.4.4 气门弹簧与弹簧座

气门弹簧用来保证气门及时落座并紧密关闭而不跳动，防止气门在开闭过程中各传动件因惯性力而相互脱离（产生间隙）。因此，气门弹簧应有足够的刚度、强度和安装预紧力。

气门弹簧一端支撑在气缸盖的相应凹槽内，另一端压靠在气门尾端的弹簧座上。弹簧座靠气门锁片或锁销和弹簧预紧力与气门杆尾端固定在一起。

气门弹簧有等螺距的圆柱螺旋弹簧、不等螺距的圆柱弹簧、锥形螺旋弹簧等类型。常见的是等螺距的圆柱螺旋弹簧。为防止共振、气门反跳等，高速发动机多采用双等螺距的圆柱螺旋弹簧、不等螺距的圆柱弹簧、锥形螺旋弹簧。

安装时必须注意：采用双等螺距的圆柱螺旋弹簧时，内、外弹簧应同心，且旋向相反，以防一根弹簧折断时卡入另一个弹簧圈内，并保证另一根仍可工作；采用不等螺距的圆柱弹簧和锥形螺旋弹簧时，应将螺距较小的一端和直径较大的一端朝向气缸盖安装。

### 4.4.5 气门旋转机构

气门旋转机构在发动机工作过程中，可使气门相对气门座缓慢旋转，使气门头部沿圆周方向温度分布均匀，减小气门头部的热变形，并能清除密封锥面上的积炭等，改善气门、气门座密封面的工作条件。

气门旋转机构如图4-12所示。气门旋转机构的壳体或支承盘上有6个变深度（弧形凹槽中间深、两端浅）的凹槽，槽内装有带回位弹簧的钢球，碟形弹簧套装在壳体上，外缘支承在气门弹簧座上。当气门关闭时，碟形弹簧并没有压紧在钢球上，这时钢球在复位弹簧的作用下位于凹槽最浅处（端点处）；当气门开启时，碟形弹簧被压平，对钢球施加压紧

力，迫使其沿凹槽的斜面滚动，推动旋转机构壳体、气门锁夹和气门转过一定角度。如此，气门每开启一次，就沿同一方向旋转一个角度。

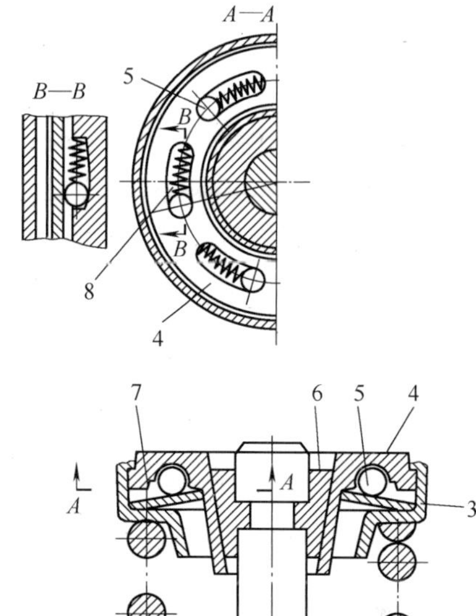


图 4-12　气门旋转机构

1—气门　2—气门弹簧　3—气门弹簧座　4—旋转机构壳体　5—钢球　6—气门锁夹　7—碟形弹簧　8—复位弹簧

### 4.4.6　气门组的检修

气门组零件受到交变的冲击性载荷和高温作用，常见的异常是气门杆弯曲、磨损、卡住，气门头部和气门座变形、磨损、起槽、烧蚀出斑点、凹陷甚至开裂，气门弹簧弹性减弱、折断等。

**1. 气门的检修**

（1）应更换气门的情况

1）气门头部发生裂纹、严重烧蚀或严重歪斜（歪斜度值超过 0.005mm）。

2）气门头部圆柱面的厚度小于 1.0mm。

3）气门杆尾端的磨损量大于 0.5mm。

4）轿车的气门杆磨损量大于 0.05mm，载货汽车的气门杆磨损量大于 0.10mm，或出现明显的台阶型磨损。用外径千分尺测量气门杆上、中、下三个部位互相垂直的两个方向的直径，获得磨损量。

5）气门杆的直线度误差大于 0.05mm，或将气门杆放在平板上滚动时观察到有弯曲。

（2）气门弯曲变形的检验　如图 4-13 所示，将清洗干净的气门放在检测台的 V 形架上，两块百分表的触头分别抵在气门杆部和头部。检查时，转动气门杆一圈，杆部百分表最大读数与最小读数之差即为气门杆直线度误差，头部百分表最大读数与最小读数之差的一半为气门头部的歪斜度值。气门杆的直线度误差大于 0.05mm，以及气门头部歪斜度值超过 0.005mm 时，应更换气门或用压力机予以校直，校直后的直线度误差不得大于 0.02mm。

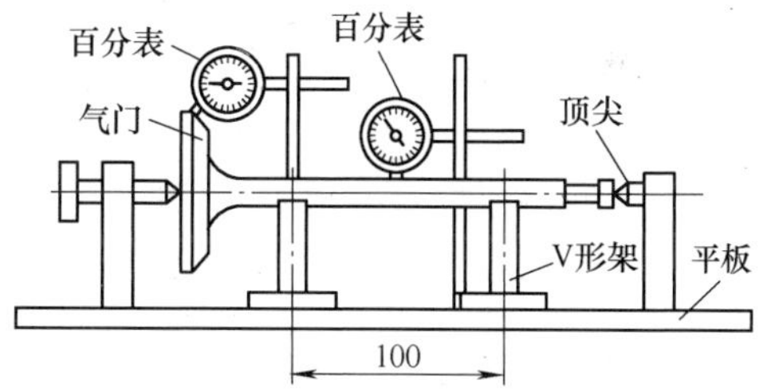


图 4-13　气门弯曲变形的检验

（3）气门密封面的修理　气门密封面磨损起槽、变宽或烧蚀出现斑点、凹陷时，应在光磨机上进行光磨。光磨后进气门头部圆柱面的厚度不得小于 1.0mm，排气门头部圆柱面的厚度不得小于 1.3mm，气门密封面径向圆跳动误差应不大于 0.01mm，表面粗糙度值小于 $Ra1.25\mu m$。

注意，光磨前应先对气门进行校直。

**2. 气门座的修理**

当气门座密封面磨损过宽（超过 2mm），烧蚀出现斑点、凹陷时，应进行铰削或修磨。当气门座圈有裂纹、松动、严重烧蚀，或经多次修理，装入新气门后，气门头顶面仍比气缸盖底面低 2mm 时，应更换气门座圈。

（1）气门座圈的铰削　通常使用专用成套铰刀手工铰削。铰刀由导杆和不同直径、不同角度的粗、细铰刀组成。铰削时，导杆插入气门导管内定中心，以保证气门座中心与气门导管中心相重合。所以，气门座的铰削要在气门导管镶配好或修正好后进行，铰削步骤如下：

1）根据气门导管内径选择铰刀导杆，导杆插入气门导管内以能滑动自如、无松旷为宜。

2）粗铰。选用与气门密封面角度相同的铰刀装在导杆上，先用砂布垫在铰刀下进行砂磨，去除硬化层，再进行粗铰，直到将斑点、凹陷全部铰去。铰削时，两手用力要均衡，转动平稳。

3）试配。粗铰后，用光磨过的相配气门涂色试配，检查气门座与气门头接触面的位置。一般要求接触面应居气门锥面的中部略偏向锥面小端（中下部），进气门的接触面宽度为1.0~2.0mm，排气门的为1.5~2.5mm。若接触面偏上，换用75°铰刀铰削，使接触面下移。若接触面偏下，用15°铰刀铰削，使接触面上移。

4）精铰。选用与工作面角度相同的细铰刀精铰，或在铰刀下面垫细砂布进行修铰（磨）。若铰削后的工作面精度和质量较高，可省去研磨工艺。

（2）气门座的磨削　气门座除铰削外，还可用光磨机的砂轮进行磨削。此法速度快，质量好，尤其对硬度高的气门座工作面，效果更佳。操作方法与铰削相仿，只是把铰刀换成了成形的角度砂轮。

1）根据气门工作面的角度和尺寸选择合适的砂轮，并在砂轮修整器上修整砂轮工作面，达到平整且与轴孔同轴度误差在0.025mm内。

2）选择合适的定心导杆装在气门导管内，并滴上少许机油，再把选修后的砂轮装在光磨机上进行磨削。磨削时，光磨机要保持正直，向下轻微施压。光磨时间不宜太长，要边磨边检查。

气门与气门座铰（磨）削后，在气门上做出记号，以免错乱。

（3）气门座的镶换　按以下方法进行操作：

1）用专用顶拔器拉出旧气门座，并修整座圈孔。

2）测量座圈孔直径，按其大小选择新座圈。座圈与座孔应有0.07~0.125mm的过盈量。

3）将检验合格的气门座圈镶入座孔内。把气门座圈放入冰箱冷冻，或用干冰进行冷却，之后迅速装入座圈孔；也可用喷灯加热座圈孔至100℃左右，在座圈外涂一层密封胶，对准座孔，并垫以软金属，迅速压入座圈孔。但此法易使座孔变形，座圈易脱落。

**3. 气门与气门座的研磨**

为使气门和气门座工作面密合，还需互相研磨。研磨的方法有手工和机器两种。

（1）手工研磨

1）先将气门、气门座、气门导管用汽油清洗干净。注意，气门应按顺序排列或在气门头部打上记号，以免错乱。

2）在气门工作面上涂上一层粗研磨砂，气门杆上涂上机油插入导管内。

3）使用气门橡胶研磨捻子吸住与气门座圈贴合的气门头顶面，提起并同时转动一定角度，放下，使其不断地做往复和旋转运动。当气门与气门座工作面上磨出一条完整且无斑痕的接触环带时，将粗磨砂洗去，换用细研磨砂继续研磨。当工作面出现一条整齐的灰色环带

时，再洗去研磨砂，涂上机油继续研磨几分钟即可。

注意，研磨过程中千万不要使研磨砂流入导管孔内，以免损伤气门杆、气门导管配合面。也不应提起气门用力撞击气门座，否则会将气门工作面磨宽或磨出凹形槽。

（2）机器研磨　将清洗干净的气缸盖置于气门研磨机工作台上，同样在已选配好的气门工作面上涂一层研磨砂，气门杆上涂上机油装入导管内，调整各转轴，对正气门座孔，连接好研磨装置，调整好气门升程，进行研磨，10~15min 即可。

**4. 气门密封性检验**

气门与气门座工作面研磨后，应做密封性检查。常用方法如下：

（1）拍打法　将气门在相配的气门座上轻拍几次，然后查看气门与气门座的工作面，若有明亮而完整的光环，表明密封性达到要求。

（2）划线法　用软铅笔在气门工作面上每隔 4mm 顺着锥面素线方向均匀地画若干道线条，然后落入与其相配的气门座，略压紧并转动 45°~90°，取出后若铅笔线条均被切断，则密封良好，否则需重新研磨。

（3）涂抹法　在气门工作面上涂抹一层薄红丹油或轴承蓝，将气门压在气门座上，用气门捻子吸住气门顶面，往复旋转数次后取出，若红丹油或轴承蓝布满气门座一周而无间断，又十分整齐，则密封良好。

（4）渗油法　将安装好气门的气缸盖倒置，把煤油或汽油浇在气门顶面上，观察 5min 内气门与气门座接触处是否有渗漏现象，若无渗漏，则说明密封良好。

（5）检验器法　用带有气压表的专门检验气门密封性的检验器检验，如图 4-14 所示。检验时，先把空气容筒紧贴在气门头部周围的气缸盖底面上，再用手反复挤压橡胶球，使空气容筒内具有 60~70kPa 的压力，若在 0.5min 内压力不下降，说明密封良好。

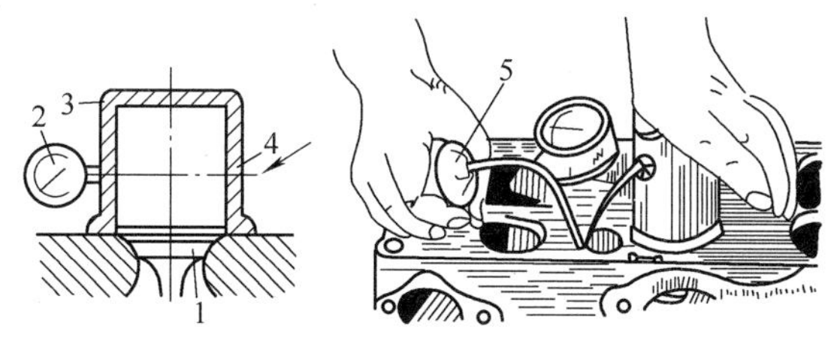


图 4-14　气门密封性检验

1—气门　2—气压表　3—空气容筒　4—与橡胶球相通的气孔　5—橡胶球

**5. 气门导管的检修**

气门导管的主要问题是磨损导致的它与气门杆配合间隙的失准，可用以下方法检查：

1）用内径百分表测量气门导管内径，用外径千分尺测量气门杆外径，二者之差即为配合间隙。

2）将百分表固定在气缸盖上，把插入气门导管中的气门提起至距气缸盖底平面 15~20mm，使百分表触头抵靠气门头部边缘，顶着百分表触头来回摆动气门，百分表测得的气门最大摆动量即指示导管的磨损情况。

当气门与气门导管间隙未超限时，可通过铰削和使用加大尺寸的气门修复；当超过规定值时，应更换气门导管。

### 6. 气门弹簧的检验与更换

在发动机运转过程中，气门导管的主要问题是受力、受热造成的高度不够、弹力降低，发生歪斜甚至断裂。需对其进行以下检查：

1）检查气门弹簧有无折断或裂痕现象，若有应更换。

2）检查自由长度。用游标卡尺测量，所有弹簧的自由长度应相同，缩短超过标准长度3%~4%的，应予以更换。多数气门弹簧的长度接近50mm，若缩短超过2mm就须更换。

3）检查弹力。在弹簧检验仪上检查在规定压缩长度内的相应压力（或在一定压力下的长度）是否符合原厂规定。弹力的减少值大于原厂规定的10%时，应予以更换。若弹力不足，易导致气门跳动，使配气正时错乱、气门和活塞相撞，气门烧蚀、变形和折断；若弹力过大，将引起气门拉长及头部凹陷等变形、配气机构零件过早磨损，并消耗更多的驱动功。

4）检查垂直度。将弹簧一端放在平台上，用直角尺和塞尺检查。当气门弹簧的外圆柱面偏离垂直面的间隙大于1.5mm时，应更换弹簧。不垂直的弹簧会使气门杆与气门导管发生偏磨，影响气门落座对中性。

## 4.5 气门传动组件

气门传动组件是驱动并控制气门的开关时刻、速度及开度的一组零件，主要由凸轮轴、挺柱、推杆、气门间隙调节螺钉、摇臂、摇臂轴等组成。

### 4.5.1 凸轮轴

（1）凸轮轴的组成与功用　凸轮轴主要由进气凸轮、排气凸轮、轴颈和轴身组成，主要作用是将旋转运动转变成往复运动，按照发动机的工作顺序、配气相位、气门升程规律驱动并控制气门的开、关。下置凸轮轴上还有驱动机油泵的螺旋齿轮，早期汽油机的凸轮轴上另有一个驱动汽油泵的偏心轮和一个驱动分电器的螺旋齿轮，如图4-15所示。

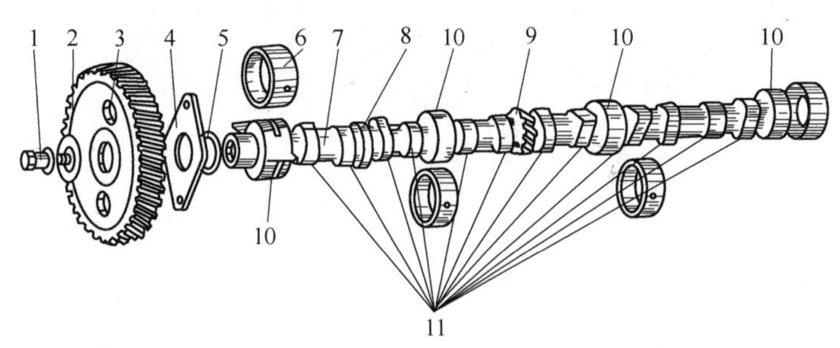


图4-15　凸轮轴组件

1—螺栓　2—垫圈　3—正时齿轮　4—止推板　5—隔圈　6—凸轮轴衬套
7—凸轮轴　8—驱动汽油泵的偏心轮　9—驱动分电器的螺旋齿轮　10—凸轮轴轴颈　11—凸轮

凸轮轴刚度要大且凸轮表面要耐磨，多由优质碳钢或合金钢制造，也有的采用合金铸铁和球墨铸铁制造。

（2）凸轮轴结构　凸轮轴有两种结构形式：一种是凸轮和凸轮轴制成一体的整体式凸轮轴，另一种是凸轮和凸轮轴可以拆装的组合式凸轮轴。车用高速发动机通常采用整体式凸

轮轴。

凸轮的形状决定了气门运动状态。传统上，气门开启与关闭时刻、持续开启时间、最大开度及打开和关闭速度均由凸轮控制。

凸轮轴上各缸进、排气凸轮的数量、相对位置，是与发动机既定的发火次序、气缸数、发火间隔角、配气相位相适应的。根据各缸同名凸轮的相对位置和旋转方向，可以判断发动机的发火次序。因为四冲程发动机凸轮轴的转速总是曲轴转速的 1/2，所以其相继发火两缸的同名凸轮（各缸进气凸轮或排气凸轮）的夹角为发火间隔角的 1/2。从发动机前端看，凸轮轴旋转方向为逆时针，对于四冲程四缸发动机的凸轮轴，其同名凸轮相对角位置如图 4-16a 所示，则发火顺序为 1-3-4-2；对于四冲程六缸发动机的凸轮轴，其同名凸轮相对角位置如图 4-16b 所示，则发火顺序为 1-5-3-6-2-4。

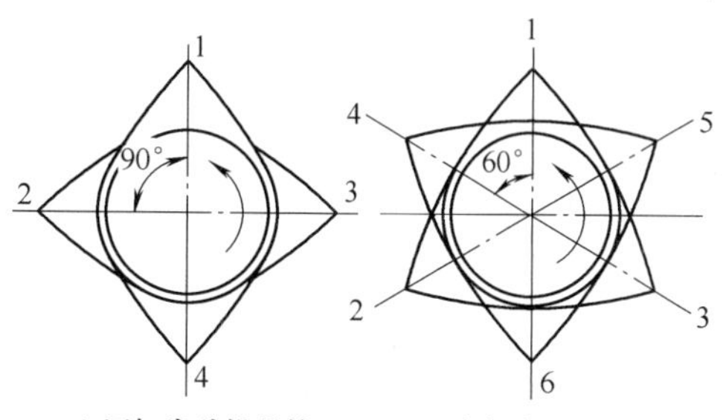


a) 四缸发动机凸轮　　b) 六缸发动机凸轮

图 4-16　同名凸轮的相对角位置

（3）凸轮轴轴承　凸轮轴通过轴颈支撑在凸轮轴轴承上。凸轮轴轴承结构与曲轴轴承类似。顶置凸轮轴轴承多由上、下两片轴瓦对合而成，各凸轮轴轴颈直径相等；下置式和中置式凸轮轴通过轴颈支撑在机体内的整体式轴承内，凸轮轴是从机体的一端插入轴承孔的，各轴颈的直径要大于凸轮的最高点，且各轴颈的直径从前端向后依次减小，以便安装。

（4）凸轮轴轴向定位　为限制凸轮轴工作时前后窜动，并保证轴向间隙 $\Delta = 0.08 \sim 0.2\text{mm}$，需对其进行轴向定位，如图 4-17 所示。

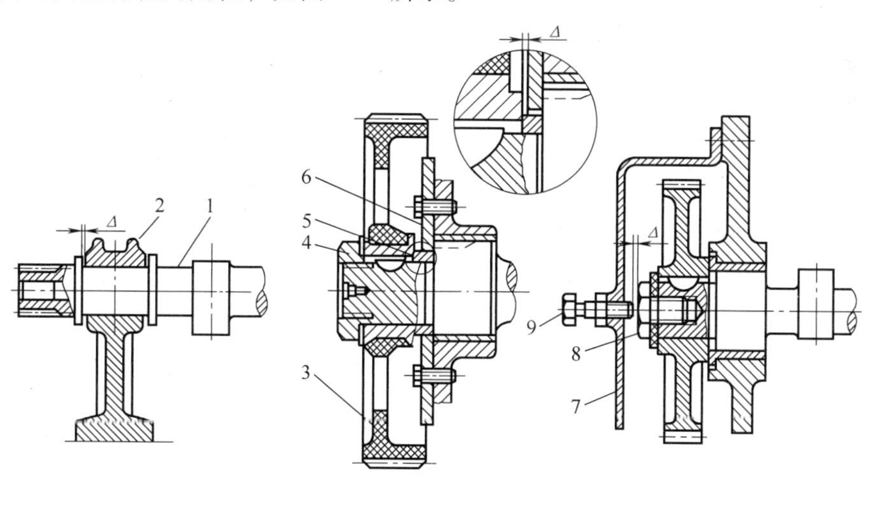


a) 止推轴承与凸肩定位　　b) 止推板定位　　c) 止推螺钉定位

图 4-17　凸轮轴轴向定位

1—凸轮轴　2—推力轴承盖　3—正时齿轮　4—螺母　5—隔圈
6—止推板　7—正时传动室盖　8—螺栓　9—止推螺钉

顶置式凸轮轴通常利用凸轮轴轴颈两侧的凸肩与推力轴承盖两端面来定位。

中置式和下置式凸轮轴常用止推板轴向定位，即在正时齿轮和凸轮轴第一轴颈之间装止推板和隔圈。由于隔圈的厚度大于止推板的厚度，因此在轴向留有一定间隙，改变止推片或隔圈厚度即可调整轴向间隙。

另外一种定位方法是止推螺钉轴向定位法，即在正时传动室盖上与凸轮轴前端相对应位置拧入止推螺钉，使其端部与正时齿轮紧固螺栓端面留有规定的间隙。

（5）凸轮轴相对位置的保证　前已叙及，凸轮轴由曲轴驱动，为保证气门开启和关闭时刻正确，要求凸轮轴和曲轴之间必须有正确的相对位置关系。所以，装配时应保证定位键使正时齿轮在凸轮轴和曲轴上正确定位的同时，要特别注意将所有相对应的正时标记对准，以确保正时机构零部件之间具有正确的原始位置。例如：对齿轮传动的正时机构，两个正时齿轮的正时标记必须对准；对链或同步带传动的正时机构，正时齿轮上的正时标记必须分别与机体、缸盖或正时传动室盖上的正时标记对正，或链条、同步带上的正时标记与链轮、带轮上相应的记号对准。

如果装配过程中正时标记没有对正，气门就不能在正确的时刻打开和关闭，将严重影响发动机的性能，甚至无法工作，还会造成气门与活塞相撞。

### 4.5.2　挺柱与气门间隙

挺柱（或挺杆）安装在气缸盖或气缸体中的导向孔内，随凸轮的旋转做往复运动。其作用就是将凸轮的推力传递给与其相邻的零件，如推杆或者摇臂或者气门。挺柱分为机械式、液力式两大类。

#### 1. 机械挺柱

根据挺柱底面或与凸轮接触方式的不同将其分为球面挺柱、平面挺柱和滚子挺柱等，如图4-18所示。平面挺柱的中心线与凸轮中心线有一定的偏心距，球面挺柱的凸轮型面略带锥度，二者均使工作中挺柱被凸轮顶起时具有微小转动，底面和导向面磨损均匀。滚子挺柱的摩擦和磨损较小，但结构复杂。

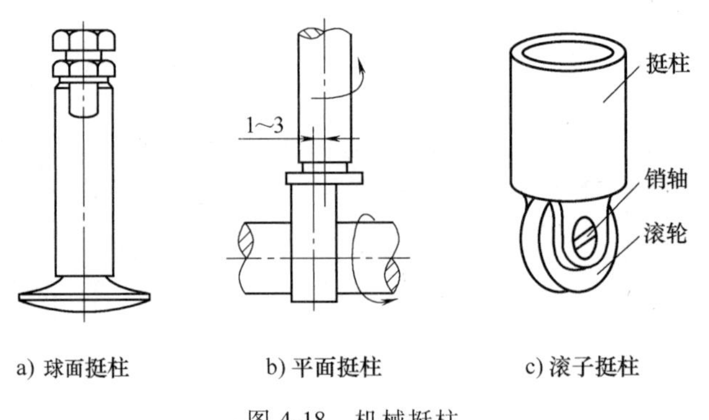


图4-18　机械挺柱

挺柱内部或顶部有球窝形推杆支座，其半径略大于推杆球头半径，以利于形成机油膜。

#### 2. 气门间隙

机械挺柱为凸轮轴和气门之间提供刚性连接，此种配气机构必须有气门间隙及其调整措施。气门间隙是指发动机在冷态下，气门关闭时，气门与其相邻的传动件间的间隙，如图4-19所示。

若冷态时气门与其传动件之间不留间隙，工作时气门及其各传动件因受热膨胀伸长，会顶开气门，造成气缸漏气，使动力性、经济性下降，热起动困难，甚至不能正常工作。漏气

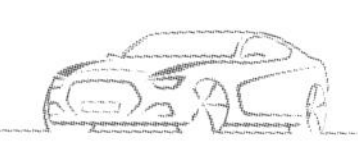

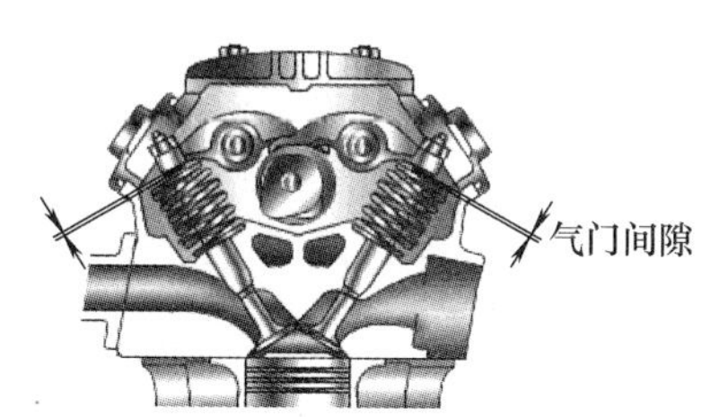


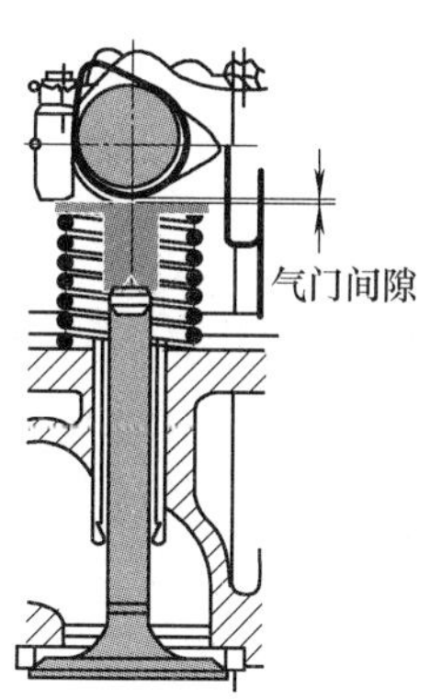


图 4-19　气门间隙

还易造成气门烧损、排气管烧红。所以，为补偿气门及其传动件受热膨胀的伸长量，机械挺柱配气机构的发动机装配时必须留有适当的气门间隙。

若气门间隙过小，则不足以消除上述危害；若气门间隙过大，将造成气门与气门座、各传动件间的撞击、响声，并加剧磨损，同时使气门最大升度减小、开启持续时间缩短，影响换气质量，同样使动力性、经济性下降。

发动机制造厂根据实验确定气门间隙的大小。一般进气门间隙为 0.25~0.30mm，排气门间隙为 0.30~0.35mm。

气门间隙随着气门及传动组件的磨损而发生变化。随气门传动组件和气门杆尾端面的磨损，气门间隙增大；随气门头部和气门座的磨损，气门间隙减小。可以通过两种方法进行调整。其一，对具有气门间隙调整螺钉的配气机构，拧动调整螺钉至合适位置即可：将调整螺钉旋入，气门间隙减小；将调整螺钉旋出，则气门间隙增大。其二，对顶置的凸轮轴直接驱动气门挺柱的发动机，气门间隙的调整通过更换不同厚度的气门间隙调整垫片的方法实现。

**3. 液力挺柱**

机械挺柱配气机构中的气门间隙，将使其工作时产生撞击噪声、磨损，影响气门正时及相关零件的寿命。液力挺柱既能在气门开启过程中提供刚性连接，又能在气门关闭时提供弹性连接，并能吸收配气机构工作时产生的冲击，所以越来越多的发动机上采用液力挺柱。常用的液力挺柱有杯状和柱塞状两种，如图 4-20 所示。在此以杯状液力挺柱为例说明其结构和工作原理。

液力挺柱主要由挺柱体、柱塞、单向球阀、柱塞弹簧、单向阀弹簧组成。挺柱体内有一个套筒（柱塞孔），其内装有可移动的中空柱塞。套筒底部装有柱塞弹簧（补偿弹簧），弹簧将单向球阀压靠在柱塞下端的阀座上，并使挺柱始终与凸轮保持接触。实际上套筒、柱塞和单向球阀组成一个液压缸，球阀和柱塞将液压缸分成两个腔——柱塞下部的高压腔和上部的低压腔。

发动机润滑系统中的机油经气缸盖上的斜油孔、挺柱体上的环形油槽和键形槽进入低压腔。当凸轮工作段顶压挺柱时，挺柱体和柱塞下移，高压油腔容积减小，压力升高，加之柱塞弹簧的作用，单向阀落座关闭，将低压腔和高压腔隔开。因液体的不可压缩性，整个挺柱如同一个刚体一样下移使气门打开。此时，挺柱体上的环形油槽也与斜油孔错开，停止进

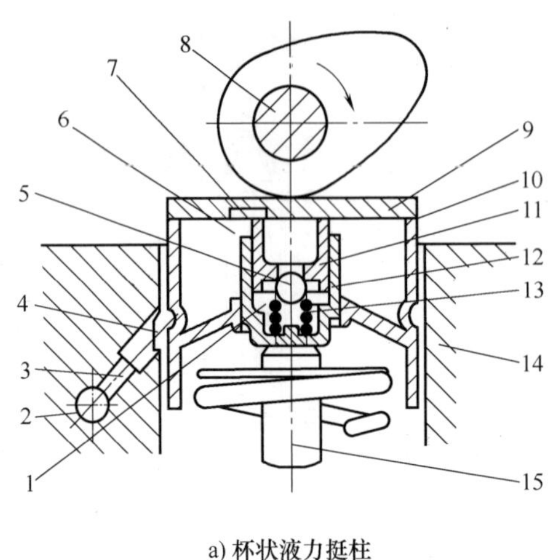

a) 杯状液力挺柱

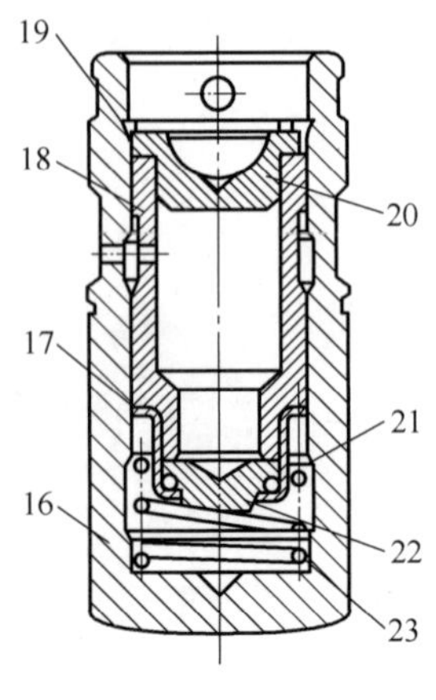

b) 柱塞状液力挺柱

图 4-20　液力挺柱

1—高压油腔　2—缸盖油道　3—油量孔　4—斜油孔　5—球阀　6—低压油腔　7—键形槽　8—凸轮轴　9、16—挺柱体　10—挺柱体焊缝　11、18—柱塞　12—套筒　13—补偿弹簧　14—气缸盖　15—气门杆　17—单向阀架　19—卡环　20—支承座　21—单向阀碟形弹簧　22—单向阀　23—柱塞弹簧

油。当油压过高或气门等零件膨胀时，将有少量的油液经配合间隙漏出。

气门关闭时，柱塞弹簧的作用使柱塞上移，高压油腔容积增大，压力下降。与此同时，压力油又经气缸盖斜油孔进入低压油腔，并推开单向球阀，使高、低压油腔连通，补充油液。

整个过程中，机构中各零件在弹簧作用下始终保持接触，且气门关闭后柱塞在挺柱体中的弹性移动抵消了零件受热和磨损产生的伸缩，自动维持零部件的直接接触，实现零气门间隙，并消除了撞击噪声，减轻了磨损。所以，液力挺柱又叫气门间隙自动调整机构或无噪声挺柱。

### 4.5.3　推杆

推杆为顶置气门、下置式凸轮轴的配气机构中所特有的，其功用是将挺柱传来的推力和运动传给摇臂。推杆是细长的杆件，最易弯曲，多为中空式的，两端焊有与摇臂调整螺钉和挺柱凹槽相配合的、不同形状的球头，如图 4-21 所示。

### 4.5.4　摇臂组

摇臂组的作用是改变推杆或凸轮传来的推力方向和放大凸轮升程，驱动气门开启。

摇臂组由摇臂、摇臂轴、摇臂轴支座、定位弹簧、气门间隙调整螺钉等组成，如图 4-22 所示。

摇臂是一个以摇臂轴为支点的不等长双臂杠杆。长臂一端加工成圆弧形的工作面与气门尾端接触，推动气门。摇臂的短臂端制有螺纹孔，以安装气门间隙调整螺钉及锁紧螺母。

图 4-21　推杆

摇臂中心孔内压有青铜衬套，套装在空心的摇臂轴上。摇臂轴固定

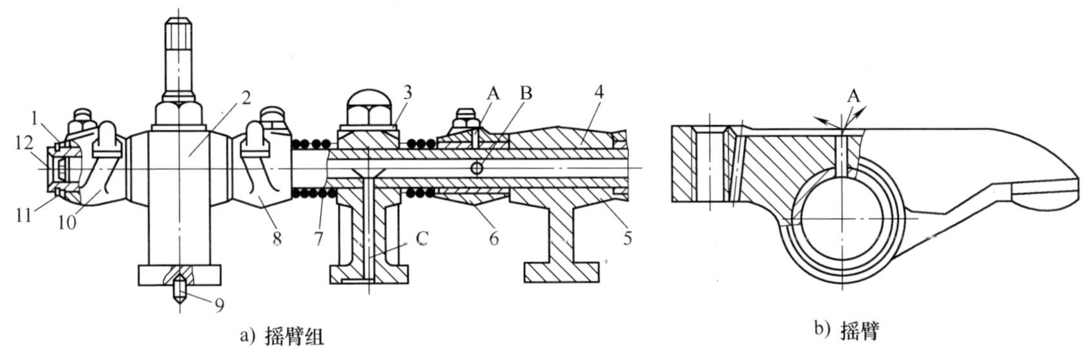


图 4-22　摇臂和摇臂组

1—垫圈　2、3、4—摇臂轴支座　5—摇臂轴　6、8、10—摇臂　7—弹簧　9—定位销　11—锁簧　12—堵头　A、B、C—油孔

在气缸盖上的摇臂支座上。摇臂侧面由弹簧压紧或挡圈限定，以保证其轴向位置。摇臂轴中心孔通过支座上的油道与发动机机体、气缸盖上的机油道相通，轴上有径向油孔与摇臂上的机油孔连通。机油经摇臂轴通向摇臂两端摩擦面。

对于某些凸轮顶置式配气机构，凸轮直接驱动摆臂（图 4-4b），实现气门的开启和关闭。原先的摇臂改为单臂杠杆，即为摆臂。

### 4.5.5　气门传动组零件的检修

#### 1. 凸轮轴及轴承的检修

凸轮轴的损坏主要是凸轮轴的弯曲变形、凸轮表面磨损和擦伤、轴颈磨损、正时齿轮轴颈键槽磨损等，且弯曲和磨损又相互影响而加重，使配气相位、气门升程、配合状态失准等，进而使发动机整机性能下降，噪声增大。

（1）凸轮的检修　当磨损使凸轮最大升程低于标准值 0.40mm 或凸轮表面有严重擦伤、麻坑等异常磨损时，应更换新凸轮轴。若凸轮磨损未超限，表面有轻微擦痕，可打磨后继续使用。

用外径千分尺测量凸轮高度和凸轮基圆直径，二者之差即为凸轮升程。

（2）凸轮轴弯曲的检修　凸轮轴弯曲变形的检查和校正方法与曲轴的相仿。凸轮轴发生弯曲变形后，若中间轴径的径向圆跳动误差大于 0.10mm，则应进行冷压校正。凸轮轴校正后，中间各轴颈的径向圆跳动误差不应大于 0.03mm。

（3）凸轮轴轴颈的检修　用千分尺测量轴颈的圆度和圆柱度，若圆度和圆柱度误差大于 0.015mm，各轴颈的同轴度误差超过 0.05mm，应按修理尺寸法在专用凸轮轴磨床上进行磨削修复，配以相应修理尺寸的凸轮轴轴承。磨修后轴颈的圆柱度误差应不大于 0.005mm，中间任一轴颈的径向圆跳动误差不大于 0.025mm。正时齿轮轴颈和止推端面的圆跳动误差不大于 0.03mm。

（4）正时齿轮轴颈键槽的检修　正时齿轮轴颈键槽的对称平面一般应与第一缸进、排气凸轮最大升程的对称平面重合。键槽磨损后，使配气相位发生改变，可在新的位置另开新键槽进行修复，但需重新在凸轮轴正时齿轮上做正时记号。

（5）凸轮轴轴承的检修 凸轮轴轴承与轴颈的配合间隙一般为0.05~0.10mm，最大不得超过0.15mm（轿车）或0.20mm（载货车），否则需更换新轴承；凸轮轴轴承与气缸体或气缸盖轴承孔之间应有过盈量，整体式轴承为0.05~0.13mm，剖分式轴承为0.07~0.19mm，气缸体为铝合金时的过盈量为0.03~0.07mm。

凸轮轴轴承内孔常用的修配方法是铰削、刮削和拉削。更换新轴承时，应注意轴承内径与轴承孔位置的顺序，要使缸体上的油孔和轴承上的油孔对准。

凸轮轴轴向间隙的检查和调整与曲轴的类似。

**2. 摇臂与摇臂轴的检修**

摇臂与摇臂轴的损伤主要是磨损。

摇臂和气门杆尾端接触面应光洁无损。因磨损出现凹陷时，若凹陷量大于0.5mm，需进行堆焊、修磨或更换新件。

磨损使摇臂衬套与摇臂轴的配合间隙增大，超过规定值时，应更换衬套，并按轴的尺寸进行铰削或镗削修理。安装新衬套时，切记衬套油孔与摇臂油孔要重合。

摇臂轴轴颈的磨损量大于0.02mm，或摇臂轴与摇臂轴承孔的配合间隙超过规定值时，应涂镀修复或更换。对弯曲变形的摇臂轴，要进行冷压校直，使其直线度误差在100mm长度上不大于0.03mm。

摇臂上的调整螺钉螺纹孔损伤时，一般情况下应更换，否则将影响气门正常工作。

**3. 气门推杆的修理**

在使用中，气门推杆不得有弯曲、锈蚀和裂纹，油孔应清洁畅通，两端球面半径磨损量应控制在-0.01~+0.03mm之间。若推杆直线度误差超过0.3mm，应校正或更换。两端球面若有裂纹、起槽等，应予以更换。

**4. 气门挺柱的修理**

（1）液力挺柱的检修 发动机进行总成大修时，或出现气门开启高度不足时，一般应更换挺柱。条件允许时，可按照原厂的规定在液压实验台上施加规定的压力于液力挺柱上方，检查液力挺柱柱塞向下滑移规定的距离所需的时间。若此时间过短，既说明挺柱内部有泄漏，应予以报废。

液力挺柱与导向孔配合间隙标准值一般为0.01~0.04mm，使用极限为0.10mm。

（2）机械挺柱的检修 主要损伤是挺柱与凸轮接触面的磨损、挺柱与导向孔的磨损、裂纹等。

检修中应特别注意挺柱在导向孔中及其底面的技术状态。当挺柱在运动中卡滞在导向孔中，不能自如移动和转动时，不仅加速底部磨损，而且使凸轮的磨损加剧，凸轮轴弯曲，甚至在不长的行驶里程内使凸轮早期磨损而报废。挺柱与导向孔的配合间隙一般为0.03~0.10mm，超过0.12mm时，应更换挺柱。当挺柱出现裂纹，或底面出现擦伤划痕、疲劳剥落、不均匀磨损的环形光环时，应更换挺柱。

**5. 正时机构的检查**

使用中，正时机构的磨损将使配合松弛，噪声增大，配气相位失准，甚至气门、活塞碰撞。检查其磨损情况以判断是否需要更换是维修中的主要工作。

（1）正时齿轮的检查 正时齿轮的齿面应光洁，无刻痕、破损、毛刺，各牙齿均匀一致。如果出现啮合间隙超限、轮齿磨出台阶、裂纹或断齿、轮齿不一致、表面损伤等，均应

更换新齿轮。

钢制齿轮啮合间隙一般为 0.03～0.30mm，使用极限为 0.40mm；非金属齿轮啮合间隙应不超过 0.50mm。同一对齿轮应检查沿圆周相隔 120°的三点齿隙之差，钢制齿轮应不超过 0.10mm，非金属齿轮应不超过 0.15mm，否则，应更换齿轮，相啮合的钢制齿轮应成对更换。

（2）正时链轮-链条的检查　主要通过检查链条伸展长度、链轮直径及张紧器，判断其磨损情况。

1）测量链条长度。按规定拆下链条后，用弹簧秤钩拉链条，当拉力达到 49N 时，测量链条长度，如图 4-23 所示。若长度超过限值，应更换链条。

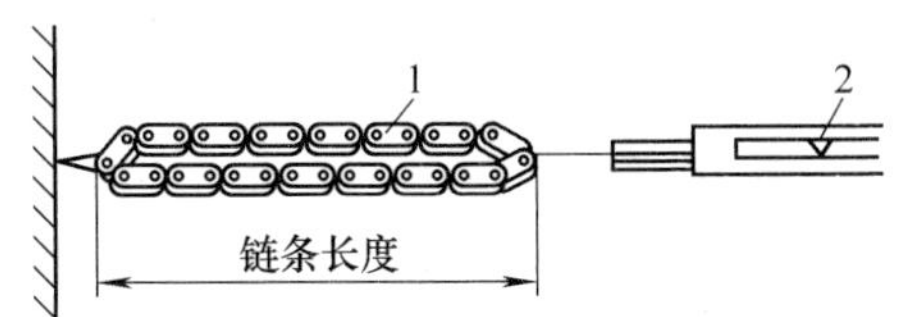

图 4-23　正时链条长度的测量

1—链条　2—弹簧秤

2）测量链轮直径。使用拆下的链条分别将凸轮轴正时链轮和曲轴正时链轮整周啮合包住后，用游标卡尺测量其直径。若磨损严重，直径小于最小限值，应更换链轮。

3）检察张紧器。用游标卡尺测量张链器厚度，若厚度值低于最小限值，应更换张紧器。

（3）正时带轮-正时同步带的检查

1）检查同步带是否有开裂、剥落，齿数、齿形是否残缺，若有应更换。同步带的上述损伤往往是由于张紧不足，带轮及张紧轮磨损、超期限使用，操作粗暴等所致。

2）检查带轮、惰轮及张紧轮直径。用游标卡尺测量各轮的直径，带轮磨损极限为 0.10mm，惰轮及张紧轮磨损极限为 0.20mm。

3）检查张紧度。拆下正时室护罩，用拇指和食指捏住正时带轮和中间带轮之间同步带的中间部位，用力翻转，以刚好能转 90°为合适。若不合适，则调整张紧轮固定螺母，使曲轴转 2～3 圈后，复查一遍，予以确认。

（4）正时机构拆装

1）曲轴、凸轮轴正时齿轮上的正时标记应对准。

2）同步带（或链）传动机构的拆装。

① 拆装同步带前，必须擦掉工具和手上的油污，防止带轮、张紧轮、同步带接触油脂、油液和水。尤其是同步带，凡沾上油脂、油液的，均应更换。

② 拆装时，不得挤压、扭转同步带，同步带表面不得让锐物划破。

③ 拆卸前注意观察同步带背面（或链条）的旋向箭头标记，若已看不清，应重新做标记，以备安装时保证与原方向一致。

④ 拆装同步带（或链条）时，必须先使第一缸活塞处于压缩行程上止点，曲轴正时带轮、凸轮轴正时带轮上的正时标记与正时室罩或底板上的正时标记对正，且不能再转动曲轴及凸轮轴。

⑤ 拆下正时室罩、衬垫后，注意识别正时室内部的正时标记，同步带（或链条）上有与凸轮轴正时带轮、曲轴正时带轮、喷油泵正时带轮对齐的正时标记。

⑥ 松开张紧轮的张紧弹簧后，即可取下同步带（或链条）。注意，在拆下同步带（或链条）后及拆下凸轮轴前，不可转动曲轴或凸轮轴，以免气门与活塞相撞。

## 4.6 配气机构的检查与调整

使用过程中，配气机构零件的变形与磨损、配气机构的调整及装配不当、配气机构零件的磨修、曲轴的修磨使曲柄夹角发生了变化，以及零件制造中的偏差等，都会使配气相位、气门间隙等产生异常，导致气门关闭不严、各种异响等，发动机的性能下降。维修中必须通过检查、调整消除上述不正常现象。

### 4.6.1 气门间隙的调整

对机械挺柱式的配气机构，气门间隙的检查和调整是发动机维修中必须进行的项目。检查、调整应在气门完全关闭且挺柱或摇臂落在最低（凸轮基圆）位置时进行。通常在压缩行程终了时，调整各缸进、排气门间隙。

**1. 进气门和排气门的识别**

方法一：当转动曲轴时，依次观察发动机各缸的进、排气门。根据气门重叠开启的现象，先动的为排气门，紧接着后动的为进气门，并做好标记。

方法二：根据进、排气歧管和进、排气道与进、排气门的对应关系确定。

**2. 第一缸压缩上止点的确认**

（1）正时记号法　一般在飞轮与飞轮壳上、正时齿轮与正时齿轮室上都制有确定第一缸压缩上止点的记号。慢慢摇转曲轴，当相应的正时记号对正时，第一缸活塞即处在压缩行程上止点。

（2）试摆气门摇臂法　用手检查第一缸进、排气门摇臂能否绕轴微摆，若进、排气门均能摆动，则第一缸处于压缩行程上止点。若进、排气门均不能摆动，则处于排气上止点。

（3）逆推法　欲找第一缸（或某缸）的压缩上止点，可转动曲轴，观察与该缸曲拐在同一个方位上的另一气缸的排气门，在其打开又逐渐关闭过程中进气门动作的瞬间，即为此缸的排气上止点，第一缸（或某缸）则在压缩上止点。对直列六缸发动机而言，即所谓的调一看六、调二看五、调三看四。

（4）分火头判断法　对有分电器的发动机，将分电器盖打开，并转动曲轴，当分火头转到与第一缸分高压线位置相对时，表示第一缸在压缩上止点前。

**3. 气门间隙的检查与调整**

（1）检查调整顺序

1）逐缸调整法。先找到第一缸压缩行程上止点，调整其进、排气门间隙，然后每摇转曲轴180°，按照工作顺序依次调整其他各缸气门。

2）二次调整法。先运用上述方法找到第一缸活塞的压缩上止点，调整半数气门的间隙，再将曲轴转动一周，调整另半数的气门。这样一台发动机只需摇转两次，就可将全部气门调整完毕。按照气缸发火顺序以“双排不进”的原则检查、调整气门间隙。

以四冲程六缸发动机为例，其工作顺序是1-5-3-6-2-4。当第一缸正处于压缩上止点位置时，该缸的进、排气门间隙均可调（所谓的“双”）。第五缸正处于压缩行程初期，进气门刚关，排气门间隙可调（所谓的“排”）。第三缸正处于进气行程，排气门间隙可调。第六缸处于排气上止点，进、排气门处于叠开状态，均不可调（所谓的“不”）。第二缸正处于

排气行程，第四缸在做功行程后期，此两缸进气门间隙均可调（“进”）。当将曲轴摇转 1 圈后，使第六缸处于压缩上止点，从第六缸起按工作顺序，可调气门也正好是：双（第六缸）、排（第二、四缸）、不（第一缸）、进（第五、三缸），见表 4-1。四缸、三缸发动机的可调气门排列表分别见表 4-2、表 4-3。

表 4-1　六缸发动机的可调气门排列表

| 气缸工作顺序 | 1 | 5 | 3 | 6 | 2 | 4 |
|---|---|---|---|---|---|---|
| | 1 | 4 | 2 | 6 | 3 | 5 |
| 第一遍（第一缸在压缩上止点） | 双 | 排 | | 不 | 进 | |
| 第二遍（第六缸在压缩上止点） | 不 | 进 | | 双 | 排 | |

表 4-2　四缸发动机的可调气门排列表

| 气缸工作顺序 | 1 | 3 | 4 | 2 |
|---|---|---|---|---|
| | 1 | 2 | 4 | 3 |
| 第一遍（第一缸在压缩上止点） | 双 | 排 | 不 | 进 |
| 第二遍（第四缸在压缩上止点） | 不 | 进 | 双 | 排 |

表 4-3　三缸发动机的可调气门排列表

| 气缸工作顺序 | 1 | 2 | 3 |
|---|---|---|---|
| 第一遍（第一缸在压缩上止点） | 双 | 排 | 进 |
| 第二遍（第一缸在进排气上止点） | 不 | 进 | 排 |

（2）检查与调整方法　拆下摇臂室罩盖，先用螺钉旋具固定住调整螺钉，拧松调整螺钉的锁紧螺母，随即将符合规定间隙的塞尺插入气门间隙处，然后拧动调整螺钉，使摇臂（或摆臂）端头将塞尺轻轻压住，来回拉动塞尺，以略感发涩为宜。之后将调整螺钉保持不动，拧紧锁紧螺母。最后复查一次气门间隙，若拧紧锁紧螺母时间隙发生了变化，尚需重新调整。

对顶置凸轮直接驱动气门挺柱的发动机，气门间隙的调整通过更换气门间隙调整垫片的方法实现。

## 4.6.2　配气相位的检查与调整

### 1. 配气相位的检查

配气相位的检查要在气门间隙调整好后进行。先进、快速的发动机综合测试仪检测法，能自动地将配气相位偏离标准值的度数迅速显示出来，被采用得较多。传统的气门叠开法、刻度盘法仍用于实际维修中。

（1）刻度盘法　先在曲轴前端装一个与其同轴转动的、具有 360° 刻线的圆盘，再装一个可调节的刻度盘指针。然后转动曲轴，使飞轮壳检视孔上的指针对准飞轮上的 0°线，此时将刻度盘指针指“0”并固定。同时在气门弹簧座上安装一只百分表。顺时针转动曲轴，观察百分表指针和刻度盘指针，百分表指针开始摆动瞬间，即为气门开始开启时刻，此时刻度盘指针所示角度即为气门开启角。百分表指针越过最大值后停止摆动的瞬间即为气门关闭时刻，刻度盘指针所示角度即为气门关闭角。

（2）气门重叠法　通过测量进、排气门升程间接获得配气相位。步骤如下：

1）先将气门间隙调整为零。

2）安装检测仪百分表。转动曲轴，使第一缸活塞处于排气行程上止点前进气门未开启位置；在火花塞处安装一个百分表，使其触头深入到气缸内活塞上止点位置稍微偏下，以检测上止点，如图4-24所示。在进气门弹簧座上安装另一只百分表，触针平行于气门杆，并使表针指“0”，以检测气门升程。

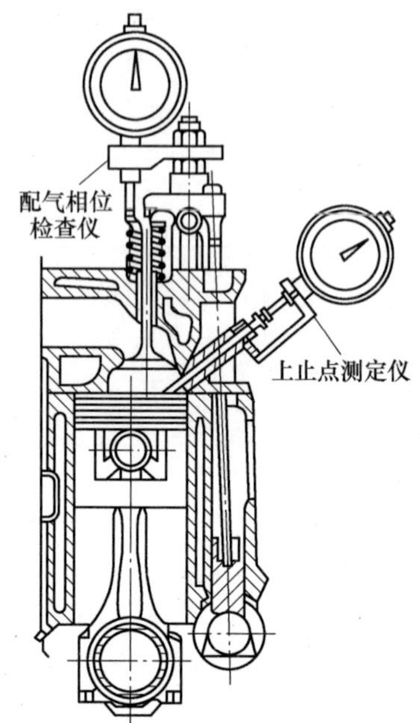

图4-24　配气相位的测量

3）顺时针缓慢转动曲轴，上止点百分表读数最大时即为活塞上止点。在活塞达到上止点前0.01mm和越过上止点后0.01mm时读数，分别记下气门升程百分表读数 $h_1$ 和 $h_2$，二者的平均值即为排气行程上止点时进气门的升程 $h_i$。

4）根据进气门平均升程 $h_i$ 找准上止点后，再使气门升程百分表触及排气门弹簧座，并使表针有指向2mm的预压量。顺时针转动曲轴，至排气门完全落座，由百分表读出排气门落座前的高度 $h_e$。

5）将进、排气门上止点的升程及其相对升程的差值与标准值进行比较，即可确定配气相位的情况。

**2. 配气相位的调整**

配气相位的调整方法可视具体情况而定。

若各缸气门正时迟早不一，一般是由于凸轮磨损严重所致，应修磨或更换凸轮轴。

对于机械挺柱式发动机，若个别气门的配气相位偏早或偏迟不太大，可通过调整气门间隙的方法予以解决。

当各缸进、排气门的配气相位均提前或均延迟时，可将凸轮轴或正时齿轮转动一个角度。

（1）凸轮轴正时齿轮做轴向位移法　对于采用斜齿圆柱正时齿轮啮合传动的配气机构，将凸轮轴正时齿轮做轴向位移，使凸轮轴同时相对于曲轴正时齿轮转过一个角度，达到微调配气相位的目的。此法通常是用增加止推凸缘和隔圈厚度或从内侧减小正时齿轮轮毂厚度的方法，使正时齿轮获得轴向位移量。

（2）凸轮轴偏位键法　通过改变正时齿轮和凸轮轴联接键断面来实现配气相位的调整。把矩形键改制成阶梯形，使露出轴颈的部分左右偏移，从而使正时齿轮相对于凸轮轴偏移相应角度。键的偏移量可按下式近似计算：

$$S=\pi d\psi/720 \tag{4-1}$$

式中　$S$——键的偏移量（mm）；

$d$——凸轮轴键槽处的断面半径（mm）；

$\psi$——需调整的配气相位角（°）。

安装偏位键时，不得装反，否则，将引起配气相位成倍改变。

对于采用液力挺柱、凸轮轴上置的发动机，一般只能通过更换已磨损的零部件来恢复配

气相位。

# 4.7　可变配气技术

## 4.7.1　概述

传统发动机在工作时，配气相位及气门升程是不能随工况的变化而改变的，仅能保证在某一预期转速工况附近有高的充气效率和动力输出，这对工作转速变化范围大的车用发动机是不利的。适合发动机高转速运转的配气相位，在低转速时转矩输出小；而适合低转速运转的配气相位，高转速时则功率输出小。如 4.2.3 节所述，为使较宽转速范围内都具有良好的充气效果，解决高、低转速动力输出的矛盾，理想的配气机构应是随转速的升高而适当增大进、排气门早开角和迟闭角及气门升程，尤其进气迟闭角和气门叠开角。这类似于人的呼吸，当身体需要大量氧气或感到紧张、困难时，人会做深而长的鼻腔甚至连同口腔的呼吸，反之则做短而浅的鼻腔呼吸。可变配气技术即是随工况的变化自动调节气门正时和开度，以改善发动机换气过程、综合提高整机性能的技术。近年来，可变配气技术已成为发动机普遍而重要的配置。

对凸轮机构控制气门开关的发动机，气门正时和升程取决于凸轮形线、凸轮轴相位，以及摇臂、挺柱的结构。未来的无凸轮、电磁气门式配气机构，正时和升程的调控会更简便。

就可变功能（参数）而言，可变配气机构分为单气门正时（进气门正时）可变式、双气门正时可变式（进气门和排气门正时都可变）、气门正时与升程全可变式。大多数发动机采用了相对简单的单气门正时可变式，只有少数发动机采用了双气门正时可变式。

就可变相位的转速范围而言，可变配气机构又可分为分段（级）可变式和连续可变式。

就调整方式而言，可变配气机构可归纳为凸轮轴相位可变式、凸轮可变式、液力挺柱可变式、摇臂可变式等。

## 4.7.2　几种可变配气机构

### 1. 凸轮轴相位可变式

凸轮轴相位可变式即随转速的变化，将凸轮轴转动一个角度，使气门开启和关闭时刻同时提前或延后，不改变气门升程和气门开启持续期。

（1）分段可变式　奥迪、帕萨特等车用发动机采用了此种可变配气正时技术。如图 4-25

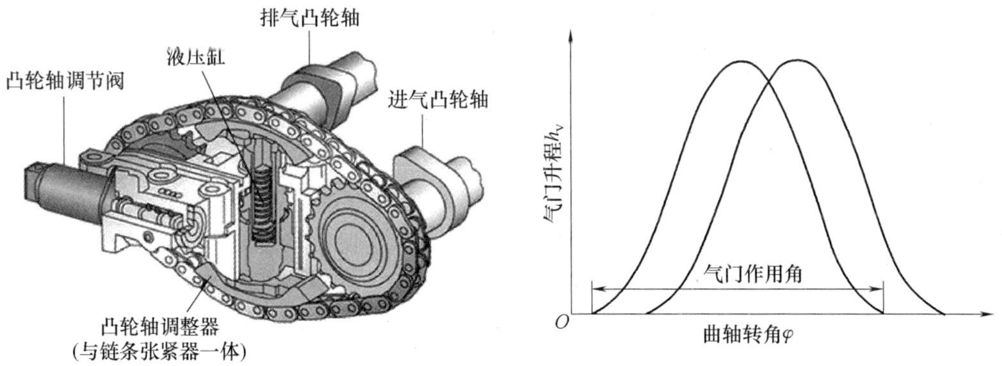


图 4-25　凸轮轴相位可变式进气正时分段可变配气机构

所示，排气凸轮轴由曲轴驱动，相位不调整。排气凸轮轴通过链条驱动进气凸轮轴，链条中间有电控液压张紧调整器。工作时，发动机ECU根据发动机转速控制液压缸的油压，使调整器在保持张紧的状态下上下移动，两侧链条长度的变化改变了链条与链轮的啮合位置，调整进气凸轮轴相对于曲轴的位置。

（2）连续可变式　图4-26所示为凸轮轴相位可变式进气正时连续可变配气机构，主要由可变正时器、凸轮轴位置传感器、曲轴位置传感器、机油控制阀和动力系统控制模块等组成。

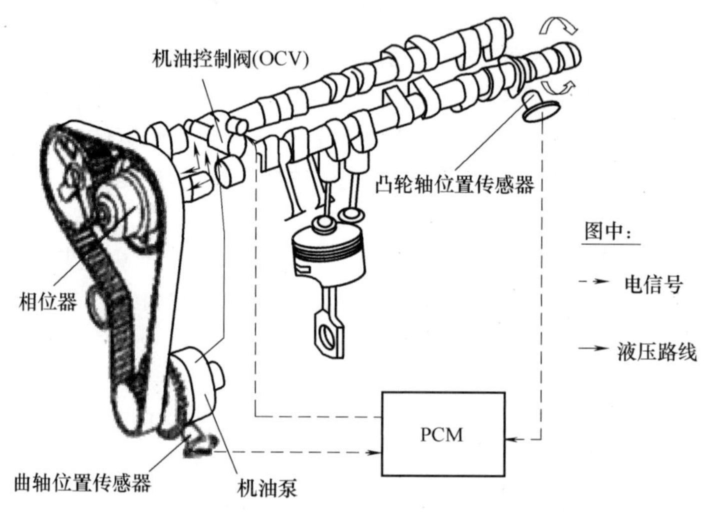


图4-26　凸轮轴相位可变式进气正时连续可变配气机构

可变正时器（图4-27）安装在进气凸轮轴前端，其外壳与正时齿轮接合为一体，壳体中有一个叶片呈十字形布置的转子与凸轮轴连接。转子的每个叶片与壳体间形成两个封闭的液压油腔，共形成八个油腔，每四个同侧的油腔相互连通。正时齿轮与转子（即凸轮轴）之间可以相对转动。

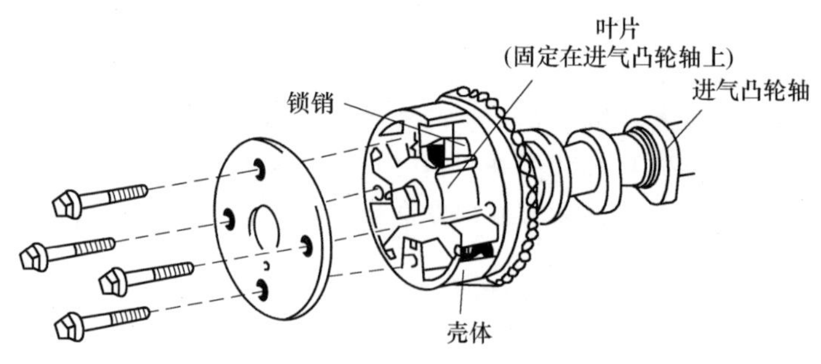


图4-27　可变正时器结构

该机构利用润滑系统中的机油作为工作液，由电磁阀控制机油进入或流出油腔来驱动转子相对于壳体的正、反向转动，以实现配气相位的连续变化。当发动机ECU控制电磁阀内的滑阀向左移动时，进入一侧油腔的机油使叶片转子逆时针转动，使配气相位提前，如图4-28所示；反之，电磁阀内的滑阀向右移动时，机油进入另一侧油腔，使叶片转子顺时针转动，进而使配气相位延迟。

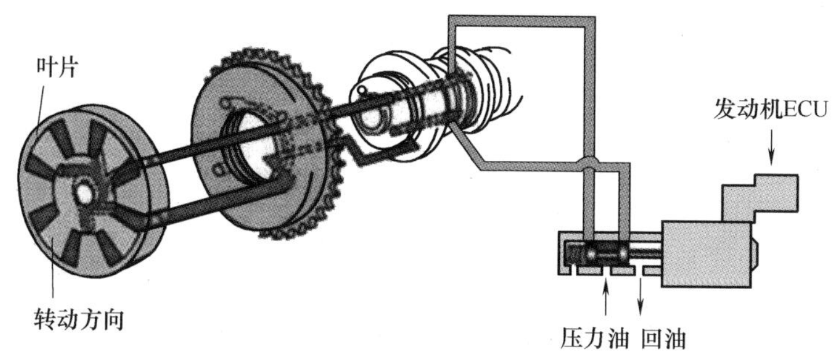


图 4-28　可变正时器工作原理

图 4-27 所示正时器的锁销可在发动机熄火后没有机油压力时，在弹簧的作用下自动将转子和壳体相互连接，使发动机起动时的配气相位能保持为某一固定值，以防止起动时因机油压力不足而使气门正时失去控制。待建立起机油压力后，锁销脱开使相位器恢复自由调节。

### 2. 凸轮可变式

凸轮可变式，即随转速的变化变换驱动凸轮，同时改变配气相位和气门升程。此种可变配气机构的典型代表是本田 V-TEC 机构，如图 4-29 所示。该机构中，在进、排气凸轮轴上每缸分别设有三个不同的同名凸轮。中间的高速凸轮具有最大升程和气门持续开启期，其两侧是两个低速凸轮。具有较大的升程和提前角的为低速主凸轮，具有最小的升程和提前角的则为副凸轮。主、副凸轮分别驱动主、副摇臂和主、副气门，中间摇臂由高速凸轮驱动，但它不与任何气门直接接触。三个摇臂内均有一个液压油缸，内部装有可以往复移动的液压活塞。

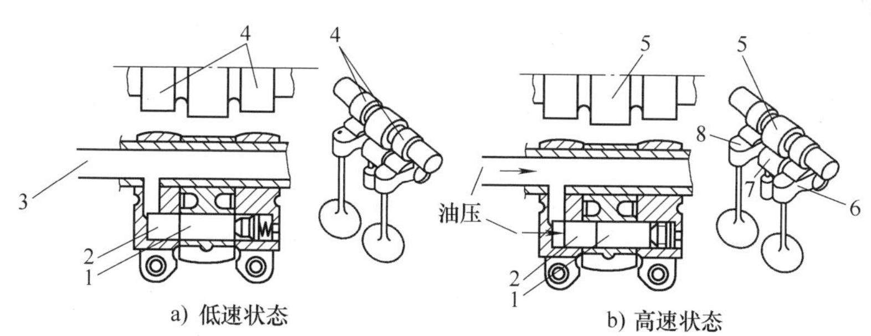


图 4-29　本田 V-TEC 机构

1、2—同步活塞　3—摇臂轴中心油道　4—低速主、副凸轮　5—中间高速凸轮
6—副摇臂　7—中间摇臂　8—主摇臂

低转速时，无液压作用，各活塞在弹簧的作用下处在各自对应的摇臂油缸内，各摇臂独立工作，低速主、副凸轮分别推动主、副摇臂控制主、副气门的开闭。虽然高速凸轮也推动中间摇臂，但由于各摇臂之间没有互相连接，高速凸轮处于闲置状态；当发动机达到某一设定的较高转速时，控制系统即指令液压系统推动摇臂内的活塞，使三个摇臂锁成一体，一起受中间高速凸轮-中间摇臂驱动而控制气门的开关。

当发动机达到某一设定的较低转速时，摇臂内的液压随之降低，活塞在回位弹簧的作用下退回原位，三个摇臂分开。

3. 液力挺柱可变式

液力挺柱可变式，即利用电磁阀控制液力挺柱的油压，调整挺柱的高度，以调整气门开启时刻、气门持续开启时间，甚至使气门不开启实现停缸控制。发动机转速低时，释放挺柱内的压力，不将凸轮全部升程传给气门；发动机转速高时，将液压油压入挺柱，使凸轮全部升程传给气门，进而使气门升程增大，开启持续时间延长，如图4-30所示。

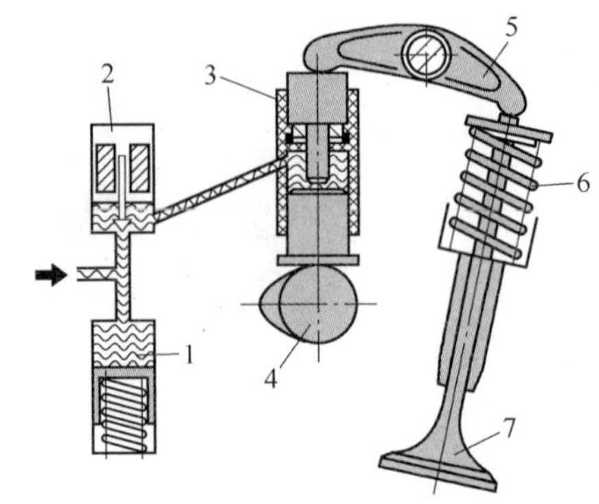


图4-30　液力挺柱可变式

1—蓄压室　2—电磁阀　3—液力挺柱　4—凸轮　5—摇臂　6—气门弹簧　7—进气门

4. 电控全可变气门机构

这种配气机构能够实现进、排气门正时和升程的无级可变，而且可以取消节气门，利用控制进气门正时及升程来控制进气量，大大降低了泵气损失，减轻了进气迟滞现象，提升了发动机动力性，降低油耗和排放。这种机构的典型代表是宝马的Valvetronic机构和英菲尼迪的VVEL机构。

图4-31所示为宝马的Valvetronic机构，主要包括偏心轴驱动电动机、偏心轴驱动齿轮、偏心轴、凸轮轴、中间杠杆、摇臂、扭转弹簧。系统工作时，电动机驱动偏心轴齿轮改变相位，带动中间杠杆改变角度，与此同时凸轮轴驱动中间杠杆顶压摇臂，完成气门的开启和关闭。此系统中间联动件多，惯性大，不适于高转速发动机。

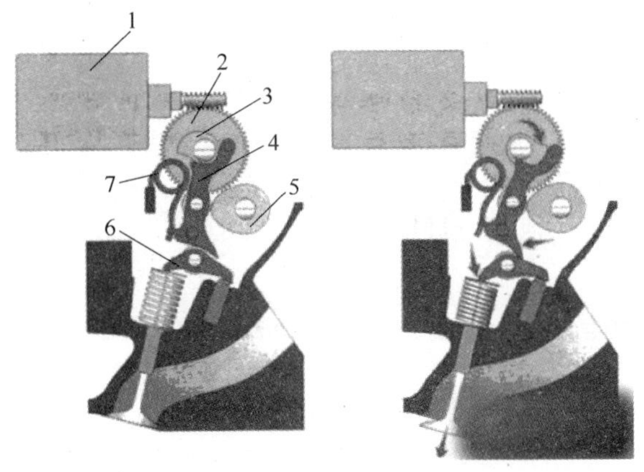


图4-31　宝马Valvetronic机构

1—偏心轴驱动电动机　2—偏心轴驱动齿轮　3—偏心轴　4—中间杠杆　5—凸轮轴　6—摇臂　7—扭转弹簧

5. 电磁气门

或许将来的发动机不再需要凸轮机构控制气门的开、闭，而采用电磁控制。发动机ECU根据接收到的工况信号控制安装在每个气门上的电磁阀通电时间来调整气门正时和升程。采用此种技术的汽油机，将不必再使用节气门调节进气量，直接控制气门开启时间及升程即可调节进入气缸的混合气量，而且同时可实现废气的内部再循环。图4-32所示为德国发明的电磁控制全可变气门机构。机构中有上下两个电磁线圈，一块衔铁固定在气门杆上置于两电磁线圈之间。当下面的电磁线圈通电时，气门开到最大升程；当上面的电磁线圈通电时，气门关闭。下面的电磁线圈是可移动的，以此调整气门最大升程。当电磁线圈都不通电时，气门在弹簧作用下，处于中间开启位置。

### 4.7.3　可变配气技术其他优势

可变配气技术除了减少换气损失，增大充气效率，使发动机的低速转矩、高速功率及经济性都得到显著改善外，还有许多潜在的功能和优势。

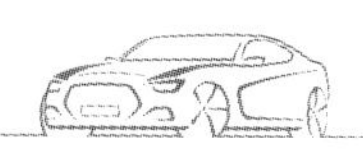

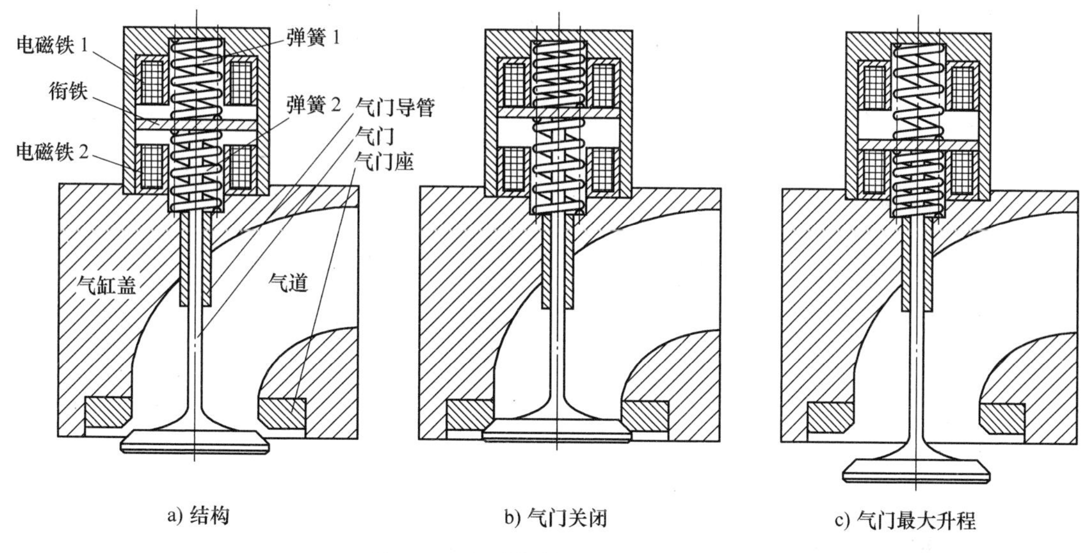


图 4-32 电磁控制全可变气门机构

（1）调节实际压缩比和膨胀比 通过调节进气门晚关角，改变有效压缩比；通过调节排气门早开角，改变实际膨胀比。借助于此，可根据运行工况，灵活控制进气终点和排气始点，实现膨胀比大于压缩比的循环，即米勒循环。

（2）调节进气涡流 对 4 气门发动机，根据运行工况可以控制 2 个进气门（主、副气门）开与不开及开度（升程）的大小，可以调节气流速度和涡流强度，改善混合气形成与燃烧，减少怠速时的残余废气量、改善怠速稳定性，提高燃油经济性，减少排放。低速、低负荷时，主气门开启、副气门关闭，以提高气流速度与涡流强度；高速、高负荷时，2 个气门同时开启，以增大有效流通截面积，获得高的充气效率。

（3）取消节气门 采用气门正时和升程连续无级可变的汽油机，将不必再使用节气门调节进气量，而直接通过控制进气门开启时间及升程即可调节进入气缸的新鲜充量，大大降低泵气损失，减轻进气迟滞现象，提升发动机动力性，降低油耗和排放。

（4）无凸轮配气机构 若将来的发动机能够利用电磁或电液机构直接驱动气门的开、关，不仅气门正时与升程连续可变、响应速度快，而且不再需要凸轮机构及节气门，发动机重量、噪声、机械损失将大大减小，性能将大幅提高。

（5）内部废气再循环 废气再循环即将排出气缸或做功后的废气的一部分再次引入到气缸，调节混合气成分（降低氧气浓度）和燃烧温度，控制 $NO_x$ 生成的技术。传统的废气再循环（EGR）是通过设在进、排气管道之间的管道和阀门来实现的，即所谓的外部废气再循环。若气门正时可变，则通过减小排气门晚关角，使一部分废气留在气缸中，或增大排气门晚关角，利用进气行程吸回一部分废气，可实现内部废气再循环，简化废气再循环系统，这对均质混合气压燃是重要的调控手段。

（6）利于实施断缸技术 断缸技术即多缸发动机工作在小负荷时停止其中一部分气缸的工作，使另一部分继续工作的气缸工作在较高负荷率下，达到节油的目的。这实际上是改变发动机排量的技术之一。可变配气技术在断缸技术中可起到以下作用。其一，停止断火气缸气门的运动，进一步减少机械损失（如三菱公司的可变配气系统）；其二，控制断火气缸气门的开、闭，可使其作为压气机使用。排气门关，进气门始终开，在压缩过程适当的时候开启进气门，提高相邻工作缸的充气效率。

(7) 减速、制动功用 在紧急情况下，通过可变配气技术改变气门开启规律、点火顺序，利用压缩过程消耗功，以达到减速、制动的目的。

## 4.8 配气机构故障诊断

配气机构的故障主要是磨损、连接松动、装配不当、配合间隙不当等导致的各种异响。借助于异响的特征及机油压力等其他信号判断异响发生部位成为关键。

### 4.8.1 气门和挺柱异响

**1. 特征**

气门异响是有节奏的、清脆的“嗒、嗒”金属敲击声，怠速、低速时较明显，不受温度影响。

**2. 原因及诊断**

气门异响的主要原因是气门间隙调整螺钉磨损、凸轮磨损、气门杆尾部接触面不平或调整不当引起的气门间隙过大、气门杆与气门导管磨损严重、凸轮轴弯曲等；挺柱异响的主要原因是挺柱与导向孔配合松旷、液力挺柱失效。

1）在气门室侧察听，若符合上述特征，同时进行断火实验，或发动机温度变化时响声不变，中速以上时响声变得模糊杂乱，则为气门异响。

2）使发动机怠速运转，拆下气门室罩，提起挺柱或将塞尺插入可疑气门脚上部，若声响消失，则该气门间隙过大；若响声减轻但没有消除，则用螺钉旋具撬气门杆，如果响声消除，说明气门杆与气门导管磨损严重。

3）在气门室侧察听，若符合上述特征，同时进行断火实验，或发动机温度变化时响声不变，转速升高时响声减弱或消失，则为挺柱异响。

### 4.8.2 气门漏气

**1. 特征**

起动困难，进气管回火，排气管放炮、冒黑烟，油耗增加，动力不足，温度升高。

**2. 原因及诊断**

气门漏气源于密封不良，由气门与气门座密封面磨损、烧蚀，气门与气门座密封面有积炭，气门与气门导管间隙过大或过小使气门杆晃动或卡阻，气门弹簧折断或弹性降低等引起。

在排除点火系统、燃油系统故障后，可通过测缸压或进气歧管压力来判断。

## 本章小结

换气过程是排气过程和进气过程的总和。配气机构就是按发动机工作的要求，控制进、排气门适时开启和关闭，实现发动机换气的机构。现代汽车多采用顶置气门式配气机构，由

气门组件和气门传动组件组成。

气门组件由气门、气门座、气门导管、气门油封、气门弹簧、气门弹簧座、气门锁夹组成，有的发动机还有气门旋转机构。

气门和气门弹簧座通过放入气门弹簧座内和气门杆尾部的气门锁夹或锁销在气门弹簧力的作用下而被固定。气门杆插入到气门导管中做间歇性的往复运动，气门头部与气门座配合实现燃烧室进、排气口的关闭。气门导管对气门起支撑导向作用，保证气门与气门座能正确贴合，并起导热作用。气门油封用来防止过多的机油通过气门导管和气门杆的间隙渗流到燃烧室或进、排气管道内。

气门组件常见的异常是气门杆弯曲、磨损、卡住，气门头部和气门座变形、磨损、起槽、烧蚀出斑点、凹陷，气门弹簧弹性减弱、折断等。气门与气门座进行修复、光磨或更换后，要进行研磨，且通过密封性试验，以达到有效的密封。

气门传动组件由凸轮轴、挺柱、推杆、摇臂、摇臂轴、调整螺钉、正时传动机构组成。凸轮轴控制气门的开关，有下置、中置、顶置三种布置形式。凸轮轴由曲轴驱动，传动方式有齿轮传动、链条-链轮传动、同步带-带轮传动。四冲程发动机曲轴与凸轮轴的转速比为2∶1。凸轮轴与曲轴的相对位置决定了配气相位，拆装时注意观察正时装置及缸体、缸盖和正时室罩上的正时标记。顶置凸轮轴同步带传动方式在现代轿车中得到广泛应用，使用中应注意定期更换同步带。

机械式挺柱为凸轮轴和气门之间提供刚性连接，此种配气机构必须有气门间隙及其调整措施，以允许工作时零件受热膨胀，保证气门关闭严密。液力挺柱既能在气门开启过程中提供刚性连接，又能在气门关闭时提供弹性连接，并能吸收配气机构工作时产生的冲击，自动补偿配气机构零部件的伸缩和磨损，无须留气门间隙。

凸轮轴的损伤主要是弯曲变形、凸轮表面磨损和擦伤、轴颈磨损等，弯曲和磨损又相互影响而加重，使配气相位、气门升程、配合状态失准等。若凸轮轴弯曲变形，应进行校正；若凸轮磨损超限，应更换新件。若凸轮轴轴颈磨损，可按修理尺寸磨削修复并换配相应尺寸的轴承或换用新件。其他各件应视具体情况修复或更换。

充气效率是评价发动机换气过程完善程度的参数，其定义是每循环实际留在气缸内的新鲜充量与在进气状态可能充满气缸工作容积的最大充量之比。充气效率越大，进入气缸内的新鲜充量越多，气缸的做功能力越强，发动机发出的功率或转矩就越大。凡是有利于减小进排气阻力或降低进气温度的因素和措施均使充气效率提高。

为使进气充分，排气完善，实际的发动机进、排气门都要早开、晚关。以曲轴转角表示的进、排气门开闭时刻称为配气相位。发动机的每一工况都存在一个最佳的配气相位，尤其是高、低转速时差异较大。理想的配气相位是随转速的提高，进、排气提前角和延迟角适当增大，尤其是进气迟闭角和气门重叠角。

传统的发动机每缸有两个气门和固定不变的配气相位和气门升程，不能兼顾高、低速时都达到好的充气效果。现代高性能的轿车发动机已采用多气门机构和可变配气机构，可根据发动机的转速适时调节配气相位和气门升程，改善发动机的综合性能。

配气机构零件的磨损、变形、烧蚀等将引起配合状态、气门间隙、配气相位等的异常，导致发动机气门关闭不严、充气效率减小、噪声增大、性能下降。装配发动机时，必须按规定检查、调整好气门间隙和配气相位。调整气门间隙时，应先辨认进、排气门，并找出第一缸压缩行程上止点，按“二次调整法”或“逐缸调整法”进行调整。

配气相位的检验可用气门重叠法、刻度盘法和发动机综合分析仪检测法等。若个别气门的配气相位偏早或偏迟不太大，可通过调整气门间隙的方法予以解决；若各缸进、排气门开启迟早不一是由凸轮磨损严重所致，应修磨或更换凸轮轴；若各缸进、排气门的配气相位均提前或延迟，可采用偏位键法进行调整。

## 【复习思考题】

1. 何为配气相位？进、排气门为何要早开晚关？
2. 已知某发动机的进、排气门提前开启角分别为12°和42°，滞后关闭角分别为68°和18°。请画出配气相位图，计算进、排气门开启的持续角及气门重叠角。
3. 何谓发动机充气效率？请举出提高充气效率的几种方法和结构措施。
4. 配气机构气门组件主要由哪些零件组成？
5. 气门油封有何作用？
6. 气门弹簧有何作用？弹簧力过小会出现什么问题？
7. 安装双等螺距的圆柱螺旋弹簧、不等螺距的圆柱弹簧、锥形螺旋弹簧时应注意什么？
8. 如何防止气门落入气缸内？
9. 气门常见的损伤形式有哪些？
10. 气门与气门导管间隙过大、过小有何害处？
11. 配气机构凸轮轴的驱动形式有哪几种？各有何特点？
12. 四冲程发动机曲轴与凸轮轴之间转速的关系是什么？
13. 装配时如何保证正确的配气定时？
14. 何谓气门间隙？气门间隙过大或过小分别有何害处？
15. 如何调整气门间隙？
16. 说明液力挺柱的工作原理。液力挺柱有何优点？
17. 如何根据配气凸轮轴判断发动机的工作顺序？
18. 发动机正常工作时，机油如何进入气缸中被烧掉？
19. 为何要对气门和气门座进行研磨？如何研磨？气门有无互换性？
20. 凸轮轴如何进行轴向定位？如何调整轴向间隙？
21. 何种原因可能导致气门关闭不严，有何害处？
22. 如何检验气门与气门座的密封性？
23. 如何检查同步带的张紧度？
24. 简析使用过程中为何会发生气门间隙、配气相位失准？
25. 如何确认第一缸是否处在压缩行程上止点？
26. 发动机为何要采用可变配气正时技术？

# 第5章

# 汽油机燃油系统及燃烧

【学习目标】

1. 掌握汽油机燃油系统的功用、类型。
2. 掌握汽油机燃油系统的组成及主要零部件的作用、结构。
3. 理解汽油机燃油供给系统主要零部件的工作原理、各传感器的作用。
4. 理解汽油机不同混合气的形成方式及特点。
5. 理解汽油机正常燃烧过程、不正常燃烧及影响因素。
6. 理解汽油机各工况混合气形成和燃烧的特点与控制。
7. 了解主要传感器、怠速执行器的结构与工作原理，电控单元的作用与基本构成。
8. 认识汽油机燃油系统构造、技术配置、技术状况与性能及基本故障检修之间的关系。

## 5.1 汽油机燃油系统的功用与组成

### 1. 汽油机燃油系统的功用

汽油机在不同工况（负荷和转速）下，要求供给不同浓度和数量的混合气。汽油机燃油系统的功用就是根据工况要求，均匀地供给各气缸一定数量的、清洁的、雾化良好的与进气量相适应的汽油，以形成适当的可燃混合气，满足稳定、洁净燃烧的要求。燃油系统的另一任务是储存一定数量的燃油，以满足发动机持续工作或汽车续驶里程的需要。

### 2. 汽油机燃油系统的类型及组成

根据汽油的供给方式，汽油机的燃油系统分为化油器式和燃油喷射式两种类型，每种燃油系统均由燃油供给装置或系统、燃油喷射控制装置或系统组成。

（1）化油器式燃油系统　化油器式燃油系统由燃油箱、机械式燃油泵、燃油滤清器、化油器及油管等组成，如图5-1所示。其中，化油器负责燃油喷射控制。发动机工作时，燃油从燃油箱中被吸出经燃油滤清器到燃油泵，送到化油器，化油器将燃油和空气按比例混合送到进气歧管，再经进气门进入气缸燃烧。

（2）燃油喷射式燃油系统　电控燃油喷射式燃油系统由燃油供给执行装置及由各种传感器和电控单元组成的喷射控制系统组成，如图5-2所示。

燃油供给执行装置包括燃油箱、燃油滤清器、燃油总管（燃油分配管）、输油管、电动

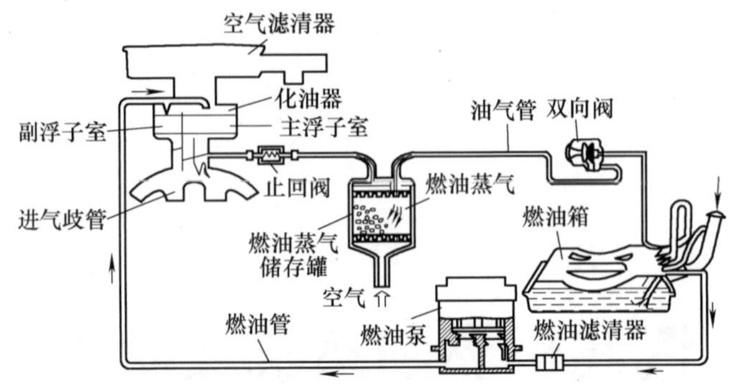


图 5-1　化油器式燃油系统的组成

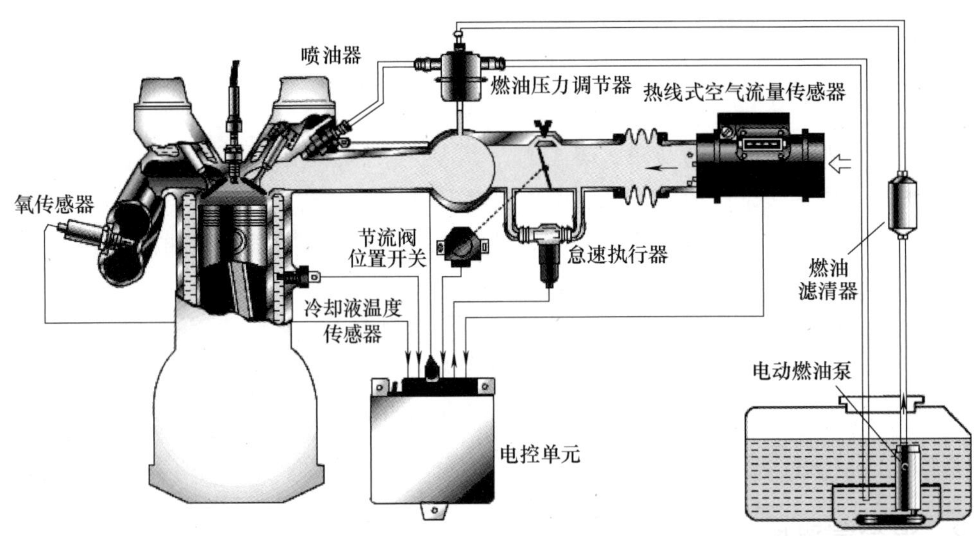


图 5-2　电控燃油喷射式燃油系统的组成

燃油泵、燃油压力调节器、喷油器、怠速执行器等。

传感器的功用是检测发动机运行状态的各种参数，并将它们转换成便于电控单元识别的电信号。传感器主要包括空气流量传感器、进气歧管绝对压力传感器、节气门位置传感器、转速和曲轴转角位置传感器、氧传感器、冷却液温度传感器等。

电控单元俗称电脑，是以单片机为核心组成的电子控制装置。其功用是分析处理传感器采集到的各种信息，并向执行器发出控制指令。

工作时，燃油被电动燃油泵从燃油箱中吸出，经燃油滤清器、输油管路进入燃油总管，由燃油压力调节器调压后进入喷油器。同时，电控单元根据各传感器的信号和预存的信息计算出喷油量，并向喷油器发出喷油指令。喷油器在稳定的压力差下将一定量的燃油喷射到进气管道或燃烧室。多余的燃油经过燃油压力调节器流回燃油箱。

## 5.2　汽油机可燃混合气及其形成

### 5.2.1　混合气形成方式

发动机中一定数量或比例的燃油与空气进行接触、混合的过程即为混合气的形成过程。

高速运转的发动机中，燃油与空气混合气形成的位置、混合时间的长短、混合速度及均匀度，决定着燃烧的完全度、速度、及时性及多缸发动机各缸工作的均匀性，进而影响发动机的动力性、经济性、排放性、冷起动性、怠速稳定性、加减速圆滑性，以及振动、噪声、使用寿命（受机械载荷与热负荷影响）等。

燃油空气混合气的形成，首先是将一定量的燃油雾化成细小颗粒并分布在指定的空间，以增大其与空气接触的面积，随即雾化成细小颗粒的燃油受热并蒸发形成蒸气，与周围的空气相互扩散混合。显然，影响混合气形成的基本因素是燃油供给喷雾质量及燃油喷入空间（进气管道、气缸）的热力状态和空气流动状态及其相互配合。一直以来，人们通过“燃油供给喷雾、气流运动、燃烧室”的优化匹配，致力于各种工况或环境条件下混合气浓度、均匀度、形成速度、时间的合理调控，探索不同的燃油供给和燃烧方式，努力使汽油机向更轻型、更高速化发展，并不断改善经济性和排放指标。

汽油沸点低、蒸发性好，易于在常温下与空气形成均匀混合气。所以，绝大多数汽油机采用将汽油喷入进气管，在气缸外部开始与空气预先混合的方式，至点火时已形成了较均匀的混合气（称为均质混合气）。

汽油机不同转速和负荷工况、过渡工况时，因燃油雾化状况、蒸发与扩散外界条件（主要是气体运动与温度）、燃烧要求等的不同，所适宜的混合气浓度也不同，即使同一工况在不同的运行条件（燃油理化性质、环境温度、蓄电池电压、发动机磨损程度等）下所适宜的浓度也不同。所以，为保证均质混合气燃烧的汽油机可靠点火，稳定快速燃烧，达到总体性能最佳，对燃油供给和混合气形成的基本要求是：适应负荷（或节气门开度）和转速的变化，在各种工况、运行条件下能以各自适宜的混合气浓度运行；燃油与空气混合均匀，多缸发动机各气缸的混合气数量与成分分配均匀；对工况变化具有良好的响应特性。

### 5.2.2　混合气浓度

混合气浓度是指混合气中燃油与空气的比例，常以空燃比或过量空气系数表示。

空燃比是指混合气中空气与燃油的质量之比，以 $A/F$ 表示。

过量空气系数是“燃烧 1kg 燃油实际供给的空气质量与理论上完全燃烧 1kg 燃油需要的空气质量之比”，以 $\lambda$ 表示。

1kg 燃油理论上完全燃烧所需要的空气量称为理论空气量，以 $L_0$ 表示。汽油的理论空气量 $L_{0汽}=14.7$kg（空气）/kg（汽油）。车用柴油的理论空气量 $L_{0柴}=14.6$kg（空气）/kg（柴油）。

不难得出，空燃比与过量空气系数之间的关系为

$$A/F=\lambda L_0$$

$A/F=L_0$ 或 $\lambda=1$ 的混合气称为理论混合气或化学计量比混合气；$A/F<L_0$ 或 $\lambda<1$ 的混合气称为浓混合气，又称富油混合气；$A/F>L_0$ 或 $\lambda>1$ 的混合气称为稀混合气，又称贫油混合气。

理论上，$\lambda=1$ 的理论混合气恰好完全燃烧，燃烧速度最快，燃烧温度最高，燃烧产物中既没有过剩的燃油，也没有过剩的氧气。$\lambda<1$ 的浓混合气或 $\lambda>1$ 的稀混合气，总有剩余的燃油或空气，它们的掺冷作用通常都使燃烧温度降低，燃烧速度减慢。

实际上，燃油与空气的混合不可能达到理想的均匀程度，加之受时间、空间及其他非活

性掺杂物质的影响，$\lambda=1$ 的混合气不可能完全燃烧，只有在 $\lambda>1$ 的情况下才可能完全燃烧。对采用均质燃油空气混合气的汽油机而言，燃烧温度最高、燃烧速度最快的混合气是过量空气系数 $\lambda=0.85\sim0.95$ 的稍浓混合气。这是少部分过剩燃油不完全燃烧产生的 CO 等双原子分子产物使比热容减小的缘故。过量空气系数 $\lambda=1.05\sim1.15$ 的稍稀混合气，能保证燃油完全燃烧，而且燃烧速度和温度降低不多；过量空气系数 $\lambda<0.85$ 的过浓混合气和 $\lambda>1.15$ 的过稀混合气，都会使燃烧速度减慢、燃烧温度降低。

均质的燃油空气混合气，能点燃并形成稳定的火焰传播的浓度范围较小。当混合气浓至 $\lambda<0.4$ 或稀至 $\lambda>1.4$ 时，火焰就不能传播。实际上，保证汽油机能够可靠、稳定燃烧的混合气浓度变化范围较上述火焰传播界限更窄，过量空气系数仅在 0.6~1.2 之间，即空燃比在 9~18 之间。所以，汽油机（现阶段）只能靠改变进气系统内节气门的开度，控制进入气缸内的混合气数量来调节功率输出，以适应负荷的变化，这种功率的调节方式称为“量调节”。

### 5.2.3　化油器式汽油机可燃混合气的形成

化油器又叫雾化器，其作用就将燃油雾化并配制成不同比例和数量的燃油与空气混合气。

**1. 化油器的基本构成**

简单化油器由浮子室、喉管、量孔、喷油管及节气门等组成，如图 5-3 所示。

（1）浮子室　贮存来自燃油泵的燃油，内有浮子和联动针阀，二者随油位的变化一同起落。当浮子室内油位上升到规定高度时，针阀关闭进油口，燃油停止流入。当油位降低时，浮子与针阀下降，进油口打开，补充消耗的燃油，从而保持油位在规定的高度。浮子室上部与大气或进气管相通，使油面上的压力为大气压或进气管的压力。

（2）喉管　一段横截面积沿轴向变化的管道，横截面积最小的部位称为喉部或喉口。

（3）量孔与喷油管　喷油管出口在喉管的喉部，高出浮子室油面 2~5mm，防止停机后发生虹吸现象使燃油自动流出。喷油管的另一端通过量孔与浮子室相通。量孔的尺寸精确，以控制燃油的流量。

（4）节气门　节气门是一个片状的阀门，可绕节气门轴转动一定的角度，由驾驶人通过加速踏板来控制其开度，以调节进入气缸的可燃混合气数量，改变发动机的输出动力。

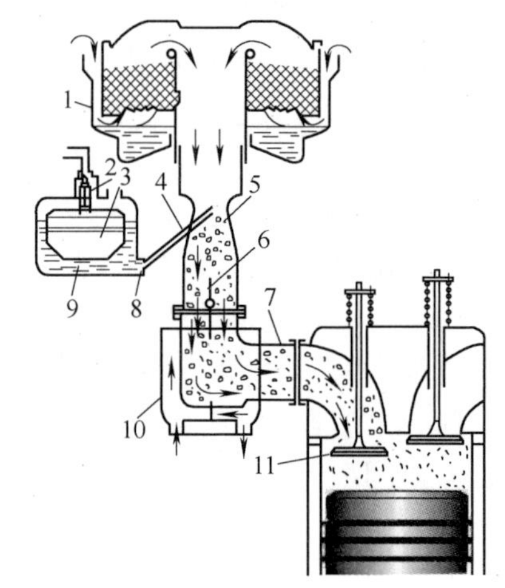

图 5-3　简单化油器的结构及工作原理
1—空气滤清器　2—进油针阀　3—浮子　4—主喷管　5—喉管　6—节气门　7—进气歧管　8—主量孔　9—浮子室　10—进气预热套管　11—进气门

**2. 可燃混合气的形成**（化油器基本工作原理）

进气行程中随着活塞的下行，空气经空气滤清器→化油器→进气歧管→进气门进入气缸。空气流经化油器喉管处时，由于管径变小，流速升高。根据文丘里定律可知，喉口处的压力最低，产生了一定的真空度。在浮子室内与喉口处压力差的作用下，燃油从浮子室经量孔、喷管被吸出，立即被高速气流击碎分散成细小颗

粒。雾化的燃油大部分在随空气的流动过程中蒸发并与空气混合，较大的油滴在进气和压缩过程中继续蒸发混合，一直持续到燃烧前。而有一些油颗粒则落在在进气管道内壁上形成油膜，在沿管壁向前流动的同时受管壁温度作用蒸发而进入气缸。在雾化不良、温度较低的恶劣条件下（如冷起动工况），管道内壁上的油膜将一直流入气缸，甚至冲刷气缸壁进入油底壳。

不难看出，化油器式混合气形成方式中，燃油是在很小的压差下被吸出的，控制燃油流量的参数是喉口处的真空度，真空度越大燃油流量也越大；燃油雾化质量依赖于喉口处的空气流速，蒸发速度则取决于发动机温度及进气温度。

发动机运转时，喉口处的真空度和空气流量或流速主要取决于转速或节气门开度的变化。若增大节气门开度，空气流动阻力减小，喉口处空气流量、流速增大，喉口处真空度增大，燃油流量随之增加，进入气缸的混合气量增多，输出功率增大；若节气门开度不变，转速增加，喉口处空气流速也增加，喉口处真空度增大，燃油流量增加。

### 5.2.4　电控燃油喷射式混合气的形成

燃油喷射，即以喷油器取代传统的化油器，将燃油在一定的压力差下喷入指定空间。

电控单元中预先储存着通过实验得到的转速-负荷-最佳空燃比的三维关系。工作时电控单元根据负荷（空气流量、进气歧管压力等）传感器信号和转速传感器信号，判断发动机所处的工况，并根据预存的三维关系，查算相应工况下的最佳空燃比和点火提前角，以空气流量和查算得到的空燃比确定基本喷油量（基本喷油脉宽），然后再根据进气温度传感器、冷却液温度传感器、氧传感器、蓄电池电压等其他传感器信号对基本喷油量进行修正，得到最终喷油量（最终喷油脉宽）。电磁喷油器得到电控单元指令，在一定的压力差下，将相应数量的燃油喷入进气管、进气道或气缸内。油雾在高温和气流的作用下边蒸发边扩散，直至压缩过程末期点火前，燃油与空气基本形成了均匀的混合气

电控燃油喷射式混合气形成方式中，控制燃油流量的参数主要是精确计量的空气流量和转速；燃油雾化质量则依赖于喷油压力，不受工况影响。

## 5.3　汽油机内的燃烧过程

燃烧过程是发动机气缸内的燃油与空气进行放热化学反应，形成高温高压气体的过程。在各类型的发动机各种运行工况下，理想的燃烧过程应尽可能在压缩行程上止点附近完全、及时、迅速地完成，保证发动机有良好的动力性与经济性的同时，又不失其工作柔和、噪声小、有害排放物质少、容易起动等要求。

### 5.3.1　正常燃烧

压缩行程上止点前火花塞跳火，点燃已混合均匀、受压缩的可燃混合气，形成火焰中心，火焰前锋面从火花塞处以一定的速度向四周迅速传开，直到遍及整个燃烧室。整个过程持续 40°~60°曲轴转角。

从火花塞跳火时刻到活塞行至上止点时曲轴转过的角度 $\theta$，称为点火提前角，又称点火正时。提前点火是保证燃烧在上止点附近能够及时结束的基本措施。

借助于 $p$-$\varphi$ 示功图，可方便地分析燃烧过程。$p$-$\varphi$ 示功图是以发动机曲轴转角 $\varphi$ 为横坐标，以气缸内压力 $p$ 为纵坐标的缸内压力变化曲线图，如图 5-4 所示。图中实线为气缸内实际燃烧时的压力曲线，虚线为无燃烧时纯压缩膨胀曲线。

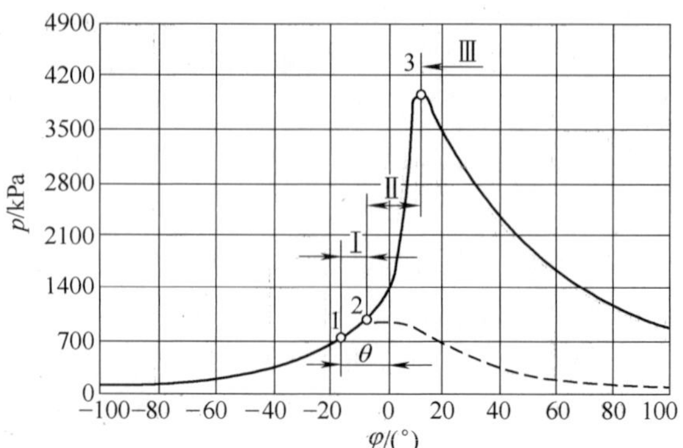


图 5-4　汽油机 $p$-$\varphi$ 示功图

Ⅰ—着火延迟期　Ⅱ—速燃期　Ⅲ—后燃期

1—开始点火　2—形成火焰中心　3—最高压力点

根据气缸内压力的变化特征，可将燃烧过程分为三个阶段。

第Ⅰ阶段：着火延迟（落后）期，又叫滞燃期，是从火花塞跳火时刻到火焰中心形成的一段时期，在 $p$-$\varphi$ 图上是从点火时刻（点 1）到气缸中压力开始急剧升高（点 2 处燃烧压力曲线与纯压缩膨胀曲线分离）的阶段。

着火延迟期即着火的准备阶段，其长短与混合气浓度、点火时气缸内温度及压力的高低、压缩比、燃油自身特性、电火花能量、气缸内气体的运动及残余废气量等因素有关。

第Ⅱ阶段：速燃期（或急燃期）。从火焰中心形成到火焰烧遍整个燃烧室，绝大部分燃油完成燃烧的阶段。该阶段结束时气缸内压力达到最大（点 3）。这一时期，活塞在上止点附近，移动速度较慢，气缸体积变化非常小，气缸内压力和温度急剧升高分别达到最高值 3.0~6.5MPa 和 2200~2500℃。压力升高的程度以平均压力升高率 $\Delta p/\Delta\varphi$ 表示：

$$\frac{\Delta p}{\Delta\varphi}=\frac{p_3-p_2}{\varphi_3-\varphi_2} \tag{5-1}$$

式中　$p_3$、$p_2$——第二阶段终点和始点的压力（MPa）；

$\varphi_3$、$\varphi_2$——第二阶段终点和始点相对于上止点的曲轴转角。

平均压力升高率表征燃烧的粗暴程度，$\Delta p/\Delta\varphi$ 越大，机件受到的冲击载荷越大，汽油机的振动和噪声越明显，平稳性降低，影响汽车的舒适性。

速燃期是汽油机的主燃期，平均压力升高率的大小还表征了燃烧的及时性。平均压力升高率 $\Delta p/\Delta\varphi$ 越大，表明速燃期内燃烧放热速率越快、持续时间越短，越靠近上止点，热利用率越高，汽油机的动力性、经济性就越好。但过快的燃烧放热速率和过大的 $\Delta p/\Delta\varphi$，却增大了燃烧粗暴度，使振动冲击、噪声加重，最高燃烧压力、温度也增大，将影响发动机工作的舒适性、耐久性和可靠性。一般汽油机的 $\Delta p/\Delta\varphi$ 在 0.2~0.4MPa/(°)（曲轴转角）范围内。

第Ⅲ阶段：后燃期（或补燃期），从最高压力点至燃油基本燃烧完为止。速燃期内小部分未燃、燃烧不完全、贴附在燃烧室壁上和缝隙中的燃油在此阶段继续燃烧。

后燃是在活塞远离上止点、剩余做功行程较短的情况下进行的，燃烧放出的热量不能得到充分利用，反而使膨胀过程温度升高，冷却散热损失增加。后燃也导致了排气温度、热负荷的升高，使排气门和排气管等零部件过热。排气管“烧红”即是后燃严重的表现。

后燃与混合气浓度有关，过浓或过稀的混合气都将使后燃加剧。当混合气过浓（如 $\lambda$<

0.8）时，燃烧速度缓慢，后燃严重，甚至在排气门打开后进入排气管中燃烧，产生排气管“放炮”现象。排气管“放炮”会导致排气系统中传感器、废气净化装置等损坏。若混合气过稀（如 $\lambda>1.3$），火焰传播速度过慢，缸外形成混合气的汽油机在进气门开启时火焰进入进气管中，引燃其内混合气，这就是进气管“回火”。回火使进气系统承受振击、污染，易导致其密封性变差，设置在其上的传感器及其他部件损坏。

根据 $p$-$\varphi$ 示功图上气缸内最高压力点出现的时刻和压力升高率，可以判断发动机动力性、经济性、工作平稳性。若最大压力出现在上止点后 12°～15°（曲轴转角），对应压力快速升高始点为上止点前 12°～15°（曲轴转角），且使 $\Delta p/\Delta\varphi=1.75\sim2.5\text{bar}$㊀/(°)（曲轴转角），则动力性、经济性最好，且振动噪声小，工作平稳。上述三个参数可通过调整点火提前角来达到，其对应的点火提前角为最佳点火提前角。

## 5.3.2　不正常燃烧

汽油机内的不正常燃烧主要是爆燃和表面点火，多发生在压缩比较高和长时间大负荷工作的汽油机上。

### 1. 爆燃

（1）爆燃的产生　火花塞点火后，火焰前锋在向前推进时，末端混合气（离火花塞最远、最后燃烧的混合气）在压缩终了的基础上进一步受到已燃气体的压缩和热辐射，使其温度不断升高，以致在正常火焰到达之前而自燃，并以非常快的速度将末端混合气燃烧完毕，使气缸内局部压力急剧升高，形成爆炸性冲击波并在燃烧室内往复传播，猛烈撞击燃烧室壁使之振动，发出尖锐的金属敲击声。$p$-$\varphi$ 示功图上的压力线出现锯齿形高频、大幅度波动，如图 5-5 所示。这种现象即为爆燃。

所以，汽油机的爆燃由末端混合气在正常火焰到达之前的自燃所致。

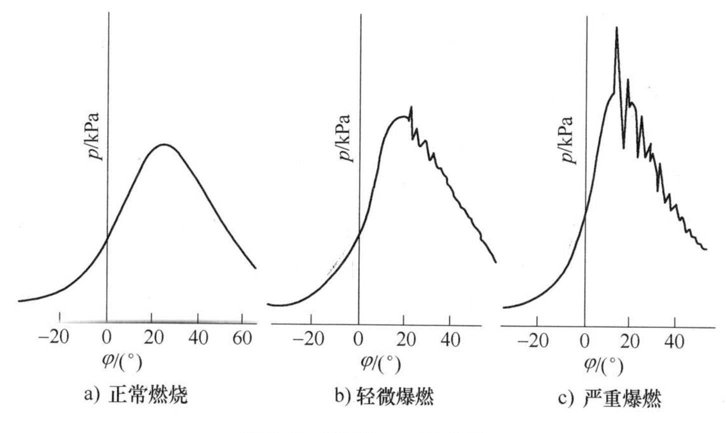


图 5-5　爆燃 $p$-$\varphi$ 示功图

（2）爆燃的外部特征

1）气缸内发出尖锐的、清脆的金属敲击声，即所谓的爆燃敲缸。这由爆燃产生的压力冲击波造成的燃烧室壁高频振动所致。

㊀ $1\text{bar}=10^5\text{Pa}$。

2）发动机过热，冷却液温度和润滑油温度明显升高。

3）强烈爆燃时，发动机功率和转速下降，机身振动较大，并伴随着排气管冒黑烟。

特征①、②是判断爆燃是否发生的主要依据。爆燃传感器即是以检测气缸体振动频率判断爆燃是否发生的。因为爆燃发生在最高压力（压缩上止点）附近，致使气缸体上部的振动最明显，所以爆燃传感器装在气缸体的上部。

（3）爆燃的危害　轻微爆燃时，使燃烧更集中在上止点附近，更接近等容燃烧，可使发动机的热效率和功率有所提高。但一旦发生轻微爆燃，将迅速发展成强烈爆燃，会对发动机带来一系列危害。

1）机械负荷增大。爆燃时气缸内最高压力、压力升高率均急剧升高，加之压力冲击波的作用，使曲柄连杆机构、气门组件、气缸盖等相关零部件受力大幅度增大，易导致过载、变形甚至损坏。

2）热负荷增大。爆燃时气缸内最高温度升高，及压力波反复冲击燃烧室壁面，使传向壁面的热量大大增多，活塞顶、气缸盖、气门等零部件的温度升高，易导致烧蚀损坏。

3）磨损加剧，易发生拉缸。压力冲击波破坏气缸壁油膜，过热又使活塞组件的热膨胀量增大，并加速机油油性劣化，加之机械载荷增大等因素，使曲柄连杆机构各运动副磨损加剧，严重时易发生活塞拉缸、轴瓦烧损等现象。

4）动力性、经济性下降。这主要是冷却散热损失、摩擦机械损失增大等的缘故。

5）爆燃时的高温，促使燃油和燃烧室壁面机油裂解形成积炭，易导致拉缸、活塞环卡死、气门密封不严、火花塞不跳火等问题。

6）排气冒黑烟。爆燃时的高温促使燃油和燃烧产物裂解，形成炭粒随尾气排出产生黑烟。

显然，爆燃使发动机综合性能全面恶化。若汽油机长期在爆燃状态下工作，其可靠性、寿命将大大下降。因此，绝不允许汽油机在爆燃下工作。

（4）影响爆燃的基本因素　由于爆燃是末端混合气在正常火焰到达之前的自燃，因此凡是利于末端混合气自燃的因素，都促进爆燃的发生。

爆燃除了受燃油本身的抗爆特性影响外，任何促使末端混合气温度降低（或散去一些热量）及缩短终燃混合气停留时间（缩短火焰传播距离，加快火焰传播速度）的因素，均不利于末端混合气的自燃，可抑制爆燃倾向。反之，促使终燃混合气温度、压力升高的因素及延长终燃混合气停留时间的因素，均能促进末端混合气的自燃，加剧爆燃发生倾向。其他结构因素（压缩比、气缸直径、燃烧室设计等）、调控因素（点火提前角、混合气浓度等）、使用因素（转速、负荷、环境、技术状况等）等均通过引起这两方面的变化对爆燃的产生施加影响。在此仅讨论燃油抗爆性和几个典型结构因素的影响，其他因素的影响在5.3.3节讨论。

1）压缩比。提高压缩比，将使气缸内的温度、压力升高，末端混合气容易自燃，爆燃倾向增大。正是爆燃限制了汽油机压缩比的提高，影响了汽油机动力性的提高和经济性的改善。这就是汽油机压缩比小的主要原因。

2）汽油的抗爆性。汽油在发动机内燃烧时不发生爆燃的性能即为其抗爆性，以辛烷值表示。辛烷值越高，则自燃性越差，抗爆性越好。

根据辛烷值测试条件的不同，辛烷值有马达法辛烷值和研究法辛烷值两种。马达法辛烷

值在相对苛刻的试验条件（更易发生爆燃）测得。同一种汽油，研究法辛烷值比马达法辛烷值一般高出 5~10 个单位。

辛烷值是划分汽油标号等级的依据。我国的汽油标号是按研究法辛烷值划分的，研究法辛烷值即为汽油牌号值，如 92 号和 95 号汽油的研究法辛烷值分别为 92 和 95。

选用汽油的主要依据是压缩比和技术配置。压缩比越大或采用增压技术的发动机，越易发生爆燃，要求选用较高辛烷值的汽油；反之，则选用较低辛烷值的汽油。

注意，在满足抗爆性的要求下，宜选用较低标号的汽油。但不能以低标号的汽油代替高标号汽油，否则会使汽油机处于爆燃状态下工作，带来一系列危害。虽然高标号汽油可以替代低标号汽油使用，但不能给汽油机工作过程带来附加的益处，只能增加运行成本。

3）气缸直径。随气缸直径的增大，火花塞至末端混合气的火焰传播距离增大，使末端混合气在高温高压下的时间增长，也增大了爆燃的倾向。这也是汽油机不宜大缸径设计方案的原因之一。一般汽油机气缸直径多在 110mm 以下。

4）火花塞布置。火花塞距离末端混合气越近，火焰传播距离越短，越不易发生爆燃。传统的汽油机每缸一个火花塞，有的汽油机每缸设两个火花塞，使火焰传播距离缩短，不易产生爆燃，使提高压缩比和转速成为可能。

另外，汽油机气缸盖和活塞采用导热性能较好的铝合金材料并保证其冷却，以降低发动机整体温度，也是抑制爆燃倾向的有效举措。

#### 2. 表面点火

凡是不靠电火花点火，而由燃烧室炽热表面（如排气门头部、火花塞绝缘体或电极、燃烧室零件表面炽热的沉积物如积炭等）点燃混合气的现象，统称为表面点火。

发生在火花塞点火之前的表面点火称为早火或早燃，反之则称为后火或后燃。

早火会给发动机带来很大危害。早火相当于点火提前，会使气缸内压力、温度急剧升高，最高温度与最高压力增大，发动机工作粗暴。同时，压缩末期耗功增大，向气缸壁散热增多，使功率下降，耗油增多。早火的危害还在于它和爆燃之间是相互促进的。早火使气缸内最高燃烧压力和最高温度增大，使末端混合气受到更大的压缩和热辐射，促进了爆燃的发生；而爆燃增加了向气缸壁等燃烧室表面的传热，促进炽热点的形成，引发表面点火。

后火对发动机的影响不大，其形成的火焰前锋仍以正常速度传播。在发动机断火后可以发现，由于后火的缘故，汽油机还会继续运转，直至炽热点温度下降后才停止。

### 5.3.3　影响汽油机燃烧过程的主要因素

#### 1. 汽油蒸发性

汽油蒸发性对混合气的形成和燃烧及输送有重要影响。

蒸发性主要由馏程和饱和蒸气压评价。蒸馏过程中，从燃油初始馏出时的温度至馏出一定量时的温度范围即为馏程。以 10%、50%、90%馏出量的温度分别表示汽油中轻质、中质和重质成分的蒸发性。10%馏出温度越低，表明轻馏分在低温下越容易蒸发，冷起动越容易。在较冷的地区，需使用轻馏分多的汽油。50%馏出温度越低，说明平均蒸发性越好，可以缩短暖机时间，提高加速性能和工作平稳性。90%馏出温度和干点馏出温度高，表示汽油中不易蒸发的重质成分多，易以液滴积聚在进气管壁和气缸壁上，既加重各缸工作的不均匀性和积炭的产生，又影响完全燃烧度，还会冲刷掉气缸壁上的机油膜，进而流入曲轴箱稀释机油，使润滑效果变差，加速所有相对运动件的磨损。

汽油蒸发性越好，对混合气的形成和燃烧越有利。但蒸发性应适中，若蒸发性太好，易在输油管道中形成气泡，阻碍汽油的输送，产生“气阻”故障。“气阻”易发生在炎热的夏季，尤其长时间高速、大负荷运行中或停车后，以及高原和山区运行的车辆易产生“气阻”现象。“气阻”会导致行驶中突然熄火或较长时间停车后不能起动。因此，汽油质量标准中规定了饱和蒸气压力的最高值，以限定其低温蒸发性。

**2. 混合气浓度**

混合气浓度对气缸内的燃烧速度、燃烧温度、燃烧压力、燃烧稳定性、燃烧完全性影响很大，从而影响发动机动力性、经济性、排放和热负荷等。

当过量空气系数 $\lambda=0.85\sim0.95$ 时，火焰传播速度最快，压力升高率、最高温度、最高压力均最大，发出功率最大，故称其为“功率混合气”或“动力混合气”。但同时爆燃倾向也最大，工作相对粗暴。

$\lambda=1.05\sim1.15$ 时，发动机燃油消耗率最低，经济性最好，称其为经济混合气。此时氧气富足，燃油能够燃烧完全，具有较高的火焰传播速度和燃烧温度（比最高速度与温度下降不多）。但由于高温富氧的条件，$NO_x$ 的生成量也最多。

随着混合气变稀或变浓，火焰传播速度明显减慢，后燃与不完全燃烧增多，加之单位质量混合气的燃烧放热量减少，最高压力值、最高温度均降低，动力性、经济性下降。

$\lambda<1$ 时，因不完全燃烧，CO、HC 排放量随过量空气系数 $\lambda$ 的减小急剧增多。当 $\lambda<0.85$ 时，因混合气过浓，后燃严重，排气温度升高，热负荷增大，同时易产生排气管“放炮”现象。

$\lambda>1.2$ 时，火焰传播速度缓慢甚至失火，部分燃油来不及完全燃烧甚至没有燃烧，HC 排放量又急剧增多，同时也易产生进气管“回火”现象，排气温度升高。

从追求动力性和经济性出发，汽油机在大负荷或全负荷时应使用功率混合气，在常用的中等负荷时应使用经济混合气；但就排放控制而言，理论混合气时三元催化转化器的转化效率最高。所以，在电控汽油喷射加闭环控制的汽油机中，为保证三元催化转化器的高转化效率，适当牺牲了经济性。

**3. 点火提前角**

点火提前角的大小直接影响发动机的功率、油耗、排放和热负荷等。通常把使发动机发出功率最大和耗油率最低的点火提前角称为最佳点火提前角。每一工况都存在一个“最佳”点火提前角。

若点火提前角过大，意味着燃烧开始得过早，大部分燃油在压缩行程末期边受压缩边燃烧，气缸内最高燃烧压力、最高温度和压力升高率均增大，且最高压力点前移，甚至出现在上止点之前。这不仅使压缩消耗功增多，功率下降，燃油消耗率增大，而且导致工作粗暴、机械负荷和热负荷增大，容易引发爆燃，同时使 $NO_x$ 生成量增多。若起动和怠速时点火提前角过大，则会产生起动困难、怠速不稳甚至熄火等故障。

点火提前角过小时，过多的混合气在膨胀过程中燃烧，燃烧温度、压力下降。虽然爆燃倾向减小，工作柔和了，$NO_x$ 生成量减少，但后燃损失严重，热效率、功率降低，排气温度升高，热负荷增大。点火提前角过小也是造成排气管“放炮”或进气管“回火”的原因之一。

上述分析可见，随着点火提前角的增大，爆燃倾向增大、$NO_x$ 增多。适当推迟点火（减小点火提前角）是抑制爆燃发生和 $NO_x$ 生成的有效措施之一，也是电控点火汽油机根据爆燃传感器反馈信号进行点火提前角调节来控制爆燃的方法。

**4. 负荷**

汽油机转速保持不变时，是通过改变节气门开度来调节进入气缸的混合气量，改变功率输出，适应负荷变化的。

当负荷减小时，节气门开度减小，进气量减少，但每循环气缸内的残余废气量变化不大，使残余废气所占比例相对增多，火焰传播速度减慢，最高燃烧温度、最高压力、压力升高率下降，爆燃倾向减小，后燃及其引起的损失增多。相反，负荷增大，残余废气量相对减少，缸内温度、压力升高，爆燃倾向增大。因此，为保证燃烧过程在上止点附近完成，随负荷的减小应适当增大点火提前角，对燃油供给开环控制的汽油机要适当加浓混合气。故汽油机点火系统中均随负荷减小有点火提前角自动增大的调节装置。

**5. 转速**

节气门开度一定时，转速升高，气缸中气流运动增强，火焰传播速度加快，燃烧过程占用的时间缩短，爆燃倾向减小。

转速升高后，以时间计的循环时间和燃烧过程缩短，但以曲轴转角计的燃烧过程变长，后燃增多。所以，转速提高后，为保证燃烧过程在上止点附近完成，应适当增大点火提前角。为此，汽油机上均装有随转速的升高点火提前角自动增大的调节装置。

综合转速、负荷对燃烧过程的影响，汽油机在低速、大负荷（如爬长坡）工况时易发生爆燃，而小负荷时不易发生爆燃。这就是汽油机采用可变压缩比的依据，即以不发生爆燃为条件，小负荷时增大压缩比，大负荷时减小压缩比。

另外，从保证动力性与经济性的角度考虑，随转速的升高，进气阻力增大，充气效率降低，废气的稀释较强，需适当加浓混合气。小负荷时需加浓混合气，随节气门开度的增大，混合气逐渐变稀，直至在中等负荷时供给经济混合气。当节气门开度达到 80% 及接近全开时，逐渐加浓到功率混合气。但对以三元催化转化器为主要有害排放控制手段的电控喷射式汽油机，热机怠速、中小负荷工况均采用理论混合气，大负荷时采用功率混合气。

**6. 冷却液温度和环境因素**

冷却液温度、环境温度升高或湿度降低，爆燃倾向增大；反之，冷却液温度、环境温度降低，爆燃倾向减小。

大气温度、冷却液温度低时，燃油雾化不良、蒸发困难，部分燃油凝结在进气管和气缸壁上会使混合气变稀，燃烧不稳定且速度慢。所以，为保证低温下燃烧稳定，随温度的降低必须加浓供油。当温度升高后，加浓量减小，这就是空燃比或喷油量的温度修正；为保证低温下燃烧及时、完全，理想的点火提前角应是随温度的降低而增大。当温度升高后，点火提前角减小。

由上述原因可知，低温下工作的发动机，CO 和 HC 排放多，散热损失大，热效率降低。

海拔增加，大气压力降低，进气量减少，爆燃倾向减小。

**7. 汽油机技术状况**

使用过程中，压缩比的变化、气缸密封性和进气系统密封性下降、进气阻力增大、燃油供给系统的问题等，均导致燃烧过程及整机性能恶化。

(1) 燃烧室壁面积炭 积炭是不良导热体，其本身温度较高，且占有一定容积。积炭不仅使压缩比增大，而且加热混合气，易导致爆燃和表面点火。

(2) 压缩比的变化 装配和维修时，气缸垫厚度、气门头凹陷深度以及气缸盖底平面或气缸体顶面的磨削等，均影响燃烧室容积，导致压缩比变化，进而影响动力性、经济性、起动性及爆燃的发生等。

(3) 气缸的密封性下降 活塞及活塞环与气缸的磨损，气门的磨损和积炭致气门关闭不严，气缸垫破损，拆装上述零件及气缸盖时的失误等，均可能导致气缸密封性下降，压缩终了时的压力和温度降低，进而引起起动困难、动力性和经济性下降等。

(4) 进气阻力增大 凡是使进气阻力增大的因素，均使进气量减少、混合气变浓，引起燃烧不完全、后燃严重等，导致动力性、经济性、排放恶化，加速不良，发动机过热等。例如，空气滤清器阻塞、进气管道内壁脏污、气门头部背面积炭、配气相位失准等，都会导致上述问题。

(5) 进气系统密封不良 进气系统密封不良即意味着与大气接通，俗称进气系统泄漏。这使一部分空气未经计量而进入气缸，使混合气变稀，燃烧遭到破坏。例如，进气歧管与进气道接口处泄漏、进气管破损、真空管破损或接口处泄漏、进气门杆与导管间隙太大等，均可能使发动机以偏稀的混合气工作。

(6) 燃油供给系统的问题 燃油供给系统的问题主要由燃油压力的变化引起喷油量的变化，导致混合气过浓、过稀而影响燃烧所致。燃油泵、喷油器、燃油压力调节器等工作不良均可引起上述后果，这将在本章后续相关内容中介绍。

### 5.3.4 典型工况下混合气的形成和燃烧特点与控制策略

发动机的典型工况包括大负荷或全负荷、部分负荷、热机怠速、冷起动、起动暖机怠速（简称暖机）、急加速、急减速等。根据各工况混合气形成和燃烧的条件、特征，确定不同的调控策略，以达到“精确控制喷油量或空燃比和点火提前角，在满足排放要求（三元催化转化器的最高效率）、防止爆燃发生的同时，最大限度地获得高的动力性和经济性”的控制目标。

目前，汽油机空燃比普遍采用开环和闭环（详见 5.5.2 节）相结合的控制方案。大负荷或全负荷工况，冷起动、暖机怠速、急加减速等过渡工况，以及上下坡、氧传感器失效时，对喷油量（喷油持续时间或空燃比）都按开环控制；冷却液温度达到正常工作温度（80℃）、氧传感器达到正常工作温度时稳定的热机怠速工况和部分负荷工况，对空燃比按闭环控制；对点火提前角以爆燃为边界进行闭环控制，对怠速转速进行闭环控制。

空燃比和点火提前角控制分为起动时控制和起动后控制两大类。其中起动后的基本喷油量和点火提前角，都是由发动机转速信号、负荷（空气流量或进气歧管压力）信号及预存在 ECU 中的转速-负荷-空燃比（基本喷油量）三维关系图和转速-负荷-点火提前角三维关系图确定的，然后根据进气温度、冷却液温度、蓄电池电压、节气门开度、氧传感器信号等进行修正获得最终喷油量，根据进气温度、冷却液温度、节气门开度、海拔、爆燃传感器信号等进行修正获得最终点火提前角。

1. 冷起动工况

冷起动时，发动机转速低，气流速度慢，温度低，燃油黏度大、雾化不良，蒸发条件差，喷出的部分燃油会凝结在进气管壁和气缸壁上，致使气缸内燃油蒸气太少，混合气太稀，不能正常着火。因此，为保证顺利起动，需加浓供油。发动机的温度、进气温度越低，需要的加浓供油量越多，一般冷起动时供给 $\lambda=0.4\sim0.6$ 的极浓混合气。

由于起动过程中，转速低且波动较大，进气流速、压力不稳定，控制单元根据空气流量传感器的信号无法准确计算出喷油量和点火提前角，而是按预置的起动模式进行控制。控制单元接收到点火开关接通、转速低于某一值（一般为 300r/min）、节气门位置关闭的起动信号后，直接进入起动控制模式：其一，按照冷却液温度信号，从预存的冷却液温度-喷油量（喷油脉宽）的关系算出基本的喷油时间，再进行进气温度、畜电池电压修正，得到一个起动加浓的喷油量；其二，按设定的初始点火提前角（一般为 10°～15°曲轴转角）对点火提前角进行控制。当发动机达到转速目标后，供油系统和点火系统转入起动后模式。

2. 热怠速工况

怠速是指发动机对外无功率输出（即空转）的工况，混合气燃烧膨胀所做的功全部用于克服发动机内部机械损失和驱动辅助装置，只需发动机保持低速稳定运转。汽车行驶中因为各种情况而停车等待的工况即为热怠速。

热怠速时，节气门开度最小，近乎关闭，进入气缸内的混合气量少，而上一循环残留在缸内的废气对新鲜混合气的稀释作用明显，加之转速与温度较低，对混合气形成及燃烧不利。这两方面的影响，使燃烧速度减慢，易出现缺火、甚至熄火。发动机自身消耗的功率因技术状况、环境温度、机油的变化而变化，汽车附件消耗的功率也因空调开关、动力转向机构动作而变化，两者都会使转速容易波动，更进一步加重了怠速燃烧的不稳定性，容易熄火，也影响排放和向负荷工况过渡的平稳性。在城区运行的汽车，怠速工况的燃油消耗和排放在总的耗油量和排放量中占有相当大的比例。

早期的化油器发动机和开环控制的汽油喷射发动机，由于混合气浓度控制精度低、各缸均匀度差，为保证怠速稳定，需要加浓补偿，按过量空气系数 $\lambda=0.6\sim0.8$ 供油，怠速转速维持在 400～600r/min，此时 CO 和 HC 的排放量很大。

电控汽油喷射的发动机，燃油雾化质量好，各缸混合气浓度控制精度高且均匀，结合对点火正时、点火能量的优化控制，保证了怠速时燃烧稳定，不必加浓怠速混合气，而是将怠速混合气控制在理论空燃比下，以满足三元催化转化器高的转化效率需求。怠速转速控制在 800～1100r/min，甚至更高。当负荷增大（空调工作、动力转向泵接通、自动变速器由空档改为前进档或倒档、使用灯光、刮水器工作）时，怠速进气量自动增多，怠速转速自动升高，点火提前角相应地增大，以避免转速瞬间降幅过大。

3. 暖机（冷）怠速工况

暖机怠速是指发动冷起动后，冷却液温度上升到正常工作温度之前的空载运转阶段。此阶段，既存在温度低、转速低，类似冷起动时燃油雾化不良、蒸发困难，部分燃油凝结在进气管和气缸壁上，气缸内燃油蒸气少，燃烧不稳定且速度慢的情形，又有怠速运转的上述特征，只是空调压缩机、动力转向泵不投入运转。为保证稳定燃烧，须对混合气进行加浓修正、对点火提前角进行增大修正和对进气量进行控制。随温度的升高，加浓量逐渐减小，点火提前角逐渐减小。

4. 部分负荷工况

随着节气门开度增大，转速、温度逐步升高，燃油的雾化、蒸发条件改善，进气阻力减小，进气量增多，残余废气相对减少，混合气质量和燃烧速度提高。

从获得好的经济性出发，转速一定时，随节气门开度增大，混合气浓度应逐渐变稀，直至中等负荷时供给 $\lambda=1.05\sim1.15$ 的经济混合气；当节气门开度一定时，随转速的升高，混合气应逐渐变浓。

就控制排放而言，装有三元催化转化器的电控喷射汽油机，在部分负荷工况时须控制在理论混合气工作，以保持三元催化转换器高的转换效率。

点火提前角随节气门开度的增大需减小，随转速的升高需增大，并以爆燃传感器对其实施闭环控制。

5. 大负荷和全负荷工况

汽油机在大负荷或全负荷工作时，节气门接近或达到全开的位置，要求发出尽可能大的功率以克服较大的外界阻力。此时需加浓混合气，控制发动机在 $\lambda=0.8\sim0.9$ 的功率混合气工作。

6. 急加速与急减速工况

（1）急加速工况　汽车在行驶中，需迅速将车速提高时，就需要汽油机在短时间内输出的功率增大。于是驾驶人猛踩加速踏板，使节气门突然开大，空气流量随即迅速增大。但由于燃油的惯性远大于空气的惯性，加之喷油器获得增加油量信号的滞后性、各仪器部件响应的滞后性问题，燃油流量的增长较空气流量的增长慢得多，使混合气出现暂时过稀的现象。另外，节气门突然开大，随即进入的冷空气突然使进气管内压力增大、温度降低，不利于燃油的蒸发，进一步加剧了混合气变稀。这使得汽油机的输出功率和转速出现暂时的不增反降现象，甚至熄火。所以，急加速时，必须额外供一些燃油加浓混合气，使发动机具有良好的加速性能。

（2）急减速工况　在汽车高速行驶中驾驶人突然松开加速踏板减速时，发动机在惯性力作用下仍高速旋转，而节气门已经关闭，进气歧管真空度突然很高，燃油蒸发加快，加之燃油供给系统各零部件的响应滞后，混合气将会过浓，导致燃烧不完全，CO、HC 急增。所以，急减速时应控制减少供油或切断供油，达到节油、减排的目的。

一般来说，在各种工况下，应保持尽可能稀的混合气，保证发动机工作稳定、不损害到其动力性能等。

## 5.4　汽油机燃烧室

### 5.4.1　燃烧室的基本要求

汽油机燃烧室的结构形状和尺寸，不仅直接决定了燃烧室散热表面积大小，而且直接影响火花塞的布置、火焰传播距离（或时间）、火焰前锋面积、燃烧放热速率、气缸内气流运动等，进而影响爆燃倾向及与之密切相关的压缩比值、燃烧粗暴度、转速的提高。另外，还直接影响气门的尺寸及布置、进排气流通特性，进而影响充气效率。所以，燃烧室对发动机的动力性、经济性、排放性、起动性、工作平稳性与噪声等有很大影响，是组织和调节燃烧

过程的主要结构手段。理想的燃烧室应满足下列要求。

1. 结构紧凑

燃烧室结构紧凑性以面容比——燃烧室表面积与燃烧室容积之比衡量。面容比小，燃烧室紧凑，火焰传播距离短，不易发生爆燃，有利于提高压缩比而不要求使用高辛烷值的燃油。同时，散热损失少，燃烧持续期缩短，热效率高，壁面激冷面积小，HC 排放量少。

2. 良好的进排气流通特性

燃烧室结构影响气门的大小、布置和气道的布置，进而影响进排气阻力、充气效率和进气涡流。较大的气门直径、合适的位置及气门个数，避免进排气流 90°转弯等，可保证较大的流通截面积和较小的进排气阻力，气流顺畅，减少泵气损失，提高充气效率。

3. 产生适当的扰流

气缸内合适的气流运动强度和形式，促使燃油与空气更好地混合，能保证着火和燃烧的稳定，加快火焰传播速度，加大火焰前锋面积，降低爆燃倾向，提高燃烧完全度，减小壁面吸附层厚度，降低 HC 排放。但火花塞附近过强的气体运动，会吹熄火花，造成着火困难。

气体的扰流可由进气导流和压缩时的挤压形成。

气门偏置于燃烧室一侧，利用导流屏（设置在进气门杆上的螺旋叶片）、切向进气道、螺旋进气道，进入气缸的气体就产生绕气缸中心线旋转运动的进气涡流。显然，组织进气涡流是以增加进气阻力、牺牲充气效率为代价的。缸外混合的汽油机一般不组织进气涡流，柴油机、缸内喷射汽油机和分层稀薄燃烧的汽油机需组织进气涡流和滚流（气体在进入气缸时产生绕垂直于气缸轴线方向的纵向滚动），以促进混合气的形成或实现预期的混合气浓度分层分布。

挤流是在压缩过程中，当活塞接近上止点时，利用燃烧室形状的特点，混合气由狭窄空间（挤气间隙——上止点时活塞顶面与缸盖底面之间的距离）被挤压向另一相对宽大空间窜流而形成的，在上止点附近其强度、效果较明显。当活塞越过上止点下行时，又产生了逆挤流。分层稀薄燃烧汽油机的燃烧室，则主要依靠活塞顶特殊设计的形状形成压缩挤流。与进气涡流不同的是，挤流不增加进气阻力，不会影响充气效率。挤流不仅可以提高主燃烧期的燃烧速度，而且对减少和改善后燃非常有效。

挤气面积越大，挤气间隙越小，则挤流强度越大，但会使面容比增大，HC 排放量增多。

4. 火花塞的布置

燃烧室形状与火花塞的布置，直接影响燃烧期间火焰前锋面积的变化、燃烧放热速率的变化和火焰传播距离，是获得适宜的燃烧持续期、压力升高率、低爆燃倾向的主要调节手段。

理想的火花塞布置应：能使任何一个方向的火焰传播距离尽可能短、末端混合气处于温度较低的区域（如布置在排气门附近）并尽可能地少，以提高抗爆性和燃烧及时性；能利用新鲜混合气扫除火花塞周围的残余废气，以保证点火可靠、冷起动和低速小负荷时的稳定性，减小循环波动。

### 5.4.2 典型燃烧室

汽油机燃烧室主要在气缸盖中，典型的有三种，如图 5-6 所示。

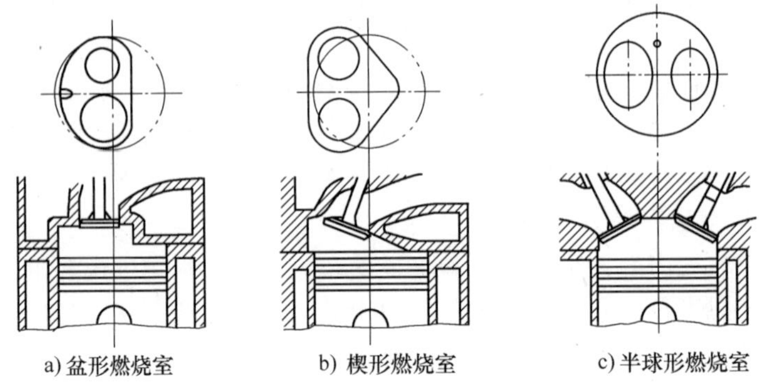


图 5-6　汽油机燃烧室类型

1. 盆形燃烧室

其断面形状像浴盆，结构简单，易于制造，但不够紧凑，面容比大，散热损失多，HC 排放量多；进、排气道弯度较大，充气效率低；火花塞在燃烧室的一侧，火焰传播距离长，易爆燃，不宜采用高压缩比，一般不超过 7.5，动力性、经济性不好，但 $NO_x$ 排放量较少，工作柔和。

2. 楔形燃烧室

其横断面形状为楔形，结构较简单，散热面积较小；气门倾斜布置，进、排气道阻力小，提高了充气效率；火花塞布置在进、排气门之间楔形空间较高的一侧，火焰传播距离较长。但燃烧室中末端混合气处设有挤气激冷面，使爆燃倾向降低，且产生压缩扰流；压缩比可以较高，达 9~10，动力性、经济性较好；混合气集中在火花塞周围，燃烧初期放热速度快，工作粗暴；$NO_x$ 和 HC 排放量较多；进、排气门布置成单列，不宜采用多气门机构。

3. 半球形燃烧室

半球形燃烧室结构紧凑，面容比小，散热损失少，热效率高；不设挤气面积，可倾斜布置较大的进气门和排气门，气道转弯小，进排气阻力小，充气效率高。火花塞布置在球形室顶部的中央的一侧，火焰传播距离短，不宜产生爆燃。高速性能好，低速性能稍差（紊流弱）；混合气集中在火花塞附近，有工作粗暴倾向，$NO_x$ 排放量较多，尤其低速时；因面容比小，附在燃烧室壁面的较冷的混合气少，HC 排放量少。

还有由两个以上的半球形组合而成的多球形燃烧室，更有利于布置较大的多个气门，火花塞布置在燃烧室顶部的中央，火焰传播距离最短。虽然表面积增大了，但其综合的动力性、经济性、排放性、高速适应性都最好。

先进的双火花塞发动机，两个火花塞布置在球形燃烧室中心两侧约 1/2 缸径处，火焰传播距离缩短，燃烧持续时间短，可相对推迟点火，均利于抑制爆燃的发生，提高压缩比和转速等。

## 5.5　汽油喷射系统

### 5.5.1　汽油喷射系统的特点

汽油机要求燃油供给系统按照进入气缸的空气量供给适量的燃油并雾化，形成最佳空燃

比的混合气。化油器式燃油供给系统虽然结构简单、工作可靠、成本低廉、维修方便，但有以下缺点：

1）混合气浓度及各缸充量均匀度控制精度低。燃油与空气流量的计量与控制依赖量孔、节气门开度和真空度等，空燃比控制精度低；燃油在很小压差下被吸出，靠进气流击碎雾化，燃油颗粒大小不均，进气管道壁面燃油吸附和聚集多，受转速影响大；燃油蒸发速度则主要取决于进气温度、发动机本身的温度及进气歧管内压力；化油器与各缸距离不一，使各缸混合气分配不均匀。

为保证最不利情况下各缸都具有足够的混合气浓度，达到稳定（不出现个别气缸失火）而快速的燃烧，大多数工况下采用偏浓的混合气。

2）化油器工作受气温和气压等环境条件变化的影响大，不能自动适应季节、气候、海拔、地区等的变化导致的喉口处真空度的变化，进而影响燃油供给的稳定性。

3）不能自动调节怠速时的节气门最小开度，怠速稳定性差。

4）冷起动性能及加减速过渡工况响应性差。燃油雾化、蒸发不良，受转速、温度影响大，是冷起动性差的主要原因。雾化质量差，进气管道内壁积附的油膜多，并且燃油供给响应滞后于空气，使加速、减速过程的空燃比响应滞后，难以保证加速、减速过程的圆滑与平稳。

5）喉管的存在使进气阻力增大，加之为加速燃油蒸发所采取的进气预热，使充气效率降低。

6）不宜采用可变进气歧管技术。这是因为进气歧管越长，变工况响应越差。

7）化油器式发动机不宜采用增压技术。因为若将废气涡轮增压器置于化油器之前，增压压力的变化影响喉口处的压力，使供油控制更加复杂化；若增压器置于化油器之后，则进气管路变长，变工况响应问题就变得更严重了。

上述缺陷使化油器式发动机动力性、经济性、排放性不佳，冷起动性、加减速响应性和圆滑性差，尤其难以满足日趋严格的汽车排放控制法规及节能的要求，而电子控制汽油喷射式系统克服了上述缺点，具有以下优越性：

1）燃油、空气计量精确，空燃比控制精度高，且能自动适应工况、环境等的变化。

2）燃油在一定压力差下喷入指定空间，燃油喷射响应快，雾化质量高，且不受工况、环境的影响，加之很少或没有（对缸内喷射）燃油在进气道壁或进气门上附着，各缸混合气分配均匀，加减速灵敏且圆滑，起动性能好。

3）无需喉管，进气阻力小，充气性能好。

4）适宜进气歧管可变和增压。

5）适宜采用高压缩比。

所以，电控汽油喷射技术使汽油机的综合性能得以提升，能将汽车尾气中有害物质的排放量减少 15%~20%，燃油消耗降低 5%~10%，功率可提高 5%~10%，已取代了化油器供油方式。

### 5.5.2　汽油喷射系统的分类

汽油喷射系统可以按不同的分类方法，分为多种类型。

#### 1. 按喷射系统控制方式分类

按控制方式，汽油喷射系统分机械控制式（K 型）、机电控制式（KE 型）和电子控制式（EFI型）。

电子控制汽油喷射系统由于能够精确控制空燃比和点火最佳时刻，并能实现怠速、配气可变等的控制，得到广泛应用，前二者已逐渐被淘汰。

### 2. 按汽油喷射部位分类

按照喷射位置的不同，汽油喷射系统分为缸外喷射和缸内喷射两种类型。

（1）缸外喷射　缸外喷射又称进气管喷射。喷油器安装在进气管或进气歧管上，将汽油以0.2~0.35MPa的压力喷射在进气总管或进气道内。目前，汽油机大都采用进气管喷射系统，分为单点喷射和多点喷射两种。

1）单点喷射（SPI）。在节气门体上安装1个或2个喷油器，将汽油喷在节气门上方的进气总管中，所以又称节气门体喷射系统（TBI）、集中喷射系统或中央喷射系统（CFI），如图5-7a所示。单点喷射系统结构、控制简单，成本低，汽油与空气混合时间长，对雾化质量和喷油压力要求低。但喷油器与各气缸的距离远且难以一致，受工况和环境影响易产生进气管道壁面的汽油附着，只能保证发动机总体空燃比较准确，而各缸混合气分配的均匀性问题依然未解决，早期的汽油喷射系统多属此类。单点喷射可视为化油器式供油系统向先进的电控汽油喷射系统过渡的喷射方式。

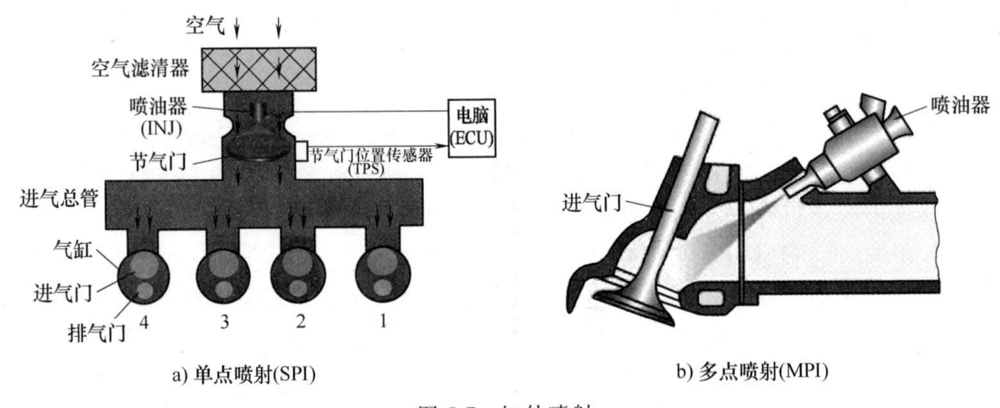


a) 单点喷射(SPI)　　b) 多点喷射(MPI)

图5-7　缸外喷射

2）多点喷射（MPI）。在每个气缸的进气歧管上安装1个喷油器，各个缸喷油器分别将汽油喷射到离气缸更近、温度相对较高的各缸进气门背面的进气口处，如图5-7b所示。其特点是各缸混合气分配均匀性好，起动性、变工况响应性好，是目前普遍采用的喷射方式，但须防止受气缸温度影响而产生的气阻。

（2）缸内喷射　喷油器安装在缸盖上，将汽油以3~5MPa或更高的压力（达10MPa）直接向气缸内喷射，又称缸内直接喷射系统。缸内喷射是汽油机燃油喷射技术的发展方向，具有以下特点。

1）汽油在气缸内吸热蒸发，具有降温效果，使爆燃倾向降低，可采用更高的压缩比。

2）进气管道中只有流入气缸的新鲜空气，不含汽油蒸气，充气效率提高，每循环的空气充量增多。

3）没有汽油在进气道壁或进气门上附着，混合气浓度变化响应快，加减速灵敏且圆滑，冷起动时的HC排放容易控制。

4）可实现均质混合气燃烧和分层稀薄混合气燃烧等多种工作模式。

为了保证冷起动和暖机怠速等特殊工况下的稳定燃烧，使节气门部分开启，燃烧较浓的混合气；大负荷、高速工况时，采用均质混合气燃烧，过量空气系数 $\lambda \approx 0.85 \sim 0.95$，可获得尽可能高的动力输出。

中、低速工况和中、低负荷工况时，采用分层稀薄混合气燃烧模式，即通过燃烧室形状、气流运动与汽油喷射的配合，在火花塞附近的局部区域形成适宜点火的较浓混合气（$\lambda = 0.8 \sim 0.95$），其余大部分区域为 $\lambda = 1.4$ 以上的过稀混合气。火花塞首先点燃其附近的较浓混合气，燃烧着的较浓混合气依次引燃外层的稀混合气，并在强烈扰流的作用下迅速传遍稀混合气区域，平均过量空气系数 $\lambda \approx 3.0 \sim 3.5$。稀薄燃烧降低了燃烧温度，终燃区域又是过稀的混合气，大大降低了爆燃倾向。同时燃烧完全，散热损失及 $NO_x$、CO 和 HC 的生成量减少。又因无需节气门对进气节流，也大大降低了泵气损失。

**3. 按汽油喷射时序分类**

按汽油喷射时序不同，汽油喷射系统分为连续喷射和间歇喷射两种类型。

（1）连续喷射　连续喷射是指在发动机运转期间，喷油器连续不断地喷射汽油，缸外单点喷射即属此种。

（2）间歇喷射　间歇喷射是指发动机运转期间汽油被间歇地喷入指定空间。对缸外多点喷射的汽油机，间歇喷射又分为顺序喷射、分组喷射、同时喷射。

1）顺序喷射，是指每个气缸的喷油器按发动机各气缸的工作顺序，在进气门将要开启前，依次独立地将 1 个循环燃烧所需要的燃料量 1 次喷到进气门的背后。

2）分组喷射，是指所有喷油器被分成几组，每组的喷油器由 ECU 的同一个喷油指令控制同时喷油。在一个工作循环中，每一组喷油器顺序交替地喷油 1 次。

3）同时喷射，不考虑发动机的工作顺序，发动机每转 1 圈，各缸的喷油器在 ECU 同一指令下同时喷油、同时断油 1 次。即每缸每个工作循环燃烧的汽油量分 2 次喷射，每次喷射 1/2 的循环油量。这意味着各缸喷油器喷出的汽油，要在进气道内等待不同的时间。同时喷射也是燃油喷射系统发生故障时，控制系统应急状态时所采用的喷射方式。

显然，顺序喷射的效果最好，工况变化时能使各缸混合气瞬间发生改变，响应速度快，且汽油在进气道内壁及进气门背面的沉积少，对改善燃烧更有利，但其控制系统相对复杂。同时喷射系统最简单，但效果相对较差。分组喷射介于顺序喷射和同时喷射之间。

**4. 按汽油喷射压力分类**

根据喷油压力的高低，缸外汽油喷射分为低压喷射和高压喷射两种。

（1）低压喷射　低压喷射一般是指喷射压力低于 200kPa 的汽油喷射系统。低压喷射容易产生气阻，主要用在工作温度较低的单点喷射系统中。

（2）高压喷射　高压喷射一般是指喷射压力高于 200kPa 的汽油喷射系统。高压喷射不容易产生气阻，主要用于多点喷射系统中。

**5. 按有无反馈分类**

按有无信号反馈，电控汽油喷射系统分为开环控制和闭环控制两种类型。

（1）开环控制　在开环控制状态下，ECU 只根据负荷传感器、转速传感器、温度传感器等信号，判断发动机所处的运行工况，并根据预先存入的、由实验得到的工况与最佳空燃比之间的关系，确定空燃比，计算喷油量，再通过控制喷油器在一定喷射压差下的喷射持续时间（喷油脉宽）来控制喷油量及空燃比，而不检测运转中的发动机的空燃比是否在预定的范围内。开环控制是无传感器反馈信号的控制方式，控制精度主要依赖原始基础数据及各元器件的精度和抗干扰能力。

（2）闭环控制　闭环控制系统在排气管上加装了氧传感器，测定排气中的含氧量，ECU根据氧传感器反馈的信号判断当前气缸内实际的空燃比，并与设定的目标空燃比值（理论空燃比）进行比较，根据误差修正汽油量，使空燃比保持在所设目标值附近，以满足三元催化转化器高转化效率的要求。

目前汽油机普遍采用开环和闭环相结合的控制方案。冷却液温度达到正常工作温度（80℃）、怠速工况、部分负荷工况、氧传感器达到正常工作温度时，都按闭环控制。起动、起动后暖机、大负荷或全负荷、急加速工况，都按开环控制，以供给加浓的混合气。急减速工况、氧传感器失效时，也按开环控制。

### 5.5.3　供油执行装置

供油执行装置主要包括电动汽油泵、汽油滤清器、油压调节器、总油管/油轨、喷油器等，如图5-8所示。

#### 1. 电动汽油泵

电动汽油泵将汽油从油箱中吸出，供给燃油系统规定压力的汽油。

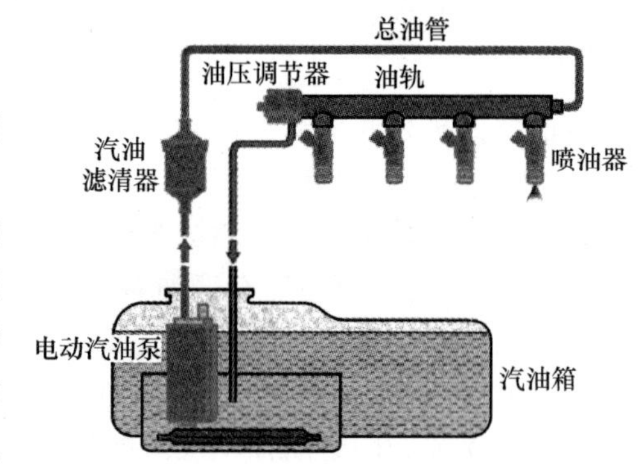


图5-8　汽油供给系统示意图

（1）电动汽油泵基本结构与工作过程　电动汽油泵主要由泵油组件、永磁电动机、安全阀（限压阀）、单向阀和壳体等组成。泵油组件的转子与电动机同轴。工作时，泵油组件转子随电动机一同转动，将汽油由进油口吸入，通过泵油组件升压后流经电动机外围和单向出油阀向外输出。停止工作时，单向出油阀关闭，阻止汽油回流，保持汽油管路具有一定的残余压力，以利于发动机下次迅速起动。若单向出油阀泄漏或关闭不严，将导致停机后汽油回流、起动困难。

限压阀的作用是当油压超过限定值时自动开启，使汽油回流到进油口，以防止出油口下游管道出现堵塞或油压过高时损坏汽油泵或其他部件。使用中，若限压阀不能打开，将导致汽油压力升高；若限压阀泄漏或关闭不严，将导致汽油压力降低。

（2）电动汽油泵类型　根据安装位置的不同，电动汽油泵可分为内置式和外置式两种类型。内置式即汽油泵置入汽油箱内部，不仅利于汽油泵的冷却，而且还具有噪声小、不易泄漏、不易产生供油管路气阻等优点，被广泛采用；外置式汽油泵则位于汽油箱的外部，易于布置及安装，但噪声较大，较容易产生气阻。

根据泵油机构的不同，汽油泵可分滚柱式、涡轮式、齿轮式、侧槽式等多种类型。

1）滚柱式电动汽油泵，如图5-9所示。转子偏心安装在泵体内，其外周分布着数个装有滚柱的凹槽。工作时，滚柱在离心力作用下，紧压在泵体内壁，转子、泵体内壁和滚柱形成数个腔室，随转子的转动，各腔室容积发生由小到大或由大到小的周期性变化，汽油从腔室容积增大一侧的吸入口吸入，从腔室容积减小一侧的出口被挤出，其工作压力约为200kPa。

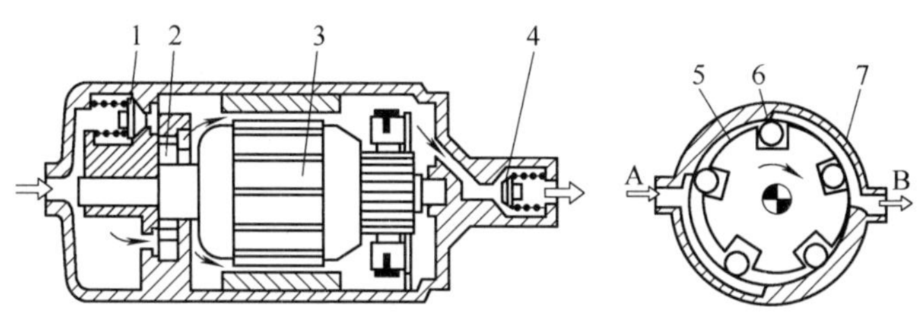


图 5-9　滚柱式电动汽油泵

1—限压阀　2—泵油组件　3—电动机　4—单向阀　5—转子　6—滚柱　7—泵体

2）涡轮式电动汽油泵，如图 5-10 所示。转子是一个平板叶轮，其叶片与泵体内壁构成数个凹槽油腔。转子转动时，在进油口处产生真空，汽油被吸入，充满凹槽油腔，被驱动至出口，并在离心力作用下，油压提高，从出口压出，经单向出油阀流出汽油泵。涡轮式电动汽油泵，泵油量大，泵油压力较高（约 300kPa），油压波动小，运转噪声小，使用寿命长，应用较广泛。

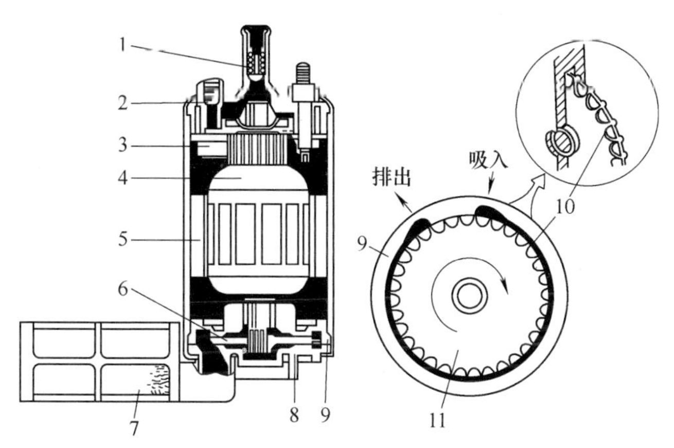


图 5-10　涡轮式电动汽油泵

1—单向阀　2—安全阀　3—电刷　4—电枢　5—磁极　6—叶轮　7—滤网
8—泵盖　9—泵壳　10—叶片沟槽　11—涡轮

3）齿轮式电动汽油泵，由相互啮合的主动齿轮、从动齿轮和泵体组成。主动齿轮较从动齿轮多一个齿，有一定偏心距。工作时电动机带动主动齿轮旋转，由于主、从动齿轮存在转速差，其构成的泵腔容积发生变化。在容积最大一侧设进油口，在容积最小侧设出油口，其工作压力约为 400kPa。

4）侧槽式电动汽油泵，工作原理和涡轮式电动汽油泵相似，只是在叶轮形状、叶片数量和流通形状方面有区别。其工作压力约为 100kPa。

涡轮式电动汽油泵和侧槽式电动汽油泵为连续输油，油压波动小，安装在汽油箱内；滚柱式电动汽油泵和齿轮式电动汽油泵均为容积泵，间歇性输油，油压波动较大，需加装油压脉动阻尼器，一般安装在汽油箱外输油管路中。

（3）汽油泵的控制　电控燃油系统的汽油泵的运转由 ECU 控制。基本要求是：只有发动机处于运转状态时汽油泵才供油，若发动机不运转，即使点火开关闭合，汽油泵也不能工作。

点火开关接通时，ECU 指令汽油泵继电器接通电源，开始供油。若点火开关接通 2~5s 后发动机还没有起动（转速达到 400r/min，超过起动机拖动发动机的转速），ECU 即令继电器切断向汽油泵供电的电路，汽油泵停止工作，以防止发动机起动阶段汽油大量喷入而造成“淹缸”，淹缸会使发动机更难起动。

有的电控喷射汽油机，电动汽油泵的转速可由 ECU 控制而改变，以调节供油量。发动机在大负荷工况时，汽油泵以高转速工作，提供大的输油量，而在中小负荷和怠速工况时则以低转速工作，以达到节省电能消耗、降低汽油泵噪声、延长汽油泵寿命的效果。

**2. 油压脉动阻尼器**

油压脉动阻尼器装在供油总管或电动汽油泵上，由膜片和弹簧组成，其作用是降低汽油压力波动。图 5-11 所示为安装在供油总管上的油压脉动阻尼器。系统中的汽油压力升高时，膜片弹簧被压缩，汽油室容积增大，减缓汽油压力的增加；汽油压力降低时，在弹簧力的作用下使汽油室容积减小，减缓汽油压力的降低。如此反复，使燃油系统的油压脉动降低。

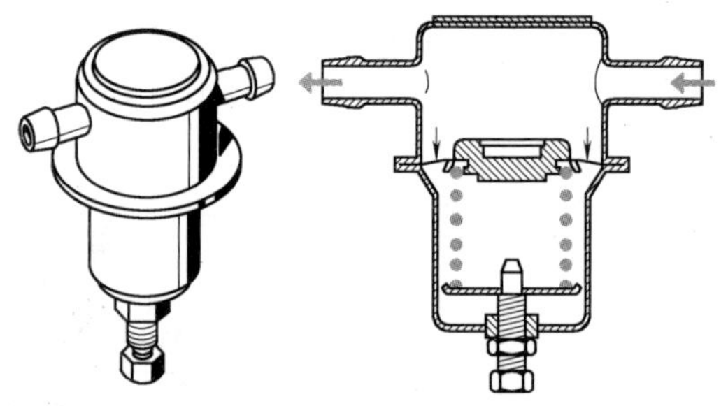

图 5-11　油压脉动阻尼器

**3. 油轨和油压调节器**

（1）油轨　油轨又叫燃油分配管，安装在进气歧管上部。其上装有油压调节器，有的还装有油压脉动阻尼器，也是缸外多点喷射系统中喷油器的紧固装置。大多数油轨上设有汽油压力检测接口。

发动机正常工作期间，为保证各工况供油充足，汽油泵单位时间内的输油量要比发动机单位时间内最大耗油量多很多（一般 8 倍以上）。这样，大量剩余的汽油经油压调节器不断地流回汽油箱，既利于控制油压，又使所处温度环境较高的汽油分配管得到冷却，防止产生气阻。

（2）油压调节器　结构、尺寸一定时，喷油器喷油量不仅与喷油持续时间有关，还与喷油器内外压差有关。只有此压差恒定时，ECU 才能通过控制喷油持续时间来精确控制喷油量。喷油器内压力是供油总管（油轨）中的油压力。喷油器外压力是进气歧管内绝对压力，随发动机工况而变化。油压调节器的作用是保持发动机在任何工况下，供油总管内的油压与进气歧管的压力差值恒定。

如图 5-12 所示，油压调节器中有一膜片将其内腔分为气室和油室两部分。气室内有接口，并通过软管与进气歧管连通。油室进油口与供油总管相通，出油口（回油口）与汽油箱接通，回油口开度大小由固定在膜片上的球阀控制。

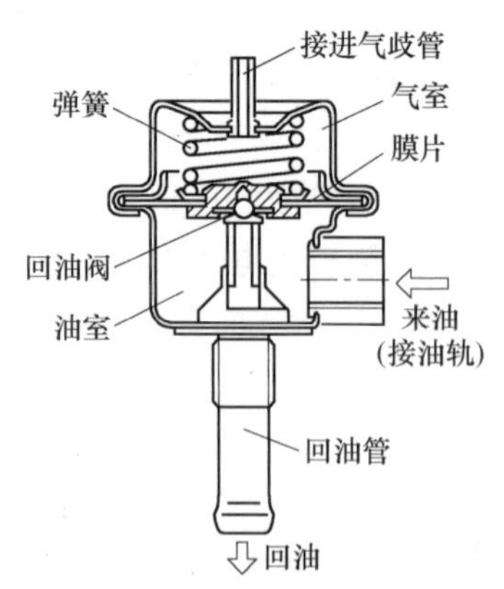


图 5-12　油压调节器

当气室侧弹簧力和进气歧管内压力之和与汽油室侧汽油压力相等时，膜片处于平衡状态，位置不动，喷油压力一定。当进气歧管压力降低时，膜片带动球阀向气室一侧移动，回油口开度增大，油量增多，油压降低；当进气歧管压力增大

时，膜片向燃油室一侧移动，回油口开度减小，回流量减少，油压增加。如此反复使燃油压力与进气歧管压力的差值限制在一定范围内；停机时，汽油泵停止工作、其单向出油阀关闭，油压下降，同时进气歧管压力增大，使回油阀关闭而封闭油路，以保持油路内有一定的残余压力。

正常工作时，进气歧管真空压力信号须可靠传至气室侧，回油阀须始终保持开启状态，并随进气歧管真空压力信号变化而改变，以保证油压控制和汽油泵供给的大量剩余汽油流回汽油箱。若油压调节器的真空管破裂或接头处密封不严，则使气室直接与大气接通，进而使回油口开度减小，油压偏高，导致发动机以偏浓的混合气工作；若膜片破裂，汽油会经过破裂处进入进气歧管，也导致发动机以偏浓的混合气工作。对于后者，只需在发动机停机后拆下真空软管，若软管中有汽油流出或存留汽油的迹象，说明油压调节器膜片破裂；若回油管堵塞，将导致燃油系统中汽油压力升高。

**4. 电磁喷油器**

（1）电磁喷油器的功用与安装　电磁喷油器的功用是接收 ECU 的喷油脉冲信号，将一定量的汽油以良好的雾化状态喷入指定空间。要求其流量特性稳定，抗阻塞、抗积垢能力强，雾化性能好。

单点喷射系统的喷油器安装在节气门体空气入口处。多点喷射系统的喷油器安装在各缸进气歧管上，在安装处采用耐热、耐油的 O 形橡胶垫圈，既可以加强密封、减轻振动，又可以隔热、防止形成蒸气泡，改善热起动性。

注意，重新安装喷油器时，一定要用新的垫片和 O 形橡胶垫圈，同时要给 O 形橡胶垫圈抹一点润滑脂或者汽油，绝对不能用机油、齿轮油甚至制动油等代替。要用扭力扳手按规定力矩拧紧连接螺栓。

（2）喷油器基本结构与工作过程　虽然喷油器的种类有多种，但其基本结构与工作原理都基本相同。图 5-13 所示为多点喷射系统的针阀式喷油器，主要由电磁线圈、针阀、阀座、衔铁、回位弹簧、滤网、壳体、线束插接器等组成。线圈环绕着圆柱形衔铁，两端分别与线束插接器相连。可移动的衔铁与针阀连为一体。喷油器不喷油时，回位弹簧通过衔铁将针阀压靠在阀座上，实现密封。

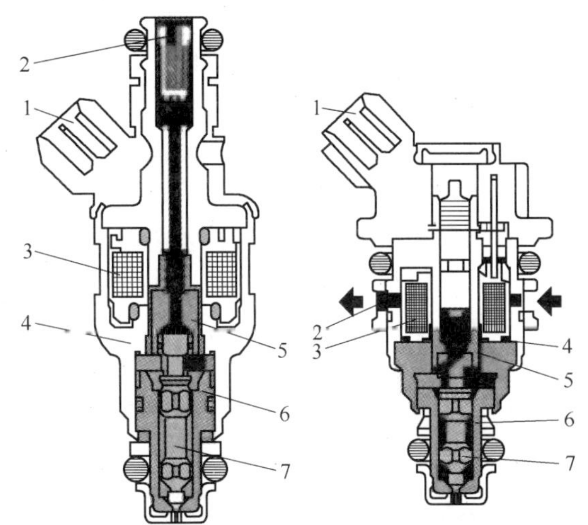


a) 上部(顶端)进油式　　b) 下部(侧面)进油式

图 5-13　针阀式电磁喷油器

1—线束插接器　2—滤清器或滤网　3—电磁线圈　4—壳体　5—磁心（衔铁）　6—阀体　7—针阀

当 ECU 发出的电脉冲信号使喷油器电磁线圈通电时，电磁线圈产生电磁吸力，克服弹簧预紧力将衔铁及与之连接成一体的针阀吸起，针阀离开阀座，汽油从喷孔喷出；当电磁线圈断电时，电磁力消失，针阀在回位弹簧的作用下迅速落座，喷油器停止喷油。由此可知，电磁线圈的通电开始时间决定了喷油开始时刻，电磁线圈的通电持续时间（称为“喷油脉宽”）则决定了喷油持续时间。只要 ECU 准确控制喷油脉冲信号，在油压调节器可靠工作下，结构已定的喷油器即可同时实现喷油量的精确计量和喷油时刻的精确控制。

（3）喷油器类型 按喷嘴阀的形式，除了上述锥形针阀式喷油器外，还有球形阀式喷油器和片形阀式喷油器。锥形针阀式喷油器为保证针阀正位落座，需较长的阀杆导向，质量大。球阀落座时具有自定位性，阀杆短而细，质量轻，响应性好。片阀与衔铁合二为一，质量更轻，且不易堵塞。

按电磁线圈电阻大小，喷油器分为低阻式（2~3Ω）和高阻式（13~17Ω）。

按电磁线圈驱动方式，喷油器分为电流驱动式和电压驱动式。电流驱动式喷油器为低阻型，电压驱动式喷油器有低阻型、高阻型之分。低阻型电压驱动式喷油器的驱动电压为5~6V，检修时不能与12V电源直接连接，否则会烧坏电磁线圈；高阻型电压驱动式喷油器驱动电压为12V，检修时可直接与12V电源连接。

按燃料送入喷油器的部位，喷油器分为上部供油式和下部供油式，如图5-13所示。前者主要用于高压喷油的多点喷射系统，后者用于低压喷油的节气门体喷射系统。

（4）“溢流”与清除 “溢流”又称为“淹缸”，是指发动机在多次起动未成功后，气缸内的过浓混合气就会浸湿火花塞，使其不能跳火而导致发动机不能起动。

如果点火开关已接通，起动机已拖动，发动机进入起动加浓模式，但过了设定的2~5s时间还未见转速上升，说明起动失败。此时，ECU将自动停止喷油器喷油，甚至还会停转燃油泵，以免发动机冷起动时长时间拖动出现严重“淹缸”现象。

清除溢流是指当加速踏板踩到底（节气门全开），同时又接通起动开关起动发动机时（转速低于300r/min），ECU自动控制喷油器中断燃油喷射，以便排出气缸内的燃油蒸气，使火花塞干燥以便能够跳火。由此可知，起动电控喷射汽油机时，不必踩下加速踏板（俗称“轰油门”），直接接通起动开关即可，否则控制系统可能进入清除溢流状态而无法起动。

（5）使用中的主要问题 使用中，喷油器磨损和喷嘴处产生沉积物，是发动机抖动、动力不足、起动困难等潜在的原因。

沉积物可能使喷油器不能完全闭合，会导致燃油压力下降，且燃油流进气缸内，使发动机以浓混合气运转，或产生断火后仍然运转的现象；喷嘴处存在结胶或沉积物，也可能使喷油量减少，发动机以稀混合气运转；若有喷油器卡死不能开启，则多点喷射的发动机将起动困难，节气门体喷射的发动机将无法起动。

如果只是沉积物堵塞喷油器，将清洗剂加到油箱中可溶解掉喷油器和油路中的沉积物。注意，切勿将喷油器直接浸在清洗液中，或者用钢丝、牙签等来疏通堵塞的喷油器，以免影响喷嘴量孔的精度。

针阀与阀座磨损将导致喷油计量不准、滴油、雾化不良等，容易导致发动机以过浓混合气工作。

### 5.5.4 怠速执行器

汽油机怠速控制，是先调整好进气量，再确定相应的喷油量，以保持一定的怠速转速，或暖机时随温度的升高由快怠速过渡到正常怠速状态（冷却液温度升高到70℃），缩短暖机时间，降低排放。所以，怠速转速控制的实质是控制怠速进气量，同时，也控制冷起动和急

减速工况的进气量。

怠速进气量的基本控制方法有怠速阀旁通空气道控制式和节气门直动控制式（电子节气门）两种。旁通空气道控制式，即怠速时节气门完全关闭，在其旁边设置旁通空气道和控制阀，控制旁通道流通面积。由于直接控制节气门最小开度很难达到要求的怠速稳定性，故采用怠速控制阀控制怠速旁通道的方法被普遍使用。

**1. 电控怠速控制阀**

常见的电控怠速控制阀有步进电动机式、电磁式、旋转滑阀式等三种。

（1）步进电动机式怠速空气阀　步进电动机式怠速空气阀由步进电动机、丝杠机构和锥面阀组成，如图 5-14 所示。永久磁铁制成的步进电动机转子与丝杠机构的螺母制成一体，丝杠与锥面阀制成一体。当步进电动机通电时，其转子旋转，通过丝杠带动阀轴和锥面阀移动，改变通道面积，调整怠速转速。只需控制步进电动机的旋转方向及旋转量就能控制怠速转速。发动机控制单元根据实际工况发出脉冲信号，来控制步进电动机的旋转方向和步数。此种控制阀的控制精度高，只是响应较慢，但足以满足怠速控制的要求。

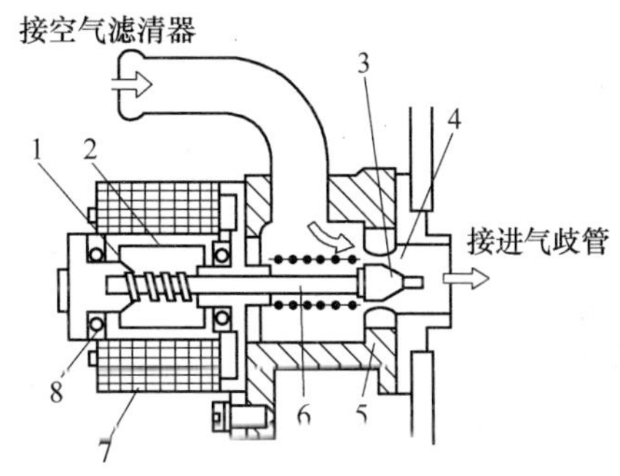


图 5-14　步进电动机控制机构

1—丝杠　2—转子　3—锥面阀芯　4—旁通通道　5—阀座　6—阀轴　7—定子　8—轴承

（2）平动电磁式怠速空气阀　平动电磁式怠速空气阀就是一个比例电磁阀，由电磁线圈、阀芯、阀门、回位弹簧、波纹管等组成，如图 5-15 所示。它利用电磁线圈产生的电磁吸力，使阀轴做轴向移动来控制阀芯的伸缩，调节阀门开度和旁通空气流量。电磁吸力的大小取决于通过电磁线圈的驱动电流的大小。ECU 根据工况信息发送电流脉冲。电流大，阀门开度大；反之，阀门开度则小。波纹管的作用是消除阀门上下压差对阀门开启位置的影响。

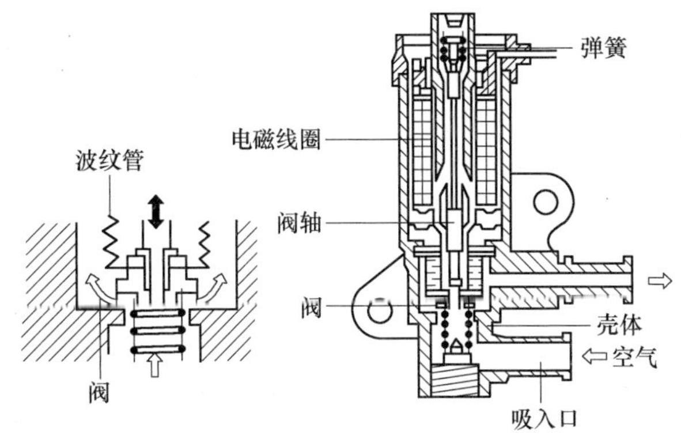


图 5-15　平动电磁式怠速空气阀

平动电磁式怠速阀响应速度很快，且其旁通空气的进出口均为外接管，易于布置。但使用中波纹管易产生裂纹，使用成本较高。由于波纹管的裂纹不易被发现，一旦发生裂纹，怠速控制就会失灵。

（3）旋转滑阀式电磁怠速空气阀　由永久磁铁、电枢、旋转滑阀、螺旋弹簧和电刷等组成，如图5-16所示。阀与阀轴固定在一起，阀轴带动旋转滑阀转动来控制阀孔流通面积。阀轴上还固定着一个圆柱形磁铁，该磁铁放在一个由通电的螺线管形成的强度及方向可变的磁场中。磁场强度、方向变化时，圆柱形磁铁旋转角度和方向改变，旋转滑阀旋转角度和方向随之改变。ECU根据工况信息发送电流脉冲至螺线管。

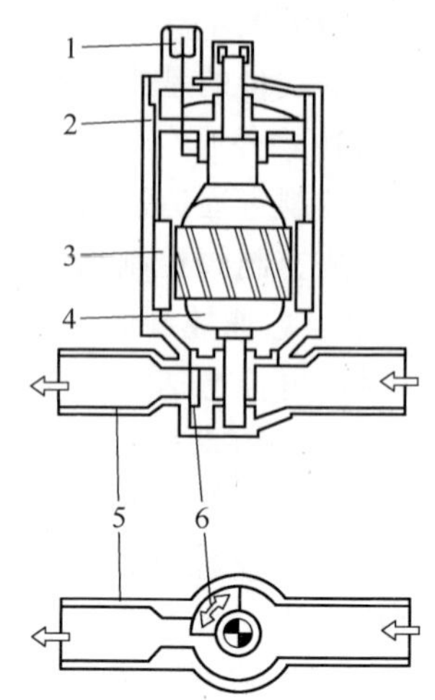

图5-16　旋转滑阀式电磁怠速空气阀
1—电路插接器　2—壳体　3—永久磁铁　4—电枢　5—旁通空气通道　6—旋转滑阀

2. 机械控制式怠速控制阀

机械控制式怠速控制阀主要有双金属片式和石蜡式两种。

（1）双金属片式怠速空气阀　双金属片式怠速空气阀由双金属元件、加热线圈和空气闸阀等组成，如图5-17所示。旁通空气管路截面积的大小由双金属片控制的旋转阀门来决定。当温度低或无电流通过加热线圈时，阀门总是打开的，在发动机冷起动时，旁通空气道全开，管路截面积最大。在发动机起动的同时，加热线圈上就有电流流过，双金属片受热后逐渐弯曲变形，带动阀门旋转，逐渐关闭旁通气道，发动机由快怠速转入正常怠速运转。

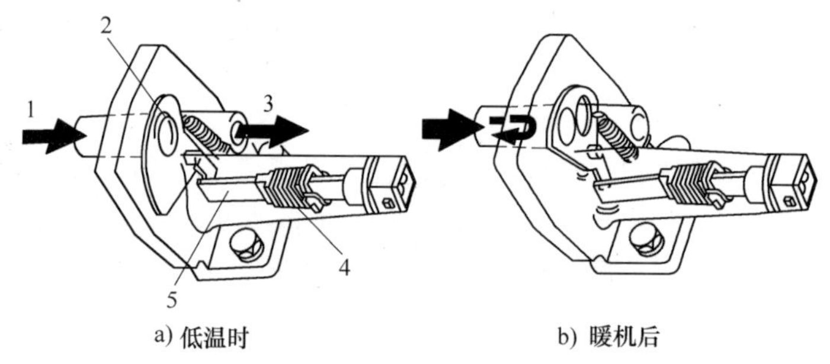

图5-17　双金属片式怠速空气阀
1—接空气滤清器　2—旋转阀门　3—接进气歧管　4—加热线圈　5—双金属片

（2）石蜡式怠速空气阀　石蜡式怠速空气阀由石蜡感温体、阀门、内弹簧和外弹簧等组成，如图5-18所示。

发动机冷却液经过管道流经石蜡式怠速空气阀，石蜡感温体直接与冷却液接触。当冷却液温度低时，石蜡收缩，阀门在外弹簧的作用下离开阀座，旁通空气道截面增大；冷却液温度升高时，石蜡膨胀，阀门在内弹簧的作用下压向阀座，旁通空气道截面减小，直至达到正常怠速温度时完全关闭。

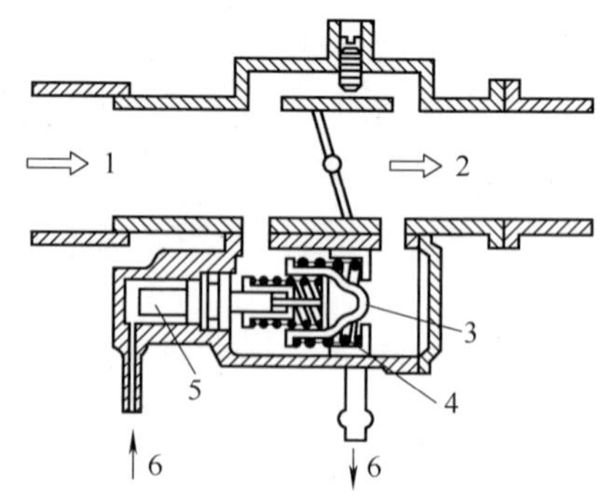

图5-18　石蜡式怠速空气阀
1—来自空气滤清器的空气　2—至进气歧管的空气　3—阀门　4—弹簧　5—感温器　6—冷却液流

## 5.5.5　传感器

1. 负荷传感器

发动机输出的功率或转矩的大小表明了其负载能力，

故常以功率或转矩的大小等表示发动机的负荷。它们均与循环充量成正比，凡是直接或间接反映循环充量变化的参数均可作为负荷参数。显然，空气流量、进气歧管压力和节气门开度都是负荷参数，其中后两者是间接参数。用来检测负荷参数变化的传感器叫负荷传感器。

（1）体积式空气流量计

1）翼片式空气流量计。其由测量板、缓冲板、回位弹簧、怠速旁通气道、怠速调整螺钉组成的空气通道及与测量板同轴安装的电位计等组成，如图 5-19、图 5-20 所示。

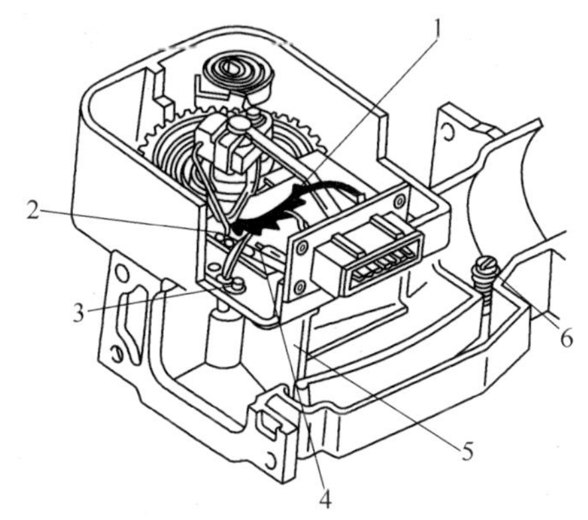


图 5-19　翼片式空气流量计的结构

1—电位计　2—电动汽油泵触点　3—进气温度传感器　4—电动汽油泵固定触点　5—叶片　6—怠速调整螺钉

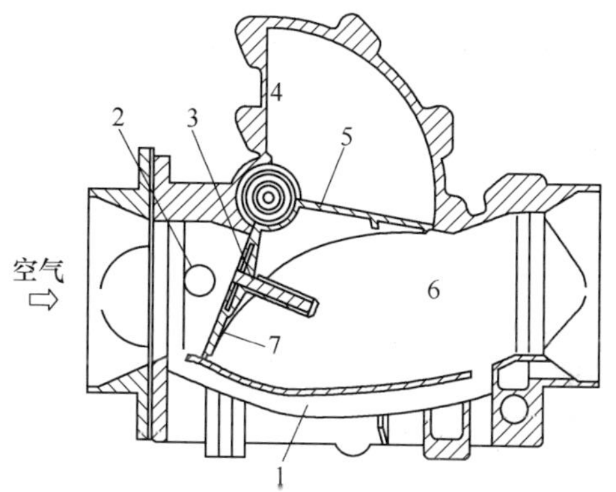


图 5-20　翼片式空气流量计的空气通道

1—旁通气道　2—进气温度传感器　3—阀门　4—阻尼室　5—缓冲板　6—主空气通道　7—测量板

测量板在主进气道内随空气流量的变化而偏转，缓冲板在阻尼室内偏转。阻尼室对叶片起阻尼缓冲作用，在气流急剧变化时使翼片转动平稳。与翼片同轴转动的电位计轴带动可变电阻滑动触头滑动，电位计便产生一个与翼片转动角度相对应的电压信号输送到电控单元。空气流量越大，翼片转动角度也越大，电位计输出电压信号越强。

螺旋回位弹簧的一端固定在叶片转轴上，另一端固定在调整齿圈上。改变调整齿圈的固定位置，可以调整回位弹簧的预紧力，进而调整空气流量计的输出特性。

由于翼片轴的磨损及大气压力和温度的变化都影响这种传感器的测量精度，加之其体积大，增加了进气阻力，且急加速时响应滞后，因此目前已很少在车辆上使用这种传感器了。

2）卡门旋涡式空气流量计。一个锥体状的涡流发生器被置于空气通道中央，空气从通道中流过时，在其下游产生两列有规律的、旋向相反的旋涡，称之为卡门涡街。旋涡移动（产生）的速度与空气流速成正比。测得单位时间内流过旋涡的数量（旋涡频率），即可得知空气流速，流速与通道有效截面积相乘便得到体积流量。检测方法有光电式和超声波两种。

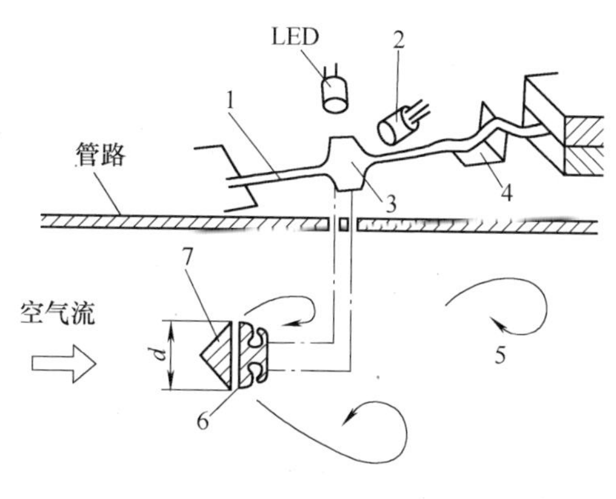


图 5-21　反光镜检测式卡门旋涡空气流量计的结构

1—支承板　2—发光二极管　3—反光镜　4—板簧　5—卡门旋涡　6—压力导向孔　7—涡流发生器

① 光电式卡门旋涡空气流量计。如图 5-21

所示，涡流发生器后方两侧交替产生的涡流，引起两侧压力的交替变化。变化的压力经导压孔和导压腔引至反光镜表面，使反光镜振动，振动频率与单位时间内产生的旋涡数量相同。反光镜将发光二极管射来的光束反射给光电晶体管，晶体管以镜面振动频率导通和截止。ECU 根据晶体管导通和截止的频率计算进气流量。

② 超声波式卡门旋涡空气流量计。如图 5-22 所示，涡流发生器下游两侧设置相对的超声波发送器和接收器。当超声波通过进气流到达接收器时，受卡门旋涡的影响，其相位和相位差发生变化。ECU 根据相位或相位差的变化计算出涡流频率，进而算出进气流速和体积流量。

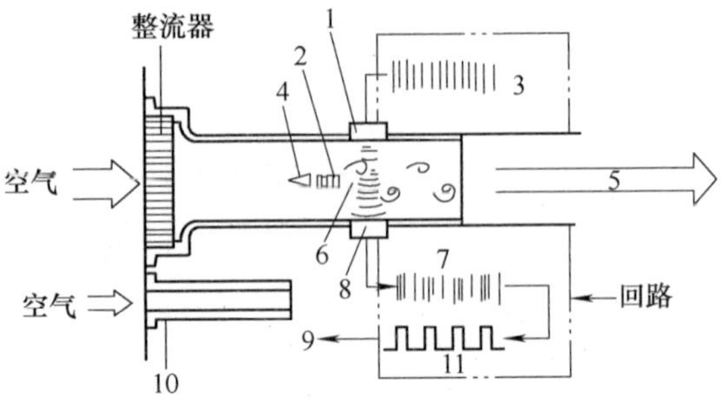

图 5-22　超声波式卡门旋涡空气流量计的结构
1—信号发生器　2—涡流导压孔　3—超声波发送器　4—涡流发生器　5—到发动机的气流　6—卡门旋涡　7—声波　8—超声波接收器　9—整形方波信号　10—旁通通路　11—整流器

卡门旋涡式空气流量计体积小、质量轻、进气道结构简单、进气阻力小。

由于 ECU 根据空燃比计算喷油量时需要的是空气质量流量，故采用体积式流量计的系统，同时需要进气温度和压力传感器，用以将体积流量转化成质量流量。

（2）质量式空气流量计　热线式和热膜式空气流量计等都能直接测量空气的质量流量，无须对进气温度和空气压力进行修正，并且响应时间短，测量精度高。热线式空气流量计的结构如图 5-23 所示。

通电的热线（或热膜）置于空气通道中，空气流过时，热线（或热膜）向空气散热，温度降低，电阻值减小。为保持热线（或热膜）温度与进气温度（需设进气温度传感器）的差及热线（或热膜）电阻值恒定，控制电路必须改变热线（或热膜）的端电压以调整流过的电流。热线（或热膜）端电压的变化即是流量计的输出信号。

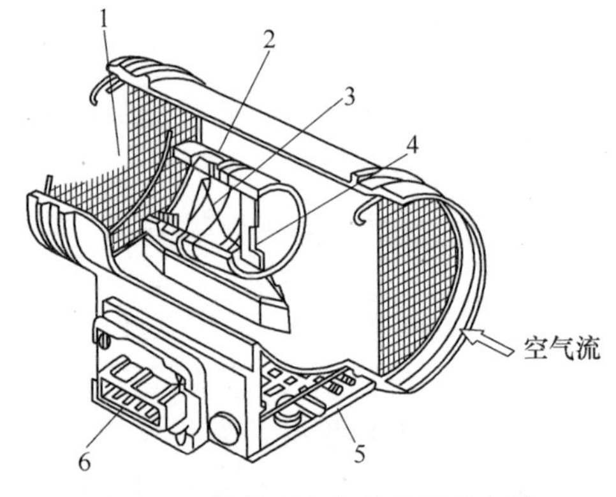

图 5-23　热线式空气流量计的结构
1—防回火网　2—取样管　3—白金热线　4—上游温度传感器　5—控制回路　6—插接器

为防止热线（或热膜）上吸附灰尘而影响测量精度，电控单元中设有自清洁电路，发动机熄火后，将热线（或热膜）加热到 1000℃ 维持 1～2s，烧掉吸附在热线（或热膜）上的灰尘。

热膜由铂金属片固定在树脂膜上构成，其可靠性和耐用性高，不易吸附空气中的灰尘。

（3）进气歧管绝对压力传感器　进气歧管绝对压力传感器将进气歧管绝对压力转变为电压信号输送到发动机 ECU，ECU 据此信号和转速信号计算实际进气量。

进气歧管绝对压力传感器可安装在远离进气歧管处，通过软管与进气歧管相连，也可直接安装在进气管上。进气歧管绝对压力传感器的类型较多，有半导体压敏电阻式和电容式、膜盒传动可变电感式和表面弹性波式等。目前应用较普遍的是半导体压敏电阻式和电容式。

1）半导体压敏电阻式进气压力传感器。其结构如图 5-24 所示，主要由压力转换元件

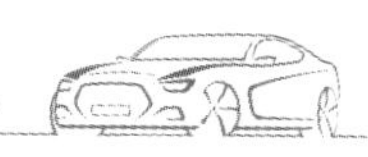

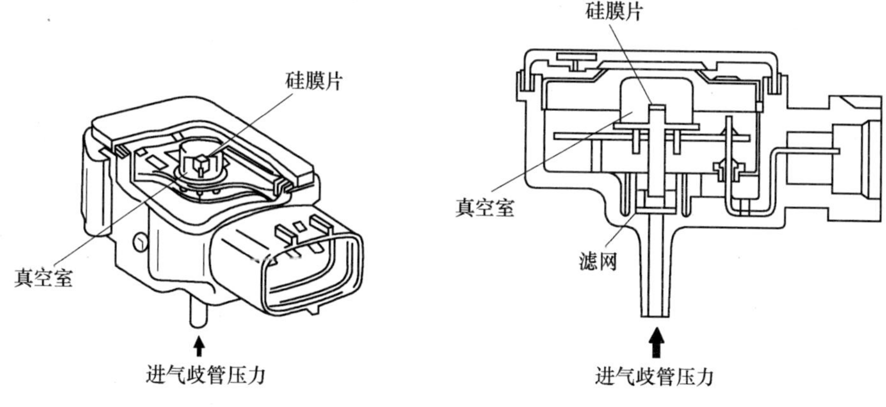


图 5-24　半导体压敏电阻式进气压力传感器的结构

（硅膜片）、真空室（基准压力室）、集成电路、滤清器和壳体等组成。

硅膜片一侧为真空室，另一侧承受进气歧管内压力。当节气门开度变化，进气歧管内绝对压力变化时，硅膜片产生变形，附在硅膜片上的应变电阻的阻值发生变化，输出电压信号随之变化。

2）电容式进气歧管压力传感器。如图 5-25 所示，其主要弹性膜片、凹面玻璃、滤网等组成。弹性膜片用金属制成，弹性膜片上、下两个凹面玻璃的表面也有金属涂层，这样在弹性膜片和两个金属涂层之间形成两个串联的电容。弹性膜片的一侧为真空，另一侧与进气歧管相通。

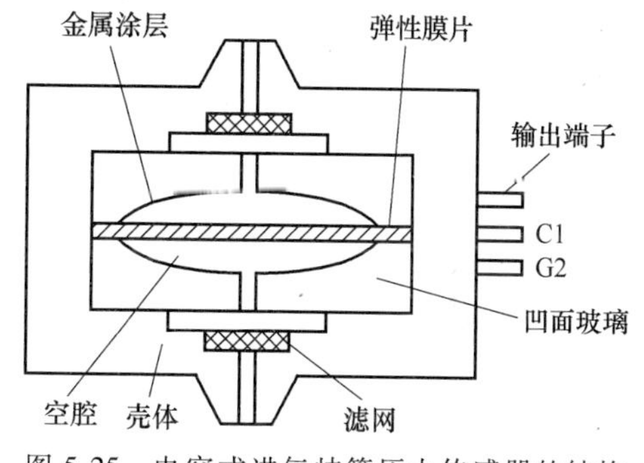


图 5-25　电容式进气歧管压力传感器的结构

工作时，进气歧管内的压力作用于弹性膜片上，使其产生位移时，弹性膜片与金属涂层的距离发生变化，一个增大，一个减小。二者构成的两个电容的电容量随即一个减小，一个增大，其变化量与弹性膜片的位移成正比。所以，通过检测电容量的变化量来检测进气歧管的压力。

（4）节气门位置（开度）传感器　节气门位置反映了发动机的工况和驾驶人的意图。节气门位置传感器装在节气门轴的一端，将节气门的开度信号转换成电压信号输送到发动机 ECU，以判断发动机是否处于怠速、部分负荷、大负荷工况，选择开环控制还是闭环控制；测定节气门开关速率，判断是否急加速、急减速，以修正喷油量；对装备自动变速器的汽车，节气门开度是自动变速器换档时机的主要信号。节气门位置传感器有线性式和开关式两种。

1）开关式节气门位置传感器。这种传感器内部有三个触点，分别是随节气门轴一起转动的搭铁滑动触点、固定的怠速触点和固定的全负荷触点。怠速运转时，滑动触点与怠速触点闭合，电控单元据此信号进行怠速控制；节气门接近全开时，滑动触点与全负荷触点闭合，电控单元据此信号加浓混合气、切断废气再循环控制；节气门在中间位置时，三个触点均断开。ECU 根据触点的闭合情况确定发动机处于怠速工况、中等负荷工况还是全负荷工况。

2）线性式节气门位置传感器。此传感器实际上就是一个滑动电阻电位计，其滑动触头与节气门轴联动。在节气门由全关到全开的过程中，滑动触点在可变电阻器上滑动，其输出的电压与节气门开度成比例地线性变化。ECU 根据传感器输出信号计算节气门开度和节气门开度的变化率，从而测得发动机的加、减速信号及工况控制区。

### 2. 转速和曲轴转角位置传感器

转速和曲轴转角位置传感器的功用是检测曲轴或与曲轴有传动关系的其他旋转件（凸轮轴、分电器轴等）的转角位置信号并输送给电控单元，以确定发动机转速和作为喷油正时和点火正时基准的第一缸压缩行程上止点的转角位置。对于四冲程发动机，曲轴位置传感器（安装在曲轴一端）无法区分第一缸到达上止点位置的信号是排气行程上止点还是压缩行程上止点，只能提供转速信号，以确定喷油正时、点火正时、空气流量、喷油量。凸轮轴位置传感器（安装在凸轮轴一端）信号主要用来判断缸序和第一缸压缩行程上止点。

（1）电磁感应式传感器　主要由固定在发动机机体上的永久磁铁、传感线圈和安装在曲轴前端（或飞轮附近、凸轮轴上、分电器轴上）的信号盘组成，如图 5-26 所示。信号齿盘（转子）上有若干个凸齿（或宽槽）。信号盘旋转时，其边缘处的凸齿及凹槽使得磁路中的空隙发生周期性的变化，磁路的磁阻和穿过线圈的磁通量随之相应地变化，线圈内产生交变的感应电压。凸齿接近磁极时，磁阻减小，通过线圈的磁通量增大，线圈内感生正电压；当凸齿远离磁极时，通过线圈的磁通量减少，线圈内感生负电压；当凸齿正对磁极时，感应电压为零。转子每转一圈，输出与凸齿数相同数目的电脉冲信号。

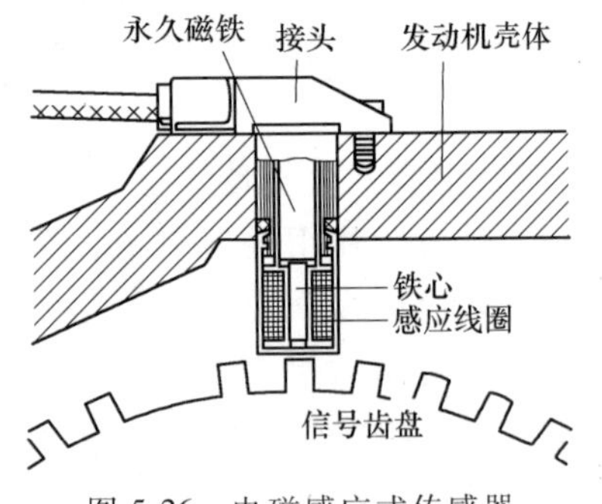

图 5-26　电磁感应式传感器

将信号盘设计成若干个均匀间隔的小凸齿、小凹槽和 1 个大凸齿或大凹槽，信号盘转一圈便产生若干个窄脉冲信号和 1 个宽脉冲信号。电控单元计算单位时间内窄电脉冲的个数就得到转子的转速，宽脉冲信号表示第一缸上止点或上止点前一定角度。

使用永久磁铁的电磁式传感器无需电源，结构简单，工作可靠，价格低廉，且高速时信号识别能力强，得到了广泛应用。

（2）霍尔式传感器　霍尔式传感器利用霍尔效应产生电脉冲信号，主要由触发叶轮、霍尔元件和永久磁铁等组成，如图 5-27 所示。当霍尔元件通以电流，同时在垂直于电流的方向施加一磁场时，在垂直于电流和磁场方向就会产生一电压信号，称为霍尔电压。

当电流为定值时，霍尔电压与磁场强度成正比。在不导磁的叶轮转动过程中，当触发叶片进入永久磁铁和霍尔元件之间的气隙时，磁力线不通过霍尔元件，霍尔电压为 0V；当触发叶片离开气隙，永久磁铁和霍尔元件直接相对时，磁力线通过霍尔元件，产生霍尔电压。叶轮旋转一周，霍尔传感器就产生与叶片数相等的电压脉冲信号。

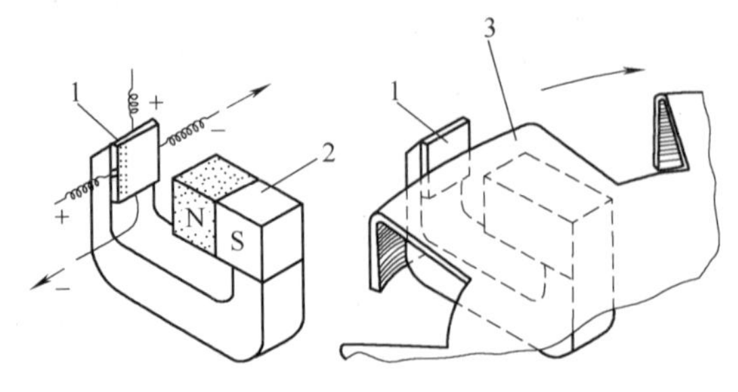

图 5-27　霍尔式传感器的结构与工作原理

1—霍尔半导体元件　2—永久磁铁　3—触发叶片

由于信号触发叶片不断扫过磁隙，起着

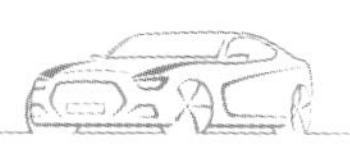

自洁作用，不易因积垢而失去信号，输出电压的幅度受发动机转速的影响小，因此霍尔式传感器具有结构简单，高速时信号识别能力强，工作可靠，抗干扰能力强等优点。其价格虽然较高，仍得到了越来越广泛的应用。

（3）光电感应式传感器　光电感应式传感器主要由发光二极管、光电二极管、旋转遮光信号盘等组成，如图 5-28 所示。发光二极管和光电二极管相对地位于旋转遮光信号盘两侧，旋转遮光信号盘上刻有不同宽度的孔或槽。随着遮光盘的转动，当孔或槽与发光二极管和光电二极管相对时，光线照到光电二极管上，产生强弱和时间间隔不同的电压脉冲信号，以判断缸序和曲轴转角。

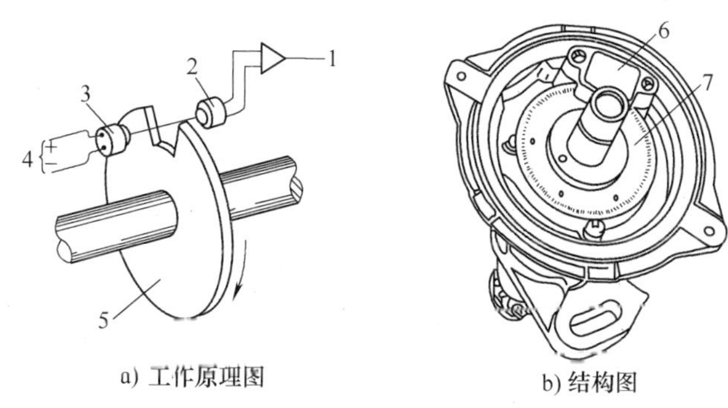


图 5-28　光电感应式传感器

1—输出信号　2—光电二极管　3—发光二极管　4—电源　5—旋转遮光板　6—光电传感器　7—信号盘

由于电压信号的强弱取决于光电二极管接收到的光强，故发光二极管和光电二极管及其之间的光通路的清洁程度就很重要了，灰尘和水雾将影响其灵敏度，甚至使其失去信号。

### 3. 氧传感器

氧传感器是实现空燃比闭环控制的关键元件，安装在排气管上，用于测定废气中氧的浓度，将检测信号反馈给 ECU。ECU 据此判断当前空燃比是否偏离了设定值，并修正喷油量，以控制混合气的空燃比在理论空燃比附近（偏差为±0. 1）。目前，常用的氧传感器有二氧化钛（$TiO_2$）氧传感器和氧化锆（$ZrO_2$）氧传感器两种。

（1）氧化锆氧传感器　如图 5-29 所示，氧化锆陶瓷材料是具有传导氧离子能力的固体电解质，能在氧浓度差作用下产生电动势。氧化锆陶瓷管内外壁均覆盖一层多孔性的铂膜作为电极，内外表面分别与大气和排气接触，外侧排气中氧浓度随可燃混合气浓度的变化而变化，致使氧化锆管两侧铂电极间的电压随之变化。当供给的混合气较浓时，氧化锆管内外侧氧浓度差较大，电极间的电压较大，约为 1V；当供给的混合气较稀时，电极间的电压较低，约为 0V。当混合气浓度由浓变稀或由稀变浓时，氧传感器输出的电压信号从 1V 急剧阶跃变化到 0V 或从 0V 阶跃变化到 1V。

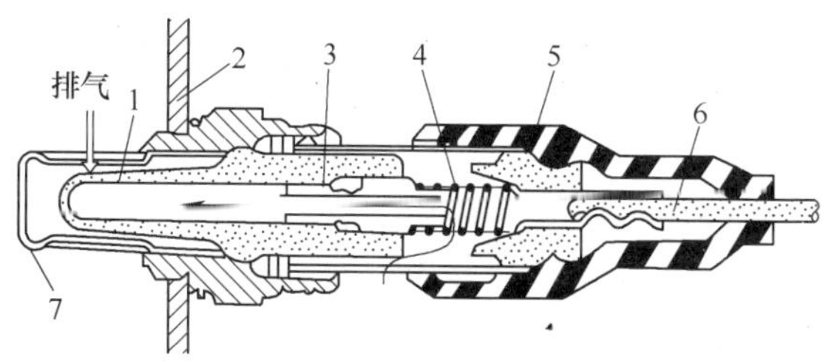


图 5-29　氧化锆氧传感器

1—氧化锆管　2—排气管　3—电极　4—弹簧
5—绝缘套　6—导线　7—导入排气孔罩

金属铂电极除了将信号电压引出传感器外，还起到了重要的氧化催化作用，使排气中的

CO、CH与$O_2$反应而消除。如果没有金属铂，或使用中铂膜电极受到污染而逐渐失效，在混合气由浓变稀或由稀变浓过程中，电极间的电压信号就不会出现阶跃变化特性，所以必须定期更换氧传感器。

氧化锆氧传感器输出信号的强弱与自身温度有关，只有在300℃以上的温度时才能输出稳定电压信号。因此有的传感器内部增加了陶瓷加热元件，以使传感器在发动机温度较低时就投入工作。

（2）二氧化钛氧传感器　二氧化钛属于N型半导体材料，当它处于高温排气中时，随着氧浓度由高（稀混合气）到低（浓混合气）变化，其电阻值在理论空燃比附近呈现由高到低的阶跃式变化。

二氧化钛氧传感器只有在自身温度高于600℃以上时才能稳定工作，其内部需加装加热线圈，以保证低温状态下可靠工作。

装有OBD-Ⅱ系统的汽车发动机，在催化转化器前端和后端各装一个氧传感器，ECU根据两个传感器信号判断催化转化器的工作效率。

**4. 进气温度传感器和冷却液温度传感器**

进气温度传感器通常安装在进气总管或空气流量计上，冷却液温度传感器一般安装在发动机冷却液出口附近，分别检测进气温度和冷却液温度，并转化成电压信号输入ECU。ECU根据信号修正喷油量和点火提前角。尤其在起动和暖机怠速过程中，ECU还根据进气温度信号对体积流量型空气流量计的信号进行修正。

现代汽车上普遍采用热敏电阻式温度传感器，其内部有一个负温度系数热敏电阻，其阻值随温度升高而降低。

## 5.5.6 电控单元

电控单元又称电控模块电脑（ECU），通过信号采集、计算处理、分析判断、决定对策，发出控制指令，指挥执行器工作。电控单元主要由输入信号处理电路、微机、输出处理电路、电源回路以及控制程序等几部分组成，如图5-30所示。

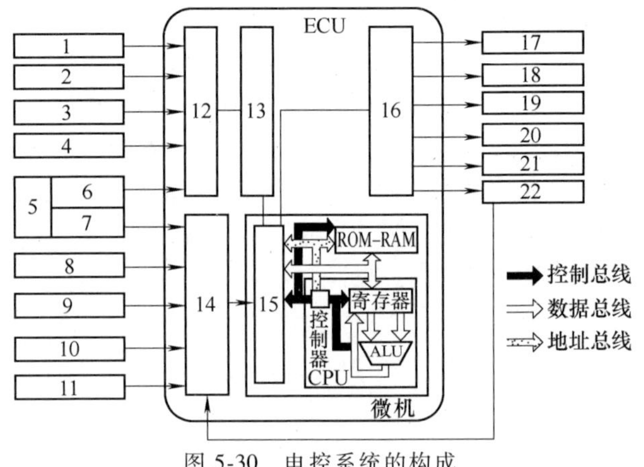


图5-30　电控系统的构成

1—压力传感器　2—进气温度传感器　3—冷却液温度传感器　4—蓄电池电压　5—节气门开度传感器　6—节气门开度　7—节气门全闭　8—车速传感器　9—起动开关　10—A/C开关　11—分电器采集线圈　12—输入回路　13—A/D转换　14—输入回路　15—I/O接口　16—输出回路　17—喷油器　18—电动汽油泵　19—VSV阀　20—CHECKENGINE灯　21—主继电器　22—点火器

单就空燃比控制而言，ECU根据空气流量计、转速传感器测得信号，计算基本喷射时间，再依据氧浓度、冷却液温度、进气温度、节气门位置等传感器传来的信号进行修正，最后决定总的喷射时间（燃油喷射量）并向喷油器发出指令。其他主要功能如下：

1）接收传感器和其他装置输入的信息，并将模拟信号转换为数字

信号。

2）向传感器提供 2V、5V、9V、12V 等不同要求的电压。

3）存储、计算、分析、处理信息，存储相应车型的参数信息（如空燃比、点火提前角等脉谱图），存储运行中的数据和故障信息，存储计算程序。

4）输出执行命令。

5）自我修正功能（自适应功能）。

6）具有对燃油喷射、点火提前角控制、怠速控制、排放控制、进气控制、增压控制、故障自诊断、失效保护和备用控制系统等多项控制功能。

这一部分内容在此不再赘述，读者可参考其他书籍。

## 5.6 其他供油装置

### 5.6.1 汽油箱

汽油箱用以储存汽油。其数目、容量、形状等因车而异。普通汽油车有一个汽油箱，其盛放的汽油可供行驶 200～600km。越野汽油车则有两个汽油箱，以适应特殊要求。

汽油箱多为薄板金属箱或塑料箱，内有隔板，以防汽油振荡激溅。汽油箱底部装有放油螺塞，以排出油箱内沉积的水和污物。上部装有油面传感器和出、回油管。现在，大多数汽油车的汽油泵都装在汽油箱中。

汽油箱上部有加油口，由带有弹簧压力阀的油箱盖封闭（图 5-31），以防汽油振荡溅出和灰尘进入，并保持汽油箱内压力稳定，防止液面降低造成真空，汽油不能被吸出，或高温时汽油蒸发压力过大。

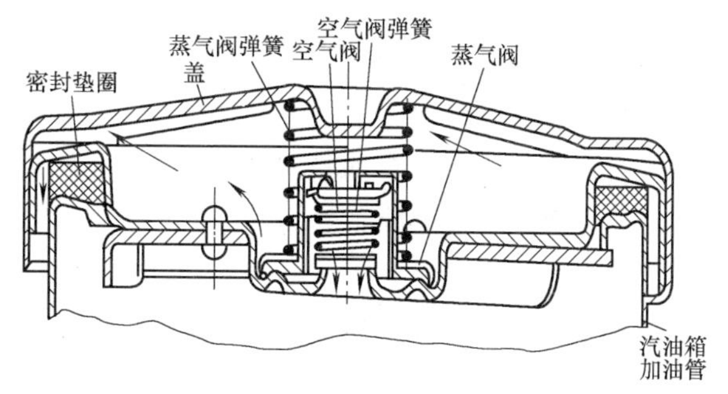


图 5-31 汽油箱盖

对汽油箱要按规定定期清洗掉油污、积水、沉积物，用压缩空气吹干净。当发现薄金属板制造的汽油箱有裂纹时，可将其拆下后用焊接法修补。拆卸汽油箱前，先拆掉蓄电池的负极线，再放尽汽油。焊修前，必须将汽油箱中的汽油或汽油蒸气彻底清除，并将油箱盖和油面传感器浮子组的端盖拆下，以确保安全。

### 5.6.2 汽油滤清器

汽油滤清器的功用是除去汽油中的水分和杂质，防止油路堵塞，减轻气缸磨损，减少汽油泵等部件的故障。

汽油滤清器分为可拆式和不可拆式两种。

#### 1. 可拆式汽油滤清器

可拆式汽油滤清器主要由盖、滤芯、沉淀杯等组成，如图 5-32 所示。盖上有进油管接头和出油管接头，滤芯用螺栓固定在盖上。滤芯与上盖间有密封垫，沉淀杯与盖之间有密封垫，由螺钉压紧在盖上，沉淀杯底部有放油螺塞。滤芯多用多孔陶瓷或微孔滤纸制造。

发动机工作时，在汽油泵的作用下，汽油经进油管接头进入沉淀杯，水及较重的杂质沉淀于杯底部，较轻的杂质在随汽油流向滤芯时，被阻隔在滤芯外面，清洁的汽油进入滤芯内腔，再从油管接头流出。

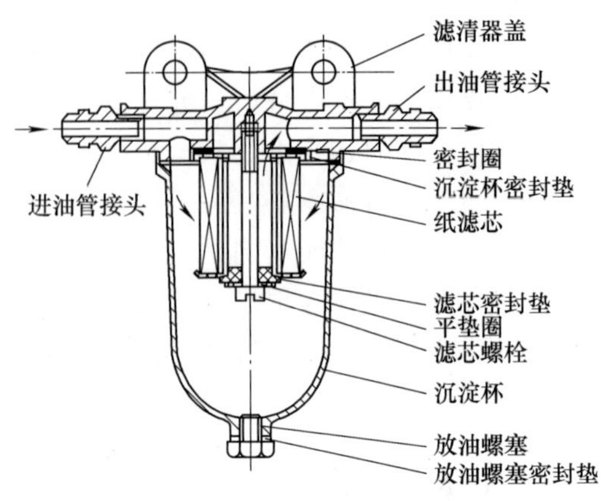


图 5-32 可拆式汽油滤清器

**2. 不可拆式汽油滤清器**

不可拆式汽油滤清器采用密封式的薄外壳，以及用化纤或微孔滤纸经酚醛树脂处理而具有良好抗水性能的滤芯，如图 5-33 所示。

**3. 汽油滤清器的维护**

不可拆式汽油滤清器无须清洗，应按车辆使用说明书规定的使用周期更换新的滤清器总成，一般每行驶 15000km 需更换一次。

对可拆式汽油滤清器，在使用中要经常从放油螺塞处放掉沉淀杯底部的积水，尤其冬季使用时更应引起重视，以防积水结冰，引起供油中断；应严格按汽车制造商规定的行驶里程清洗或更换滤清器。清洗时，应用清洁的汽油清洗滤芯、各部通道及沉淀杯，并用压缩空气吹干净；滤芯有破损时，必须随时更换；若汽油箱的汽油受到污染，就得在规定的行驶里程之前更换或清洗滤清器。装合滤清器时，要确保各密封垫密封可靠。若滤清器泄漏或滤芯堵塞，将导致燃油系统内压力下降。

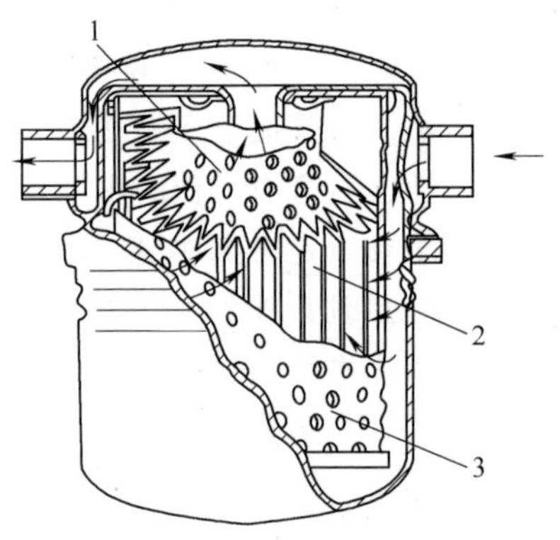


图 5-33 不可拆式汽油滤清器

1—中央多孔筒 2—纸质滤芯 3—多孔滤纸外筒

安装滤清器时应注意确保油流方向正确。许多汽油滤清器的进油管接头和出油管接头形状相同，在滤清器外壳上标有安装方向箭头，指示了汽油流经滤清器时的方向。

## 本章小结

汽油的蒸发性好，绝大多数汽油机在缸外形成混合气，属于均质混合气燃烧。混合气中汽油与空气的质量比称为空燃比，它与过量空气系数 $\lambda$ 都可表示混合气浓度。过量空气系数是燃烧 1kg 燃油实际供给的空气质量与理论空气量之比。汽油的理论空气量是 14.7kg（空气）/kg（燃油）。$A/F=14.7$ 或 $\lambda=1$ 的混合气称为理论混合气；$A/F<14.7$ 或 $\lambda<1$ 的混合气称为浓混合气，又称富油混合气；$A/F>14.7$ 或 $\lambda>1$ 的混合气称为稀混合气，又称贫油混合气。汽油空气混合气的着火浓度界限是 $\lambda=0.4\sim1.4$，而实际上能够保证汽油机可靠、稳定燃烧的混合气浓度范围更窄，过量空气系数仅在 $0.6\sim1.2$ 之间，或空燃比在 $9\sim18$ 之间。均质混合气燃烧的汽油机都只能靠改变节气门的开度、控制进入气缸内的混合气数量来

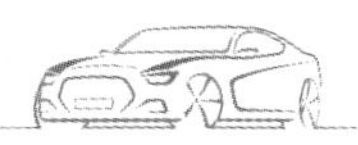

调节功率输出，以适应负荷的变化，这种功率的调节方式称为“量调节”。

汽油机正常燃烧是指火花塞在压缩行程上止点前跳火，火焰中心向四周迅速传开，直到烧遍整个燃烧室。整个过程持续40°~60°曲轴转角，分为着火延迟期、速燃期和后燃期三个阶段。理想的燃烧过程是在上止点附近及时、迅速、完全地结束，过后燃烧使发动机动力性、经济性、排放、热负荷都恶化。当过后燃烧严重时，还易产生排气管放炮（混合气过浓）或进气管回火（混合气过稀）现象。

汽油机的不正常燃烧主要指爆燃和表面点火。爆燃是燃烧室中末端混合气在正常火焰到达之前发生的自燃，伴随着尖锐的金属敲击声和冷却液、机油温度的明显升高。严重爆燃将导致发动机过载、过热，促使积炭形成，加剧机件变形、磨损、烧损，功率、热效率下降，寿命缩短等。表面点火是由燃烧室炽热表面点燃混合气的现象。在火花塞跳火之前的早火危害大，且与爆燃相互促进。爆燃是限制压缩比提高的主要障碍，也影响大缸径的设计方案。汽油的辛烷值表示其抗爆性，是划分牌号的依据。高压缩比的汽油机应选择高牌号的汽油。汽油机低速、大负荷时易发生爆燃。

点火提前角是从火花塞跳火时刻到活塞行至上止点时曲轴转过的角度，是影响汽油机性能的重要调整参数。每一工况都有一个“最佳”的点火提前角，使动力性和经济性最好。最佳点火提前角随转速的升高、负荷的减小、冷却液温度的降低应增大，车用汽油机上均装有点火提前角自动调节装置。推迟点火（减小点火提前角）是抑制爆燃的有效措施，也是运行中的汽油机控制爆燃的策略。

混合气浓度也是影响汽油机综合性能的调控参数。$\lambda=0.85\sim0.95$ 的稍浓混合气的燃烧速度、燃烧温度最高，称为功率混合气，此时也最易发生爆燃；$\lambda=1.05\sim1.15$ 的稍稀混合气，燃烧速度和温度降低得不多，且燃油能够完全燃烧，称为经济混合气，但此时易生成 $NO_x$。过浓、过稀的混合气均使燃烧速度降低，降低功率、热效率，增大 CO、HC 排放量。

环境温度、冷却液温度低时，燃油雾化不良、蒸发困难，部分燃油凝结在进气管和气缸壁上会使混合气变稀，燃烧不稳定且速度慢。所以，低温工况需加浓供油、增大点火提前角，在温度升高后，加浓量、点火提前角应减小。

在冷起动工况时，发动机温度低，加之转速低、波动大，进气流速慢、不稳定，需加浓供油；同理，暖机工况时，也需要混合气加浓修正、点火提前角增大修正。随温度的升高，加浓量逐渐减小、点火提前角逐渐减小。

在怠速工况时，转速低，节气门开度最小，进入气缸内的混合气量少，残留废气对新鲜混合气的稀释严重，易导致缺火甚至熄火。化油器发动机和开环控制的汽油喷射发动机，怠速时需要加浓补偿，混合气过量空气系数 $\lambda=0.6\sim0.8$。电控喷射闭环控制的发动机，怠速时应控制在理论混合气。

在部分负荷工况时，随着节气门开度增大，混合气形成条件改善，进气阻力小，进气量多，残余废气稀释减轻，燃烧速度提高。从获得好的经济性出发，随节气门开度增大，混合气浓度应逐渐变稀，直至中等负荷时供给 $\lambda=1.05\sim1.15$ 的经济混合气。当节气门开度一定时，随转速的升高，混合气应逐渐变浓；就控制排放而言，电控喷射闭环控制的发动机在部分负荷工况时需控制在理论混合气。

汽油机在大负荷或全负荷工作时，节气门接近或达到全开的位置，要求发出尽可能大的功率，需 $\lambda=0.8\sim0.9$ 的功率混合气。

在急加速工况时，节气门突然开大，因汽油、空气的惯性差异及进气管内压力增高、温度降低，使汽油流量的增大较空气流量的增大滞后且蒸发慢，混合气出现暂时过稀，以及输出功率不增反降和减速的现象，甚至熄火。急加速时，必须额外供一些燃油加浓混合气。反之，急减速工况时，应减少供油或切断供油。

汽油机燃油系统的任务就是满足发动机每一工况下对混合气质与量的要求，以实现稳定、洁净的燃烧。

在电控燃油喷射式燃油系统中，电控单元中储存着预先通过实验得到的转速-负荷-最佳空燃比关系图，工作时根据负荷和转速传感器信号判断发动机所处的工况，查算相应工况下的最佳空燃比，进而以最佳空燃比和空气流量确定基本喷油量，再根据进气温度传感器、冷却液温度传感器、氧传感器等其他传感器信号对基本喷油量进行修正，得到最终喷油量，最后指令电磁喷油器以一定的压力将确定数量的燃油喷入进气管、进气道或气缸内与空气混合形成混合气。控制燃油量的参数主要是精确计量的空气流量和转速；燃油雾化质量则依赖于喷油压力，不受工况的影响，克服或大大改观了化油器式燃油系统的缺陷，综合提升了汽油机的动力性、经济性、排放性等，同时改善了怠速稳定性、过渡工况圆滑性和低温起动性等。

电控燃油喷射式燃油系统由燃油供给装置、传感器和电控单元组成。

燃油喷射方式按燃油喷射部位分为缸外喷射和缸内喷射两大类，缸外喷射又分为单点喷射和多点喷射两种。早期的汽油喷射采用单点喷射，在节气门体上安装1个喷油器；目前普遍采用多点喷射，在每个气缸的进气歧管或进气道内安装1个喷油器，将汽油喷射到各缸的进气门前方，各缸混合气分配均匀性好。

燃油喷射控制方式分为开环控制和闭环控制。闭环控制的目的是改善排放，以装在排气管上的氧传感器反馈的信号判断当前空燃比，修正燃油量，使空燃比在设定的理论空燃比值附近，保证三元催化器高的转化率。目前，汽油机普遍采用开环和闭环相结合的控制方案。冷却液温度达到正常工作温度（80℃）、怠速工况、部分负荷工况、氧传感器达到正常工作温度时，都按闭环控制。起动后暖机、大负荷或全负荷、急加减速工况、氧传感器失效时，都按开环控制，以供给加浓的混合气。

汽油供给装置包括汽油箱、汽油滤清器、汽油总管（汽油分配管）、输油管及电动汽油泵、汽油压力调节器、喷油器等执行元件。

电动汽油泵负责供给燃油系统规定压力的汽油，主要由泵油组件、永磁电动机、限压阀、单向阀和壳体等组成，可分为滚子泵、涡轮泵、齿轮泵、侧槽泵等形式。常用的是滚子泵、涡轮泵和齿轮泵。涡轮泵连续输油，油压波动小，安装在汽油箱内（内置式或湿式），不易产生气阻和泄漏，噪声小；滚子泵和齿轮泵均为容积泵，间歇性输油，油压波动较大，一般安装在汽油箱外的输油管路中（外置式）。

汽油压力调节器的作用是在发动机任何工况下均保持汽油总管内的油压与进气歧管的压力差值恒定。其由壳体、膜片、弹簧、进出油口、真空室、燃油室、真空接口等组成。若真空管破裂或接头处密封不严，油压偏高，将导致发动机以偏浓的混合气工作；若膜片破裂，也会导致发动机以偏浓的混合气工作。

电磁喷油器接收ECU传来的喷油脉冲信号，将一定量的汽油以良好的雾化状态喷入进气管内。其主要由电磁线圈、阀、阀座、衔铁、回位弹簧、滤网、壳体等组成，通过控制电

磁线圈的通、断电时间，实现喷油、断油及喷油量调节。喷油器的主要问题是磨损和喷嘴处产生沉积物。如果只是沉积物堵塞喷油器，那么将清洗剂加到油箱中可溶解掉喷油器和油路中的沉积物。

传感器用于检测发动机的运行状态，并将它们转换成便于电控单元识别的电信号。传感器主要包括负荷传感器（空气流量传感器、进气歧管绝对压力传感器）、节气门位置传感器、转速和曲轴转角位置传感器、氧传感器、冷却液温度传感器等。

电控单元又称电脑，通过存储、处理传感器送来的各种信息，进行计算处理、分析判断、决定对策，发出控制指令，指挥执行器工作，负责向传感器提供 2V、5V、9V、12V 等不同要求的电压，具有自适应功能，能对燃油喷射、点火提前角、怠速、排放、进气、增压、故障自诊断、失效保护和备用控制系统等进行多项综合控制。

怠速控制就是对怠速转速的控制，其实质是控制怠速时的进气量，有旁通空气道控制和节气门直动控制（电子节气门）两种方法。旁通空气道控制即怠速时节气门完全关闭，在其旁边设旁通空气道和控制阀，控制旁通道流通面积。

对汽油箱要按规定定期维护。对于不可拆式汽油滤清器，应按规定的使用周期更换新的滤清器总成。对于可拆式汽油滤清器，应严格按规定的行驶里程清洗或更换滤清器，若汽油箱内的汽油受到污染，则在规定的行驶里程之前就更换或清洗滤清器。装合滤清器时，要确保各密封垫密封可靠。安装滤清器时，应注意确保油流方向正确，许多滤清器在外壳上标有安装方向箭头，指示了燃油流经滤清器时的方向。

## 【复习思考题】

1. 按汽油的流动路线说明汽油机燃油供给系统的组成。
2. 何为过量空气系数、空燃比？它们有何意义？
3. 何为动力混合气？何为经济混合气？
4. 说明汽油机负荷调节方式。汽油车加速踏板控制哪个元件？
5. 何为汽油机的正常燃烧，分哪几个阶段？排气管放炮和进气管回火是何原因？
6. 何为爆燃，有何现象和害处？何种工况下易发生爆燃？
7. 燃烧室积炭后有何害处？
8. 何为点火提前角？点火提前角过大或过小有何害处？
9. 随转速、负荷的变化，最佳点火提前角应如何调整？
10. 随转速、负荷的变化如何调整混合气浓度？
11. 运行中的发动机如何抑制爆燃的发生？
12. 汽油机断火后仍能继续运转是由什么原因引起的？
13. 汽油的抗爆性如何评价？汽油牌号如何划分，与抗爆性有何关系？
14. 汽油牌号越高越好，对吗？如何选用汽油？
15. 汽油机在何种工况下 $NO_x$ 的排放量大？
16. 汽油机在哪些工况下 CO、HC 的排放量多？
17. 根据汽油机各工况（冷起动、暖机、怠速、部分负荷、全负荷、急加速、急减速）混合气形成及燃烧的特点，说明空燃比和点火提前角控制策略。
18. 典型的汽油机燃烧室有几种？各有何特点？
19. 采用双火花塞有何优点？

20. 与化油器式汽油机相比，汽油喷射式汽油机有哪些优点？

21. 空气流量计有哪几种类型？哪些需要配合进气温度传感器才能获得进气的质量流量？

22. 什么是燃油喷射的闭环控制和开环控制？

23. 汽油机在哪些工况下采用闭环控制，在哪些工况下采用开环控制？

24. 电动汽油泵中的单向阀和限压阀分别有何作用？若存在泄漏会引起什么问题？

25. 汽油压力调节器的作用是什么？汽油压力调节器真空管泄漏有何危害？汽油压力调节器膜片破裂会发生什么现象？

26. 何为淹缸？

27. 电控喷射汽油机是否可以起动时“轰油门”？为什么？

28. 电控汽油喷射发动机怠速控制的实质是什么？控制方法有哪几种？

29. 转速和曲轴转角位置传感器有什么作用？常见的有哪几种？分别有什么特点？

30. 氧传感器有什么作用？常见的有哪几种？正常工作温度分别是多少？

31. 简述节气门位置传感器的作用。

32. 如何做好汽油滤清器的使用与维护？安装时应注意哪些事项？

# 第6章

# 柴油机燃油系统及燃烧

【学习目标】

1. 掌握柴油机燃油系统的功用、组成、分类。
2. 掌握喷油器、喷油泵等主要零部件的作用、结构、工作过程及拆装与调试方法。
3. 理解柴油机燃烧过程及使用因素的影响。
4. 理解调速器的作用、基本结构、工作原理和调整方法。
5. 理解柴油机电控喷射系统类型、特点和工作过程。
6. 了解柴油机混合气形成过程。
7. 了解柴油机燃烧室类别及其特点。
8. 认识柴油机燃油系统与其性能及检修运用之间的关系。

## 6.1 概述

### 6.1.1 柴油机燃油系统的功用与要求

1. 柴油机燃油系统的功用

柴油机燃油系统的功用是根据柴油机各工况的需要，定时、定量、定压地将清洁的柴油按一定规律和良好的雾化形态喷入燃烧室，以保证其稳定燃烧和持续工作。为此，柴油机燃油供给系统应具有滤清燃油、控制喷射的功能，并储存一定数量的燃油，以满足发动机持续工作或汽车续驶里程的需要。

2. 柴油机燃油系统的要求

为保证柴油机所有工况下稳定而高品质地燃烧，以获得良好的动力性、经济性、环保性等，燃油喷射系统应满足以下基本要求：

1）各缸具有足够高而稳定的喷油压力，各缸喷油压力、喷雾形态、雾化质量、喷油规律应相同。

2）精确控制各缸的喷（供）油量和喷油正时，并适应转速与负荷的变化，工况不变时保持每循环、各缸的喷油量、喷油正时一致。

3）喷油开始和结束要迅速、干脆，无滴油现象，保证整个喷油持续期内良好而稳定的雾化质量。

### 6.1.2 柴油机燃油系统的组成和分类

#### 1. 基本组成

柴油机燃油系统主要由供油装置和调控装置组成。

供油装置主要包括燃油箱、燃油滤清器、输油泵（又称低压油泵）、喷油泵（又称高压油泵）、喷油器和油管。通常，按柴油流动路线，将供油装置分为低压油路部件、高压油路部件两部分。

低压油路是指燃油进入喷油泵之前的油路，主要包括燃油箱、燃油滤清器、输油泵、低压油管等部件。

高压油路即喷油泵加压后的油路，包括喷油泵、高压油管、喷油器等部件。

调控装置则是根据工况调控循环喷油量、喷油正时、喷油压力、喷油规律，保持运转稳定的装置，因喷射系统类型的差异而不同。

柴油机燃油系统可按照燃油喷射调控方式、所用喷油泵及高压油路布置方式的不同进行分类。

#### 2. 按喷射系统的控制方式分类

根据喷射系统控制方式的不同，柴油机的燃油系统分为机械控制喷射式和电子控制喷射式两类。

（1）机械控制喷射式燃油系统 传统的机械控制喷射式燃油系统分为直列柱塞式喷油泵柴油机燃油系统和分配式喷油泵柴油机燃油系统。调控装置为调速器与喷油提前器，它们均与喷油泵连为一体，通过控制喷油泵供油量、供油时刻来控制喷油器喷油量和喷油时刻。

1）直列柱塞式喷油泵柴油机燃油系统。图6-1所示为柱塞式喷油泵柴油机燃油系统。当柴油机工作时，燃油被输油泵从燃油箱中吸出，经油水分离器除去水分和大的杂质后进入输油泵，使压力升高至0.15~0.30MPa，再经燃油滤清器送往喷油泵。燃油在喷油泵内被提高压力至7MPa以上后，经高压油管送到喷油器喷入燃烧室。喷油泵中过量的燃油和喷油器中多余的燃油经回油管流回到燃油箱。调速器与喷油提前器分别装在喷油泵的前、后端，与喷油泵连为一体。

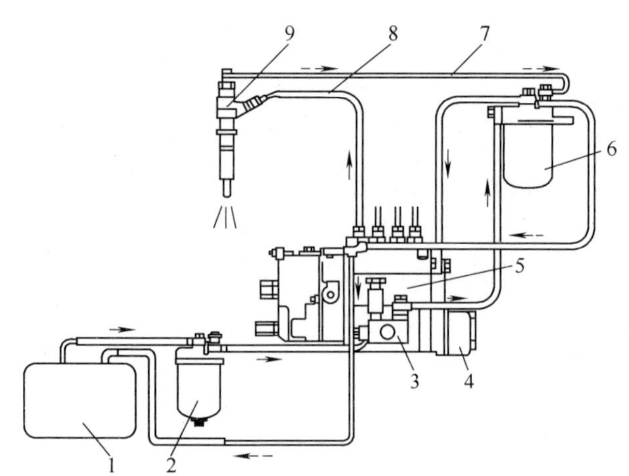

图6-1 柱塞式喷油泵柴油机燃油系统
1—燃油箱 2—油水分离器 3—输油泵 4—喷油提前器 5—柱塞式喷油泵 6—燃油滤清器 7—回油管 8—高压油管 9—喷油器

2）分配式喷油泵柴油机燃油系统。图6-2所示为分配式喷油泵柴油机燃油系统。柴油机工作时，一级输油泵将燃油从燃油箱中吸出，经油水分离器和燃油滤清器后进入二级输油泵。经二级输油泵再次加压后，燃油进入密闭的分配式喷油泵体内，经分配式喷油泵增压、计量后，再经高压油管送到喷油器。

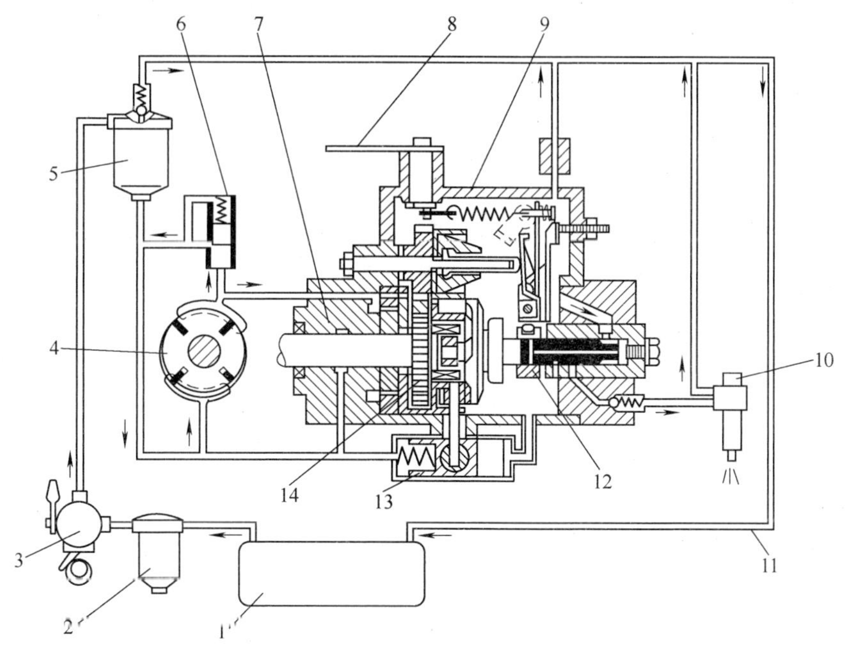


图 6-2　分配式喷油泵柴油机燃油系统

1—燃油箱　2—油水分离器　3——级输油泵　4—二级输油泵　5—燃油滤清器　6—调压阀　7—驱动轴　8—调速手柄　9—泵体　10—喷油器　11—回油管　12—油量调节套筒　13—喷油提前器　14—传动齿轮

一级输油泵为膜片式，由配气机构凸轮轴驱动。二级输油泵为滑片式，装在分配式喷油泵体内，并由分配式喷油泵的驱动轴驱动。滑片式输油泵出口油压随转速的提高而增加，为控制喷油泵内腔油压保持稳定，在二级输油泵出口处设有调压阀。当喷油泵内腔油压超过规定值时，将部分燃油经调压阀返回输油泵入口。喷油泵内腔油压一般控制在 0.3～0.7MPa。调速器和喷油提前器与分配式喷油泵连为一体，分别装在喷油泵的上部和下部。

（2）电子控制喷射式燃油系统（又称“电控燃油喷射系统”）　该系统借助于电控单元（ECU）和各种传感器、执行器，实施喷油量、喷油提前角及其他项目的自动控制。按控制对象及控制原理的不同，柴油机电子控制喷射式燃油系统可分为位置控制式、时间控制式和时间-压力控制式三种。

位置控制式燃油系统仅仅是在机械控制喷射式燃油系统的基础上，将机械式调速器和喷油提前器改为由步进电动机或比例电磁阀进行自动控制的装置，实现了供油时刻和调速的自动化控制，但仍然是以控制喷油泵的供油间接控制喷油器的喷油；时间控制式燃油系统通过直接控制喷油器开始与终止喷油的时刻，来控制喷油正时及喷油量。时间-压力控制式燃油系统则除了直接控制喷油器开始与终止喷油时刻，还精确控制喷油压力，可以通过多次喷射控制喷油规律等，使柴油机的性能得到了有效改善，成为柴油机电控喷射技术的发展方向，如图 6-3 所示。

电子控制喷射式燃油系统由电控单元（ECU）和各种传感器、执行器 3 部分组成，只是不同类型的电子控制喷射式燃油系统，由于功能的差异，传感器数量与类型、喷油泵结构、执行器数量与类型、ECU 控制软件等有所不同。ECU 中预先储存着通过实验得到的转速-负

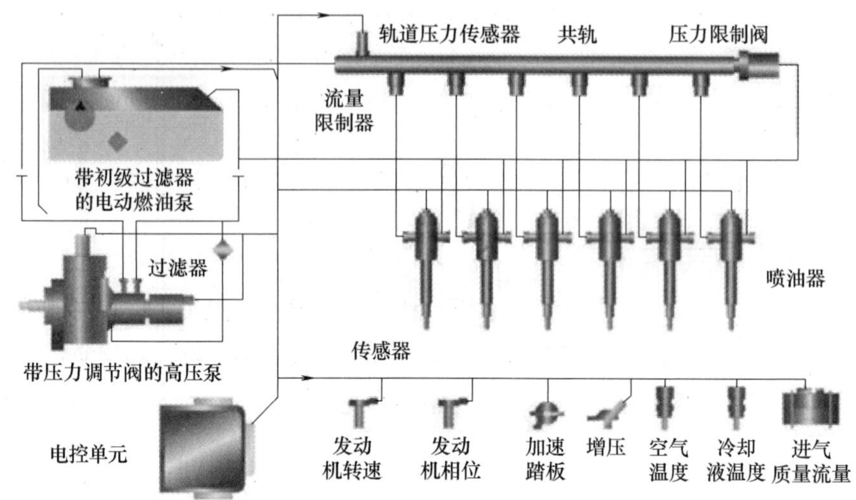


图6-3　时间-压力控制式（电控共轨）燃油系统

荷（加速踏板位置）-最佳喷油量关系，工作时，ECU接收各传感器的信号，与存储的参数值或参数图谱（称为MAP图）相比较，按其最佳值或计算后的目标值发送指令到执行器，执行器按指令控制喷油量、喷油正时及其他参数或项目。

**3. 按照高压油路的布置方式分类**

按照高压油路的布置方式，柴油机燃油系统还可分为喷油泵-高压油管-喷油器系统、泵喷油器系统和单体泵系统，如图6-4所示。传统的机械控制喷射式燃油系统、时间-压力控制式燃油系统均属于喷油泵-高压油管-喷油器系统，单体泵系统和泵喷油器系统均是时间控制式燃油系统。单体泵系统为各缸独立控制供油、喷油，高压油泵和喷油器之间的高压油管设计得很短。泵喷油器系统则是将喷油泵和喷油器一体化，取消了高压油管。

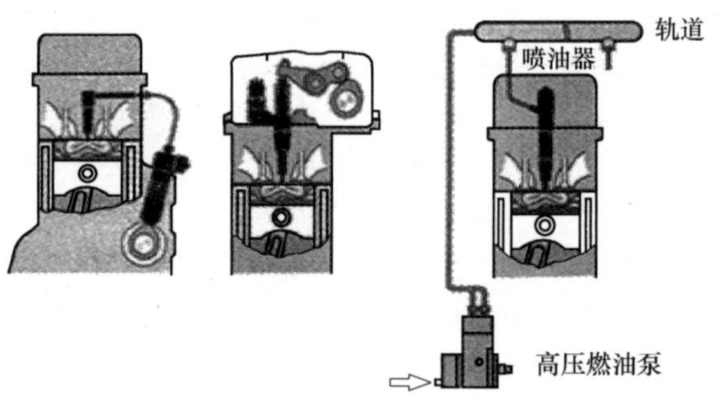


a) 单体泵系统　b) 泵喷油器系统　c) 喷油泵-高压油管-喷油器系统

图6-4　柴油机燃油系统及布置

## 6.2　柴油机混合气的形成和燃烧

### 6.2.1　柴油机混合气形成和燃烧的特点

由于柴油与汽油性质的差异，柴油机与汽油机混合气的形成和燃烧过程有很大的不同。汽油机中汽油与空气可以在进气管内开始混合，至着火时形成均质混合气，由火花点火形成火焰中心并传播至整个燃烧室，燃烧快速、柔和、噪声小，过量空气系数小（在1附近）且无碳烟排放，只是受爆燃的限制不宜采用较大的压缩比；而柴油黏度大、蒸发性差、自燃性好，因此柴油机采用缸内形成混合气、自燃着火的方式，即在压缩行程临近终了时，将柴

油以很高的压力并按一定规律和雾化形态喷入燃烧室内受压缩的高温（500~700℃）、高压（3.0~5.0MPa）空气中，快速受热、蒸发、扩散，与空气形成可燃混合气。由于此时气缸内的温度已超过了柴油的自燃温度，于是首先达到着火浓度的地方多点同时自发地着火燃烧。柴油机混合气的形成与燃烧具有以下特点：

1）在气缸内部形成混合气的时间很短。从燃油开始喷入燃烧室至出现着火只有 8°~15°曲轴转角。

2）靠压缩使混合气自燃着火，须采用较大的压缩比。

3）混合气形成过程与燃烧过程大部分时间重叠在一起。燃油边喷入、边雾化、边受热蒸发、边扩散混合、边燃烧，且在浓度适宜的多点同时自发地着火，燃烧冲击性大。

4）燃油在燃烧室中分布不均匀，局部的混合气过浓和过稀，空气利用率低，易产生碳烟。为保证燃油完全且及时燃烧，只能供给充足的空气，采用较大过量空气系数，其下限一般在 1.2 左右。

5）稳定着火、燃烧的混合气浓度范围较宽，从怠速到全负荷的平均过量空气系数在 1.2~2.3 范围内，甚至达到 11。因为燃烧室内混合气浓度不均匀，总有适合着火的局部区域或点。

这一特点，决定了柴油机功率输出调节为“质调节”。柴油机无节气门，每循环进入气缸的空气量随工况的变化而基本不变，输出功率的增大或减小由增加或减少每循环喷油量、改变气缸内混合气浓度来调整，这就是“质调节”。

柴油机的优势就在于经济性好，主要原因是其压缩比较大、可燃混合气较稀（过量空气系数较大）以及泵气损失少（无节气门）。其劣势就在于：局部的混合气过浓导致排气烟度大；高压缩比和燃烧粗暴导致机械负荷、振动、噪声大；较大的过量空气系数降低了气缸工作容积利用率，加之为保证在高机械负荷下工作的可靠性，零部件尺寸和重量必然加大，而转速的提高又受到惯性力载荷及摩擦损失的限制，所以其转速不能像汽油机那样高，结构紧凑性较差、较笨重。

柴油机组织燃烧过程的目标是保持高的燃油经济性的同时，不断地通过改善混合气形成和燃烧过程，降低燃烧粗暴度和排气烟度，减少过量空气系数和提高转速或采用增压技术等提高比功率，使之比重量和尺寸可与汽油机媲美。

### 6.2.2　柴油机混合气的形成

柴油机燃烧速度与品质取决于混合气的形成速度与质量。燃油喷雾、气流运动、燃烧室形状是影响混合气形成的关键因素，三者配合方式的不同便形成了不同的混合气形成方式和不同的燃烧室类型。本节只讨论混合气形成的方式及燃油喷雾，关于不同类型的燃烧室混合气形成与燃烧的特性在本章 6.3 节中讨论。

**1. 燃油的喷射雾化**

利用喷油器将燃油以很高的压力喷入燃烧室并雾化成细小颗粒是混合气形成的第一步。油束的形态决定了燃油在燃烧室中的分布范围，油束中油滴的大小则影响受热、蒸发面积。这是研究混合气形成首先要关注的问题。

（1）油束特性　燃油在很高的压差（燃油压力-缸内压力>100MPa）下，以非常高的速度（>100m/s）流出喷孔进入气缸而成为横向（或断面）逐渐扩大的喷柱，如图 6-5 所示，称为油束或油锥。其特性可由油束射程、喷雾锥角和雾化质量（油滴分布）来描述。

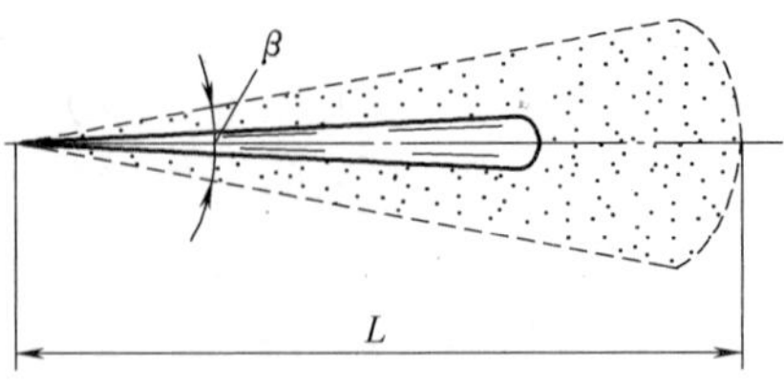

图6-5　油束形态

1）油束射程 $L$ 与锥角 $\beta$。油束射程是指燃油喷射期间油束前端距喷孔口的最大距离，又称其为贯穿距离。它与油束锥角直接关系着燃油在燃烧室中的分布情况及其与燃烧室形状的配合，影响着空气利用率、混合气形成速度与均匀度。

若油束射程太小，则燃油不能到达燃烧室壁面附近，燃烧室周边的空气得不到充分利用；若油束射程太大，则过多的燃油喷到燃烧室壁上，也影响混合速度。

若油束锥角过小，则油滴过于密集，不能有效地分布在燃烧室空间中；若油束锥角过大，则会降低油束射程。

2）雾化质量，即喷散雾化的程度，用油滴的细度和均匀度描述。细度以油滴平均直径评定，均匀度用油滴最大直径与最小直径之差表示。油滴平均直径及直径差值越小，油滴越细、越均匀，雾化质量就越好，与空气接触、受热、蒸发面积就越大，混合气形成得越快。

（2）油束特性的主要影响因素　油束特性的主要影响因素有喷油压力、喷孔直径、喷油器结构类型及柴油黏度等。

增加喷油压力和减小喷孔直径，都使燃油从喷孔流出的速度增大，雾化质量改善。油束射程则随喷油压力、喷孔直径的增加而增大。

喷油器结构类型不同，则喷孔及油束数量、喷油压力也不同。多孔式喷油器比轴针式喷油器雾化质量好、燃油分布均匀，主要原因就在于其喷油压力高、喷孔直径小，以及较多的、均匀分布的油束数量。降低燃油黏度，在同样喷油压力下，可改善雾化质量。

传统的机械控制喷射式燃油系统，转速和喷油泵凸轮形状对雾化质量也有影响。转速越高，或凸轮轮廓线越陡，则喷油压力越高，供油速度越快，雾化质量越好。

注意，开始喷射和结束喷射时，压力升高和降低的速度、喷油器（或针阀）开启和关闭的速度影响喷雾质量。初喷和终喷时压力升高和降低的速度越快、喷油器开启和关闭的速度越快，雾化质量越好；反之，雾化恶化，甚至滴油。所以，整个喷油周期内喷油压力高而稳定、开始与结束时迅速敏捷、提高喷油规律的可控性，一直是燃油喷射系统技术研发所追求的目标。

**2. 柴油机混合气形成方式**

柴油机的混合气形成方式分为空间雾化混合、壁面油膜蒸发混合及空间雾化-油膜蒸发复合式三种。

1）空间雾化混合，是指使燃油以良好的喷雾形态尽可能均匀地分布到燃烧室空间（而不喷射到燃烧室壁上）与空气混合，混合气的形成主要依靠燃油的雾化质量，且油束形状要与燃烧室形状相配合。空间雾化混合是一种“燃油找空气”的方法。

2）壁面油膜蒸发混合，主要依赖空气涡流和一定温度的燃烧室壁面，即将绝大部分（90%~95%）燃油沿燃烧室壁面顺着空气涡流方向喷射，在燃烧室壁面上形成一层油膜。另一小部分喷散在燃烧室空间中的燃油作为引火源，首先与空气混合并在近壁面处着火。油膜受燃烧室壁和空气的加热而蒸发，油蒸气被快速卷入涡流中同空气混合，使燃油逐层、分批从燃烧室外缘投入燃烧，并随着燃烧的进展、燃烧室内温度的升高逐渐加速。

3）空间雾化-油膜蒸发复合式，依赖燃油喷雾和气流运动的共同作用进行混合。其要求油束形状与燃烧室形状相配合，并使一小部分燃油喷到并撞击燃烧室壁，利用反弹形成二次雾化；采用组织进气涡流和压缩挤流的方式，加快混合气形成速度。

综上所述，改善柴油机混合气的形成和燃烧的基本方法有两种：一是提高燃油雾化质量，且使油雾形状与燃烧室形状相配合，并尽可能均匀地分布到燃烧室中；二是组织适当的空气运动，扩大燃油与空气混合的范围。各种类型燃烧室的柴油机均通过组织进气涡流和压缩挤流、燃烧涡流（详见 6.3 节）等来改善混合气的形成与燃烧。

### 6.2.3　柴油机内的燃烧过程

柴油机内的燃烧过程从压缩行程末期喷油器开始喷油的时刻开始至燃油基本燃烧完毕，整个过程持续 50°~70°曲轴转角。从喷油器开始喷油的时刻到活塞行至上止点时曲轴转过的角度，称为喷油提前角。

图 6-6 是柴油机 $p$-$\varphi$ 示功图，图中实线为气缸内实际燃烧时的压力曲线，虚线为无燃烧时的纯压缩膨胀曲线。根据燃烧过程中气缸内压力、温度的变化特征，将其分为着火延迟期、速燃期、缓燃期和后燃期四个阶段。

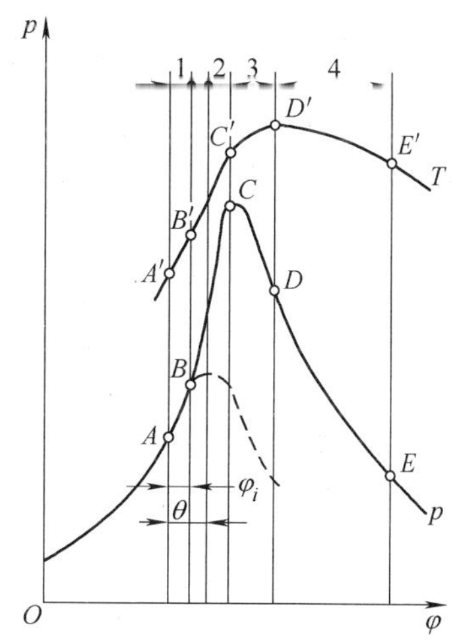


图 6-6　柴油机 $p$-$\varphi$ 示功图

1—着火延迟期　2—速燃期　3—缓燃期　4—后燃期　θ—喷油提前角

#### 1. 第 1 阶段——着火延迟期

在压缩行程末期的 $A$ 点处开始喷油，虽然此时气缸内温度已远高于柴油的自燃点，但并不能马上着火，而是经过着火前的物理化学准备（雾化、吸热、蒸发、扩散、混合、低温氧化等），直到 $B$ 点才开始着火燃烧，缸内压力开始急剧上升。从开始喷油的 $A$ 点到开始着火燃烧的 $B$ 点的这一段时间称为着火延迟期，又称滞燃期或着火准备期等，其间形成并积累着可燃混合气。

柴油机中，以时间或曲轴转角计的着火延迟期分别只有 0.7~3ms 或 8°~15°曲轴转角。着火延迟期对整个燃烧过程乃至发动机的整机性能有极大的影响。决定着火延迟期长短的直接因素除燃油自身性质外，就是喷油时气缸内温度和压力的高低、燃油雾化质量、空气运动，其他因素都是通过引起上述因素的变化而间接施加影响的。凡是提高压缩终了时气缸内温度和压力的因素，或改善燃油雾化质量，加强空气运动，改善混合气形成的因素，均使着火延迟期缩短。

#### 2. 第 2 阶段——速燃期

速燃期又称急燃期，即着火开始后快速燃烧放热、压力急剧上升的 $B \rightarrow C$ 阶段，终点 $C$ 时气缸内出现最大压力。着火延迟期喷入的燃油经过物理化学准备达到着火条件，几乎同时全部燃烧。同时，第 2 阶段喷入而又完成燃烧准备的小部分燃油也相继投入燃烧。由于是在上止点附近、气缸体积小且变化慢的条件下进行的，近乎等容燃烧，所以气缸内压力和温度都急剧升高，结束时缸内压力 $p_c$ 达到或近于最高燃烧压力 $p_{zmax}$，但随着燃油的继续燃烧，温度仍然升高。

速燃期内平均压力升高率 $\Delta p/\Delta\varphi$（定义与汽油机的相同）对整机性能有重要影响。$\Delta p/\Delta\varphi$ 越大，表明越多的燃油集中在上止点燃烧，这是提高热效率、改善动力性与经济性所期望的。但若 $\Delta p/\Delta\varphi$ 过大，会使活塞、连杆、曲轴及机体组件受到剧烈的冲击，振动加剧，噪声（敲缸声）明显增大，产生所谓的工作（或燃烧）粗暴，影响运转平稳性。不仅如此，过快的压力增长还会使最高燃烧压力 $p_{zmax}$ 和温度 $T_{zmax}$ 升高，导致可靠性降低、寿命缩短，$NO_x$ 生成量增多。因此，应将压力升高率和最高压力限制在一定范围内。一般柴油机的 $\Delta p/\Delta\varphi$ 在 0.4~0.6MPa/(°) 范围内，最高压力 $p_{zmax}$ 可达 9.0MPa，增压柴油机 $p_{zmax}$ 可达 15.0MPa，均比汽油机的相应值高。

柴油机压力升高率主要取决于着火延迟期内形成的可燃混合气数量。因此，要控制压力升高率，应缩短着火延迟期或减少着火延迟期内喷入的燃油量，以控制着火延迟期内形成的可燃混合气量。目前，柴油机工作平稳性越来越好，电控燃油喷射系统控制着火延迟期内喷入的燃油量的技术功不可没。

**3. 第 3 阶段——缓燃期**

缓燃期是从最大压力点 $C$ 到气缸内最高温度出现的点 $D$ 之间的阶段。此阶段的燃烧在活塞下行、气缸容积不断增大的情况下进行，气缸内压力几乎不变或略有升高或降低，温度继续升高。一般高速柴油机的喷油在缓燃期已经结束，而大型低速柴油机仍继续喷油。此阶段气缸内温度高，几乎是随喷随燃。但因氧气少、废气多，若燃油喷入高温废气区，不能及时遇到氧气，则不仅使燃烧过程拉长，热利用率降低，而且容易裂解生成碳烟。保持燃烧室内有足够多的空气量（采用较大的过量空气系数）并加强空气运动，则是加快混合，保证燃烧完全、及时，减少碳烟排放的重要措施。

**4. 第 4 阶段——后燃期**

后燃期又叫补燃期，是指从缓燃期终点到燃油基本燃烧完毕的阶段。少量未燃烧的燃油和不完全燃烧产物，在此阶段继续燃烧。

在过后燃烧阶段，气缸内未被利用的空气已很少，废气却很多，使燃烧条件恶化，燃烧速度缓慢，且活塞已远离上止点，剩余膨胀行程较短，燃烧放出的热量得不到充分利用，不仅使发动机动力性、经济性下降，而且活塞和气缸热负荷增大，排温升高，碳烟排放增多，因此应尽可能减少和避免后燃。

过后燃烧严重往往由开始喷油过晚、缓燃期内喷油量过多，或喷油结束太迟、喷油雾化不良甚至滴油、燃油与空气混合速度过慢所致。高速、大负荷工况时，喷油量多、喷油持续期长，过量空气系数小，过后燃烧和黑烟就较严重。另外，气缸密封不良、燃油品质差也是过后燃烧增加的原因。减轻后燃和排烟的措施就是尽可能减少缓燃期内的喷油，采用较大的过量空气系数并加强空气运动，以使燃油及时找到空气进行燃烧。

注意，不管柴油机还是汽油机，排气温度和排烟都是判断发动机燃烧过程质量的重要信号。排气温度偏离正常值升高，甚至排气管烧红，通常都由燃烧恶化、后燃严重所致。

### 6.2.4　使用因素对燃烧过程的影响

根据柴油机混合气的形成和燃烧过程及其特点，燃油喷雾与喷油规律、气流运动、燃烧室热力状态（温度与压力）及滞燃期等主导着混合气形成速度、均匀度、燃烧温度，是决定燃烧品质的直接因素。其他结构因素、调整因素（喷油提前角、循环喷油量）、运转因素

（转速、负荷、环境）、技术状况及燃油特性等均通过引起这些基本因素的变化对燃烧过程产生影响。

**1. 柴油品质**

（1）柴油十六烷值　十六烷值表征着柴油发火性能的好坏。十六烷值越高，柴油越易着火，着火延迟期短，工作越柔和，起动性越好；反之，十六烷值越小，着火延迟期越长，发动机工作越粗暴。车用柴油机所用柴油的十六烷值在 45～60 之间。但当十六烷值过高时，由于着火延迟期太短，柴油来不及与空气混合充分即着火，易导致冒黑烟。

对高速柴油机及技术状况相对较差、长期工作在寒冷地区的柴油机，采用高十六烷值的柴油则有利于混合气形成与燃烧。

（2）柴油的黏度　黏度的大小影响柴油的雾化性。同样喷油压力下，黏度越大，柴油雾化质量越差，与空气混合越慢、越不均匀，着火延迟期越长，柴油机工作越粗暴，易冒黑烟，也越不利于完全燃烧和起动。

柴油黏度随着温度变化而变化，温度越低，黏度越大。这是柴油机冷起动困难、振动较明显、易冒黑烟的主要原因之一。

（3）柴油凝点　凝点是试验条件下柴油开始失去流动性时的最高温度，表示柴油的低温流动性。车用柴油是按凝点划分牌号的，如-10 号柴油，其凝点为-10℃。柴油机工作时的最低环境温度应高于柴油凝点 5～7℃，否则，柴油不能被泵送，柴油机无法起动。

**2. 压缩终了时的压力和温度**

压缩终了时气缸内温度和压力越高，燃油蒸发、燃前反应越快。所以，在其他条件不变时，随着压缩温度、压力的升高，着火延迟期缩短，燃烧更柔和、完全、及时，动力性与经济性越好，柴油机起动也更容易。压缩终了时的压力和温度主要取决于压缩比、气缸密封性、进气压力和温度、冷却液温度等。

柴油机采用较大的压缩比，保证了起动容易，改善了工作粗暴性，也使得其动力性与经济性较好。

如果气缸的密封性下降，压缩温度和压力将降低，即导致着火延迟期变长、工作粗暴、起动困难，也因空气的流失使混合气变浓，引起冒黑烟、动力性与经济性下降、热负荷升高。气缸密封性下降的原因可能是气门或气门座积炭、磨损或变形，气门弹簧弹力不足、气门间隙不足等使气门密封不严，也可能是活塞环磨损或变形、气缸磨损、拉缸、气缸垫破损等。

进气压力降低，意味着进气阻力增大及进气量减少，使混合气变浓，后燃及不完全燃烧增多，导致动力性、经济性恶化，排气管冒黑烟，发动机过热等。

进气温度、环境温度、冷却液温度的升高，使滞燃期缩短，工作柔和。

**3. 喷油提前角**

对每一工况，柴油机都有一个最佳喷油提前角，使动力性、经济性最好。

若喷油提前角过大，燃油喷入时气缸内压力、温度较低，着火延迟期较长，使最高爆发压力和 $\Delta p/\Delta\varphi$ 增大，导致柴油机工作粗暴。喷油提前角过大，还会增加压缩末期耗功，导致动力性、经济性变差，起动困难，怠速不良等。

若喷油提前角过小，燃油喷入时气缸内压力、温度较高，虽然着火延迟期缩短，但燃油不能在上止点附近迅速燃烧完全，导致后燃严重，柴油机动力性、经济性下降，排气温度升高，易过热，排烟加重。

根据上述喷油提前角和柴油十六烷值对燃烧过程的影响，采用适当减小或增大喷油提前角的方法，可补偿使用低或高十六烷值柴油工作时着火延迟期的增长或缩短。

4. 转速

当转速升高时，每循环经历的时间缩短，气缸漏气损失和散热损失减小，压缩终了时温度、压力升高，加之气缸内气流运动增强，利于混合气的形成，使着火延迟期缩短，压力升高率减小，工作柔和。

但随着转速的升高，单位时间内转过的曲轴转角增大，整个燃烧过程占的曲轴转角增大，过后燃烧加重。此时应增大喷油提前角，以保证燃烧在上止点附近迅速完成。车用柴油机装备有自动调节供油提前角的装置。

5. 负荷

当转速一定而负荷增大时，循环供油量增加，燃烧放热量增多，气缸内温度、压力增加，着火延迟期缩短，工作柔和。但循环供油量的增加，使喷油持续时间增加，燃烧过程延长，且由于混合气变浓，后燃和不完全燃烧加重，热效率降低，排烟加重。

结合转速和负荷对燃烧过程的影响，可解释柴油机冷起动或怠速运转时的工作情况。冷起动或怠速、低负荷运转时，转速低，泄漏损失大，气缸内温度低，且燃油雾化差，着火延迟期增长，$\Delta p/\Delta\varphi$ 增大，柴油机工作粗暴，产生较大的噪声。

6. 燃油喷射

除了前面讨论的喷油正时、循环喷油量（负荷）对燃烧过程有重要影响外，喷油压力及其稳定性、喷油规律也是影响柴油机燃烧过程的重要因素。喷油压力越大，雾化质量越好，喷油速率越快，混合气形成速度越快，着火延迟期及整个燃烧持续期缩短，可达到迅速而完全的燃烧；开始喷射和结束喷射时，压力升高和降低的速度越快，燃油雾化质量越好。但一味地追求喷油压力的提高，而不能有效控制喷油规律，则带来的是着火延迟期内的喷油量过多，使压力升高速率和最高压力升高、柴油机工作粗暴。喷油压力高低及其稳定性、各缸喷油量均匀性的控制精度、喷油规律的可控性等，主要取决于燃油喷射系统的类型与特性。

采用高压喷射并提高喷油规律的可控性一直是组织、改善柴油机燃烧过程的主要手段。理想的喷油规律应是“先缓后急，结束迅速，喷油持续期适中”，即在保证雾化质量的前提下，喷油初始以缓慢、少喷为宜，着火后在上止点附近快速喷射，既保证了着火延迟期内形成适量的可燃混合气，满足燃烧柔和要求，又使燃烧持续期尽可能短，保证尽可能高的等容度和热效率，同时防止生成过多的碳烟。

机械控制喷射式的喷油泵-高压油管-喷油器系统，通过喷油泵的供油控制喷油器端的油压来控制喷油过程。由于高压油管容积大、泵油机构节流及惯性的影响，喷油器响应慢，喷油提前角、喷油持续期或喷油量、喷油压力等难以精确计量与控制，且均随转速的升高而增大，各缸的均匀性也较差，喷油规律难以控制；喷油压力低且不稳定，开始喷射和结束喷射时压力升高和降低的速度、喷油器开启和关闭的速度均较慢，喷出的油滴颗粒较粗。车用柴油机上只装备有随转速的变化自动调节喷油提前角的装置，不能自动适应环境、发动机温度等的变化。

时间-压力控制式喷油泵-高压油管-喷油器系统，采用高压喷射，能够精确控制燃油压

力、喷油量、喷油正时，并自动适应转速、负荷、温度的变化。喷油压力几乎不受转速和喷油量的影响，改善了低速与低负荷时的喷雾质量，可灵活、敏捷地进行预喷射、多次喷射，大大提高了喷油规律的可控性，使柴油机综合性能得以提升，已成为满足越来越严的排放及油耗标准的主要技术手段。

**7. 燃油系统技术状况**

柴油机燃油系统中技术状况的下降引起的燃烧恶化或遭到破坏的外部现象，同气缸密封性下降的外部现象一样，都表现为排气冒黑烟、排气温度升高、工作粗暴和起动困难。

燃油系统技术状况下降可能是由于结胶、积炭或磨损而使喷油器喷孔尺寸及形状发生变化，也可能是喷油器弹簧或喷油泵出油阀弹簧弹性降低，精密偶件磨损，喷油器针阀或喷油泵出油阀运动力等偏离正常工作状况。这些变化将使燃油雾化变差，喷油时刻、喷油持续期及循环油量发生改变，还会出现二次喷射、滴油、断续喷射、隔次喷射等不正常喷射，尤其是传统的喷油泵-高压油管-喷油器系统。

1）二次喷射，即在正常喷射终了喷油器针阀落座后，由于反弹与高压油管中压力波的作用，针阀再次升起而产生喷油的现象。二次喷射延长了喷油持续期，增大了循环油量，并且是在较低压力下喷油，雾化不良，所以后燃及不完全燃烧严重，碳烟增多，并容易形成积炭，堵塞喷油孔，同时油耗增多，排气温度升高、热负荷增大。高速、大负荷工况下易发生二次喷射。

2）滴油，即喷射接近终了时或结束后，燃油仍从喷孔缓慢流滴的现象。喷射终了时，燃油压力下降过慢，使针阀不能迅速落座，会产生滴油；喷孔磨损、喷油器弹簧预紧力或刚度下降等，使针阀落座密封不严，也会产生滴油。滴出的燃油未能雾化，导致冒黑烟严重，易使喷孔因积炭而堵塞，甚至使针阀结胶或卡死。

3）断续喷射和隔次喷射。断续喷射是指喷油持续期内，由于喷油泵供油量不足、油压较低，针阀不能完全升起或保持在最大开度，呈往复跳动的状态。此时喷油压力、喷孔流通截面积不断变化，雾化不良，循环油量减少，针阀偶件磨损加速。

隔次喷射是指喷油泵供油量不足、油压低，不能够打开针阀喷油，出现间断爆发。

## 6.3　柴油机燃烧室

柴油机混合气的形成和燃烧均在燃烧室内进行，燃烧室的形状对混合气形成和燃烧质量有直接影响。柴油机燃烧室分为直接喷射式燃烧室和分隔式燃烧室两大类。

### 6.3.1　直接喷射式燃烧室

直接喷射式燃烧室是由凹形的活塞顶面与气缸盖底面形成的统一空间，燃油直接喷入这一空间与空气进行混合、燃烧，又称统一式燃烧室。

根据活塞顶面凹坑的形状，直接喷射式燃烧室有 ω 形、球形、U 形、四角形、八角形和花瓣形等，如图 6-7 所示。

**1. ω 形燃烧室**

除球形燃烧室外的直接喷射式燃烧室，混合气的形成主要依靠燃油雾化，力求油雾形状与燃烧室形状相配合，使雾化燃油分散到燃烧室容积中去，并组织适当的空气运动。其特

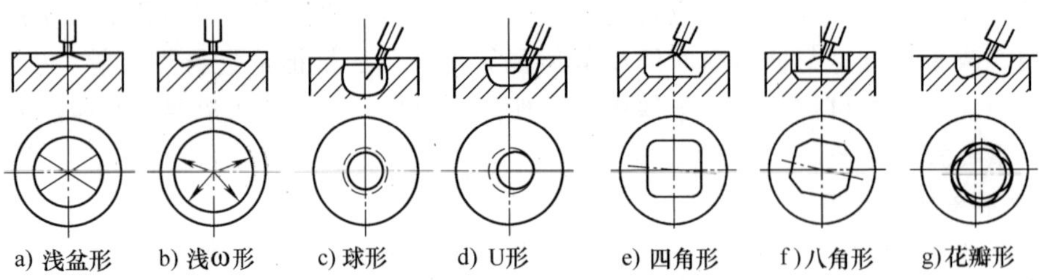


图 6-7　柴油机直接喷射式燃烧室

点是：

1）对燃油系统要求高，需配用多孔喷油器和很高的喷油压力。

2）燃油在这种燃烧室中的分布不均匀，需采用较大的过量空气系数（1.3~2.2）。

3）结构简单、紧凑，散热面积小，经济性好，起动性好是这类燃烧室的基本优点。

4）$\Delta p/\Delta\varphi$ 大，工作粗暴，$NO_x$ 排放量多是其基本缺点。现在，通过利用电控喷油技术控制其喷油规律，使其工作更平稳、柔和。

5）利用螺旋气道和切向气道形成进气涡流（图 6-8），利用燃烧室形状挤压涡流（如 ω 形燃烧室，如图 6-9 所示）和微涡流（如四角形燃烧室、八角形燃烧室和花瓣形燃烧室）。

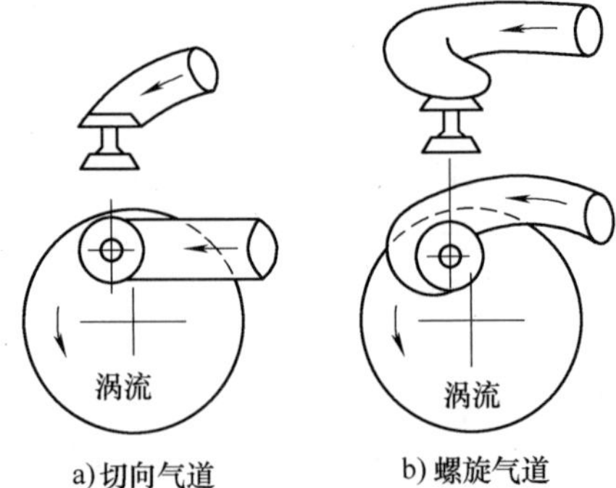


图 6-8　切向气道和螺旋气道

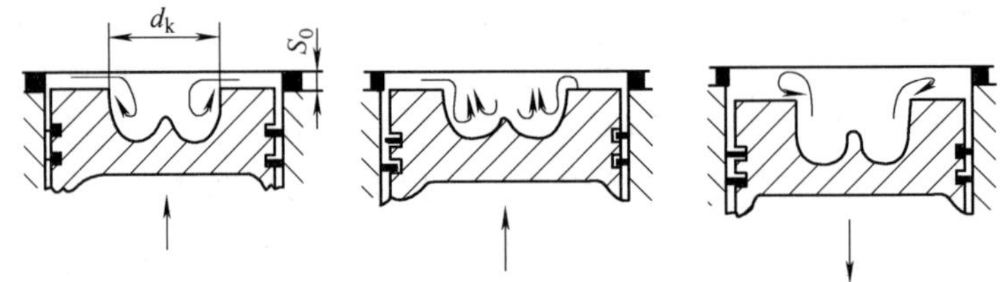


图 6-9　挤压涡流（ω 形燃烧室）

## 2. 球形燃烧室

球形燃烧室混合气的形成以油膜蒸发为主，需要强烈的进气涡流，属于强涡流燃烧室，是 20 世纪 50 年代由德国曼（MAN）公司为解决直接喷射式燃烧室粗暴燃烧和排烟问题而提出的，也称为 M 型燃烧室。活塞顶的凹坑呈大半个球形，偏置于其口部边缘的单孔或双孔喷油器，将绝大多数燃油以较低的压力（10~12MPa）顺着涡流方向近壁面喷射，在强烈涡流作用下在壁面上形成厚度薄而均匀的油膜。油膜受热蒸发与空气混合形成可燃混合气，首先在近壁面处着火，逐层燃烧。

球形燃烧室的优点就在于：空气利用率高，过量空气系数在 1.1 左右；由于喷入热空间中的燃油量少，加上燃烧初期壁温较低，着火前以较低速度蒸发，着火落后期内形成的可燃混合气量较少，随着燃烧的进行，缸内温度升高，油膜快速地逐层蒸发、混合并加速，工作柔和、噪声低；低于 400℃ 的燃烧室壁温，避免了燃油分子燃前的高温裂解，可达到无烟燃

烧；对燃油喷射系统要求低，且对燃油的理化性质不敏感，可燃用多种燃油。

但球形燃烧室存在下列问题：对涡流强度、燃烧室壁温、油膜厚度的变化很敏感；冷起动、小负荷时燃烧室温度低，低速、怠速工况涡流强度弱，混合气形成及燃烧恶化，排烟加重，HC 排放高；加之燃烧室深度过大，活塞在销孔以上部分的高度太大，结构欠合理，工艺要求高等。这种燃烧室已基本不以单一的方式被采用。但这种混合气形成及燃烧组织方式的思想，已存在于各种利用空气涡流的燃烧室中。

## 6.3.2 分隔式燃烧室

分隔式燃烧室由主燃烧室和副燃烧室两部分组成。主燃烧室是指气缸盖底面和活塞顶面上部的空间，副燃烧室是指气缸盖内的空腔，两者用一个或几个断面不大的通道连通。压缩过程中空气在很大的压差下进入副燃烧室，产生了强烈的扰流。燃油喷入温度较高的副燃烧室，着火燃烧后，副燃烧室中高温、高压的燃气和空气、燃油混合物一起经通道喷入主燃烧室，与活塞顶面的导流凹坑或槽配合形成二次扰流，进一步混合、燃烧。

分隔式燃烧室分为涡流室式燃烧室和预燃室式燃烧室，如图 6-10 所示。涡流室式燃烧室的主、副燃烧室通道与涡流室相切，在压缩过程中，涡流室内形成强烈的有组织的压缩涡流，燃油顺涡流方向喷入。预燃室式燃烧室通道截面积较小，且不与预燃室相切，压缩过程形成的是强烈的紊流。

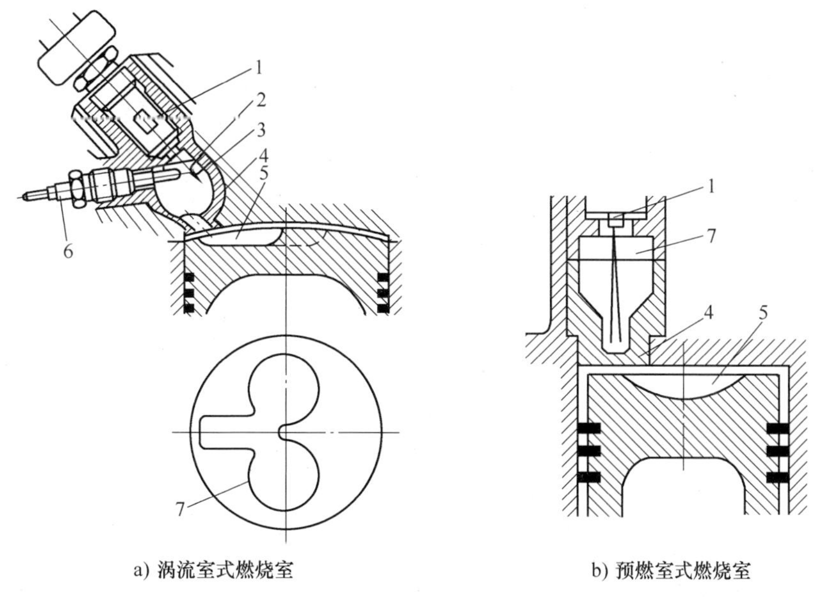


图 6-10 分隔式燃烧室

1—喷油器 2—涡流室 3—油束 4—通道 5—主燃烧室 6—预热塞 7—预燃室

分隔式燃烧室的特点是：

1）燃烧室表面积大，散热损失大，加之通道引起的节流损失，导致其热效率低，经济性差。上述原因，导致了冷起动较困难。所以，分隔式燃烧室柴油机的压缩比较大，且往往在分隔室内有电预热塞，以保证顺利起动。

2）强烈的气体运动改善了混合气的形成，空气利用率提高，因此可采用较小的过量空气系数。

3）可在较低的喷油压力下工作，对喷油系统要求不高。喷油压力较低，采用轴针式喷油器，不易堵塞，可靠性高、故障少，对燃油、负荷、转速变化的适应性好。

4）由于初期燃烧压力不直接影响活塞顶及通道的节流作用，因此压力升高率 $\Delta p/\Delta\varphi$ 小，工作柔和，噪声小。

## 6.4　机械式喷油器

### 6.4.1　喷油器的功用与要求

喷油器安装在气缸盖上，其头部伸入燃烧室。机械式喷油器的功用是将来自喷油泵的高压柴油雾化成细小颗粒，并合理分布到燃烧室中。油雾形态（锥角、射程）、雾化质量需适合燃烧室混合气形成与燃烧的要求，喷油开始和结束要迅速、干脆，无滴油现象。

### 6.4.2　喷油器的结构与工作原理

按喷油阀的形式，喷油器分为孔式（图6-11）和轴针式（图6-12）两种。它们的主要组成部分是针阀、针阀体、顶杆、调压弹簧、调压螺钉及喷油器体等。

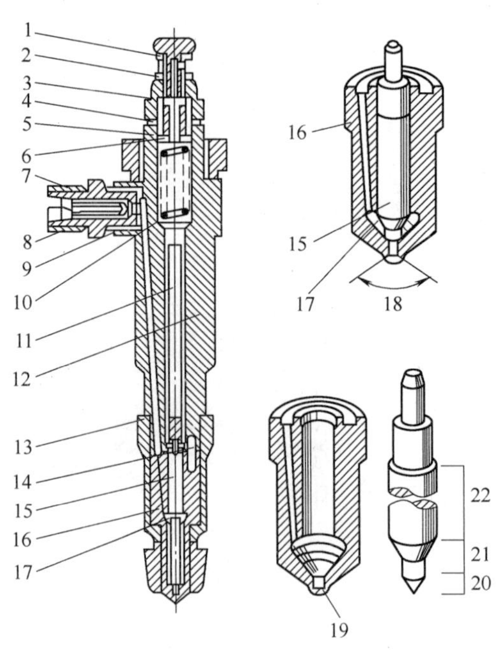

图6-11　孔式喷油器

1—回油管螺栓　2—回油管衬垫　3—调压螺钉护帽　4—调压螺钉垫圈　5—调压螺钉　6—调压弹簧垫圈　7—进油管接头　8—滤芯　9—进油管接头衬垫　10—调压弹簧　11—顶杆　12—喷油气体　13—拧紧螺母　14—定位销　15—针阀　16—针阀体　17—压力室　18—油束夹角　19—喷油孔　20—密封带　21—承压带　22—导向部

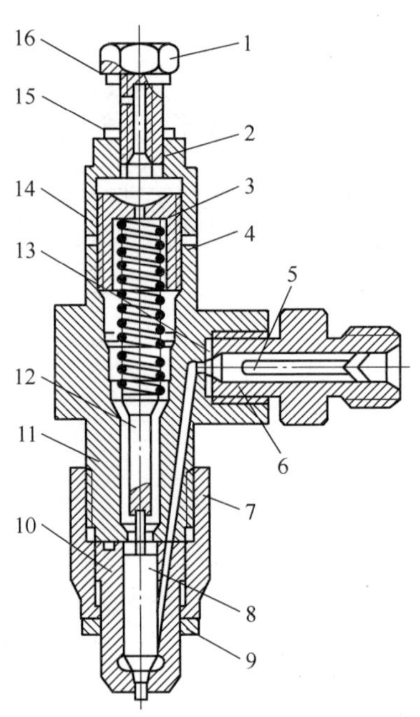

图6-12　轴针式喷油器

1—回油管螺栓　2—保护螺母　3—调压螺钉　4、9、13、15、16—垫圈　5—滤芯　6—进油管接头　7—紧固螺母　8—针阀　10—针阀体　11—喷油器体　12—顶杆　14—调压弹簧

针阀和针阀体是一对精密的偶件，称为喷油器偶件（或针阀偶件）。其上部圆柱面为高精度滑动配合，间隙为 0.002~0.003mm，起导向作用。针阀中部的较大锥面为承压面，全部浸在针阀体的环形油槽（称为压力室）中。针阀下部的较小锥面为密封面，与针阀体上的内锥面精密配合起阀门作用，实现喷油器的开、闭及密封。针阀偶件需经过选配和研磨后达到精度要求，不具有互换性。针阀偶件通过拧紧螺母与喷油器体紧固在一起。调压弹簧的预紧力通过顶杆使针阀紧压在针阀体的密封锥面上，将喷孔关闭。

工作时，来自喷油泵的高压燃油，经进油管接头、喷油器滤芯、喷油器体和针阀体内的油道进入针阀体内的压力室，对针阀的锥面产生向上的轴向推力。当此推力大于调压弹簧的预紧力时，针阀向上移动打开喷孔，高压燃油从喷孔喷入燃烧室。当喷油泵停止供油时，油压迅速下降，针阀在调压弹簧作用下及时落座，关闭喷孔，停止喷油。

喷油器工作期间，有少量燃油从针阀与针阀体配合面间的间隙漏出，对针阀起润滑作用，并沿顶杆周围的缝隙上升，通过回油管接头进入回流管，流回燃油滤清器。

由上述工作过程可知，针阀的开启压力即为喷油压力，其大小取决于调压弹簧的预紧力。拧动调压螺钉即可调整喷油压力。旋入调压螺钉，弹簧预紧力增大，喷油压力提高。调好后可以保护螺母锁紧，防止松动。喷油器开始和终止喷油的时刻受控于喷油泵开始和终止供油的时刻。

孔式喷油器的针阀前端细长，针阀只起开闭喷孔作用，燃油喷雾形态取决于针阀体下部的喷孔大小、方向和数量。孔式喷油器喷孔数一般有 1~8 个，常见的为 4~6 个，喷孔直径为 0.2~0.8mm，喷油压力较高，为 17~30MPa。其特点是雾化质量好，但易阻塞和磨损。孔式喷油器用于直接喷射式燃烧室。

轴针式喷油器只有一个喷孔，直径一般为 1~3mm，喷油压力较低，一般为 10~15MPa，用于分隔式燃烧室。其针阀下端的密封面以下还有一个圆柱形或锥形的轴针（图 6-13），穿过针阀体的喷孔稍伸出孔外，使喷孔呈圆环形，喷柱呈空心状。工作时，轴针在喷孔内做往复运动，能自动清除喷孔中的积炭，不易堵塞，工作可靠。

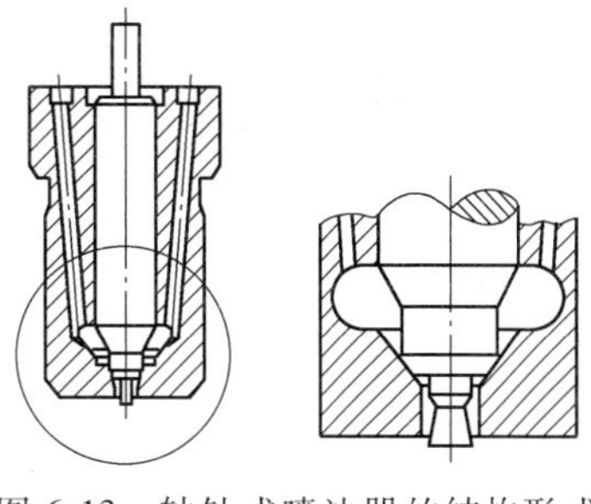

图 6-13　轴针式喷油器的结构形式

### 6.4.3　喷油器的检修

使用中，喷油器偶件的导向柱面、密封锥面和喷孔等部位易出现磨损。导向柱面的磨损将导致回油量增多，喷油量减少，且随着转速的降低喷油量的减小更明显；而密封锥面和喷孔的磨损将导致关闭不严、喷孔变大，引起雾化不良、滴油，造成冒烟、积炭和敲击声，发动机综合性能恶化。所以，汽车每行驶 100000~120000km 或发动机出现怠速不稳、冒烟或发动机无力的现象时，必须在专用试验器上检查和校验喷油器喷油压力、喷雾质量及密封性能等，并视情况修理或更换针阀偶件。

#### 1. 喷油压力的检查和调整

将喷油器安装到试验台上（图 6-14），压动手柄把系统内的空气排净并把连接部位拧紧，再快速压动手柄数次，清除喷油器内的杂质和积炭，然后慢慢压动手柄（以 60 次/min 为宜）同时观察压力表，当读数开始下降时，即为喷油器的开启压力，此值应符合规定。

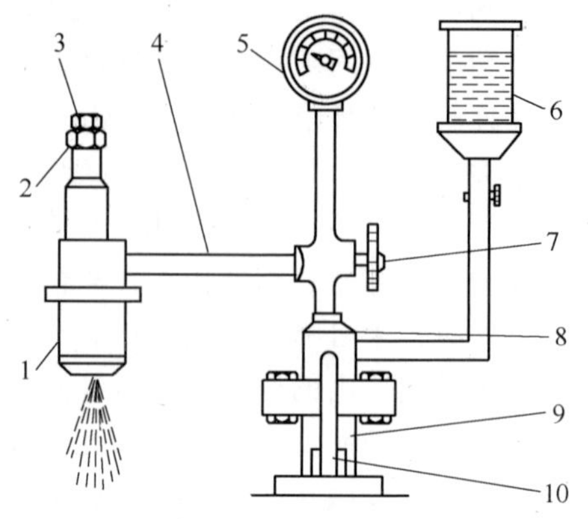


图 6-14　喷油器试验台

1—喷油器　2—锁止螺母　3—调整螺母　4—高压油管　5—压力表　6—储油罐　7—开关　8—高压油泵放气螺钉　9—手压喷油泵　10—手柄

否则，应通过调整调压螺钉或改变调整垫片的厚度调节调压弹簧的预紧力。调整完后，将锁止螺母锁紧后重试，各缸喷油器压力差一般不应超过 0.25MPa。

2. 密封性检查

将压力保持在低于喷油压力 1~2MPa 的状态下，保持 10s，喷孔不得出现滴漏现象。

3. 喷雾质量的检查

以 50~60 次/min 的速度连续压下手柄，观察油束。良好的喷雾特征是：

1）对于多孔喷油器，会形成一个雾化良好的小锥状油束，各油束间隔角、长度一致，并符合原厂规定；对于轴针式喷油器，喷雾为圆锥形，不偏斜。

2）油雾应细小、均匀，没有线条状或羽毛片状的油束。

3）喷射时可听到断续清脆的声音。

对喷雾质量达不到要求或有滴油现象的，应重新清洗或更换新喷油器。

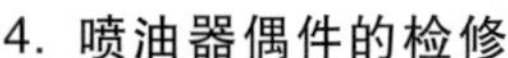

4. 喷油器偶件的检修

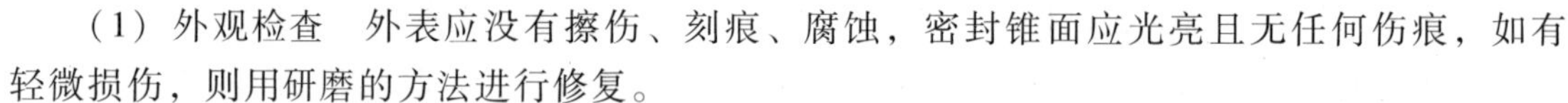

（1）外观检查　外表应没有擦伤、刻痕、腐蚀，密封锥面应光亮且无任何伤痕，如有轻微损伤，则用研磨的方法进行修复。

研磨前，先去除喷嘴上的积炭，清洗干净后，将研磨膏涂在锥面上，然后使针阀和阀座相互研磨。当喷嘴磨损较大时，应先分别研磨针阀或阀座，再进行选配研磨。

（2）滑动性试验　完成上述检修后，将用柴油浸润清洗后的阀体和针阀进行配合，拉出针阀长度的 1/3，整体倾斜 45°~60°，松手后靠自重自动缓慢下滑落入阀座为宜。然后，转动针阀到其他位置，重复上述试验，结果应相同。若滑动速度太快，则说明间隙太大，应重新选配针阀；若下滑时出现阻滞现象，则应重新研磨。

## 6.5　机械式喷油泵

喷油泵又叫高压油泵，是柴油机供油系统的重要部件，被誉为柴油机的心脏。对机械控制喷射式燃油系统，喷油泵供油的时刻和供油量控制着喷油器的喷油时刻和喷油量，其功用是按柴油机运行工况的要求，定时、定量、定压地向喷油器输送高压燃油。

对多缸柴油机，喷油泵既要保证各缸循环供油量相等（标定工况下各缸供油量相差不超过 4%），又要保证各缸的供油提前角相等（各缸供油提前角误差小于 1°曲轴转角）及供油持续期一致，还要保证能迅速切断供油。

喷油泵类型较多，但在车用柴油机上得到广泛应用的主要是柱塞式喷油泵和分配式喷油泵，泵喷油器则是柱塞式喷油泵与喷油器的合体。柱塞式喷油泵性能良好，工作可靠，在国内外车用柴油机上使用最为广泛；分配式喷油泵体积小，重量轻，多用于小型、高速柴油

机；泵喷油器直接安装在气缸盖上，消除了高压油管带来的不利影响，用于时间控制式燃油系统。

### 6.5.1　柱塞式喷油泵

柱塞式喷油泵主要由泵油机构、驱动机构、供油量调节机构、喷油提前器、喷油泵体等组成。每个气缸喷油器配一个单独的柱塞式喷油泵，各缸的喷油泵呈一列做成一体，称为直列柱塞式喷油泵。图 6-15 所示为六缸柴油机直列柱塞式喷油泵的基本组成，图 6-16 所示为单个柱塞式喷油泵（称为分泵）的基本组成。

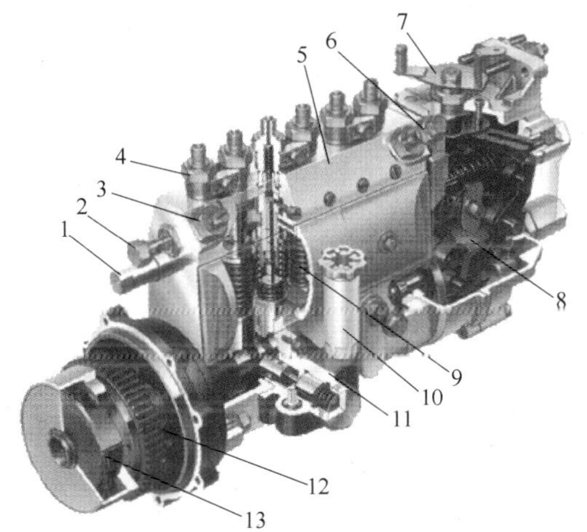


图 6-15　直列柱塞式喷油泵的基本组成

1—油量调节机构　2—进油螺钉　3—放气螺钉　4—出油阀座　5—泵体　6—回油螺钉　7—断油手柄　8—调速器　9—泵油机构　10—输油泵手泵杆　11—输油泵　12—传动机构　13—喷油提前器

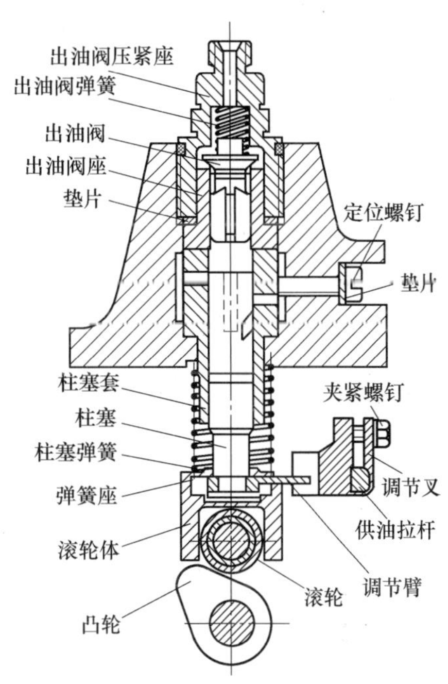


图 6-16　单个柱塞式喷油泵的基本组成

#### 1. 泵油机构

泵油机构主要零件有柱塞偶件、出油阀偶件、柱塞弹簧与弹簧座、出油阀弹簧等。

（1）柱塞偶件　柱塞偶件由柱塞与柱塞套筒组成，如图 6-17 所示。

柱塞套筒上部开有油孔，与泵体上的低压油室相通。柱塞套筒装在喷油泵体座孔中，由定位螺钉插入其上部的定位槽限制其转动。

柱塞在柱塞套筒内做往复运动及一定角度范围内的转动。每对柱塞偶件对应一个气缸喷油器，即喷油泵的柱塞偶件数等于配套柴油机的气缸数。

柱塞上部圆柱表面上铣有斜槽或螺旋槽，通过槽中的径向孔和柱塞中心轴向孔或纵向直槽与柱塞上方连通。柱塞中部开有一环形槽，贮存少量柴油以润滑工作表面。柱塞下部设有凸块或调节手臂。

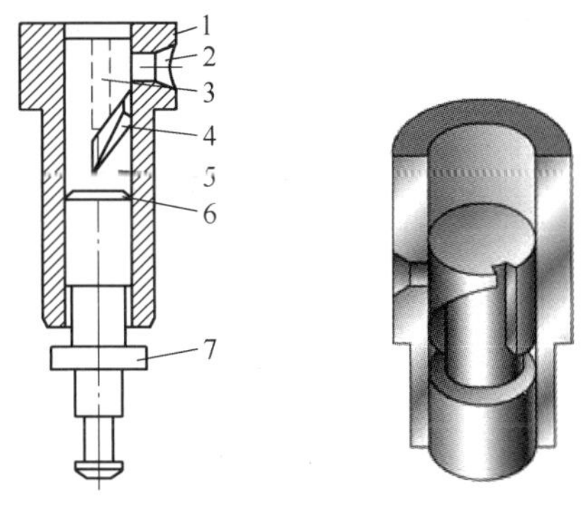


图 6-17　柱塞偶件

1—柱塞套筒　2—油孔　3—中心油道　4—螺旋槽　5—柱塞　6—环形油槽　7—凸快

柱塞与柱塞套筒精密配合，经过选配、研磨控制其配合间隙为0.0015～0.0025mm，不能互换。其间隙过大时，易漏油，油压下降；其间隙过小时，易卡死。

柱塞弹簧上端通过其上的支座支承在泵体上，下端通过下支座支承在挺柱尾端，其安装时的预紧力使柱塞压紧在挺柱体上方的调节螺钉上。

（2）出油阀偶件　如图6-18所示，出油阀偶件由出油阀与出油阀座组成，是喷油泵中另一对经过选配、研磨的精密偶件，位于柱塞偶件上方，通过出油阀压紧座紧固于泵体上部。出油阀上部的锥面与阀座锥面精密配合，靠出油阀弹簧压紧在阀座上，隔断柱塞上部空间与高压油管。锥面下部的圆柱面称为减压环带，与阀座孔精密配合，也起到密封作用。出油阀尾部断面呈十字形，起导向作用，兼作燃油通路。

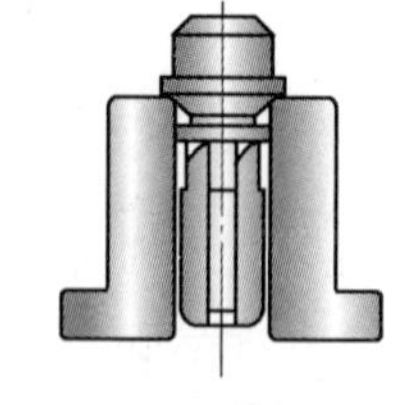

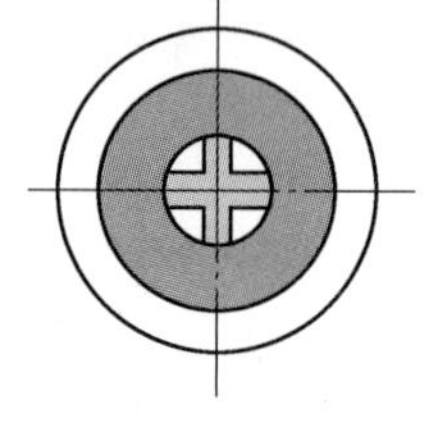

图6-18　出油阀偶件

2. 驱动机构

驱动机构主要由挺柱部件、油泵凸轮轴、正时齿轮等组成。

挺柱是凸轮轴和柱塞之间的传动件，其结构形式如图6-19所示。挺柱体上的调整螺钉或垫块用来调节挺柱的高度，从而改变柱塞与柱塞套筒在轴向的相对位置。

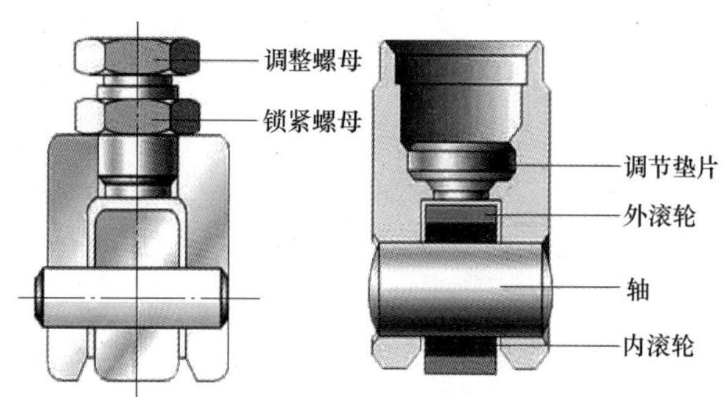


a) 用调整螺母调整滚轮体高度　　b) 用调整垫片调整滚轮体高度

图6-19　挺柱的结构

凸轮轴上的凸轮数目与气缸数相等，排列顺序与柴油机工作顺序一致。凸轮轴的两端用滚动轴承支撑在泵体上，由曲轴通过正时齿轮驱动。对四冲程柴油机，喷油泵凸轮轴的转速与配气凸轮轴的转速相同，即曲轴转2转，凸轮轴转1转。

3. 工作过程

喷油泵工作过程可分为进油过程、供（压）油过程、停（回）油过程，如图6-20所示。工作时，柱塞在凸轮轴的驱动及柱塞弹簧作用下在柱塞套筒内做往复运动。当凸轮转过最高点、柱塞受弹簧力作用下行至其上部将柱塞套筒上的油孔打开时，燃油开始从低压油腔经进油孔流入柱塞上部的空腔（称为柱塞腔或泵腔）。在凸轮的凸起部分尚未与滚轮接触的时期内，柱塞位于最低点，进油口一直打开，燃油充满泵腔；当凸轮凸起部分同滚轮接触时，柱塞开始向上移动，起初有一部分燃油被挤回低压油腔，直至柱塞上端面将进油孔完全遮蔽。柱塞继续上移，泵腔内燃油压力迅速升高，克服出油阀弹簧的预紧力，顶起出油阀。

当减压环带完全离开出油阀座孔时，高压燃油经过高压油管，流向喷油器；当柱塞上移到其上的斜槽边缘将回油孔下边缘打开时，泵腔内的高压油经轴向中心孔和径向孔（或纵向直槽）流回低压油腔，泵腔内的油压降低，出油阀在出油阀弹簧的作用下立即落座，供油停止。此后，即使柱塞仍上行，也不会供油。当凸轮转过最高点时，柱塞在柱塞弹簧的作用下下行；当柱塞顶面低于进油孔上边缘时，燃油又开始进入泵腔内。可见，喷油泵只有在柱塞封闭住进油孔至斜槽打开回油孔这段时期内供油，这期间的柱塞行程称为柱塞有效行程。柱塞从最低点到供油开始前的行程称为预行程。

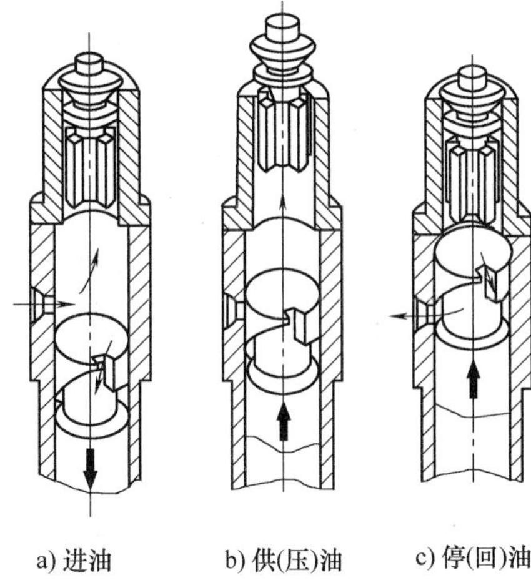


图 6-20　柱塞式喷油泵工作原理示意图

在出油阀落座过程中，当减压环带下端进入阀座孔内时，高压油管即与柱塞上部的油腔隔断，阻止高压油管内的燃油回流。当出油阀继续回落全锥面落座时，高压油管容积突然增大，使高压油管中的压力迅速降低，喷油器立即停止喷油，不致产生滴油和其他不正常喷射现象。所以，出油阀保证喷油泵供油敏捷、迅速，停油干脆。

**4. 供油调节**

（1）供油量的调节　从上述柱塞式喷油泵的结构和工作原理可知，供油量取决于柱塞的有效行程。有效行程增加，供油持续时间延长，供油量增大。只要转动一下柱塞使其上端的斜槽与柱塞套筒油孔的位置发生变化，就可改变柱塞有效行程，达到改变柴油机循环供油量的目的。油量调节机构就是转动柱塞的机构，一般有两种。

1）齿杆齿圈式油量调节机构，如图 6-21 所示。调节齿圈由紧固螺钉固定在油量控制套筒上，控制套筒松套在柱塞套上，在套筒下端开有切口，正好与柱塞下端凸块相配。调节齿圈与调节齿杆相啮合，拉动齿杆便可带动柱塞转动。当各缸供油量不等，要调整某缸供油量时，先松开调节齿圈的紧固螺钉，转动控制套筒带动柱塞相对于调节齿圈转动一个角度，再紧固螺钉固定齿圈。

2）拨叉拉杆式油量调节机构，如图 6-22 所示。柱塞下端固定有调节臂，臂的球头插入用螺钉固定在调节拉杆上的调节叉内，推动拉杆即可调整油量。当需调整某缸供油量时，可松开调节叉紧固螺钉，改变拨叉在拉杆上的位置。

（2）供油定时调节　供油定时是由曲轴与喷油泵凸轮轴的相对位置、喷油泵凸轮轴上各凸轮间的夹角、柱塞在柱塞套筒内的轴向相对位置等决定的。当按要求正确地安装完毕后，由于加工和安装误差等，各缸的供油定时有差异时，可通过挺柱体上的调节螺母或垫块，改变柱塞的预行程进行微调，如图 6-19 所示。将锁紧螺母松开，拧入调整螺母或减薄垫块时，预行程增大，供油延迟；旋出调整螺母或加厚垫块时，则使供油提前。

**5. 喷油提前器**

在燃烧过程分析时已指出，喷油提前角对柴油机性能影响很大，每一运行工况均有一个最佳喷油提前角，使发动机发出的功率最大，耗油率最低。负荷越大，转速越高，则最佳喷油提前角应越大。

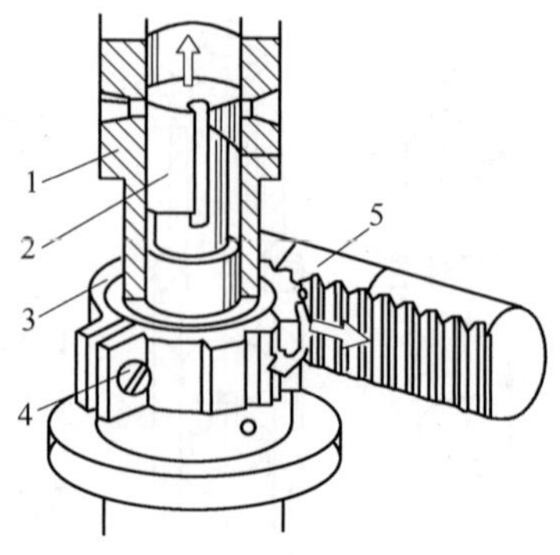


图 6-21 齿杆齿圈式油量调节机构

1—柱塞套筒 2—柱塞 3—调节齿圈 4—调节齿圈紧固螺钉 5—调节齿杆

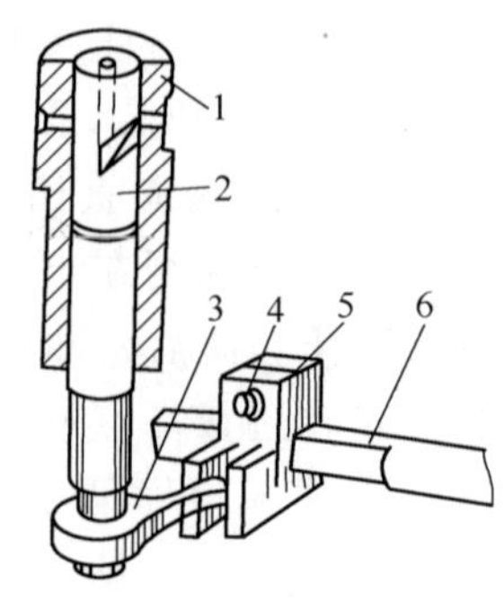


图 6-22 拨叉拉杆式油量调节机构

1—柱塞套筒 2—柱塞 3—柱塞调节臂 4—固定螺钉 5—拨叉 6—供油拉杆

喷油提前角是靠喷油泵喷油提前器来调整的。有些柴油机的喷油提前角是根据某个常用工况范围而选定一个固定的值，不能自动调节。由于汽车柴油机工况变化范围大，所以车用柴油机都装有机械离心式喷油提前角自动调节装置，能随转速的变化自动调节喷油提前角。图 6-23 所示为一种机械式喷油提前器，主要由主动盘、从动盘、两个对称的飞块、弹簧等组成，整个装置由防护罩密封。主动盘通过其上的两个传动爪与联轴器相连，在曲轴带动下转动。从动盘与喷油泵凸轮轴刚性连接。主、从动盘上分别有两个销。飞块的两端各有一个销孔，其一端通过销和孔连接在主动盘上，另一端通过滚轮松套在从动盘销上。主、从动盘

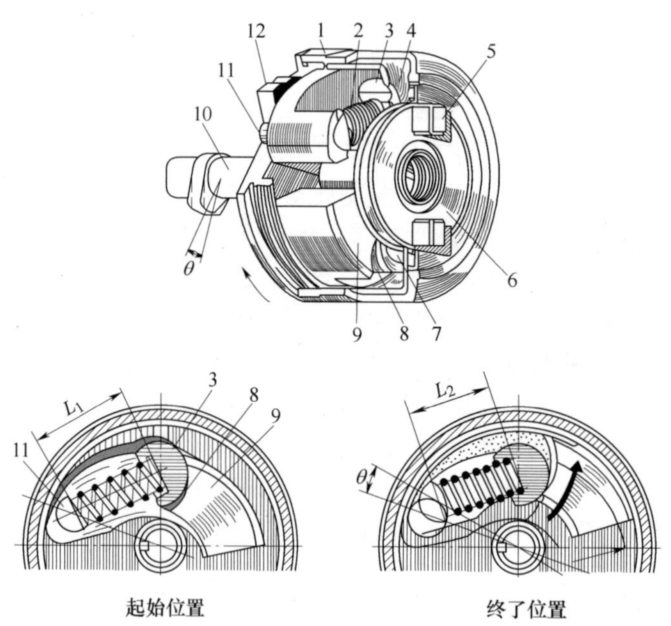


图 6-23 机械式喷油提前器

1—防护罩 2—喷油提前器弹簧 3、7—传动销 4—主动盘 5—传动爪 6—主动盘凸缘 8—飞块圆弧面 9—飞块 10—喷油泵凸轮轴 11—飞块销 12—从动盘

$L_1$—起始时弹簧长度 $L_2$—终了时弹簧长度 $\theta$—喷油提前角调节范围

上的销的圆柱面上加工有弹簧座，其间装有调节弹簧，使飞块的圆弧面压紧在主动盘销上。发动机工作时，喷油泵驱动轴通过主动盘凸缘、传动销、飞块圆弧面、飞块销和从动盘来驱动喷油泵凸轮轴。

当发动机静止或低速范围内运转时，飞块不产生或只产生很小的离心力，飞块离心力小于弹簧的弹力，飞块不向外张开。此时喷油提前器不起作用。当发动机转速升高时，飞块离心力增大，在克服弹簧力时向外张开，弹簧受压缩，主、从动盘上的销间距缩短，带动从动盘和喷油泵凸轮轴顺其旋转方向相对于驱动轴转过一定角度，使喷油提前。喷油提前角的调整范围为 0°~10°。

## 6.5.2　分配式喷油泵

分配式喷油泵分为径向压缩式和轴向压缩式（VE 型）两种。前者因制造困难等目前已很少应用，后者在车用柴油机上被广泛使用。

VE 型分配式喷油泵主要由驱动机构、滑片式输油泵、高压分配泵头（泵油机构）、断油电磁阀、供油提前调节机构及调速器等组成，如图 6-24 所示。

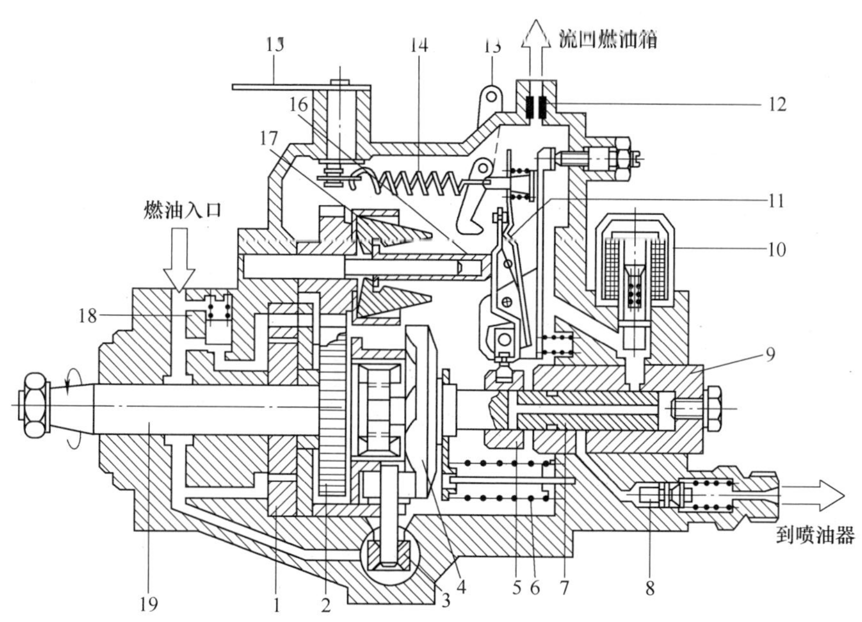


图 6-24　VE 型分配式喷油泵柴油机燃油系统

1—滑片式输油泵　2—传动齿轮　3—液压喷油提前器　4—平面凸轮　5—油量调节套筒　6—柱塞弹簧　7—分配柱塞　8—出油阀　9—柱塞套筒　10—断油阀　11—张力杠杆　12—回油管接头　13—停车手柄　14—调速弹簧　15—调速手柄　16—调速滑套　17—飞块　18—调压阀　19—驱动轴

### 1. VE 型分配式喷油泵的结构

滑片式输油泵在驱动轴带动下将燃油压力升高，并经调压阀调节，充满整个泵腔，润滑、冷却泵体内的所有运动零件，并向泵油机构供油。

高压分配泵头是分配泵的关键部件，主要由分配柱塞、柱塞套筒、油量调节套筒、柱塞弹簧、出油阀偶件等组成。

驱动机构由驱动轴、调速器驱动齿轮、滚轮、滚轮架、联轴器、凸轮盘等组成。驱动轴右端通过联轴器带动凸轮盘，凸轮盘上有传动销，带动分配柱塞一起旋转，如图6-25所示。凸轮盘上平面凸轮的数目与气缸数相同。柱塞被柱塞弹簧压靠在凸轮盘上，凸轮盘被压靠在滚轮上，滚轮轴嵌入静止不动的滚轮架上。工作时，在平面凸轮盘的作用下，分配柱塞既做往复运动又做旋转运动。

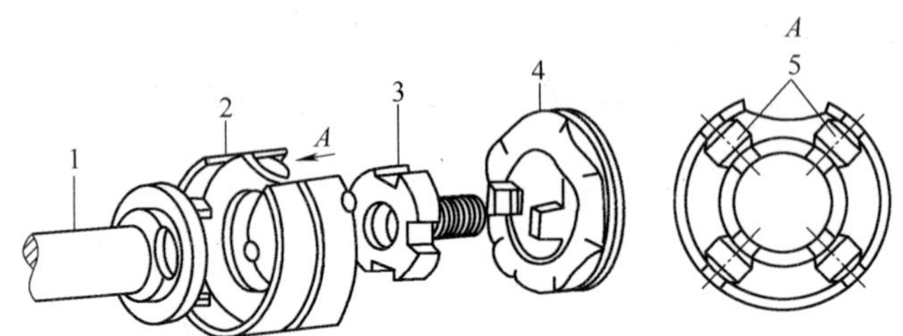


图6-25　滚轮、联轴器及平面凸轮

1—驱动轴　2—滚轮架　3—联轴器　4—平面凸轮　5—滚轮

柱塞与柱塞套筒、柱塞与油量调节套筒是两对精密偶件。柱塞（图6-26）上有一中心油孔，它一端（图中左端）与泄油孔相通，另一端与柱塞腔（泵油室）相通。柱塞顶端均布着数目与气缸数相同、通向柱塞腔的轴向进油槽，柱塞中部有一个与中心孔相通的径向燃油分配孔及一个压力平衡槽。柱塞套筒上有一个进油孔及数目与气缸数相同的沿圆周均布的出油孔，出油孔分别通过泵体上的分配油道与出油阀相通。柱塞在转动时，其上的进油槽分别与套筒上的进油孔相通，燃油分配孔分别与柱塞套筒上各缸的出油孔相通。

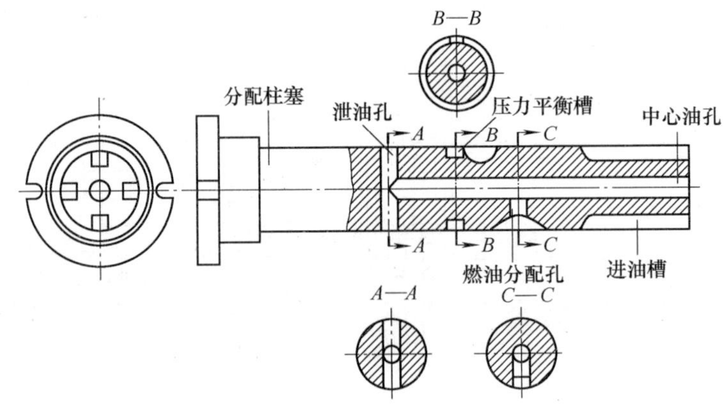


图6-26　分配柱塞

### 2. VE型分配式喷油泵的工作过程

VE型分配式喷油泵的工作过程如图6-27所示。

（1）进油过程　当凸轮盘的凹下部分转至与滚轮接触时，柱塞弹簧将柱塞向左推移，柱塞上的轴向进油槽与柱塞套筒上的进油孔相通，燃油充满柱塞腔和中心油孔。进油结束时，柱塞处于下止点位置。

（2）泵油过程　当凸轮盘由凹下部分转到凸起部分时，柱塞转至其进油槽与进油孔完全错开，进油孔被柱塞关闭的同时，柱塞开始向上止点移动，柱塞腔内油压急剧升高。与此同时，柱塞上的燃油分配孔与柱塞套筒上的出油孔相通，高压燃油经柱塞中心油孔、柱塞燃

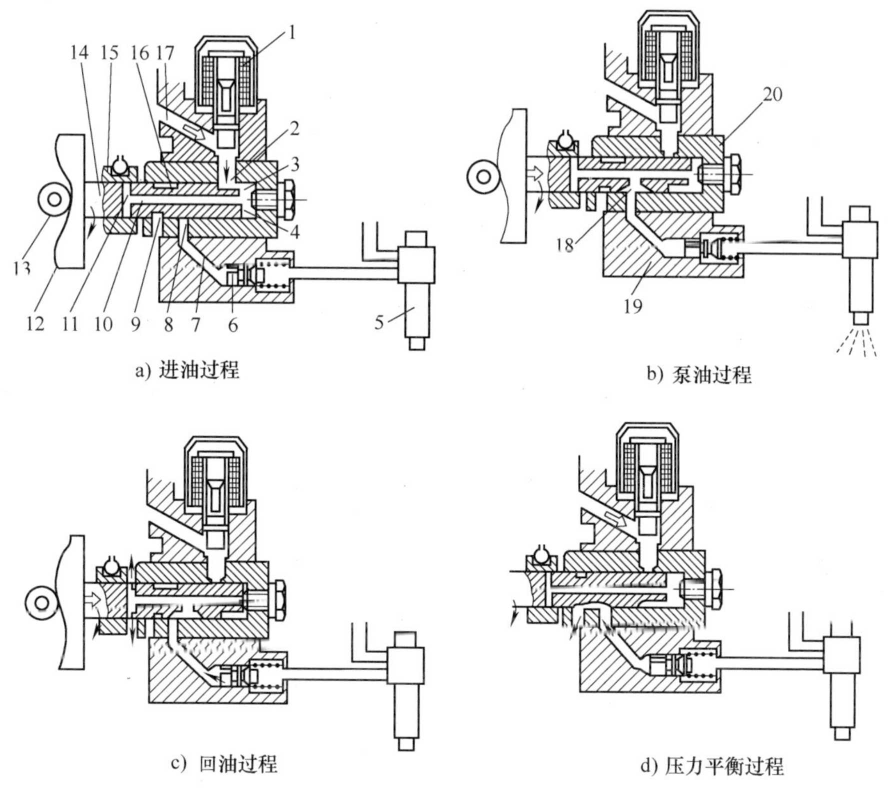


a) 进油过程　　b) 泵油过程

c) 回油过程　　d) 压力平衡过程

图 6-27　VE 型分配式喷油泵的工作过程

1—断油阀　2　进油孔　3—进油槽　4—柱塞腔　5—喷油器　6—出油阀　7—分配油道　8—出油孔　9—压力平衡孔　10—中心油孔　11—泄油孔　12—平面凸轮　13—滚轮　14—分配柱塞　15—油量调节套筒　16—压力平衡槽　17—进油道　18—燃油分配孔　19—喷油泵体　20—柱塞套筒

油分配孔、柱塞套筒出油孔、分配油道、出油阀、高压油管、喷油器到燃烧室。

（3）回油过程　柱塞继续上行，当其上的泄油孔露出油量控制滑套时，高压燃油从中心油孔流进泵体腔内，油压即刻下降，供油停止。

（4）压力平衡过程　柱塞上的压力平衡槽在柱塞运动中始终与油泵内腔相通。当某一缸供油停止后，压力平衡槽转至与柱塞套筒上的出油孔相通时，分配油道与喷油泵内腔连通，两处的油压处于平衡。在柱塞旋转过程中，压力平衡槽与各缸分配油道逐个相通，使各分配油道内的压力均衡一致，以保证各缸供油的均匀性。

由上述工作过程可知，分配式喷油泵平面凸轮盘及分配柱塞每转一周，柱塞上的燃油分配孔按工作顺序依次与各缸分配油道接通一次，即向各缸喷油器供油一次。

所以，相对于柱塞式喷油泵，分配式喷油泵只有一副柱塞-柱塞套筒偶件，具有结构简单，零件数少，体积小，重量轻，故障少，易维修，供油均匀性好，不需逐缸进行供油量及供油定时的调节，且高速性能好，以及分配式喷油泵凸轮行程小，循环供油量小，且对柴油清洁度（如水分、杂质等）较敏感的特点。因为分配式喷油泵运动件靠泵体内柴油润滑、冷却，柴油不洁易发生分配套筒和转子（柱塞）咬死故障。分配式喷油泵广泛用于小型高速多缸柴油机，如轻型柴油汽车用柴油机等。

#### 3. 供油量调节

供油量取决于“柱塞有效行程”，即从柱塞上的燃油分配孔与柱塞套筒上的出油孔相通时起，至泄油孔移出油量调节套筒时止的柱塞行程。改变控制套筒的位置即可改变柱塞的有效行程。油量调节套筒左移，回油提早，柱塞有效行程缩短，供油量减少；反之，油量调节套筒右移，回油延后，柱塞有效行程增大，供油量增加。

#### 4. 电磁断油阀

图 6-27 中的 1 为电磁断油阀。起动发动机时，将起动开关旋至 ST（闭合）位置，从蓄电池来的电流流过电磁线圈，产生电磁吸力将阀门吸起并压缩回位弹簧，进油孔打开。起动后将起动开关旋至 ON 位置，电路串入了电阻，电流减小，但由于有油压的作用，阀门仍然保持开启。停止发动机运转时，将起动开关旋至 OFF 位置，使电磁阀断电，阀门在回位弹簧的作用下关闭，停止供油。

#### 5. 喷油提前器

喷油提前器在喷油泵体的下部，其结构如图 6-28 所示。在喷油提前器内有一个可左右移动的活塞，活塞的一侧（图中右侧）与泵体的内腔相通，受滑片式输油泵出口燃油压力的作用。活塞另一侧装有弹簧，并与输油泵的进油口相通。滚轮架通过拔销和连接销与喷油提前器内的活塞相连。柴油机转速稳定时，活塞两侧受力平衡。当转速升高时，滑片式输油泵运转加快，输油量增加，泵体内腔的油压升高，推动活塞向左移动，通过拔销和连接销带动滚轮支架逆着凸轮盘旋转方向转动一个角度，使平面凸轮提前与滚轮接触，供油提前，直至活塞处于新的平衡位置。反之，转速降低，供油推迟。

### 6.5.3 喷油泵的检修

长期使用后，喷油泵柱塞偶件的磨损、变形等，会造成柴油机供油开始滞后和结束提前，供油量不足，各缸供油量及供油时刻不均匀；出油阀偶件的磨损使其降压作用减小，高压油管中的残余压力提高，易造成喷油提前，发生二次喷射或滴油现象，喷油持续期延长，供油量增加。这些都将导致燃烧恶化，引起怠速运转不稳、起动困难、油耗增加、功率下降、排气冒黑烟和工作粗暴等现象。

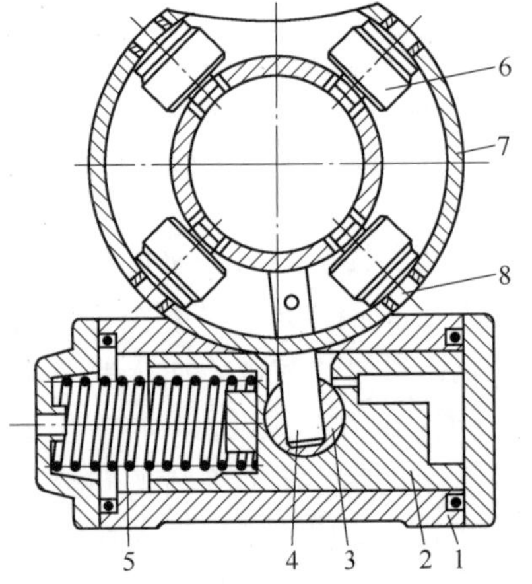

图 6-28 液压式喷油提前器

1—壳体 2—活塞 3—连接销 4—拔销 5—弹簧 6—滚轮 7—滚轮架 8—滚轮销

#### 1. 柱塞偶件的检修

将喷油泵解体、清洗后，对柱塞偶件主要进行以下检修：

（1）外观目测　若发现有下列情况之一，则应更换柱塞偶件：

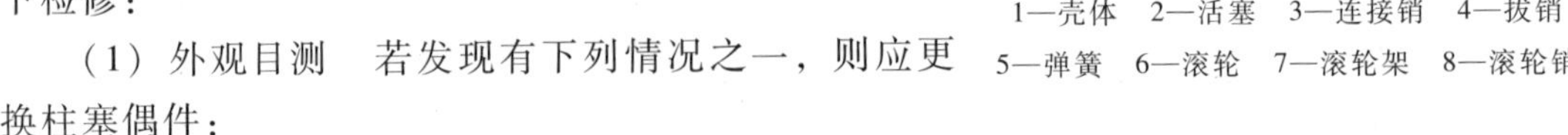

1）柱塞表面有明显的磨损沟槽或裂纹。

2）柱塞套筒内表面有锈蚀和较深的刮痕或裂纹。

3）柱塞端面、直槽、斜槽、环槽等边缘有锈蚀或剥落等现象。

（2）滑动性试验　与喷油器滑动试验相同。

（3）密封性试验　条件允许时，密封性试验在喷油器试验器上进行。

1）将各分泵的出油阀取出，阀座与密封垫保留在孔内，装好出油阀压紧座，放尽泵内空气，将出油阀与喷油器试验器用高压油管连接好。

2）移动供油操纵杆使柱塞处于最大供油位置，再转动凸轮轴，使柱塞上升到供油行程的中间位置，封闭住套筒上的进、回油孔。

3）用喷油器试验器泵油，至油压达 20MPa 时停止泵油，然后测定油压下降到 10MPa 所需的时间（试验器必须密封），新泵或大修后的Ⅱ号泵柱塞副时间少于 12s 为不合格。同一喷油泵各柱塞密封性差异应小于 15%。

也可采用简易办法进行密封性试验：将柱塞偶件洗干净后，使柱塞处于中等或最大供油位置，用手指堵住柱塞套筒顶部和进、回油孔，将柱塞拉出一定距离（以柱塞顶端不露出套筒油孔为限），此时应感到有明显的吸力，松开柱塞后，如柱塞能迅速回到原来位置，则可继续使用，否则应更换柱塞偶件。

**2. 出油阀偶件的检修**

（1）外观目测　出油阀和阀座密封锥面磨损严重、有裂纹、表面金属剥落、密封带宽度和深度过大，减压环带磨损严重或者表面有锈蚀等，应更换出油阀偶件。

（2）滑动性试验　将出油阀偶件用柴油清洗干净后垂直放置，并将阀体从阀座中抽出 1/3，当松手后出油阀在自身重力作用下应能缓慢均匀地下落到底。把阀相对于阀座转过一个角度重复上述试验，结果应该相同。

（3）密封性试验　在做滑动试验时，如用手指堵塞出油阀座的下端面孔，出油阀下落到减压环带进入阀座孔时应能停住。此时，将手指轻轻压入出油阀，放松手指后，出油阀应能马上弹回原位置。手指从下端面移开时，在自重的作用下，出油阀应能完全落座。

**3. 其他检修**

若泵体、凸轮轴或凸轮盘出现裂纹，凸轮表面有剥落、点蚀或其他异常磨损，凸轮轴颈磨损、轴承松旷，凸轮轴、驱动轴键槽有磨损或剥落，均应更换新件。

柱塞和出油阀弹簧不得有弹力下降、歪斜、折断或裂纹，否则应更换新件。

## 6.6　调速器

### 6.6.1　调速器的功用及分类

在柴油机运行过程中，当负荷变化时，要通过及时调整循环供油量来改变其输出功率或转矩，以保证其稳定运转。汽车、拖拉机等常在负荷不断变化的情况下工作，且常会遇到负荷突变的情况。当负荷突然减小或增大时，驾驶人并不是都能够适时地察觉到而及时做出反应来控制油门的，导致柴油机转速忽高忽低，工作不稳定。

对机械式喷油泵，当供油拉杆位置不变时，随转速的升高，柱塞往复运动速度加快，柱塞套筒上油孔的节流作用增强，在柱塞上行尚未完全遮住油孔时，柴油来不及回流，使泵腔内油压提前升高，供油开始时刻提前。同理，在柱塞下行至其斜油槽与套筒上的油孔刚接通时，泵腔内油压不能霎时降下来，使供油终止时刻略有滞后，再加上柱塞偶件间隙漏油量也随转速的升高而减少，这使得供油量随转速的升高而增大，虽然油门位置一定。

机械式喷油泵每循环供油量随着转速的升高（或降低）而增大（或减少）的供油特性

(喷油泵速度特性)，却恰恰加剧了柴油机转速的波动及工作的不稳定性。尤其柴油机在高速下工作而突然卸载又未及时调节时，会导致转速急剧升高。这时喷油泵供油量却随转速升高自动增大，又促使转速继续升高。转速和供油量的相互作用使转速甚至超出设计允许的最高转速而无法控制，即所谓的“飞车”或“超速”现象。对柴油机来说，一旦产生飞车，混合气形成时间更短，燃烧明显恶化，出现冒黑烟和过热现象。且由于产生很大的惯性力，机械负荷过大，易导致机件（曲轴连杆机构、配气机构的零件）损坏。相反，当外界载荷突然增大，而又不能及时增大供油量时，转速则迅速下降，甚至熄火。

另外，车用柴油机还经常在怠速工况下运转，若因某种原因出现转速波动，则易造成怠速不稳，甚至熄火。

所以，机械控制喷射式燃油系统和位置式电控燃油系统的柴油机，必须能随负荷的变化自动调节供油量，以使其稳定运转。调速器即是实现这一功能的装置。对时间控制式和时间-压力控制式燃油系统，则通过直接控制喷油量控制转速，不需要专门的调速装置。

调速器的种类很多，按工作原理分为机械离心式、气动式、液压式、机械气动复合式、机械液压复合式、电子式。机械离心式调速器结构简单、工作可靠，在机械控制喷射式燃油系统的柴油机中应用广泛。而位置式电控燃油系统的柴油机则采用电控调速器。

按调速器调节转速的范围，调速器分为单极式、两极式和全程式三种。单极式调速器只限最高转速，多用于发电用柴油机等固定用途的柴油机。车用柴油机上采用的多是两极式和全程式调速器。两极式调速器只限制柴油机最高和最低转速，防止飞车和稳定怠速，中间转速则由驾驶人直接通过操纵杆来控制，调速器不起作用，多用于中、小型汽车上。全程式调速器不仅能限制柴油机最高转速和稳定怠速，还能对柴油机工作范围内的任何转速进行自动调节，多用于负荷、转速变化频繁的汽车和中、重型工程车及越野车上等。

## 6.6.2　两极式调速器

### 1. 基本结构

图6-29为两极式调速器的结构与工作原理示意图。它通过螺钉固定在喷油泵体上。喷油泵凸轮轴的一端固接着飞块支座，两个飞块通过销轴与其连接。飞块臂上的滚轮紧靠在调速滑套的端面上。当飞块离心力增大向外张开时，滚轮便推动滑套移动。导动杠杆上、下端分别与调速器壳和滑套铰接，中部通过销轴B与浮动杠杆铰接。浮动杠杆上部通过连接杆与供油调节齿杆相连，顶部挂接另一端接在调速器壳体上的起动弹簧。浮动杠杆下端有一销轴，插在支持杠杆下端的凹槽内。速度调定杆、拉力杠杆的上端与导动杠杆一起套在调速器壳上的销轴上。速度调节螺栓顶住速度调定杆，使装在拉力杠杆和速度调定杆之间的调速弹簧保持拉伸状态。

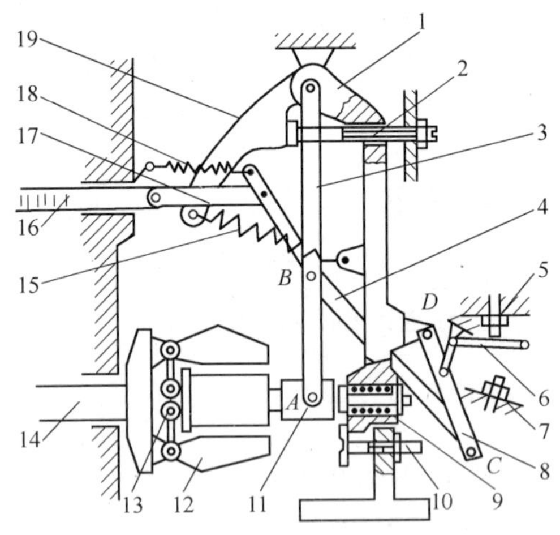

图6-29　两极式调速器的结构及工作原理示意图
1—拉力杠杆　2—速度调节螺栓　3—导动杠杆　4—浮动杠杆　5—高速限定螺栓　6—操纵杆　7—怠速限定螺栓　8—支持杠杆　9—怠速弹簧　10—齿杆行程调整螺栓　11—滑套　12—飞块　13—滚轮　14—凸轮轴　15—调速弹簧　16—供油调节齿杆　17—连接杆　18—起动弹簧　19—速度调定杆

拉力杠杆下端装有怠速弹簧，其中部有一销轴插入支持杠杆上端的凹槽内。控制操纵杆的一端与支持杠杆连接，另一端由驾驶人通过加速踏板来控制。

2. 工作原理

（1）起动工况与怠速工况　起动时，先将操纵杆推靠在高速限位螺栓上，带动支持杠杆绕 $D$ 点、浮动杠杆绕 $B$ 点逆时针转动，使供油调节齿杆移至全负荷供油位置。同时，在起动弹簧拉力的作用下，浮动杠杆绕 $C$ 点逆时针方向摆动，带动 $B$ 点和 $A$ 点（或滑套）进一步移至极限位置，飞块被压至合拢，供油调节齿杆达到最大供油量位置，使起动油量大于全负荷油量，以加浓混合气，保证发动机顺利起动。

当发动机起动后，将操纵杆置于怠速位置，供油调节齿杆随之移至怠速供油量的位置，发动机进入怠速工作状态。当飞块离心力与怠速弹簧和起动弹簧弹力平衡时，稳定于某一转速下。若由于某一原因，转速升高，则飞块离心力增大，使滑套右移压缩怠速弹簧，通过导动杠杆、浮动杠杆带动供油调节齿杆右移，减小供油量，使转速降低，直至达到新的平衡。当转速降低时，调速机构的响应与上述过程相反，达到新的平衡。

改变怠速弹簧的预紧力，可调整怠速转速。

（2）中速工况与高速限制　当操纵杆处于高速限定螺栓和怠速限定螺栓中间位置，发动机转速高于怠速控制范围时，怠速弹簧被压入拉力杠杆孔内，滑套直接与拉力杠杆接触。刚度较大的调速弹簧把拉力杠杆拉住，在转速低于最高工作转速时，飞块离心力产生的推力不足以克服其弹力而推动拉力杠杆，调速器不起作用，只有靠驾驶人改变操纵杆的位置，才能使供油调节齿杆移动，以增减供油量。

当负荷减小使发动机转速升高，并超过设定的最高转速时，飞块离心力产生的推力足以克服调速弹簧的预紧力，推动滑套使导动杠杆、拉力杠杆绕其顶端支撑点逆时针转动，拉动供油调节齿杆向减小供油量的方向移动，限制转速的继续升高，防止飞车。

调整速度调节螺栓可改变调速弹簧的预紧力，并可调整发动机的最高限速。

## 6.6.3　全程式调速器

若将上述两极式调速器中由驾驶人通过控制加速踏板带动杆系作用于供油调节齿杆，改为由驾驶人通过加速踏板控制调速弹簧预紧力，即可实现在整个工作转速范围内进行调速的全程式调速器。以 VE 型分配式喷油泵调速器为例说明机械离心全程式调速器的结构和工作原理，图 6-30 为

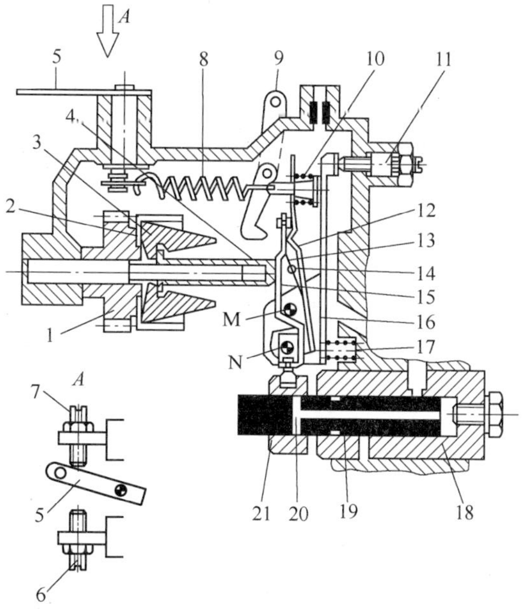


图 6-30　VE 型分配式喷油泵的全程式调速器

1—调速器齿轮　2—飞块支架　3—飞块　4—调速滑动套筒　5—调速操纵杆　6—怠速调节螺栓　7—高速限定螺栓　8—调速弹簧　9—停车手柄　10—怠速弹簧　11—最大供油量调节螺钉　12—张力杠杆　13—起动弹簧　14—张力杠杆挡销　15—起动杠杆　16—导杆　17—回位弹簧　18—柱塞套　19—分配柱塞　20—泄油孔　21—供油量调节套筒

其结构及工作原理示意图。

1. 基本结构

装有四个飞块的飞块支架，在调速器传动齿轮驱动下转动，受离心力作用飞块张开，并试图推动顶靠在起动杠杆上的调速滑动套筒移动。起动杠杆下端的球形销嵌入供油量调节套筒的凹槽内。起动杠杆、张力杠杆均与导杆上的销轴 N 相连，前二者可分别绕销轴 N 摆动。当起动杠杆摆动时，球形销便拨动供油量调节套筒，改变供油量的大小。导杆通过销轴 M 固定在分配式喷油泵体上，其下端受回位弹簧推压，使上端紧靠在最大供油量调节螺钉上。

调速弹簧的一端挂在与调速操纵杆固接的偏心销轴上，另一端通过怠速弹簧与张力杠杆连接。

2. 工作原理

（1）起动工况　起动时，使调速操纵杆位于全负荷位置（靠在高速限定螺栓上），在调速弹簧作用下，张力杠杆绕销轴 N 逆时针摆动，供油量调节套筒右移，随之板形起动弹簧使起动杠杆沿逆时针方向摆动，调速滑动套筒左移，飞块进一步合拢至极限位置，供油量达到最大，实现起动加浓。

起动后，飞块离心力克服起动弹簧的弹力，使起动杠杆绕销轴 N 顺时针摆动，直到抵靠在张力杠杆的挡销上。与此同时，起动杠杆下端的球头销拨动供油量调节套筒左移，供油量自动减少。

（2）怠速工况　将调速操纵杆置于怠速位置（靠在怠速调节螺栓上），此时调速弹簧张力几乎为零，即使转速很低，飞块的离心力也可推动调速滑动套筒，使起动杠杆通过压缩起动弹簧紧靠在张力杠杆上，并同时绕销轴 N 顺时针摆动，压缩怠速弹簧。当起动弹簧、怠速弹簧弹力与飞块推动调速滑动套筒的作用力平衡时，发动机稳定在某一怠速下。当由于某种原因使转速降低时，飞块离心力减小，平衡状态被破坏。怠速弹簧推动张力杠杆、起动杠杆逆时针摆动，调速滑动套调左移，供油量调节套筒右移，供油量增大，转速回升。同理，当转速升高时，调速机构的响应与上述过程相反，使供油量减少，转速降低。

（3）中速及高速限制　调速操纵杆置于怠速与高速限定螺栓之间某一位置时，发动机便在由调速弹簧和飞块离心力达到新的平衡状态决定的中间某一转速附近运转。随着调速操纵杆位置的变化，调速弹簧弹力变化，调速器调节的转速也变化。当调速操纵杆抵靠在高速限定螺栓上时，调速弹簧弹力最大，供油量调节套筒在最大供油量位置，发动机在标定转速下工作。这时即使是突然卸载，导致转速升高，也会因飞块离心力增大，推动起动杠杆、张力杠杆绕销轴 N 顺时针摆动，供油量调节套筒左移，供油量自动减少，转速回落，不至于超速。

导杆和最大供油量调节螺钉用来调节最大供油量。当旋进供油量调节螺钉时，导杆绕销轴 M 逆时针摆动，带动起动杠杆、张力杠杆同向摆动，拨动供油量调节套筒右移，供油量增大。旋出供油量调节螺钉，则使最大供油量减少。

### 6.6.4　调速器的检修

调速器主要运动件的磨损、变形是影响其正常工作的主要因素。在正常情况下，当调速操纵杆固定不动时，喷油泵供油拉杆或齿杆的轴向窜动量为 0.5~1.0mm，若各连接处磨损严重，则其窜动量可达 3~4mm 或更大，导致供油量大范围波动，调速器灵敏度降低，使发

动机工作不稳定。

检查各弹簧的自由长度及弹力是否符合原厂规定的技术标准，如果发现弹力减弱、扭曲、裂纹或折断等情况，则要更换新件。

滚动轴承若出现麻点、斑蚀过多或有剥落凹痕等损伤，应更换新件。检查磨损情况时，可一手持内圈，一手转动外圈，如果响声不大且均匀，则轴承尚可使用。若转动不灵活或有杂音，则应更换新件。

对于飞块结构的调速器，飞块衬套、支架和销轴间的配合间隙要正确，两飞块的质量差不得超过 3g。

## 6.7 喷油泵与调速器的调试

喷油泵的调试要在专门的喷油泵试验台上进行，主要进行供油开始时刻、供油量和各缸供油均匀性的调整。供油时刻的变化会影响供油量，所以应首先调整好供油时刻，其次调整调速器，然后调整供油量和均匀性，最后再调整调速器。所以，供油量与调速器的调整需要反复进行，才能取得比较准确的结果。

### 6.7.1 供油时刻的调试

供油时刻的调试通常采用溢油法或测试管法。

**1. 溢油法**

把喷油泵装在试验台上，先将试验台变速杆置于“0”位，并将油路转换阀控制杆置于高压供油的位置，使试验台内高压泵供给的高压油通过低压油腔进入喷油泵油腔内；使基准缸（第一缸）分泵柱塞处于未封闭油孔的位置，把标准喷油器上的放气螺钉旋松；起动电动机，将调速器操纵杆置于最大供油位置，待柴油从喷油器回油管流出后，将联轴器刻度盘沿凸轮轴转动方向慢慢转动，当第一缸（靠近联轴器）喷油器回油管刚停止出油时停止转动。此时，检查联轴器上的刻线与喷油泵壳前轴承盖上的刻线是否相对正：若两者对正，则说明供油正时合适；若联轴器上的刻线滞后，则说明供油提前，应将柱塞底部的调整螺钉旋入（或减薄调整垫片）；若联轴器上的刻线超前，则说明供油滞后，应将调整螺钉旋出（或加厚调整垫片）。调整合格后，将调整螺钉锁紧，然后用同样的方法按工作顺序依次调整其他各缸供油时刻。各缸供油时刻误差应不超过±0.5°凸轮转角。

用溢油法检验新喷油泵或换新柱塞副后的喷油泵的供油开始时刻比较准确，若用于检验柱塞副磨损的喷油泵，则会因配合间隙加大，高压油渗漏，回油不干脆，而使测量误差较大。

**2. 测试管法**

校验时，先把测试管装在靠近联轴器一边第一缸分泵的出油阀接头上，转动喷油泵凸轮轴使第一缸分泵泵油，直到测试管中不冒气泡为止；倒出测试管中的一部分柴油，然后慢慢转动凸轮轴，并细心观察，当测试管油面刚刚开始向上移动时，立刻停止转动，此时就是第一缸分泵的供油开始时刻。观察联轴器上的刻线记号与端盖上的刻线记号是否对正。按上述方法和要求调试其他各缸分泵。

3. 调试时应注意的事项

在调整供油开始时刻时，不要把滚轮组件的调整螺钉拧出过多，或选用过厚的调整垫片，以免柱塞在最高位置时与出油阀座下平面相碰。在上止点，柱塞顶平面与出油阀座之间应有 0.3~0.6mm 的间隙。当柱塞到达上止点时，用螺钉旋具撬起柱塞弹簧座，在滚轮组架与柱塞下部之间用塞尺检查该间隙。

### 6.7.2　调速器的调试

调速器的种类很多，调试方法不尽一致，但总的原则是一致的。调速器调试的主要内容是高速和怠速时起作用的转速，其次是起动工况、全程调节等。

1. 高速调试

所调试的喷油泵各部位应运转正常且无阻滞现象。试验时，起动试验台后，使喷油泵转速升至接近额定转速，将供油拉杆推向最大供油量位置。然后慢慢增加转速，注意观察供油拉杆的变化情况，供油拉杆开始向减油方向移动时的转速即为调速器起作用的最高转速，它应符合规定值。否则，应调整调速弹簧的预紧力。当旋进或旋出速度调整螺栓时，调速弹簧预紧力增大或减小，起作用的最高转速随之升高或降低。

2. 怠速调试

试验时，使喷油泵在低于怠速转速的情况下运转，缓缓转动操纵臂，当喷油泵刚刚开始供油时，固定操纵臂，逐渐增加喷油泵转速，同时观察供油拉杆位置的变化，供油拉杆开始向减油方向移动时的转速即为调速器怠速起作用的转速，此转速应符合规定的怠速转速。否则，通过调节怠速弹簧的张力来调节怠速转速的高低。怠速弹簧张力增大时，怠速转速升高；怠速弹簧张力减小时，怠速转速降低。

### 6.7.3　供油量的调试

为消除温度对供油量的影响，供油量的调试应该在无尘的 20℃ 恒温环境中进行。通常，主要调试的是各分泵额定转速供油量和怠速转速供油量及各缸供油的均匀度。各缸供油不均匀度的计算公式为

$$\text{供油不均匀度}=\frac{\text{最大供油量}-\text{最小供油量}}{\text{平均供油量}}\times 100\%$$

一般车用柴油机额定转速供油不均匀度不超过 3%，怠速供油不均匀度不超过 30%。

1. 额定供油量的调试

调试时，应使喷油泵在额定转速下运转，将操纵臂转到最大供油位置，量油杯转到接油位置，起动试验台喷油 100~200 次，观察各缸喷油量，若不符合标准或不均匀，松开该缸可调齿圈或调节叉的紧固螺钉，将柱塞控制套筒相对于可调齿圈或将调节叉相对于供油拉杆移动一个距离，再固定螺钉。

2. 怠速供油量的调试

在额定供油量和供油不均匀度调整合格后，使喷油泵在怠速下运转，慢慢向加油方向转动操纵臂，在标准喷油器尖端开始滴油时，固定操纵臂，喷油 100~200 次，观察供油量和不均匀度，若不符合要求，则按上述方法进行调整。

3. 调试过程中常见问题的处理方法

（1）某缸供油量达不到要求　此时，应检查出油阀是否卡住或密封不良：松开该缸的喷油器回油管螺钉，并使其柱塞停止在下止点附近，开动试验台的低压燃油泵，若喷油器回油管螺钉处不断滴油，则说明出油阀密封不严。若检查或更换出油阀偶件后滴油停止，但供油量仍达不到要求，则应更换柱塞偶件。

（2）两个以上气缸的供油量达不到要求　在额定供油量和供油均匀度调试合格后，若调试怠速油量时出现某缸供油量过多或过少现象，可将两缸的出油阀调换后再试验。因两出油阀磨损程度的差异，两缸出油阀对调之后可能发生有利的变化而符合使用要求。

（3）供油不稳定　若某缸的供油量出现忽多忽少的现象，应检查油量调节叉或柱塞与调节臂是否松动，或可调齿圈是否松动，以及柱塞下端凸块与套筒直槽的配合间隙是否过大。

## 6.8　柴油机电控燃油喷射系统

柴油机喷油压力、喷油正时、喷油量、喷油规律及各缸均匀性，对其动力性、经济性、排放性、起动性、运转平稳性等都有十分重要的影响。柴油机传统喷射系统对上述各参数均采用机械式的调节与控制。由于受转速、惯性、响应性等的影响，整个系统对上述参数难以精确、敏捷地调节与控制。柴油机电控燃油喷射系统对上述参数的控制精度大大提高，使得柴油机充分发挥其原有的动力性、经济性优势的同时，固有的冷起动性差、振动噪声大、碳烟排放多的缺点明显得以改善。

如 6.1.2 所述，按控制对象及控制原理的不同，柴油机电控燃油喷射系统可分为位置控制式、时间控制式和时间-压力控制式三种类型。

### 6.8.1　位置控制式电控燃油喷射系统

位置控制式电控燃油喷射系统是第一代柴油机电控燃油喷射系统。它不改变传统的喷油泵、高压油管、喷油器燃油系统的基本结构，只是用转速传感器和加速踏板位置传感器代替原有的转速和负荷传感机构，以由 ECU 控制的步进电动机式的电子调速器和喷油提前器取代机械式调速器和供油提前器，精确控制油量调节机构的定位，实现了供油量和喷油定时的自动调节。但此种系统仍然是通过喷油泵的供油控制喷油器的喷油，所以喷油泵上的柱塞结构及齿条、齿圈或油量调节套筒等结构不变。其优点是柴油机结构几乎不需改动，便于对现有柴油机进行升级换代。其缺点是响应慢，控制精度不高，喷油压力低且受转速影响，喷油规律很难控制。

1. 直列柱塞泵位置控制式

直列柱塞泵位置控制式以电子调速器（控制供油齿杆位置）和电子供油正时器来调控供油量和供油时刻。

（1）供油量控制　电子调速器主要由线性步进电动机、供油量调节齿杆、齿杆位置传感器、转速传感器、传感器信号放大器、加速踏板位置传感器、冷却液温度传感器和起动信号装置等组成，如图 6-31 所示。其中步进电动机由外芯、环形永久磁铁、可移动线圈、内芯等组成。

工作中ECU通过控制可移动线圈中电流的方向和大小，控制线圈套筒的移动，线圈套筒则通过杠杆机构使喷油泵的调节齿杆移动，改变供油量。通过齿条位置传感器的反馈信号，得到齿条的实际位置，以此进行反馈控制。

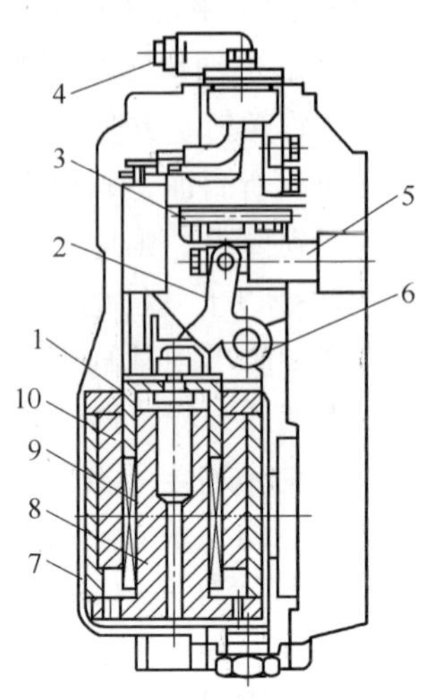


图6-31 直列柱塞泵电子调速器
1—滑套 2—杠杆 3—齿杆位置传感器 4—线束插接器 5—供油量调节齿杆 6—杠杆轴 7—外芯 8—内芯 9—可移动线圈 10—永久磁铁

（2）供油正时控制 改变供油正时可通过改变喷油泵凸轮轴相位和柱塞预行程两种方法来实现。

1）控制喷油泵凸轮轴相位式。这种供油正时控制系统的组成及工作过程如图6-32所示。两个电磁阀分别安装在正时控制器进、回油路中。正时控制器安装在喷油泵驱动轴与凸轮轴之间，受液压控制的正时控制器可使喷油泵凸轮轴相对驱动轴在一定范围内转动。转速传感器安装在喷油泵驱动轴上，正时传感器安装在喷油泵凸轮轴上。

工作时，驱动轴通过驱动盘、滑块、滑块销、大小偏心轮驱动凸轮轴转动。当进油通道关、回油通道开时，液压腔内油压下降，回位弹簧使活塞右移，滑块和滑块销内移，安装在滑块销上的大小偏心轮转动，使凸轮轴相对驱动盘沿转动相反的方向转过一定角度，正时推迟。

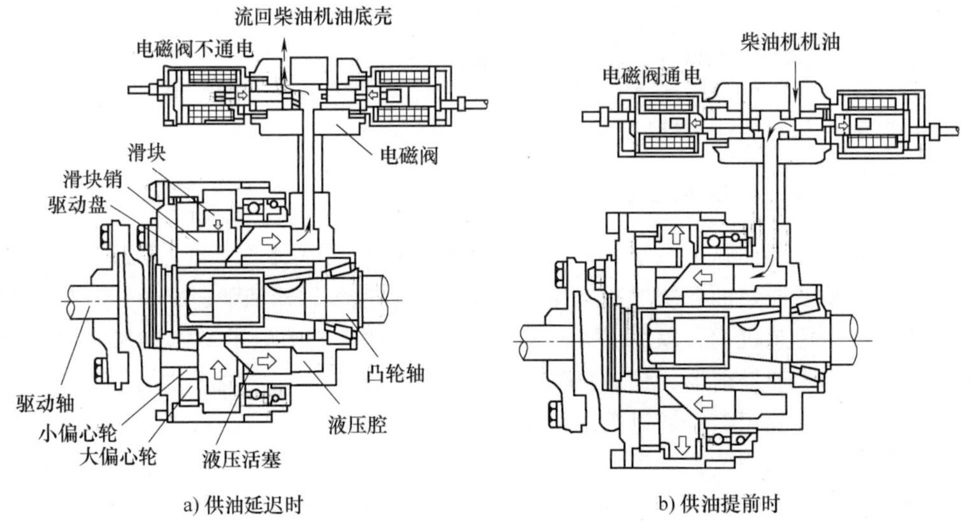


图6-32 直列柱塞泵供油正时控制（改变凸轮轴相位式）

2）可变柱塞预行程式。在直列泵柱塞偶件上增设一个柱塞滑套，取代原来固定的柱塞套筒。通过控制滑套相对柱塞的轴向位置改变柱塞预行程来控制供油时间。滑套式可变柱塞预行程机构如图6-33所示，主要由滑套控制机构、驱动器及滑套位置传感器等组成。滑套控制机构包括套在柱塞上的可动滑套、控制滑套上下移动的调节臂和控制杆。在控制杆身上相对各缸位置设置的调节臂插入相应滑套的槽中，控制杆一端与驱动器相连，另一端装有滑套位置传感器。当驱动器转轴转动时，带动控制杆转动，控制杆则通过调节臂使滑套相对于

柱塞上下移动，同时改变了柱塞的预行程及凸轮的工作段，实现了供油时刻的控制和一定程度上供油速率的控制。ECU 通过控制驱动器线圈的通电来控制驱动轴、控制杆的转动及滑套的移动位置。

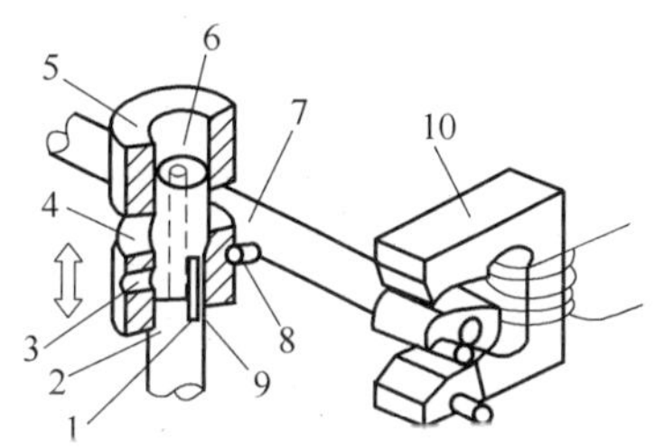


图 6-33 滑套式可变柱塞预行程机构
1—进油孔 2—柱塞 3—溢流孔 4—控制滑套 5—柱塞套筒 6—柱塞腔 7—控制杆 8—销子 9—切槽 10—驱动器

柴油机转速较低时，控制滑套的转轴转角较大，滑套有较大的上移量，柱塞预行程较大，供油延迟，但有效行程不变。同时，由于凸轮工作开始段上移，使供油速率和供油压力提高，部分抵消了因转速降低引起的供油速率和压力的降低。当柴油机在高转速时，驱动轴转动角度减小，柱塞预行程减小，使供油提前，且凸轮工作开始段下移，使供油速率和压力也不致因转速的升高而过大。所以，可变柱塞预行程的调控方式，保证了柴油机高、低速时的性能。

### 2. 电控分配泵位置控制式

图 6-34 所示为位置控制式电控分配泵系统。位置控制式电控分配泵的泵油机构、工作过程及供油调节与 VE 型分配式喷油泵相同，只是将供油量控制滑套的控制方式由机械调速器改为比例电磁阀式，液压式供油提前器增加了供油时间（正时）控制电磁阀，并分别以溢油环位置传感器或滑套位置传感器和供油提前器活塞位置传感器实现供油量和供油正时的闭环控制。

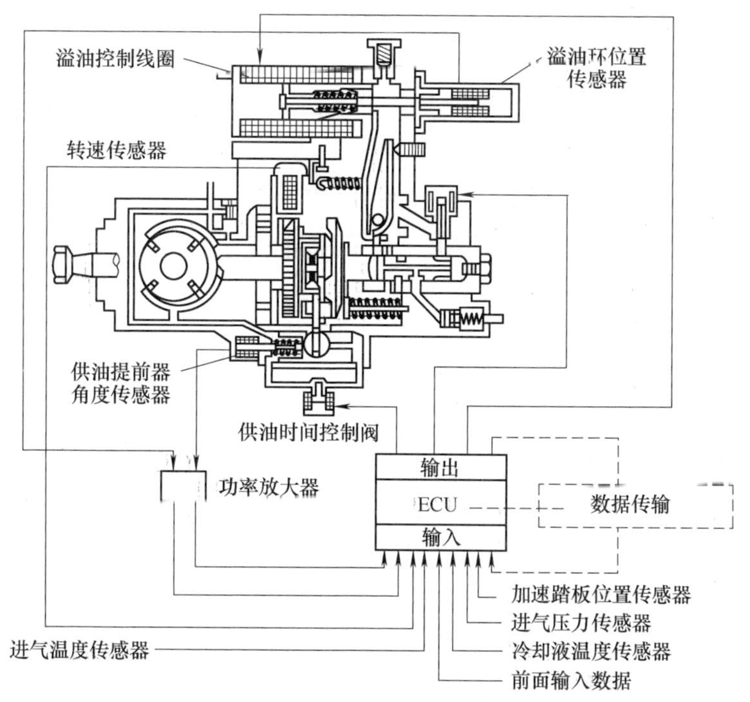


图 6-34 位置控制式电控分配泵系统

（1）供油量的控制　通过控制溢流阀电磁阀线圈的输入电流的大小改变滑套（溢油环）的位置，以改变供油量。当加速踏板在某一位置且负荷不变时，溢流阀芯受到的磁场力和弹簧力平衡，保持在一定位置，油量控制滑套位置不变，柴油机以一定转速运转。若驾驶人抬起加速踏板，则电磁线圈的输入电流减小，溢流阀芯在弹簧作用下向右移动，使调速器杠杆顺时针摆动一个角度，油量控制滑套左移一个距离，使柱塞有效行程减小，供油量减少，转速降低。若油门位置不变、负荷增大，则转速降低。此时，ECU 根据转速降低信号指令通入溢流阀电磁线圈的电流增大，则溢流阀芯左移一个距离，滑套则右移一个距离，增加供油量，使转速的下降减少。

（2）供油正时控制　在原供油提前器活塞两侧油腔之间增加一条液压通道，并由 ECU 通过正时电磁阀控制该液压通道和正时活塞两侧的压力来实现供油正时的控制，如图 6-35 所示。

电磁阀线圈不通电时，正时阀在弹簧作用下向左移动，阀芯将液压油道隔断，供油正时按供油提前器工作过程控制供油正时；电磁阀通电时，阀芯在电磁力作用下向右移动，使液压油道接通，作用在正时活塞两侧的压力相等，活塞在弹簧作用下复位，带动滚轮架转动一个角度，从而改变了喷油泵的供油正时。正时活塞位置传感器铁心随正时活塞移动，传感器线圈内产生与活塞位置成正比的电压信号，ECU 根据此传感器信号对喷油泵供油正时进行闭环控制。

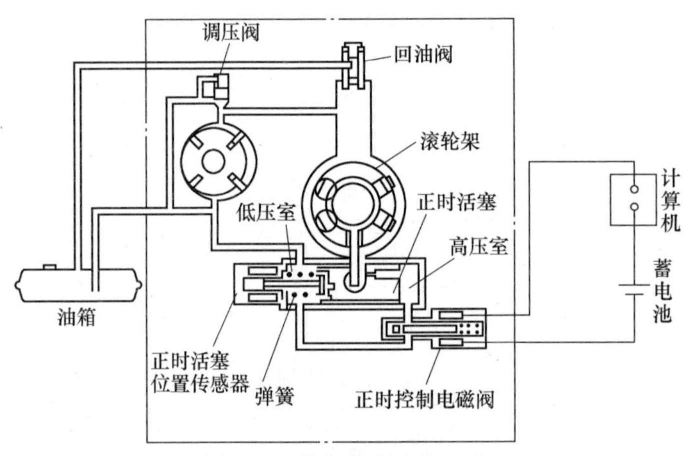

图 6-35　供油正时电控系统

## 6.8.2　时间控制式电控燃油喷射系统

时间控制式电控燃油喷射系统通过设置在喷油泵和喷油器之间的高速强力电磁阀，直接控制喷油器的喷射。喷油始点取决于电磁阀关闭时刻，喷油量则取决于电磁阀关闭的持续时间。虽然喷油器仍为机械式，但喷油泵只承担供给高压燃油的功能，传统柱塞喷油泵中的齿条、柱塞上的斜槽及 VE 型分配泵中的油量控制套筒和供油提前器等全部取消。

时间控制式电控燃油喷射系统包括早期的电控 VE 型分配泵喷射系统和目前较多采用的电控泵喷油器系统和单体泵系统。在此主要介绍电控泵喷油器和单体泵。

### 1. 电控泵喷油器

在电控泵喷油器系统中，直接将柱塞偶件和喷油器偶件集成为一体，取消了喷油泵和喷油器之间的高压油管。每缸单独设置一个泵喷油器，直接装在气缸盖上。

电控泵喷油器主要由驱动机构、泵油机构、喷油器、电磁阀等组成，如图 6-36 所示。

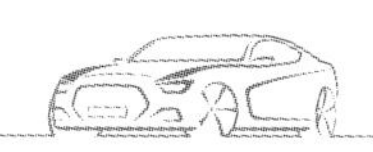

驱动机构包括喷油凸轮、摇臂、球头螺栓。喷油凸轮与顶置配气凸轮轴装为一体，其上升段较陡峭。泵油柱塞、泵体上起柱塞套作用的圆孔及泵油柱塞弹簧等构成泵油机构。喷油器由针阀、针阀体、喷嘴弹簧及辅助柱塞等组成。辅助柱塞使喷射过程分为预喷射或前期喷射、主喷射或后期喷射两个阶段。电磁阀装在泵体的侧面，连接低压腔与柱塞下方的高压腔通道。

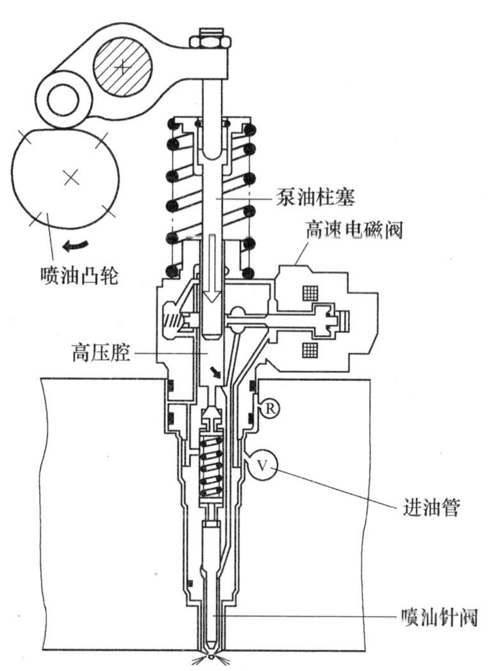


图 6-36　电控泵喷油器的结构

当凸轮转至下降段与摇臂接触时，柱塞在弹簧的作用下下移，电磁阀不通电，高、低压腔相通，低压燃油进入高压腔，直至转过整个基圆段（最低点区）；当凸轮推动摇臂使柱塞下行时，如果电磁阀仍未通电，则燃油通过通道及电磁阀泄回低压腔，不会产生高压；当柱塞下行至某一位置，电磁阀通电时，则高、低压腔的通道关闭，燃油形成高压并直接进入喷油器压力室，当超过针阀开启压力（18MPa）时，预喷射开始。柱塞继续下行，高压腔内油压继续升高，使辅助柱塞向下移动，高压腔体积突然增大，燃油压力短瞬下降，喷油器关闭，预喷射结束。随后，柱塞继续下行，高压腔内的油压又迅速升高。当压力达到约 30MPa 时，针阀再次升起，开始主喷射。主喷射阶段，喷油压力可达到 220MPa。在电磁阀通电期间，泵喷油器将持续喷油。若电磁阀断电，则电磁阀回位弹簧使其打开通道，高压腔的油泄回低压腔，喷油器针阀关闭，停止喷油。所以，喷油正时和喷油量是由电磁阀的通电正时和通电时间的长短决定的。

电控泵喷油器系统由于取消了高压油管，结构紧凑，避免了高压密封问题，喷油压力高，响应特性好，喷油正时和喷油量控制精确，有效改善了供油规律和喷油规律的一致性，并通过预喷射一定程度地改善了喷油规律，使混合气形成与燃烧质量显著改善，提高了柴油机的动力性、燃油经济，降低碳烟排放。但由于供油规律仍由凸轮控制，喷油压力受转速和负荷（即喷油量）的影响大，在低速、小负荷时喷油压力较低，不利于低速性能的提高。加之喷油器仍为机械式，依靠弹簧压力控制开启，难以通过多次喷射灵活控制喷油规律，燃烧的粗暴度没有明显改善。电控泵喷油器系统主要用在轿车柴油机上。

**2. 电控单体泵**

电控单体泵系统中，各缸独立设置喷油泵，喷油泵和喷油器分别装在气缸体和气缸盖上，由很短的高压油管连接。图 6-37 所示为电控单体泵的基本结构。泵油柱塞通过滚轮式挺柱由凸轮轴直接驱动，高速电磁阀设在单体泵的出油端控制高低压燃油通道。

电控单体泵工作过程和控制方式与电控泵喷油器类似。柱塞下行及在下止点时，高速电磁阀不通电，油道打开，低压油腔的燃油进入柱塞腔。当柱塞上行而电磁阀仍未通电时，也不能建立高压。只有当电磁阀通电时，高、低压腔的通道关闭，油压迅速升高，高压燃油经过很短的高压油管进入喷油器使其喷油。电磁阀断电时，高、低压油路接通，高压燃油流回低压腔，高压油管内压力迅速降低，喷油器停止喷油。电磁阀开始通电和持续通电时间决定了循环供油始点和供油量。

如果在泵油柱塞上方增加1个增压套及弹簧，则在单体泵中就形成两个泵油腔，即柱塞与增压套筒之间形成的较小泵油腔A和增压套筒与柱塞套筒之间形成的较大泵油腔B，这就是电控变量柱塞单体泵（图6-38），这样可以像泵喷油器那样具有预喷射和主喷射两个阶段，改进了供油规律。

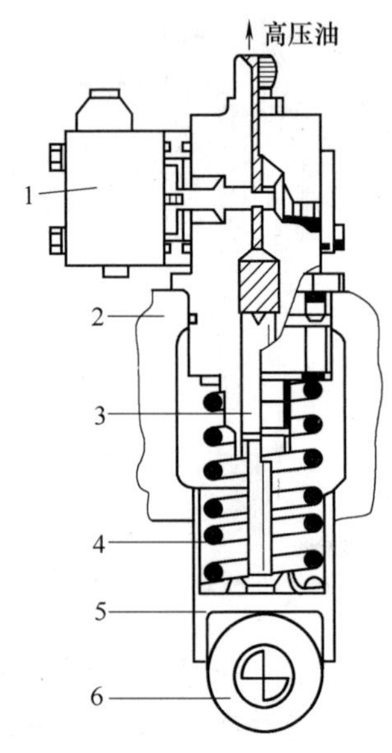


图6-37　电控单体泵的基本结构

1—高速电磁阀　2—柴油机　3—泵油柱塞
4—柱塞弹簧　5—滚轮体　6—滚轮

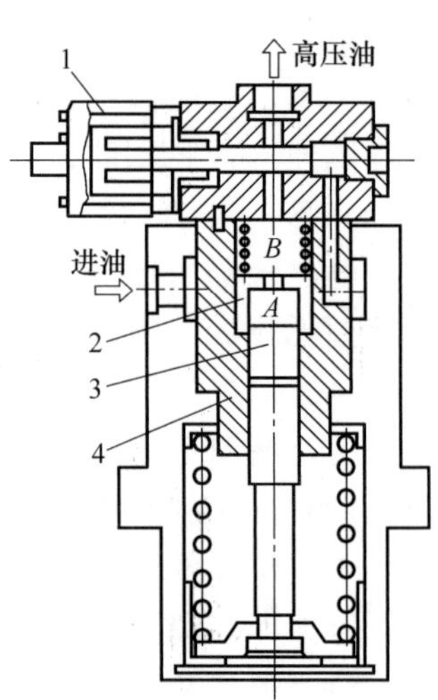


图6-38　电控变量柱塞单体泵

1—高速电磁阀　2—增压套筒
3—泵油柱塞　4—柱塞套筒

电控单体泵系统的特点与电控泵喷油器系统相似，工作可靠，寿命长，且成本低，维修方便。虽然存在高压油管，最高喷油压力稍低，但也可达到200MPa，响应特性也较高。电控单体泵系统主要用在商用车上，在中型货车上更为常见。

### 6.8.3　时间-压力控制式电控燃油喷射系统（共轨式电控燃油喷射系统）

#### 1. 共轨式电控燃油喷射系统的特点

共轨式电控燃油喷射系统，类似于汽油电控多点顺序喷射系统，突破了传统的燃油供给、调控方式。在高压油泵和各缸喷油器之间设置一个体积较大的高压油管，即所谓的共轨。喷油器为电磁式或压电式。高压油泵只负责向共轨管泵入高压燃油，共轨再通过高压油管向喷油器供油，如图6-39所示。

共轨中设置压力传感器、压力控制阀，以保持油轨内压力恒定。共轨式电控燃油喷射系统实现了对喷油压力、喷油时间、喷油速率和喷油规律的灵活调控，具有以下特点：

1）喷油压力稳定，几乎不受转速、喷油量（负荷）等的影响。

2）喷油压力高，范围大，可在20~200MPa甚至更大范围内进行弹性调节。

3）燃油喷射压力的产生与燃油喷射单独控制，喷油正时、喷油压力、喷油量控制精度

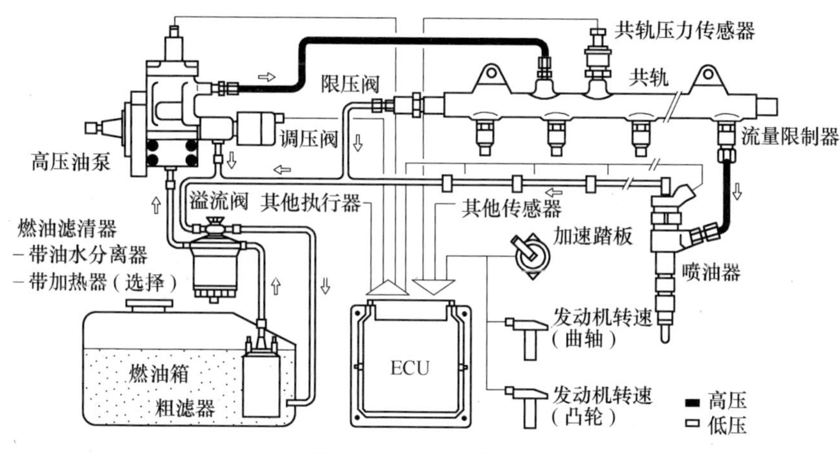


图 6-39　高压共轨系统

高，保证了各缸的均匀性。

4）电磁喷油器或压电式喷油器替代了机械式喷油器，响应速度快，能多次喷油，可控制喷油速率、喷油规律，使黑烟和 $NO_x$ 的排放减少，噪声减小。

2. 共轨式电控燃油喷射系统的类型

根据共轨中介质、压力的不同及喷油器的类型，共轨式电控燃油喷射系统分为高压共轨系统、中压共轨系统和压电式共轨系统三种类型。

（1）高压共轨系统　如图 6-39 所示，高压油泵直接产生 120MPa 以上的高压燃油输送至共轨中。从高压油泵到喷油器均一直处于高压状态，导致了能量浪费和高的燃油温度。此为第一代共轨式电控燃油喷射系统。

高压共轨系统采用电磁喷油器，共轨内的压力即为喷油压力。ECU 根据燃油压力和加速踏板位置、发动机转速等信号控制喷油器电磁阀的通断电时刻来控制喷油正时、喷油量，同时根据发动机负荷控制高压油泵中的调压阀来控制共轨压力。当喷油器出现泄漏或者故障时，流量限制器会切断向电控喷油器的供油。

（2）中压共轨系统　由中压输油泵将一定压力（中压）燃油或机油输送到共轨中，采用液压增压式电磁喷油器。喷油器中的增压器利用来自共轨中的液压使喷油压力升高到 120MPa 以上。高压仅限在喷油器中，是第二代共轨式电控燃油喷射系统。

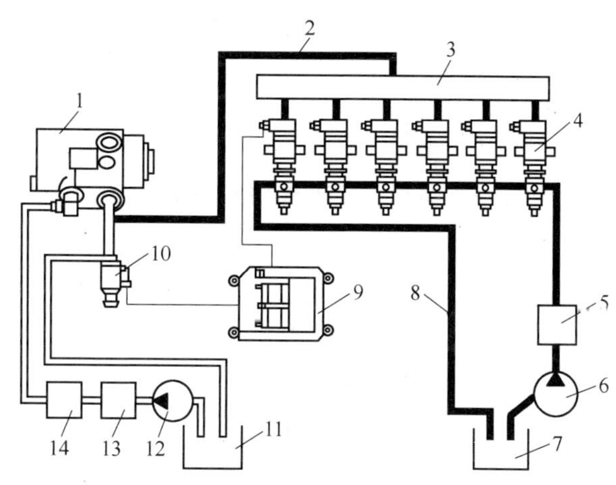


图 6-40　HEUI 中压共轨系统

1—高压机油泵　2—机油油管　3—高压机油共轨　4—HEUI 喷油器　5—燃油滤清器　6—输油泵　7—燃油箱　8—燃油回油管　9—ECU　10—RPCV 压力控制阀　11—机油箱　12—机油泵　13—机油冷却器　14—机油滤清器

图 6-40 所示为 HEUI 中压共轨系统，共轨中是压力为 4～23MPa 的机油。该系统利用共轨管中的机油压力驱动喷油器中的燃油增压器对燃油增压，利用高速电磁阀控制共轨油道中

的机油进出增压器来控制燃油压力及喷油定时。共轨油道上的压力传感器将油压信号传给ECU，ECU根据需要对共轨压力调节阀进行控制，可将共轨中的机油压力调至4~23MPa。机油从喷油器回到气门罩下后流回柴油机油底壳。燃油则由膜片式或活塞式燃油输油泵经燃油滤清器后以0.2MPa的压力输入喷油器。

（3）压电式共轨系统　上述共轨系统中控制喷油器的执行元件均是电磁阀，而压电式共轨系统则利用压电晶体作为执行元件，即采用了压电式喷油器，通过控制喷油器针阀的升程（或喷油开始与结束）来实现燃油喷射控制。压电式共轨系统也被称为第三代共轨式电控燃油喷射系统。其喷油压力、控制精度、切换频率高，每个工作循环喷射次数可达5次（电磁阀式喷油器为3次），最小喷射间隔时间可达0.1ms，最小喷射量可控制在0.5$mm^3$以下。其响应速度快，可得到最优的喷油速率、喷射规律。

**3. 共轨系统高压油泵与喷油器**

（1）高压油泵　电控高压油泵有直列柱塞式和径向柱塞式两种，在此介绍一种电控直列柱塞泵，其结构如图6-41所示。

电控直列柱塞式高压油泵主要由柱塞、柱塞套、进油控制电磁阀（压力控制阀）、单向出油阀、凸轮轴或溢流阀及弹簧等组成，一般采用直列二分泵式。每个柱塞均由多山式凸轮（在一个平面上有3个均布的凸起）驱动。工作时，凸轮轴每转一圈，驱动柱塞泵油3次。通过设在进油口的进油控制电磁阀控制低压燃油进油量来控制泵油量。当柱塞下行时，进油控制电磁阀开启，低压燃油经进油控制电磁阀流入柱塞腔；当柱塞上行时，若进油控制电磁阀尚未通电，仍处于开启状态，则低压燃油经进油控制电磁阀流回低压腔，没有升压；需要供油时，进油控制电磁阀通电使之关闭，回流油路被切断，柱塞腔中的燃油受压缩，经单向出油阀进入高压油轨。因此，改变进油控制电磁阀关闭的时刻，即可控制泵油量的多少，从而控制共轨压力。当共轨压力异常时，溢流阀将开启泄压，以保证共轨系统的安全。

（2）喷油器　高压共轨系统中的电磁喷油器与电控喷射汽油机电磁喷油器的结构、工作过程相似，在此不再赘述。以下主要介绍中压共轨系统的HEUI喷油器和压电式共轨系统的压电式喷油器。

1）HEUI喷油器。HEUI喷油器由电磁控制阀、增压活塞、柱塞、柱塞套、喷油嘴组成，如图6-42所示。

在共轨油道中的机油进入电磁控制阀的提升阀下部后，当线圈通电时，电枢就带动提升阀向上运动，打开下座，关闭上座，将机油回油孔封住，机油进入增压柱塞上方，推动柱塞下行，压缩已进入柱塞下部油腔内的燃油，使球形单向阀封闭进油道。当燃油压力升高到大于启喷压力时，针阀打开，喷油开始，一直持续到线圈断电，提升阀在复位弹簧力的作用下从上座移到下座，机油从开启的上座经回油孔泄出，压力迅速下降。在增压柱塞下部复位弹簧力的作用下，增压柱塞迅速上行，在喷油嘴针阀弹簧的作用下，针阀关闭，喷油停止，燃油又重新通过球形单向阀进入柱塞下部油腔。

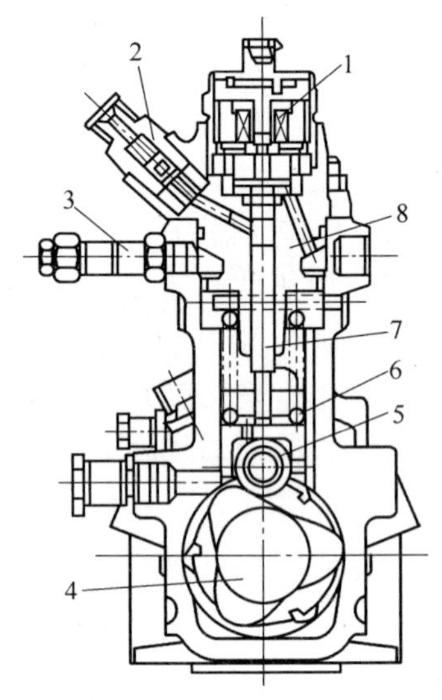

图6-41　电控直列柱塞式高压油泵
1—进油控制电磁阀　2—单向出油阀
3—溢流阀　4—凸轮轴　5—滚轮体
6—柱塞回位弹簧　7—柱塞　8—柱塞套

电磁控制阀通电的时刻决定了喷油始点，喷油压力则由压力控制阀对共轨内机油压力的调节结果来决定，喷油量由增压活塞上部低压腔内的压力来调节。

2）压电式喷油器，如图 6-43 所示。其针阀中部无承压锥面和相应的压力室，又称为无压力室喷油器或 VCO 喷油器。工作时，利用压电元件直接控制针阀升程来改变喷油孔流通截面，从而实现对喷油量的控制。给压电元件施加正向电压时，压电元件膨胀使针阀关闭；施加反向电压时，压电元件收缩使针阀开启。针阀升程与施加在压电元件两端的反向电压成正比。

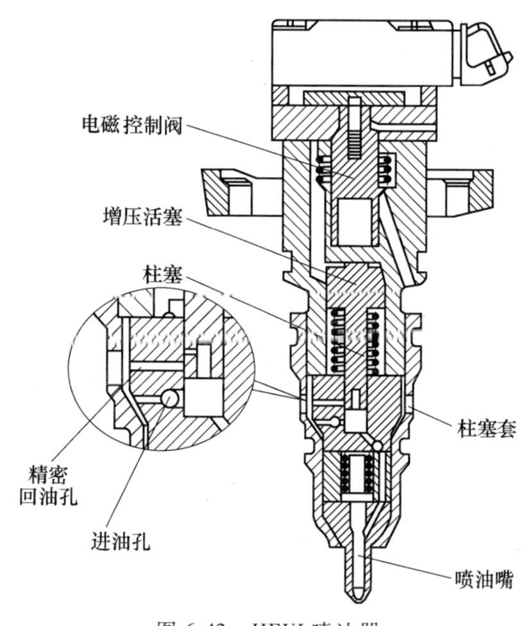


图 6-42　HEUI 喷油器

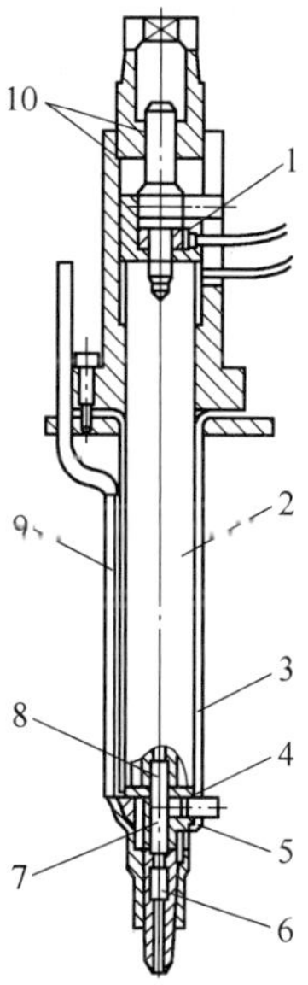

图 6-43　压电式喷油器

1—石英测量垫片　2—压电执行器　3—外壳　4—密封垫　5—紧固螺套　6—针阀体　7—压杆　8—压帽　9—高压油管　10—差动螺纹

## 6.9　柴油机燃油供给系统常见故障的原因

柴油机常见故障现象有起动困难、动力不足、工作粗暴、转速不稳和冒黑烟等，其原因无外乎是供油不畅或不足、雾化不良、供油时刻失准、调速器失灵、气缸密封不良等。

**1. 起动困难和不能起动**

如果排除了起动系统的故障，起动困难和不能起动的问题就是不能着火或燃烧不稳定，其根本原因是气缸内压缩压力、温度太低和供（喷）油不良。前者是气缸密封不良和进气系统供气不足所致，后者主要是供（喷）油量、供油时刻、供油压力、喷雾质量问题。

（1）不供（喷）油的原因　油量不足、油路连接处松脱、油管气阻、喷油器卡滞或堵塞、喷油泵卡滞或堵塞、出油阀密封不严、供油调节拉杆机构卡滞、输油泵失效、滤清器或油路中的滤网堵塞、限压阀泄漏等。另外，燃油牌号不对也会造成不能供油。

（2）喷油正时不准的原因 柱塞及挺柱体磨损、喷油泵凸轮磨损、喷油泵凸轮轴正时驱动机构调校不当。

（3）喷油压力、喷雾质量问题的原因 喷油器调压弹簧断损、弹簧压力太低、针阀卡滞、针阀偶件磨损、针阀积炭或结焦等。

燃油供给系统不供油，柴油机不能起动。喷油正时失准、喷油压力不足和雾化不良及进气系统不足、气缸漏气等问题，也会使柴油机起动困难。燃油系统和进气系统的问题还会引起起动时冒黑烟。若因气缸垫损坏、气缸盖螺栓松动而使冷却液进入气缸，则柴油机不易起动或起动时排气管冒白烟。

**2. 动力不足**

发动机能运转但动力不足是燃烧不良所致，常伴有排烟的变化或工作粗暴。主要原因是供油量过大或过小、喷油提前角过大或过小、雾化不良，进气系统堵塞或供气不足、气缸密封问题等。

若发动机动力不足，而排烟正常，则主要是供油不足所致。如加速踏板拉杆及喷油泵油量调节机构调整不当，不能保证最大供油量；输油泵供油量不足，喷油泵偶件磨损，出油阀密封不良等。

若发动机动力不足，而排气管冒黑烟严重，并伴有工作粗暴、敲缸现象，则多为喷油过早所致。

若发动机动力不足，排气管冒黑烟，则可能由燃油雾化不良、空气滤清器堵塞、气缸密封不良等所致。

若发动机动力不足，排气管冒灰白烟，则可能由喷油太迟、雾化不良、气缸密封不良、燃油中有水等所致。

若排气管冒黑烟，但发动机动力性较好，则为喷油量过多所致。

另外，对于增压发动机，增压压力不足也会引起动力不足；废气再循环系统工作状态不良也会导致动力不足。

**3. 转速不稳**

（1）游车 游车即发动机在怠速或中低速运转且加速踏板保持不变时，转速呈周期性忽快忽慢变化的现象。主要原因是磨损、润滑不良、调整不当等引起的喷油泵油量调节机构和调速器灵敏度下降，或零件配合间隙过大、供油调整滞后等。另一原因可能是燃油管中有气体，使油压不稳。

怠速不稳可能的原因是各缸供油量不均匀、供油正时失准、油路内有空气、供油调节机构中零件的间隙太大、调速器怠速弹簧或怠速限位螺钉调整不当、调速器离心飞块组件跳动、喷油泵驱动凸轮等零件磨损、喷油器工作不正常等。

（2）飞车 飞车即柴油机转速失去控制，转速突然升高超过额定转速，即便减小油门转速也不降低，并伴有强烈的振动、噪声和黑烟。

其主要原因是喷油泵油量调节机构和调速器失灵，如喷油泵油量调节机构和调速器卡滞、油门拉杆卡滞、调速器高速限位螺钉松动等。

## 本章小结

柴油机压缩行程末期将挥发性差的柴油以高压雾化状态喷入气缸，与受压缩的高温高压空气混合并自燃，混合气形成时间短，均匀性差。为保证可靠、及时、完全燃烧，柴油机要

采用较大的压缩比和过量空气系数，必须保证雾化质量，并利用气道和燃烧室组织适当的空气运动。柴油机通过控制喷入气缸的燃油量来改变缸内混合气浓度，调节功率的输出，以适应负荷的变化，此调节方式称为“质调节”。

柴油牌号按其凝点划分，最低使用（环境）温度应高于柴油凝点 5℃以上，否则，柴油不能被泵送，柴油机无法起动。

柴油机燃烧过程分为着火延迟期、速燃期、缓燃期和后燃期四个阶段。速燃期内压力升高率太大，将导致柴油机工作粗暴。通过缩短着火延迟期或减少着火延迟期内燃油喷入量即可使其得以控制。柴油机在低速、小负荷下易工作粗暴。

喷油提前角对柴油机工作性能有重要影响，每一工况都存在一个最佳喷油提前角。喷油提前角过大，将导致柴油机工作粗暴，起动困难，功率、热效率下降，排气 $NO_x$ 增多；喷油提前角过小，则过后燃烧严重，同样使功率、热效率减小，且排烟加重。最佳喷油提前角应随转速的升高而增大，以减少过后燃烧。

柴油机燃烧室分为直接喷射式和分隔式两大类。直接喷射式燃烧室结构简单，经济性、起动性好，但工作较粗暴，要求喷油压力高；分隔式燃烧室结构较复杂，经济性、起动性相对较差，但工作柔和，要求喷油压力低。

柴油机燃油系统由燃油箱，输油泵，燃油滤清器，低压油管组成的低压油路，喷油泵、喷油器、高压油管等组成的高压油路，及调速器、喷油提前器组成的运转稳定控制装置组成。

喷油器将燃油雾化，并合理地分配到燃烧室中。喷油压力和油雾形态是保证雾化质量和混合气形成的关键，应适时检查、调整。机械式喷油器喷油压力的大小取决于调压弹簧的预紧力，拧动调压螺钉即可对其进行调整。喷油器分为孔式和轴针式两种。前者喷油压力高，喷雾质量好，用于直接喷射式燃烧室；后者喷油压力低，不易堵塞，用于分隔式燃烧室。

机械式喷油泵定时、定量、定压地向喷油器输送高压燃油，多缸发动机各缸供油量和供油时刻要求均匀一致。柱塞式喷油泵主要由柱塞偶件、出油阀偶件及驱动机构等组成，柱塞偶件数与气缸数相同。柱塞相对于柱塞套筒转过一个角度，改变其有效行程可调整供油量。通过拧动挺柱上部的调整螺母或更换垫块改变柱塞相对于柱塞套筒的轴向位置，可微调供油时刻及供油间隔角的均匀性。分配式喷油泵只需一对柱塞偶件，体积小，各缸供油均匀性好，无须逐缸调整；车用柴油机均装有喷油提前角自动调节装置。

调速器可根据负荷的变化，自动调节供油量，使柴油机运转稳定，防止超速和怠速不稳。调整调速弹簧和怠速弹簧的预紧力，即可改变调速器起作用的最高转速和怠速转速。

柴油机燃油系统中有三对精密偶件，即柱塞偶件、出油阀偶件、喷油器偶件。它们长期使用磨损、变形后，会造成配合状态异常，导致供油时刻、供油量和喷油量、各缸供油均匀性、喷油压力、油雾形态的恶化，导致滴油、燃烧恶化，引起怠速运转不稳、起动困难、油耗增加、功率下降、排气冒黑烟和工作粗暴等现象。要按规范通过外观目测、滑动性试验、密封性试验等对其进行检验。喷油器喷油压力、密封性及雾化质量的检验在专门的喷油器试验台上进行。喷油泵的供油时刻、供油量、供油均匀性调试和调速器的调试在专门的喷油泵试验台上按规范进行。

柴油机电控燃油喷射系统可分为位置控制式、时间控制式和时间-压力控制式三大类。位置控制式电控燃油喷射系统不改变传统的喷油泵、高压油管、喷油器燃油系统的基本结构，只是以电子控制调速器取代机械式调速器，对喷油提前器和供油量调节机构中套筒或齿条的位置进行精确控制，实现了供油量和喷油定时的自动调节；时间控制式电控燃油喷射系统保留传统的喷油泵，仅负责供给高压燃油，喷油器由快速响应的电磁阀控制，直接控制喷油开始与结束时刻、喷油量和喷油压力，控制精度较高；时间-压力控制式电控燃油喷射系统主要指共轨式电控燃油喷射系统，基本脱离了传统的机械式燃油供给与调控方式，高压油泵仅负责向体积较大的共轨管供油，高压油管压力几乎不受转速和喷油量的影响，加之采用电磁式或压电式喷油器，使共轨式电控燃油喷射系统的柴油机可采用高压喷射，以改善空气与燃油的混合过程和燃烧过程，实现喷油始点和喷油量的精确控制，可灵活地进行预喷射和后喷射等多次喷射，实现喷油规律的控制，改善柴油机的工作粗暴和颗粒、$NO_x$ 的排放。

## 【复习思考题】

1. 柴油机混合气的形成有何特点？
2. 柴油机燃烧室分为哪两大类？它们各有何特点？
3. 何为柴油机工作粗暴？
4. 何为喷油提前角？何为最佳喷油提前角？
5. 喷油提前角过大或过小有何害处？
6. 随着转速变化应如何调整喷油提前角？
7. 如何划分柴油牌号？根据环境温度和牌号如何选用柴油？
8. 为何柴油机起动时振动得厉害？
9. 柴油机燃油系统技术状况下降和气缸密封性下降后的主要外部现象是什么？
10. 柴油机燃油系统由哪些主要零部件组成？
11. 喷油泵的作用有哪些？
12. 简述柱塞式喷油泵的基本结构和工作原理。如何调整柱塞式喷油泵的供油量和供油时刻（喷油提前角）？
13. 简述分配式喷油泵的基本结构和工作原理。它有何特点？
14. 喷油器有哪两种？分别有什么特点？
15. 如何调整喷油压力？
16. 喷油器磨损或积炭有何危害？
17. 喷油器调压弹簧的弹力对燃烧过程及整机性能有何影响？
18. 调速器有何作用？调速器失灵可能会发生什么现象或危害？
19. 滑动性试验有何目的？如何对三对偶件进行滑动性试验？
20. 如何检验三对偶件的密封性？
21. 柴油机电控燃油喷射系统可分为哪几类？它们各有什么特点？
22. 泵喷油器系统有何特点？
23. 共轨式电控燃油系统有何特点？
24. 为什么高压油泵的出油阀均为单向阀？
25. 压电式共轨系统与高压共轨系统有哪些主要差别？
26. 简单说明柴油机动力不足的原因。

# 第7章

# 进、排气系统

## 【学习目标】

1. 掌握进、排气系统的功用和组成。
2. 掌握进、排气系统主要零部件的作用、结构、工作过程与检修。
3. 理解进气预热、可变进气歧管的作用、原理。
4. 理解排气净化装置的作用、结构、检修。
5. 理解增压的概念、作用、类型，废气涡轮增压器的结构及工作过程。

进、排气系统的主要作用是将清洁的新鲜空气或混合气导入气缸，把废气导出气缸。其基本组成零部件有空气滤清器、进气管、排气管、消声器、废气净化装置等，如图 7-1 所示。增压发动机的进、排气系统中还有增压装置。

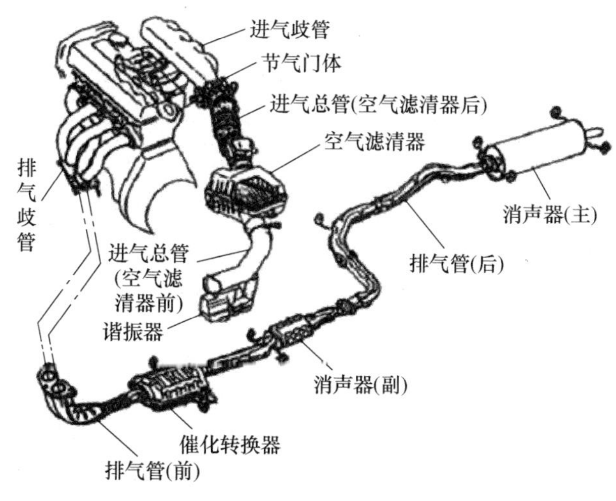


图 7-1 进、排气系统示意图

## 7.1 进气系统

进气系统的主要作用是将新鲜空气或空气燃油混合气尽可能多而均匀地导入各气缸。对于汽油机，进气系统的另一个作用就是测控流入气缸内的空气量。

传统的汽油机进气系统主要包括空气滤清器、进气总管、进气歧管、节气门体（或化油器）等零部件。现代的电控喷射式汽油机进气系统相对比较复杂，增加了空气流量传感器、进气温度传感器、进气压力传感器、节气门位置传感器等测控元器件（见 5.5 节），有的发动机上还有进气预热装置、可变进气歧管系统、压气机等。

### 7.1.1　空气滤清器

#### 1. 空气滤清器的功能

空气滤清器外形较大，壳体呈盆形，装在进气系统的入口处，所有进入发动机的空气必须通过空气滤清器。其作用是滤除空气中的灰尘和杂质，减轻发动机气缸套、活塞组件、气门组件、轴承副等主要零部件的磨损及机油的污染，延长发动机的使用寿命。空气滤清器还能抑制进气噪声。

实践证明，发动机如不装空气滤清器，工作寿命将缩短 1/2~2/3，严重时甚至几十小时就会把气缸、活塞、活塞环等零件磨坏，使发动机丧失工作能力。若空气滤清器过滤不好，空气中的尘粒进入发动机，也会使发动机寿命显著地缩短。

空气滤清器滤除杂质的能力以滤清效率表示，其定义为空气滤清器进、出气流中杂质含量之差与空气滤清器进气流中杂质含量之比。目前，发动机空气滤清器的滤清效率大致在 87.5%~99.9%范围内，并要求空气滤清器有足够的容尘能力。

#### 2. 空气滤清器的结构

空气滤清器一般由进气导流管、空气滤清器盖、空气滤清器外壳和滤芯等组成。根据滤清原理，空气滤清器可分为纸质（纸滤芯式）、复合式和油浴式 3 种类型。

（1）纸质空气滤清器　纸质空气滤清器分为干式和湿式两种。乘用车上主要采用干式纸质空气滤清器。图 7-2 所示为普遍使用的干式纸质空气滤清器。滤芯由折叠成波褶状并经防火处理的微孔滤纸做成，其上、下端面是密封面，当拧紧蝶形螺母把滤清器盖紧固在滤清器外壳上时，下密封面和上密封面分别与空气滤清器盖及空气滤清器外壳底部的配合面贴紧密合。工作时，空气从导流管进入纸滤芯四周，再经纸滤芯进入中心孔，杂质被阻留在纸滤芯外侧，清洁的空气由中心孔进入进气管，其滤清效率可达 99.5%。

干式纸质空气滤清器的优点是重量轻、高度小、成本低、可重复使用、滤清效果好。其

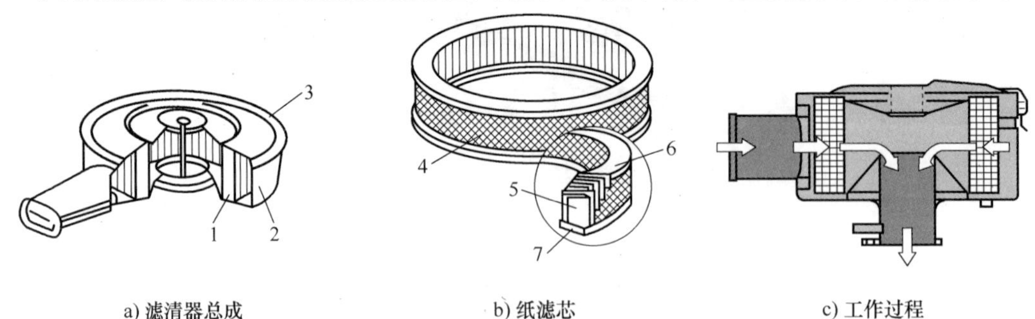


a) 滤清器总成　b) 纸滤芯　c) 工作过程

图 7-2　干式纸质空气滤清器

1—纸滤芯　2—空气滤清器外壳　3—空气滤清器盖　4—金属网　5—打褶滤纸
6—纸滤芯下端面　7—纸滤芯上端面

缺点是容尘能力小、寿命较短，必须定期清理或更换滤芯。

注意，干式纸质空气滤清器对油类的污染十分敏感，一旦被油液浸润，滤清阻力急剧增大。因此，使用、保养干式纸质空气滤清器时，切忌使其接触油液。

将纸滤芯吸附上特殊的机油即成为湿式纸质空气滤清器，其滤清效果好，但不可重复使用，必须定期更换。

（2）复合式（惯性-纸质）空气滤清器　图 7-3 所示是多用于大客车和载重车上的惯性-纸质空气滤清器，主要由旋流片（叶片环）、集尘室、滤芯、罩和外壳构成。

工作时，空气先通过旋流片产生旋转，在离心力作用下将较粗大的灰尘和杂质分离，并甩向内壁，抖落入集尘室和排尘袋中。空气在流经滤芯时，剩余的细小灰尘被阻隔在滤芯外，清洁的空气经滤芯中心进入进气管。这样，空气在空气滤清器中经过了二级过滤。此种空气滤清器的容尘能力大，使用寿命长。

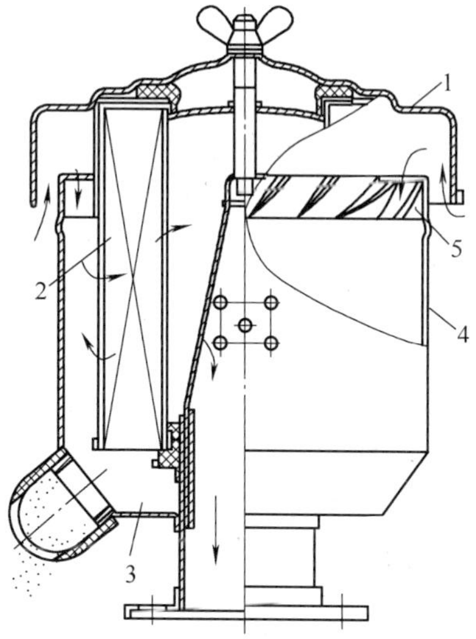

图 7-3　惯性-纸质空气滤清器

1—罩　2—滤芯　3—集尘室　4—外壳　5—旋流片

（3）油浴式空气滤清器　油浴式空气滤清器又叫综合式空气滤清器，由空气滤清器体、金属滤芯、油池、中心管和空气滤清器盖等组成，如图 7-4 所示。金属滤芯装在滤清器体的内壁和中心管之间，空气滤清器体的底部为油池，内盛一定数量的机油。

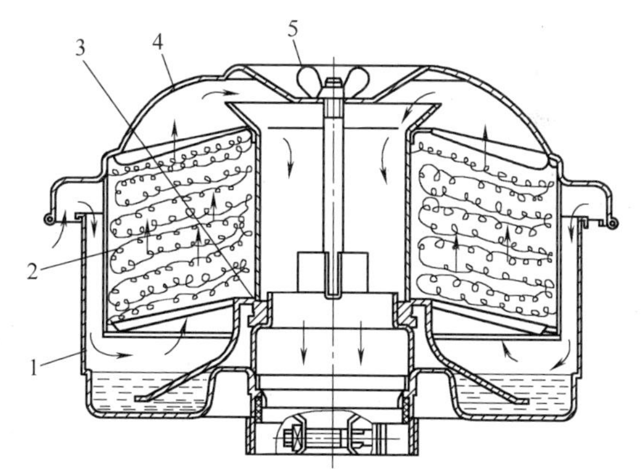


图 7-4　油浴式空气滤清器

1—空气滤清器体　2—金属滤芯　3—密封圈

4—空气滤清器盖　5—蝶形螺母

当发动机工作时，空气沿空气滤清器体的内壁与空气滤清器盖之间的环形空间向下流动，到底部油池表面上方的空间再折转向上，使空气中较大颗粒的灰尘在惯性力的作用下进入油池内，细小的尘土在气流掠过油面和经过金属滤芯时被机油黏附和被金属滤芯阻挡。黏附在金属滤芯上的部分杂质被气流溅起的机油所冲洗，并靠重力流回油池。干净的空气汇集到空气滤清器体和盖组成的上部空间，再由中心管进入进气管。空气在油浴式空气滤清器中也经过了三级过滤。

油浴式空气滤清器的优点是滤清效率高，为 95%~97%，容尘能力较大，且可通过清洗金属滤芯和更换油池中的机油而反复使用，广泛应用于越野车、公交车发动机。

注意，为保证其滤清效果，必须保持油池中机油油面在规定高度。油面过低，滤清效果不好；油面过高，气流流通面积减小，进气量减少，同时油池中的机油容易随进气流进入气缸，也导致机油消耗太快，而使进气管内壁有油液湿润现象，也可能出现进气管接口滴机油现象。

### 3. 空气滤清器的维护

空气滤清器在使用过程中，滤芯会逐渐变脏甚至堵塞，使空气流量不能满足发动机正常工作的需要量，发动机工作状态即会出现异常，如轰鸣声发闷，加速迟缓，工作无力，冷却液温度相对升高，以及加速时排气烟度变浓等。所以，必须定期清洗或更换滤芯，对滤芯进行定期维护保养。

1）更换滤芯时，一定要换用与原装滤芯尺寸、形状完全相同的滤芯。

2）滤芯及两端面应完好无损。

3）安装时，应仔细清理空气滤清器壳内的杂质。

4）注意确保滤芯安装到位，紧固可靠，并良好密封在壳体内，防止尘土、外来物、雨或雪直接进入进气管。

5）保证与进气引入管、进气总管接口对正。

6）清洁纸质滤芯时，用手轻轻抖动或轻拍，用压缩空气先由里向外吹去积尘，然后吹净滤芯外侧。

## 7.1.2　进气歧管

### 1. 进气歧管的结构

对化油器式或节气门体喷射式（单点喷射）发动机，进气歧管是指化油器或节气门体和气缸盖之间的进气管。对多点喷射式汽油机或柴油机来说，进气歧管是指进气总管之后、气缸盖进气道口之前的进气管。进气歧管的作用是将空气或空气燃油混合气均匀地分配到各个气缸中。

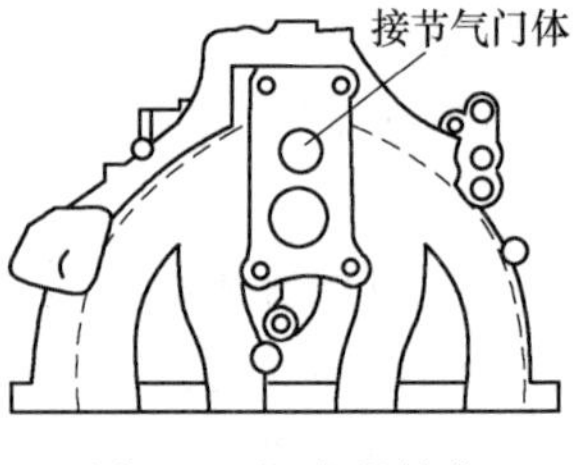

大多数节气门体喷射式发动机采用合金铸铁进气歧管，多为短流程结构的进气歧管，如图7-5所示。由于气流行程、速度不同，各缸进气均匀性差。为促进燃油的蒸发，改进进气均匀性，常常使废气或冷却液流过进气歧管底部进行加热。

接节气门体

图7-5　短流程结构的进气歧管

多点喷射式的汽车发动机多采用铸铝合金的进气歧管，由于不考虑燃油的蒸发问题，而只需考虑每个气缸的进气量相等，因此多为谐振进气歧管，如图7-6所示。各缸进气歧管较细长，且长度、直径基本一致，并设有体积较大的稳压箱或腔（又称动力室）。图7-6a所示为轴向进气式稳压箱，其进气方向与各歧管进气方向垂直，多在小排量发动机上使用。图7-6b所示为径向进气式稳压箱，进气方向与各歧管进气方向平行，多在大排量发动机上使用。

进气歧管也是许多与进气相关的系统和传感器的安装部位，如进气管绝对压力传感器、温度传感器，此外废气再循环系统通道、曲轴箱强制通风系统的通道等也安装或置于进气歧管。

若发动机进气系统密封性和气缸密封性良好，则进气歧管真空度直接反映了负荷和转速的变化。转速越高，进气流速越快，进气歧管内压力越低，真空度越高；负荷越大，节气门开度越大，进气量越多，进气歧管内压力越高，真空度越低。发动机负荷为零或很低（怠速运转）时，节气门几乎关闭，进气歧管真空度就很高。所以，进气歧管真空可以用于驱动或控制许多装置或系统，如进气歧管通过一些细小的软管和导管（称为真空管）为燃油

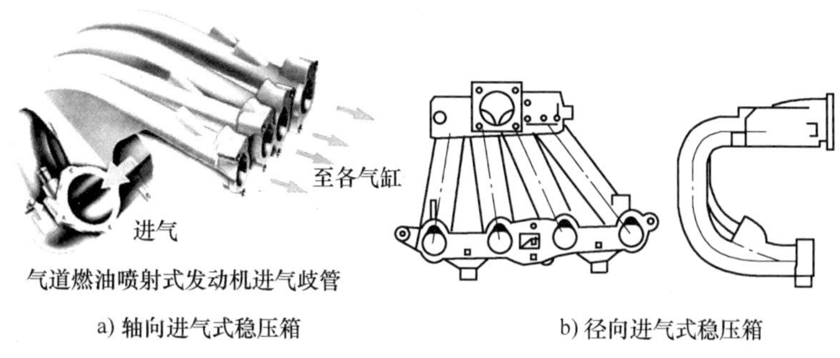


a) 轴向进气式稳压箱　　b) 径向进气式稳压箱

图 7-6　谐振进气歧管

压力调节器、废气再循环系统、曲轴箱强制通风系统、燃油蒸发控制系统、自动变速器真空调节器、制动系统真空助力器、暖风和空调气流控制阀门、巡航控制系统等提供真空信号。

**2. 进气预热**

进气预热的目的是促进燃油蒸发，改善各缸混合气形成及各缸混合气分配的均匀性，并缩短暖机怠速运转时间，减少起动和暖机怠速时 CO、CH 的排放。

早期的汽油机只是将进气歧管与排气歧管放在同一侧，利用高温的排气歧管加热进气歧管，不能根据运行工况控制预热强度，影响充气效率，效果不是很好。现在多采用可调控的进气预热措施。

（1）预热阀控制废气加热进气　如图 7-7 所示，通过一个预热阀来控制排气歧管流出废气的流向。需要加热时让废气绕过进气歧管，对其加热，否则废气直接从排气歧管排出。预热阀可手动控制，也可自动控制。其缺点是预热阀直接暴露在废气中，易损坏，预热时排气阻力增加，对可燃混合气加热的温度波动大。

（2）进气恒温装置　在空气滤清器上增设了一套引入排气歧管周围的热空气到空气滤清器入口处，并与该处的冷空气相混合的装置，如图 7-8 所示。当进气温度低于设定温度下限时，进气温度传感器使进气歧管的真空作用于真空控制盒膜片上，拉动空气控制阀使热空气流增大、冷空气流减小；当进气温度高于设定温度的上限时，空气控制阀向下转到极限位置，关闭热空气通路。

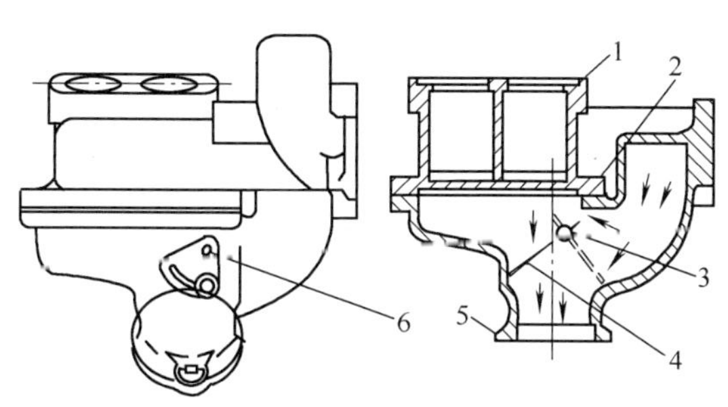


图 7-7　废气加热进气

1—进气歧管　2—石棉衬垫　3—混合气预热阀轴　4—混合气预热阀　5—排气歧管　6—预热阀调节手柄

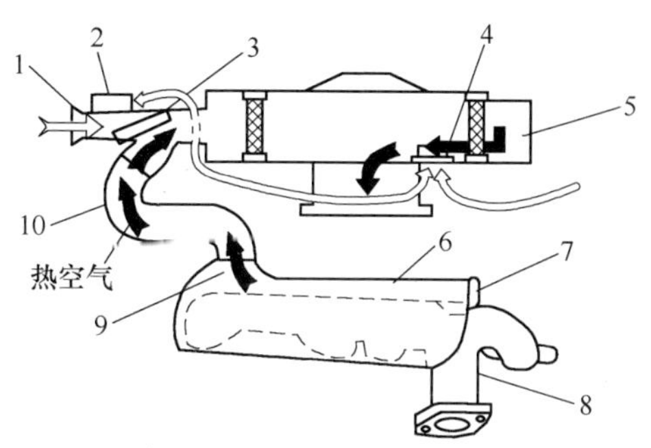


图 7-8　进气恒温装置

1—进气歧管　2—真空控制膜盒　3—控制阀　4—进气温度传感器　5—空气滤清器　6—热炉　7—冷空气入口　8—排气歧管　9—热空气出口　10—热空气管

（3）冷却液预热　在进气歧管上设有水套，进水管与发动机冷却水套或水泵出水管相连，排水管则单独流回到水泵入口处。其优点是温度好控制且波动小，在高转速、大负荷时进气歧管的预热温度不会超过100℃。当转速、负荷急剧减小，甚至短时停车时，由于冷却液的热容量大，加热进气歧管的冷却液温度不会有太大的降低。但在冷起动后暖机期间预热效果不好。

**3. 可变进气歧管**

改善换气过程，提高充气效率，除了增大进、排气门的流通截面积、减小进、排气阻力及采用可变配气相位等措施外，另一个有效的方法是进气歧管可变技术，即根据转速工况的变化调节进气歧管长度或截面大小，充分利用管道中气体的波动效应和惯性效应增加充气量的技术。

传统的发动机，采用一个固定不变的进气歧管，只能在某一转速下获得良好的波动效应，其他转速下波动效应则起不到提高充气效率的作用，不利于车用发动机在高速下获得大功率、低速下获得大转矩的要求。所以，理想的进气歧管应随发动机转速的降低而变得细长，随转速的升高而变得短粗，以便在较宽泛的转速范围内有效利用波动效应获得良好的换气效果，改善动力输出和燃油经济性。

（1）可变长度进气歧管　图7-9所示为一种能根据发动机转速自动改变进气歧管有效长度的进气控制系统。低速时，进气转换阀3关闭，空气经细而长的弯管进入气缸，提高了进气速度，增加了惯性效应，使进气量增多；高速时，进气转换阀开启，空气直接经短而粗的管子进入气缸，阻力小，使进气量增多。进气转换阀由发动机电控单元根据发动机转速来控制。

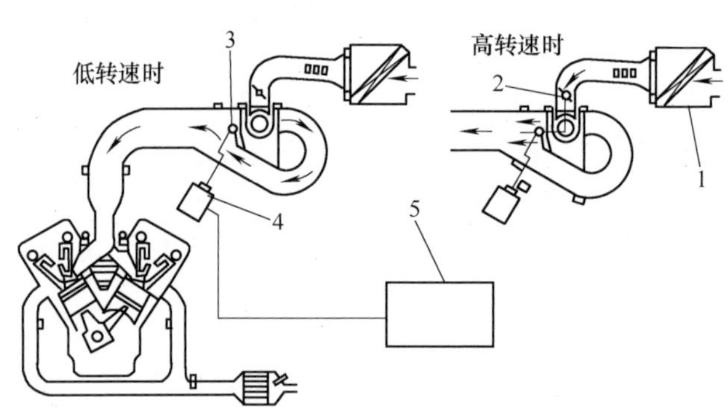


图7-9　可变长度进气歧管

1—空气滤清器　2—节气门　3—进气转换阀　4—转换阀控制机构
5—发动机电控单元

（2）可变截面进气歧管　图7-10所示为一种双进气通道式改变进气歧管有效截面的进气控制系统，即每个气缸有两个进气通道，其中一个通道中设有进气转换阀。低转速时，转换阀关闭一个进气通道，只利用一个进气通道进气，进气歧管截面积较小；高转速时，转换阀开启，两条通道同时工作，进气歧管截面积变大。双进气通道式的可变进气系统，在调控转换阀开度时，同时达到了调整进气涡流强度的目的。

（3）连续可变进气歧管　图7-11所示为一种能根据发动机转速自动连续改变进气歧管长度的系统，由内部旋转件和固定的外壳构成。通过旋转内部旋转件可连续改变进气通道长度。

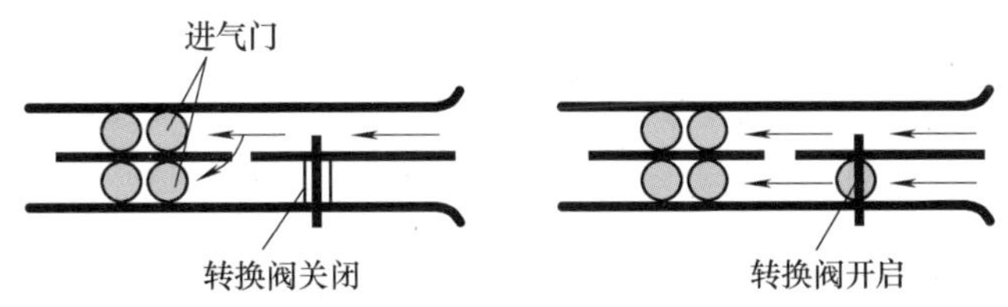


图 7-10　可变截面进气歧管

图 7-11　连续可变进气歧管
1—进气道　2—漏斗　3—转子　4—轴　5—齿轮　6—集气箱体

**4. 进气歧管的维修**

1）若进气歧管出现裂纹或密封连接面严重磨损，则应予以更换。若密封面只有轻微不平整，可将其打磨平整。

2）及时清洗进气管道内的积垢。

3）避免出现进气歧管凹陷变形等。

4）注意，拆解后一定要使用新的衬垫和密封垫，安装时确保各连接口处对正，并按规定力矩和次序拧紧固定螺栓。

5）进气歧管真空系统检查。前已叙及，进气歧管真空信号可用来驱动或控制许多装置或系统。进气歧管真空可以反映真空信号管路密封性、气缸密封性、气门正时、点火正时、进气歧管的状况。如果进气歧管真空异常，可能会发生失速、不能冷起动、热起动困难、怠速不稳、加速性差、经济性差、过热、爆燃、排气异味等现象。针对进气系统应进行如下检查：真空软管是否发生扭结、破裂；真空管对接处是否牢固、密封是否可靠等；确认真空管连接处没有机油，以免机油进入使真空管和与其连通的阀门脏污；检查进气管真空驱动或控制装置的真空盒、真空控制阀、真空管等是否损坏或破裂。

## 7.2　排气系统

排气系统的主要作用是将废气顺畅、安全地导出气缸，排入大气。其主要由排气歧管、排气总管、尾气净化装置、氧传感器、消声器和排气尾管等组成，如图 7-12 所示。废气涡轮增压发动机在排气系统内还设有废气涡轮。发动机在排气过程中，气缸中的废气经排气门、排气道进入排气歧管，再由排气歧管进入排气总管、排气净化装置和消声器，最后由排气尾管排入大气。

发动机有单排气系统和双排气系统之分。单排气系统是指发动机各气缸中的废气通过各自的排气歧管汇入排气总管、催化转换器、消声器和排气尾管，如图 7-12 所示。双排气系

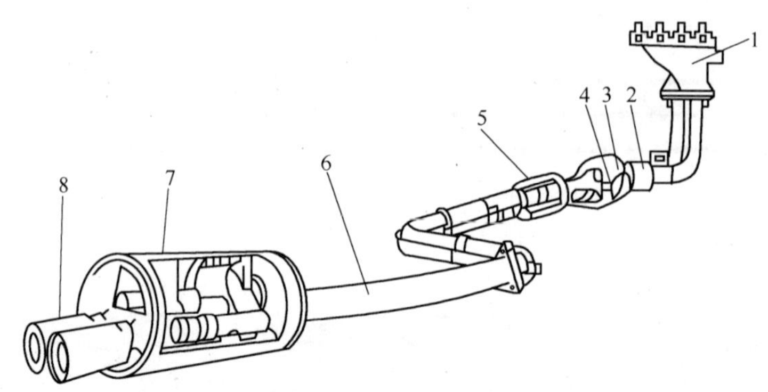


图 7-12　排气系统的组成

1—排气歧管　2—排气总管　3—催化转化器　4—排气温度传感器　5—副消声器
6—后排气管　7—主消声器　8—排气尾管

统即采用两个单排气系统，每个排气歧管各自连接一个排气总管及尾气净化装置、消声器和排气尾管。双排气系统可减轻各缸排气的相互干扰，降低排气阻力，改善换气过程。

一般直列式发动机都采用单排气系统，部分 V 形发动机也采用单排气系统，其两列气缸的排气歧管由一根叉形管连到一个排气总管上。部分 V 形发动机采用了双排气系统。

### 7.2.1　排气歧管

排气歧管是连接排气道与排气总管的部分，其作用是将各缸废气汇入排气总管。为减轻各缸排气相互干扰及可能的排气倒流，要求各缸排气支管尽可能长度相等，且相互独立，长度尽可能地大；设有两个排气歧管的发动机，排气间隔（发火间隔）较远的气缸排气歧管汇合在一起。排气歧管内壁应尽量光滑。

排气歧管一般由铸铁或不锈钢制成。近年来不锈钢排气歧管因质量轻、内表面光滑而被越来越多地使用。

### 7.2.2　消声器

发动机排出废气的温度较高、压力较大、速度较快，具有相当的能量，如果直接排入大气，就会产生强烈的爆破声，且易带有火焰及火星。因此，发动机排气总管内都装有消声器，以降低噪声，消除废气中的火焰或火星。

消声器内部是一系列隔板、腔室、管道、孔口和填充材料，通过通道的突然扩大、收缩、改变方向和吸声材料，使排气降温、降压、减速，消耗其能量。

多数轿车排气系统有多级消声器。图 7-13 所示是典型的轿车用排气消声器，由多个腔室以及连接管组成。

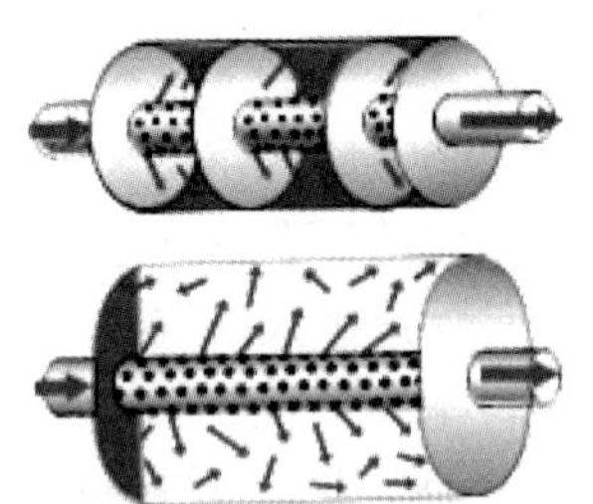

图 7-13　排气消声器

### 7.2.3　排气净化装置

汽油机的主要有害排放物是 CO、HC 和 $NO_x$，柴油机的主要有害排放物是 $NO_x$ 和微粒。

CO 是不完全燃烧产物，在低温缺氧时形成。

HC 是未燃和未完全燃烧的燃油和机油蒸气，来源于排气管废气、曲轴箱通风和燃油系统中的燃油蒸气；发动机在低温起动、冷怠速运转时会产生大量的 CO 和 HC。

$NO_x$ 是空气中的 $N_2$ 在燃烧室内高温富氧条件下生成的，主要是 NO 和 $NO_2$。$NO_x$ 本身并不对空气环境产生严重的不利影响，但 $NO_x$ 与 HC 混合后在阳光照射下会产生毒性很强的光化学烟雾。

微粒主要是指柴油在燃烧室内高温裂解形成的碳烟。

为限制上述有害物质的排放，车用发动机上均装备了排气净化设备。

**1. 废气再循环（EGR）**

（1）废气再循环概念　废气再循环就是使部分废气再进入燃烧室，稀释混合气（降低氧的浓度）、降低燃烧温度，抑制 $NO_x$ 生成的一种方法。但废气再循环使发动机有效功率下降、经济性变差。所以，再循环的废气量应随工况而定。接近全负荷或高速运转时，为使发动机保持充足的动力，不进行废气再循环。冷起动、暖机过程中，发动机温度较低，$NO_x$ 排放不高，为保持发动机运转的稳定性，也不进行废气再循环。

废气的回流量用废气再循环率（EGR 率）表示，定义为“EGR 率 = 废气的回流量/(新鲜进气量+废气的回流量）×100%”，最大不超过 25%。

（2）废气再循环的方法　废气再循环的方法有两种：其一，通过控制气门正时，使废气在气门叠开期间倒流入气缸，此法称为内部再循环；其二，通过 EGR 阀和软管将排气管中的部分废气引入进气歧管，与新鲜混合气一起进入燃烧室的外部循环。图 7-14 所示为现代汽车广泛采用的外部废气再循环控制系统（EGR 系统）。

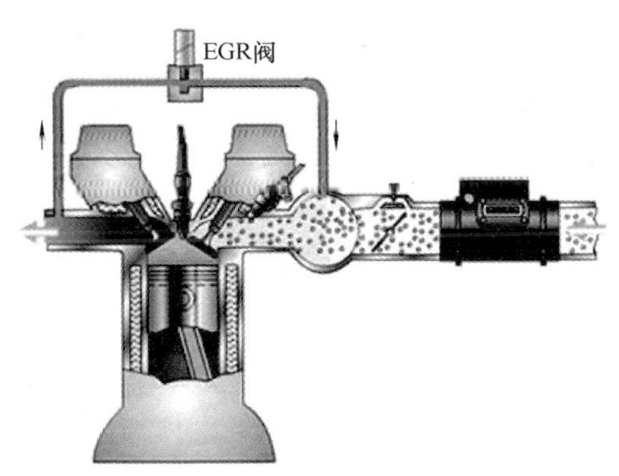


图 7-14　外部废气再循环控制系统

（3）废气再循环阀（EGR 阀）及其控制　许多发动机都利用装在进气歧管上由真空驱动的 EGR 阀控制废气再循环。图 7-15 所示为一种汽油机正背压式真空驱动的 EGR 阀的基本结构。

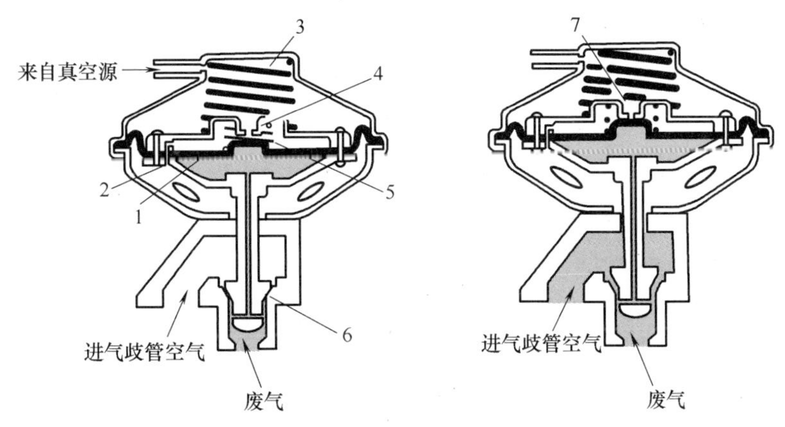


图 7-15　正背压式真空驱动的 EGR 阀的基本结构

1—膜片　2—通气孔　3—膜片弹簧　4—放气阀（开启）　5—放气阀弹簧　6—锥形阀弹簧　7—放气阀（关闭）

在膜片的上方设有排气背压传送阀（放气阀），膜片上设有通气孔，当放气阀开启时，真空室（或膜片室）与大气相连通。在放气阀下面装有放气阀弹簧，使放气阀保持常开状态。当发动机工作时，废气再循环通道内的排气压力经膜片推杆内的中心孔作用在膜片下方。怠速、小负荷工况时，排气压力不大，不足以使放气阀关闭。这时真空室与大气相通，致使传到其内的真空度被减弱或消除，锥形阀保持关闭状态。当排气压力增大时，膜片在压力作用下上移，关闭放气阀，使膜片室与大气的通路隔断。这时进气管真空度传到真空室，吸引膜片、膜片推杆和锥形阀一起向上提起，使废气再循环通道开启。因此，废气再循环通道开启的程度决定于进气管真空度的大小。当进气真空度随节气门开度和发动机转速变化时，再循环的废气量将会自动地得到调节。

发动机运转时，ECU 根据转速、节气门位置、冷却液温度、点火开关、电源电压的信号等，判定发动机所处的运转工况后，控制 EGR 阀的电磁阀通电或断电，以调节 EGR 阀膜片室的真空通道，得到控制 EGR 阀不同开度所需的真空度，从而使适量的废气循环稀释进入的油气混合物，获得与发动机工况相匹配的 EGR 率。

使用中，EGR 阀易因严重积炭而导致“常闭不开”或“常开不闭”。前者使发动机温度过高、$NO_x$ 排量增加，易发生爆燃现象；后者将使混合气变稀，造成动力不足、怠速不稳甚至熄火，也可能不能起动。所以，应注意检查、清洗或更换 EGR 阀。

**2. 三元催化转化器**

（1）三元催化转化器的基本作用与结构　三元催化技术（TWC）是将装有催化剂的催化反应器装在发动机的排气管中，通过精确控制空燃比，利用排气温度及催化剂的作用，将 $NO_x$ 还原为 $N_2$ 和 $O_2$，同时 CO、HC 被氧化为 $CO_2$ 和 $H_2O$。

三元催化转化器由不锈钢壳体和内部的陶瓷催化床（涂覆催化剂的陶瓷芯）组成。催化床有颗粒式和整体式两种。颗粒式催化床由数百个陶瓷小球构成，整体式催化床为蜂窝状陶瓷体。催化床中废气通道表面涂覆铂、钯、铑等贵金属，起催化作用。其中，铂、钯是氧化剂，铑是还原剂。图 7-16 所示为目前广泛使用的整体式三元催化转化器的结构。

在三元催化转化器前端有一个氧传感器，以检测混合气浓度，实现空燃比的闭环控制。在配有车载诊断系统的汽车发动机上，三元催化转化器后端还有一个氧传感器，以检测三元催化转化器的工作状态。若两个氧传感器的输出信号相同，则说明三元催化转化器不能正常工作。

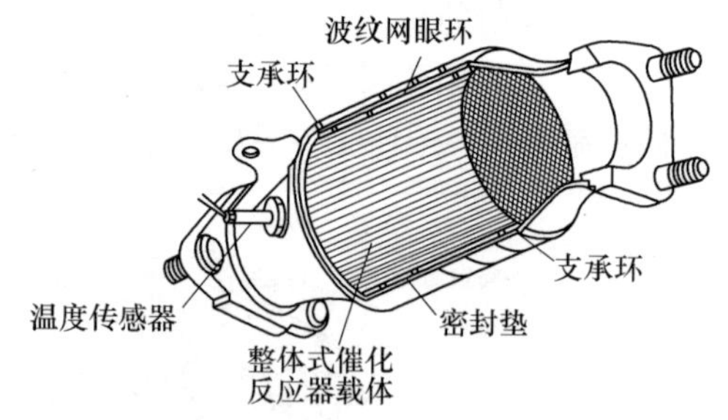


图 7-16　三元催化转化器的结构

（2）三元催化转化器的工作条件　三元催化转化器的使用条件相当严苛。其一，装有三元催化转换器的发动机只能使用无铅汽油，否则催化剂将失效（俗称催化剂中毒）；其二，只有当排气温度达到 350℃时，三元催化转化器才开始工作；其三，只有将混合气浓度精确地控制在理论空燃比附近，才能保证三种有害气体同时具有高的转换率。为此，必须使用氧传感器对空燃比进行闭环控制。注意，不是在任何工况下都实施闭环控制，在起动、暖机怠速、加速、全负荷、减速断油工况时，为保证运转稳定或动力性，仍以开环控制。

（3）三元催化转化器使用中的问题　三元催化转换器发生故障，将造成发动机动力性

经济性降低，排放恶化等。若发现三元催化转化器有明显的凹痕和刮擦，则说明催化剂载体可能受到损伤。用拳头敲击并晃动三元催化转化器，如果听到有物体移动的声音，则说明其内部催化剂载体破碎，需要更换三元催化转化器。注意检查三元催化转化器是否有裂纹，各连接是否牢固，各类导管是否有泄漏，如有则应及时加以处理。

三元催化转化器的常见问题大多由过热引起。当发动机某缸缺火、未燃燃油进入排气管时，三元催化转化器温度迅速升高，使催化材料熔化，产生很大的排气阻力；若三元催化转化器外壳上有严重的褪色斑点或略有呈青色和紫色的痕迹，在三元催化转化器防护罩的中央有非常明显的暗灰斑点，则说明三元催化转化器曾处于过热状态。

若三元催化转化器堵塞，则会导致排气门烧蚀、发动机高速时功率下降、起动后熄火（完全堵塞时）、转速升高时真空度下降或进气管回火。维修时用真空表检查进气管真空度，或用压力表检查排气背压，若真空度明显下降或排气背压超过规定值，则说明三元催化转化器可能堵塞。

检测三元催化转化器前后端温度，后端的温度应比前端的温度高 38℃ 或 8%，若二者相同或后端的温度比前端的还低，表明三元催化转化器没有工作，需更换三元催化转化器。

### 3. 二次空气喷射

二次空气喷射是利用空气泵将空气喷入排气歧管中，使废气中的 HC 和 CO 进一步氧化，以生成无害的 $CO_2$ 和 $H_2O$ 的方法。也可以使用热转换器将排气中的 HC 和 CO 在转化器中进一步氧化，以生成无害的 $CO_2$ 和 $H_2O$。

### 4. 燃油蒸发控制系统

经燃油箱和化油器蒸发的 HC 的量占 HC 排放总量的 20%。燃油蒸发控制系统将气油蒸气收集和储存在炭罐内，在发动机工作时再将其送入气缸燃烧。

图 7-17 所示为典型的燃油蒸发控制系统。活性炭罐上的两个入口与燃油箱和化油器浮子室相通，排气口用一个软管接到节气门后的进气歧管内，在中间管道上有一个限流阀。发

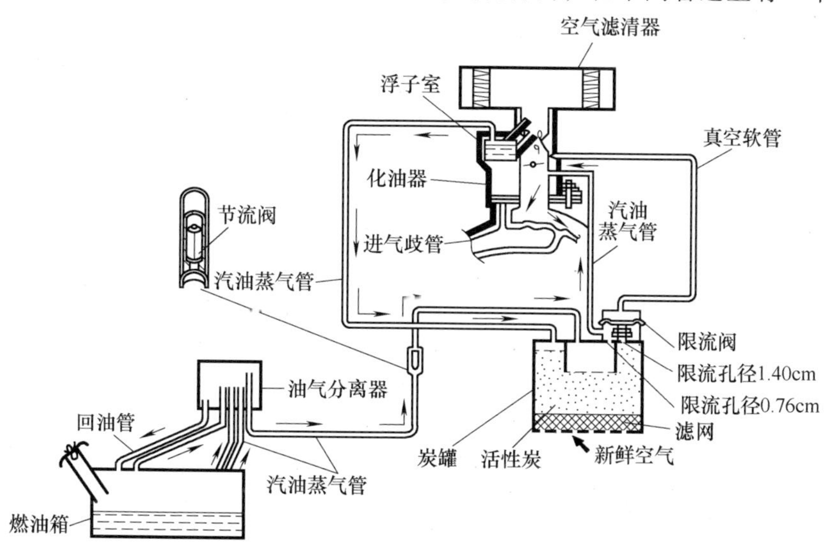


图 7-17 典型的燃油蒸发控制系统

动机工作时，进气歧管真空度经真空管送到限流阀，使限流阀膜片上移打开限流阀。与此同时，新鲜空气自炭罐底部经滤网流过炭罐，将吸附在活性炭上的汽油蒸气送入燃烧室燃烧掉。

限流阀动作失灵和汽油蒸气泄漏是蒸发污染控制装置的主要故障，将引起发动机的怠速运转不稳，维护时应注意对其进行检修。

**5. 柴油机颗粒过滤器**

柴油机的颗粒排放物主要通过过滤法处理。颗粒过滤器由滤芯和再生系统组成（图7-18）。滤芯多由多孔陶瓷制成，一般收集率达60%～90%。排气穿过多孔陶瓷滤芯时，其中的微粒被过滤并滞留在滤芯上，微粒积累到一定程度后，会加大排气阻力，从而影响发动机性能，因此需定期清除颗粒过滤器中的颗粒物，使颗粒过滤器恢复原始状态，即过滤器再生。为此，在过滤器入口处设置一个燃烧器，通过喷油器向燃烧器内喷入少量燃油，并供入二次空气，利用火花塞或电热塞将其点燃，把滞留在滤芯上的微粒烧掉。

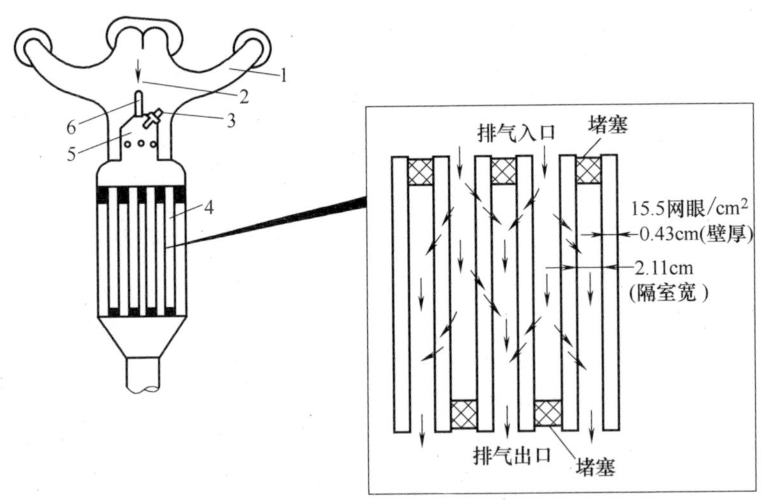


图7-18 柴油机颗粒过滤器结构示意图

1—排气歧管 2—燃油 3—电热塞 4—颗粒过滤器（滤芯） 5—燃烧器 6—喷油器

## 7.3 发动机增压和增压器

增压就是将空气或可燃混合气在进入气缸前进行预压缩，以提高进气压力，增大进气密度，增加进气量，提高功率的发动机强化技术。目前，相当比例的柴油机和汽油机都采用增压技术。一般发动机增压后，功率较原机可提高30%～50%，甚至更多。增压技术被视为提高发动机动力性、经济性，降低排放的有效措施。

### 7.3.1 增压度、增压比及增压的分类

**1. 增压度与增压比**

（1）增压度 定义为发动机增压后增长的功率与增压前的功率之比，用来表明增压后发动机功率增加的程度，以 $\varphi$ 表示。

$$\varphi = \frac{P_{ek} - P_{e0}}{P_{e0}} \tag{7-1}$$

式中　$P_{ek}$——增压后的功率；

$P_{e0}$——增压前的功率。

四冲程柴油机增压度高的可达 3 左右，车用发动机增压度多在 0.1~0.6 之间。

(2) 增压比　定义为压气机出口压力 $p_k$（或增压压力）与进口压力 $p_0$ 之比，以 $\pi_k$ 表示，用来表明发动机增压的程度。压气机进口压力近似等于大气压力，所以增压比的值就是增压压力值。$\pi_k<1.6$ 为低增压，$\pi_k=1.6\sim2.5$ 为中增压，$\pi_k=2.5\sim3.5$ 为高增压，$\pi_k>3.5$ 为超高增压。车用柴油机多为低增压，部分为中增压；车用汽油机一般是低增压。

**2. 增压分类**

根据增压方法或驱动增压器所需能源来源的不同，发动机增压分为机械增压、废气涡轮增压、气波增压和复合增压。目前，车用发动机上应用较多是机械增压、废气涡轮增压及二者复合增压。

(1) 机械增压　发动机曲轴通过齿轮或同步带机构直接驱动增压器（压气机），对进气进行压缩，如图 7-19 所示。增压器转速与曲轴转速同步变化，其响应性好。但因增压器消耗发动机功率，且随增压压力的提高而迅速增加，使燃油消耗率较非增压时略高。所以，单独使用机械增压的发动机很少，且主要用于低增压发动机。

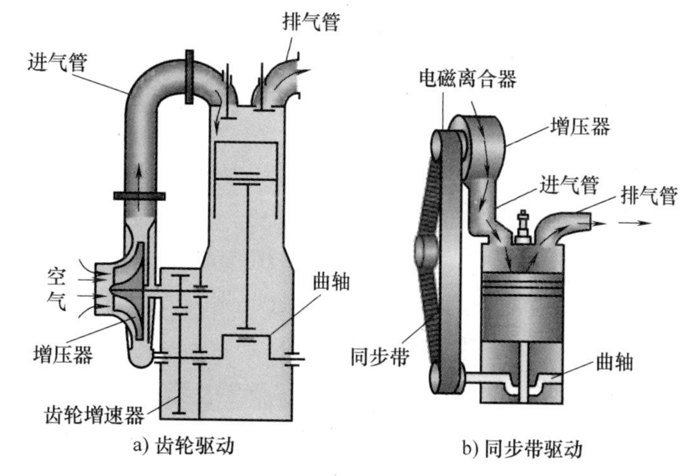


图 7-19　发动机机械增压

(2) 废气涡轮增压　如图 7-20 所示，利用发动机排出的高温、高压、高速废气驱动涡轮做功，涡轮又带动同轴的压气机工作，将由空气滤清器管道送来的空气压缩后送入气缸。废气涡轮与压气机装成一体，称为废气涡轮增压器，它与发动机无任何机械联系。由于有效利用了废气能量，使发动机动力性、经济性等均得到改善，同时也降低了有害气体的排放和排气噪声，所以得到广泛应用。

废气涡轮增压的主要问题是低速转矩不足和加速响应性差。因为随发动机转速的降低，废气流速、流量减小，增压器转速、增压压力降低，导致低速时供气量不足，不能保证较大的转矩。甚至当发动机转速较低时，排气无法驱动增压器，而且增压器还形成了进、排气阻力。只有当发动机转速高于一定值（一般为 1500~2000r/min）时增压器才正常开始工作；当发动机转速、负荷突然变化时，由于气流响应需要一定时间，加之增压器自身的惯性，增压压力的建立相对滞后，影响了工况响应性，这一现象在增压汽油机上更突出。

(3) 复合增压　复合增压是指废气涡轮增压和机械增压的组合增压方式或两个及两个以上的废气涡轮增压器组合的增压方式。不同的增压器可以串联，也可以并联。两个或两个以上增压器串联时就形成了二级增压或多级增压。

图 7-21 所示为废气涡轮增压器和机械增压器串联式的二级增压系统。机械增压器在低速下即可获得增压，提高了低速动力输出。随转速的升高，废气涡轮增压器投入工作。两种类型的增压形成了优势互补，全面提升发动机性能。

串联式的二级涡轮增压系统中，两个增压器的尺寸一大一小。较小尺寸的为高压级增压器，较大尺寸的为低压级增压器。排气先进入高压级增压器，然后再进入低压级增压器。发动机低转速时，排气先驱动反应较快的小尺寸的增加器工作。中高速时，大尺寸的增压器开始与小尺寸的增压器同时工作。这样，减轻了低速涡轮迟滞的问题，保证良好的瞬间响应特性、低速转矩特性，以及高速下的功率输出。

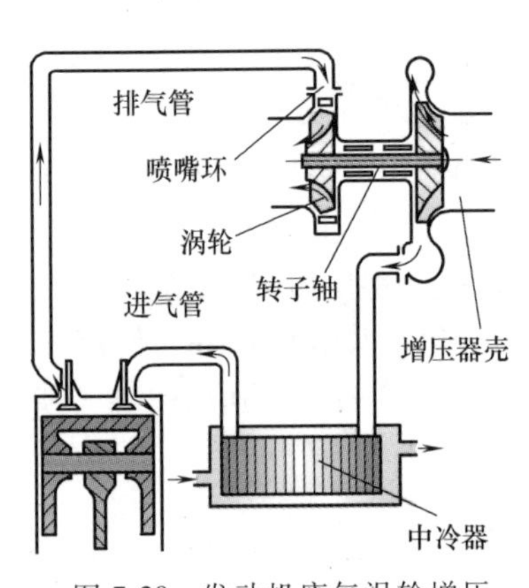


图 7-20　发动机废气涡轮增压

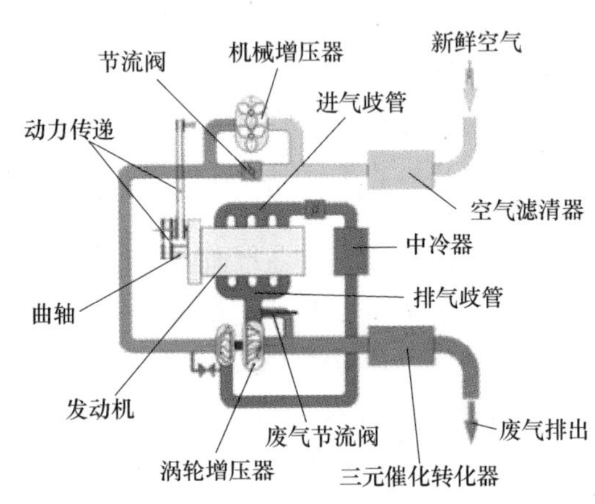


图 7-21　串联式二级增压系统

图 7-22 所示为双废气涡轮增压器并联式的增压系统。两个较小尺寸的涡轮增压器各负责半数气缸的增压供气。如 6 缸发动机，根据进、排气互不干涉的原则，1、2、3 缸的排气驱动一个涡轮增压器，4、5、6 缸的排气驱动另一个涡轮增压器。小型涡轮增压器响应速度

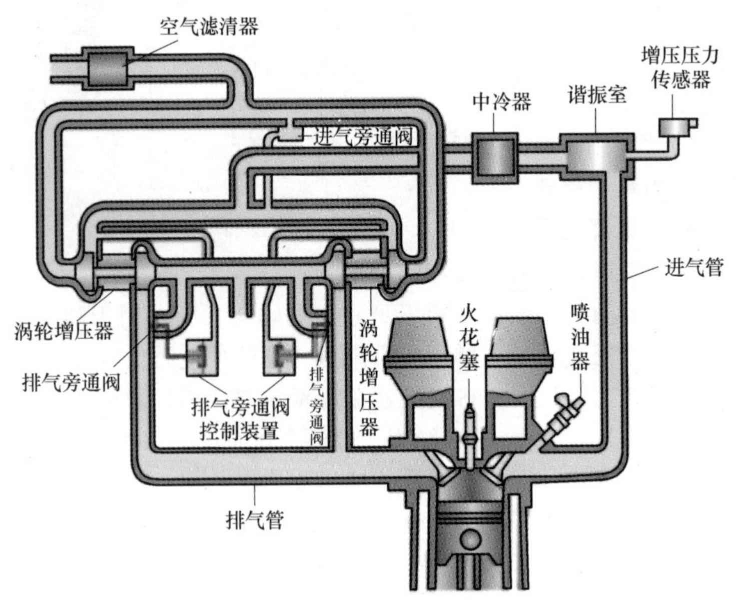


图 7-22　并联式双涡轮增压系统

快，动力性和加速响应性优势突出。但低速转矩特性的劣势仍然存在，只是涡轮增压器开始工作时更平顺了。

复合增压系统存在结构及控制复杂，成本高，体积大的问题，只在个别车型上应用。

## 7.3.2　增压发动机的特点

1）提高进气压力，增大进气密度，在排量、重量不变的情况下，功率大幅提高，结构更紧凑。

2）废气涡轮增压不仅利用了废气能量，而且混合气燃烧更完全，发动机的热效率提高，经济性改善。

3）改善了燃烧过程，降低 HC、CO、$NO_x$、微粒的排放和排气噪声。

4）气缸内最高压力、燃烧温度升高，发动机机械负荷、热负荷加重。

5）对于汽油机，采用增压后热负荷加重，爆燃倾向增加。

6）废气涡轮增压响应性差，发动机加速迟钝，低速转矩低。

关于增压后机械负荷、热负荷高及汽油机易爆燃的问题，可通过适当降低压缩比，采用增压中冷、缸内直喷、以爆燃传感器信号对点火提前角进行闭环控制及可变压缩比技术等措施解决。

关于废气涡轮增压工况响应性差、低速转矩低的问题，可通过增压压力控制（见 7.3.3 节“增压压力调节”部分）、双涡轮增压或机械增压与涡轮增压复合方式等来缓解。

## 7.3.3　废气涡轮增压

### 1. 废气涡轮增压器的结构与工作原理

废气涡轮增压器通常位于排气歧管一侧，由涡轮机、压气机和中间体组成，如图 7-23 所示。涡轮室进气口与排气管相连，压气机进气口与空气滤清器管道相连；涡轮和压气机叶

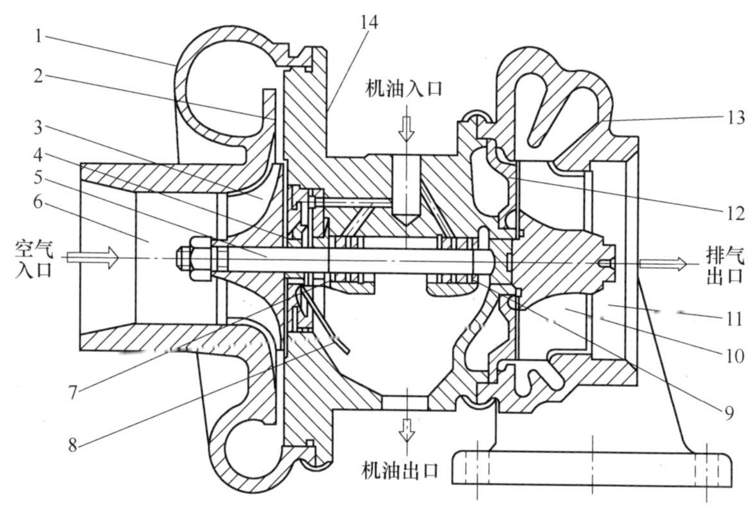


图 7-23　径流式废气涡轮增压器

1—压气机壳　2—无叶式扩压器　3—压气机叶轮　4—密封套　5—转子轴　6—进气道　7—推力轴承　8—挡油板　9—浮动轴承　10—涡轮机叶轮　11—出气道　12—隔热罩　13—涡轮壳　14—中间体

轮分别装在涡轮室和压气机内，两者通过两个全浮动轴承与装有密封套的转轴刚性连接，构成增压器转子；转子轴推力轴承进行轴向定位。

压气机部分主要包括离心式压气机叶轮、扩压管和压气机壳，如图7-24所示。涡轮部分主要包括涡轮机壳、径流式涡轮、喷管环、出气道，如图7-25所示。

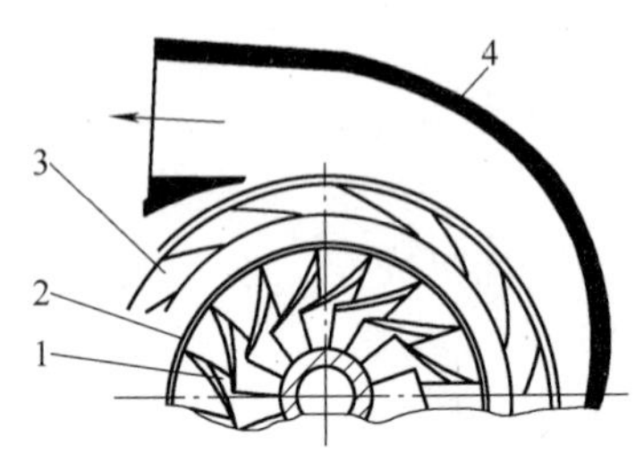


图7-24　离心式压气机

1—叶片　2—叶轮　3—叶片式扩压管　4—压气机壳

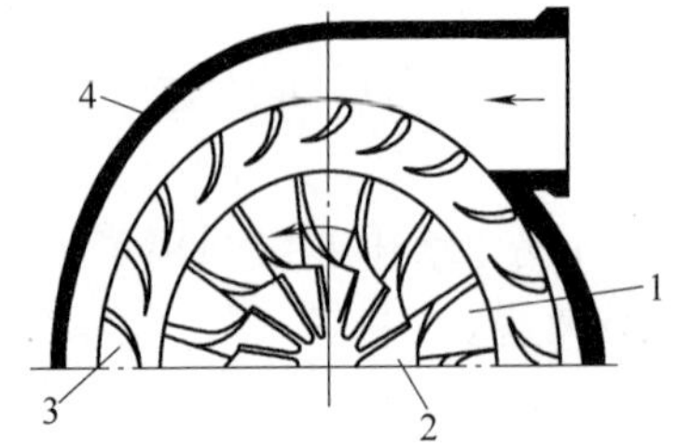


图7-25　径流式涡轮示意图

1—叶轮　2—叶片　3—叶片式喷管（喷嘴环）　4—蜗轮壳

工作时，发动机排出的具有一定压力、温度的废气经涡轮壳进入叶片式喷嘴环。喷嘴环通道较窄且呈渐缩形，使废气经过时流速增大，并按一定方向冲击涡轮叶片，在流过叶片之间的流道时其自身动能、热能的一部分转化为推动涡轮转动的机械能，使涡轮高速旋转。发动机废气压力、温度越高，喷嘴环出口处气流速度越高，涡轮转速也越快。通过涡轮的废气最后排入大气。与涡轮装在同一根转子轴上的压气机叶轮也以相同的速度旋转，高速旋转的压气机叶轮将新鲜空气吸入压气机，并沿叶片间的通道甩向叶轮边缘，使空气的压力、流速提高，然后进入流通截面逐渐扩大的扩压器和压气机壳，使空气流速降低，压力进一步提高。增压后的空气经进气歧管进入气缸。

中间体内有密封装置、机油路和冷却液路。发动机润滑系统主油道的机油经中间体上的机油进口进入增压器，润滑和冷却增压器轴及轴承。密封套、油封环、挡油板等用来防止高温废气窜入轴承，产生轴承烧毁、机油结胶现象，并防止机油窜入压气机叶轮腔室和涡轮腔及增压器漏气等。润滑浮动轴承与推力轴承的机油来自发动机主油道，润滑后的机油经中间壳下部的出油口，再通过回油管流回曲轴箱。

**2. 增压压力调节**

废气涡轮增压发动机在高速时增压压力过高、低速时增压压力过低导致的转矩特性差问题，可通过采用进、排气旁通和可变喷嘴几何截面的方法来改善。

（1）进、排气旁通法　即在压气机出口侧设置进气旁通阀或在涡轮进气侧设置排气旁通阀（通常与涡轮壳做成一体），当转速升高、负荷增大、增压压力达到限定值时，旁通阀开启，将部分增压空气或排气直接放入大气，而当增压压力低于限定值时，旁通阀保持关闭状态，以改善高速时增压压力过高的问题。图7-26所示为电控废气旁通增压系统。

显然，进、排气旁通法损失掉了部分排气能量，对经济性不利，而且没有解决低速时增压压力不足的问题。小客车转速范围宽，但很少在标定工况下工作，采用排气旁通法较合适。

积炭会导致废气旁通阀不能闭合或卡死，使废气旁通阀失效。膜片缺陷或真空管泄漏也会使废气旁通阀不能正常工作。

（2）可变喷嘴环截面　目前新型发动机较多地采用可变几何截面增压器技术，通过改

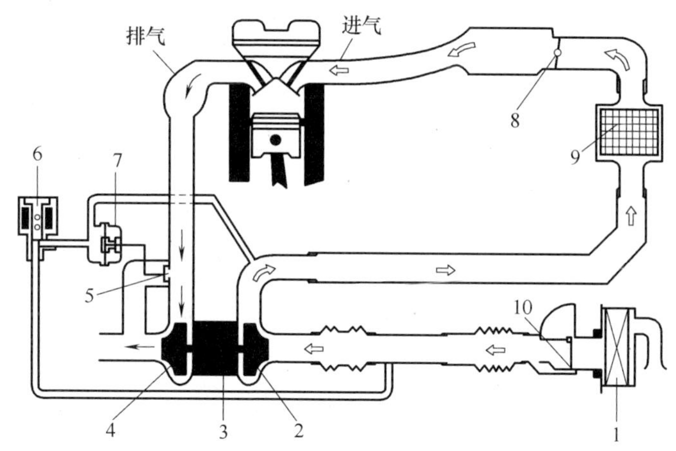


图 7-26　电控废气旁通增压系统

1—空气滤清器　2—压气机　3—涡轮增压器　4—涡轮机　5—旁通阀　6—增压压力电磁阀　7—膜片式控制阀　8—节气门　9—中冷器　10—空气流量计

变增压器的流通能力来调节增压压力。图 7-27 所示是将涡轮前的喷嘴环叶片设计成可动的，由专门的电控叶片调整机构控制的可变喷嘴环式调节方法。通过改变叶片喷嘴环角度，同时改变喷嘴环出口面积（速度）和废气流入叶轮的角度，来控制增压器转速。在发动机低速运转时，调小喷嘴环出口截面积，废气流入涡轮的速度加快，冲向叶轮的角度增大，涡轮转速加快，以减缓低速下涡轮转速的降低；发动机高速运转时，将喷嘴环出口面积调大，废气流速降低，流入叶轮的角度减小，减缓涡轮转速的升高。如此一来，变喷嘴环几何截面的增压器，较好地利用了废气能量，让发动机在宽广的转速范围内维持较稳定的增压压力，不仅具有出色的高速动力性，而且经济性、低速转矩有了很大改善。

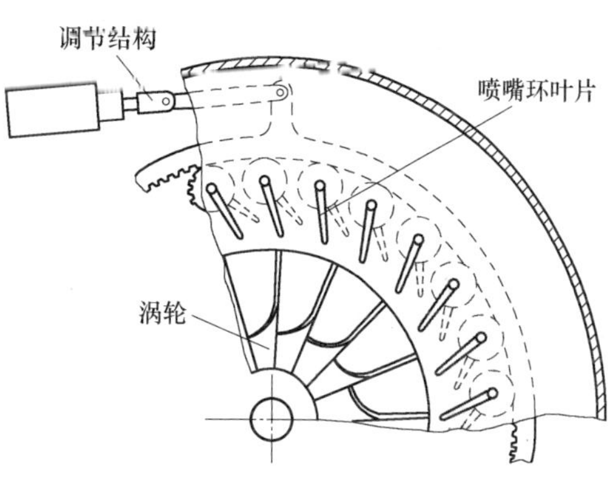


图 7-27　可变喷嘴环示意图

**3. 涡轮增压器的检修**

涡轮增压器的大多数故障是由于机油泄漏、机油供给延迟、机油脏污及增压器内或其前后污物集聚等所致。

（1）废气涡轮增压发动机的起动与停转　对更换新涡轮增压器、长期未运转的发动机、清洗或大修后的旧涡轮增压器、发动机更换机油、清洗机油滤清器等情况，为防起动后机油延迟供给增压器轴承，应采用以下措施：

1）确保所安装的增压器进、回油管内畅通，机油油面正常，机油滤清器内注入清洁机油。

2）起动前应拧开进油管接头，加注 50mL 左右的机油，以防起动后机油延迟供给增压器轴承。

3）先不要连接增压器进油管，用起动机间断地拖转发动机，每次不超过 15s，直到增压器进油口有机油流出。

4）连接油管，起动发动机，并先以怠速运转几分钟后方可加速。

发动机在长时间高速或大负荷运转后，不要立即熄火，而应怠速运转几十秒到几分钟。因为发动机突然停机后，机油压力迅速下降为零，而涡轮增压器仍在惯性作用下继续高速旋转，会导致轴承或轴损坏。

（2）增压器有异响　利用发动机停机时的瞬间监听增压器，若叶轮与壳体之间有“嚓嚓”声，则说明因碰撞使涡轮壳变形，应当视具体情况修复或更换。

（3）增压压力过低　发动机出现功率下降，排气冒黑烟等现象。可能的原因是：

1）增压器叶轮与壳体之间有摩擦或浮动轴承损坏，影响增压器转速。

2）发动机排气歧管至增压器之间或压气机至进气歧管之间的气封损坏，有漏气现象存在。

3）空气滤清器、进气管路、压气机出口有污物积聚。

4）涡轮机叶片上、转轴与密封环之间形成积炭，使转速下降。

5）增压压力调节阀中调节弹簧因温度过高而失效，或放气阀因积炭而封闭不严，使调节阀失灵。

（4）增压器喘振　当压气机空气流量减少到一定程度时，压气机的气流会出现强烈的振荡，引起叶片振动，出现“轰隆轰隆”的喘息噪声，使进气管压力不稳定，发动机转速也随之不稳定。主要原因是空气滤清器太脏或被堵塞，进气管路及压气机出口通道积垢太多。

（5）增压压力过高　主要是由增压压力调节阀失灵或喷嘴环因变形或积炭使通流面积减少所致，可通过更换增压压力调节阀或清洗检修喷嘴进行排除。

（6）增压器内漏机油　如果不是机油加得过多，就需要拆下增压器，依次检查其中间体内回油通道是否阻塞，管道是否变形，弹力密封环是否失去弹性或磨损超限，油封是否损坏，曲轴箱通风系统是否堵塞。

## 本章小结

进、排气系统的主要作用是把尽可能多而清洁的新鲜充量均匀地导入各气缸，使废气安全迅速地导出气缸。进、排气系统主要由空气滤清器、进气管、排气管、消声器、废气净化装置和增压装置、气道等组成。

空气滤清器的作用是滤除空气中的灰尘或杂质，有纸质空气滤清器、惯性-纸质空气滤清器、油浴式空气滤清器等多种形式。空气滤清器必须定期清洗、换滤芯或总成。

进气歧管的作用是将空气或空气燃油混合气均匀地分配到各个气缸。进气歧管的真空信号用于驱动燃油压力调节器、废气再循环系统、曲轴箱强制通风系统、自动变速器真空调节器、助力制动器、空调气流控制阀、巡航控制系统等多个系统。

早期的发动机都采用短流程结构的简单进气歧管，现代汽车发动机多采用“谐振”进气歧管。进气预热可以改善各缸混合气的形成条件及各缸混合气分配的均匀性，并缩短暖机怠速运转时间，减少起动和暖机怠速时CO、CH的排放。

可变长度或截面积进气歧管能在较宽的高低转速范围内充分利用进气惯性及波动效应多

进气，改善发动机性能。

排气歧管将各缸废气汇入排气总管。消声器通过对排气降温、降压、减速来降低噪声，消除废气中的火焰或火星。废气再循环是抑制 $NO_x$ 生成的一种方法，二次空气喷射可减少 CO、CH 的排放，三元催化转化器能同时净化排气中的 CO、CH 和 $NO_x$。

三元催化转化器的常见问题大多由过热引起。当发动机缺火、未燃燃油进入排气管时，催化转化器温度迅速升高，使催化材料熔化，产生很大的排气阻力；若催化转化器外壳上有严重的褪色斑点或略有呈青色和紫色的痕迹，在催化转化器防护罩的中央有非常明显的暗灰斑点，则说明催化转化器曾处于过热状态。若催化转化器堵塞，则会导致排气门烧蚀、发动机高速时功率下降、发动机起动后熄火（完全堵塞时）、发动机转速升高时真空度下降或进气管回火。

废气涡轮增压是利用发动机排出的高温、高压、高速废气推动涡轮做功，涡轮又带动同轴的压气机工作，将空气压缩，增大进气密度，增加进气量，提高功率的技术。常见的增压方法是机械增压和废气涡轮增压，后者在提高功率的同时，改善了经济性和排放性能。

增压压力过低会引起发动机功率下降、排气冒黑烟等现象。可能的原因是：增压器叶轮与壳体之间有摩擦、浮动轴承损坏；增压器至进气歧管或排气歧管之间有漏气；空气滤清器、进气管、压气机处有污物积聚；增压压力调节阀失灵。

发动机主油道来的机油润滑增压器，机油泄漏和供给延迟是导致废气涡轮增压器故障的主要原因，使用中应特别注意。

## 【复习思考题】

1. 空气滤清器有哪几种滤清原理？
2. 使用或维修干式纸质空气滤清器时要注意什么？
3. 如何使用、维护好油浴式空气滤清器？
4. 进气预热的目的是什么？有哪些预热手段？
5. 为何要采用可变进气歧管？随工况的变化，进气歧管应如何调节？
6. 柴油机和汽油机排放的主要有害物质分别有哪些？
7. 何为废气再循环？发动机是否在所有工况都进行废气再循环？
8. 三元催化转化器在什么条件下工作最有效？
9. 如何根据外观判断三元催化转化器的状态？
10. 催化转化器堵塞、过热分别有何危害和现象？
11. 何为机械增压？有何特点？
12. 何为废气涡轮增压？有何优点？
13. 双涡轮增压有何特点？
14. 如何调节增压压力？
15. 使用中，如何避免因机油供给延迟导致涡轮增压器损坏的故障？
16. 增压压力过低有何现象？导致该现象的原因可能有哪些？

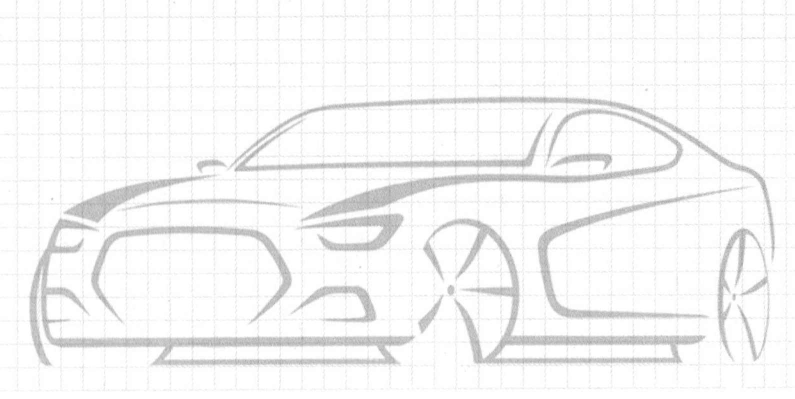

# 第8章

# 冷却系统

【学习目标】

1. 掌握冷却系统的作用、组成及工作过程。

2. 掌握冷却系统主要零部件的作用、结构和检修方法。

3. 理解冷却系统冷却强度的调节方法、主要零部件的工作原理和损伤形式。

4. 认识冷却系统构造、技术配置、技术状况与发动机性能及基本故障检修之间的关系，初步具有冷却系统常见故障诊断的能力。

## 8.1 冷却系统的功用与组成

### 8.1.1 冷却系统的功用

当发动机工作时，气缸内高达2500℃的燃烧温度及高速相对运动件间的摩擦，使活塞组、气缸盖、气缸套、气门等机件的温度很高。若不适当冷却，则会使零件在严重受热（过热）状态下工作，将带来下述危害：

1）相对运动零部件的高温膨胀，破坏正常的配合间隙，容易引发相互卡咬、干涉，如活塞拉缸或卡死、烧瓦抱轴等。

2）零部件机械强度和刚度显著下降，导致变形和破坏。

3）高温下机油性能恶化，润滑不良，零件磨损加剧。

4）进气密度降低，进气不足，燃烧恶化。

5）汽油机易产生爆燃和早燃等不正常燃烧。

所以，必须对发动机进行冷却，但要适度。若过度冷却，使发动机在过冷状态下工作，会引发下列问题：

1）燃油雾化不良、蒸发困难，混合气形成质量差，燃烧恶化，热效率降低，汽油机CO、HC排放多，柴油机工作粗暴，且积炭严重。

2）冷却散热损失过多。

3）机油黏度大，摩擦、磨损严重。

4）低温下燃油加浓供给又不易蒸发，形成的油滴聚集后顺着气缸壁进入油底壳，冲刷掉

气缸壁油膜并稀释油底壳内的机油。加之燃烧生成的水蒸气与低温的零件表面接触，易凝结成水而汇入油底壳，在曲轴搅拌下形成油泥等，均使机油性能下降，加剧了零部件的磨损。

可见，发动机在过热或过冷状态下工作，都将导致其工作可靠性下降，使用寿命缩短，动力性、经济性、排放性全面恶化。

发动机冷却系统的任务就是使温度适宜的冷却介质连续不断地、均匀地流过需要冷却降温的零部件周围，起到“在所有运行条件下，保持发动机在最适宜的温度范围内工作，防止其过热、过冷”的功用。具体要求为：

① 冷起动暖车和严寒环境下工作时，应缓慢冷却，使发动机各部尽可能快而均匀地达到正常工作温度。

② 大负荷工况和高温环境下工作时，应迅速地冷却，带走多余的热量。

### 8.1.2　冷却方式

按冷却介质的不同，发动机冷却系统分为风（或气）冷式和水（或液）冷式两种。

**1. 水冷式**

水冷式发动机中，冷却液循环流过气缸体和气缸盖的水套，吸热升温后流过散热器，在散热器中向周围的空气散热降温，然后再流回发动机水套中。

水冷系统具有冷却均匀，工作可靠的优势。但其结构复杂，暖机时间长，而且容易泄漏。

水冷却是车用发动机主流的冷却方式，且多为强制循环式水冷系统，即利用水泵将冷却液加压后强制其循环流过发动机水套带走热量。

水冷式发动机正常的冷却液温度（多指发动机冷却液出口处温度）一般在 80~95℃，一些新型的轿车发动机冷却液温度可高达 105℃。机油的温度在 70~90℃之间。

水冷系统中较热的冷却液还兼作汽车暖风系统和发动机进气预热等装置的热源。

**2. 风冷式**

风冷式发动机利用流过发动机周围的空气将热量直接带走。为加速热量的散出，风冷式发动机气缸体和气缸盖都是单体式，其上都设有散热片，并装有风扇和导风罩来控制空气的合理流动，如图 8-1 所示。

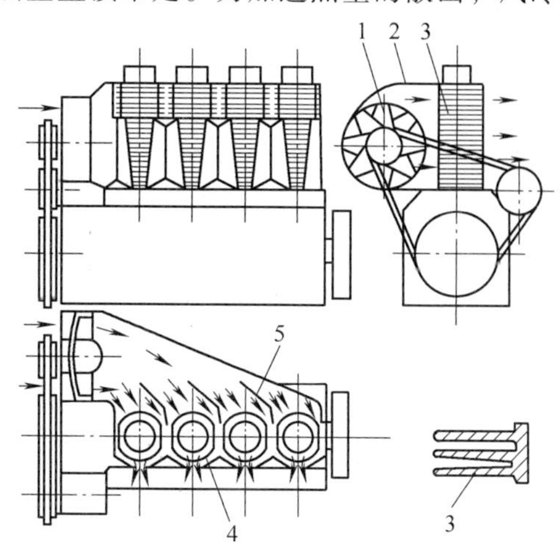

图 8-1　风冷系统示意图

1—风扇　2—导流罩　3—散热片

4—气缸导流罩　5—分流板

风冷系统结构简单，不需散热器、冷却液泵、管路、冷却液等，重量轻，使用维修方便，对环境适应性好，容易起动，暖机时间短。但热负荷高，产生的 $NO_x$ 排放较多，冷却系统消耗功率大、噪声大。所以，主要用在摩托车用发动机、中小排量的发动机和个别军用发动机上。

### 8.1.3　水冷系统的组成及工作过程

典型的强制循环式水冷系统如图 8-2 所示，其主要组成部分包括散热器、冷却风扇、节温器、水泵、软管、百叶窗、补偿水桶（又称膨胀水箱或补偿水箱)、发动机水套及冷却液等。水套内常设配水管、导向装置和喷嘴，以保证发动机冷却均匀及最热区域的充分冷却。

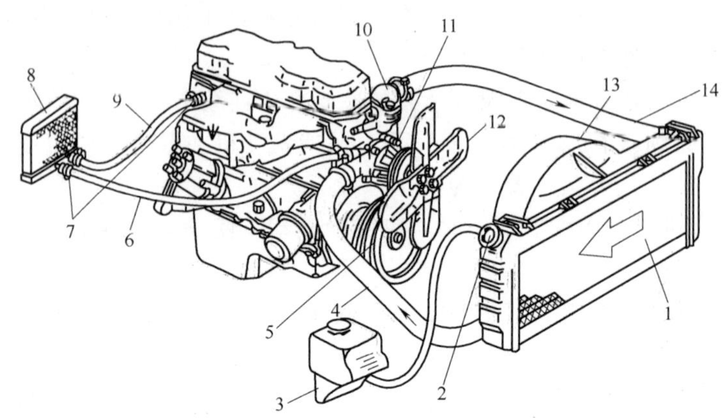


图 8-2　发动机强制循环式水冷系统示意图

1—散热器　2—散热器盖　3—补偿水桶　4—散热器储水软管　5—风扇传动带（V 带）　6—暖风机出水软管　7—管箍　8—暖风机芯　9—暖风机进水软管　10—节温器　11—水泵　12—冷却风扇　13—护风圈　14—散热器进水软管

水泵装在发动机的前端，由曲轴通过 V 带驱动。散热器装在发动机前端的支架上，通过橡胶软管与发动机进、出水口连通。风扇位于散热器后面，或与水泵安装在同一轴上由曲轴驱动，或由电动机驱动。如图 8-3 所示，发动机工作时，水泵将冷却液从散热器抽出、加压后，经配水管先进入气缸体水套，再经过气缸体上平面、气缸垫、气缸盖下平面上的孔向上流入气缸盖水套。在水套中吸热升温后的冷却液，由气缸盖的出水口（一般位于发动机前部）经节温器、软水管流回散热器。较高温度的冷却液在流过散热器时，将热量传给流过散热器外围的空气中。冷却降温后的冷却液，经散热器出水口、软管进入水泵，再被压入水套中，如此循环不止。冷却风扇的抽吸作用则加快了空气由前向后流过散热器周围的速度，增强了冷却效果。

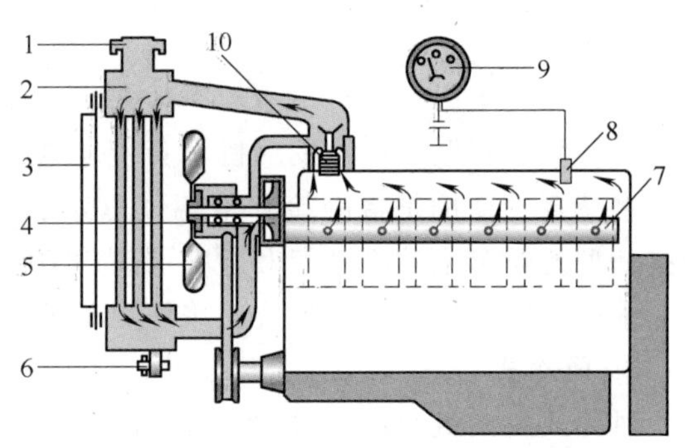


图 8-3　发动机强制循环水冷系统的工作过程示意图

1—散热器盖　2—散热器　3—百叶窗　4—水泵　5—风扇　6—放水阀　7—分水管　8—冷却液温度传感器　9—冷却液温度表　10—节温器

有些发动机的冷却系统，冷却液的循环方向与上述的方向相反，称为逆流式水冷系统。在这种冷却系统中，冷却液先进入气缸盖，再流入气缸体，改善了气缸盖及燃烧室的冷却效果，允许发动机采用较高的压缩比，可提高热效率和动力输出。

### 8.1.4　冷却强度的调节

发动机冷却强度应随运行工况的变化自动调节。根据上述冷却系统的工作过程，改变流

经散热器的冷却液流量或空气流量即可调节冷却强度。

设在气缸盖出水口处的节温器，根据冷却液温度的高低控制其循环路线，实现冷却强度的自动调节。当冷却液温度较低时，如发动机刚起动时，节温器关闭水套与散热器的通道，让冷却液自气缸盖出水口直接经水泵进入气缸体水套，在发动机内循环，使发动机均匀地快速暖机，尽快达到正常工作温度，这就是所谓的“小循环”。随着冷却液温度的升高，节温器逐渐关闭直接通往水泵的通路，开启通向散热器的管路，使更多的冷却液流经散热器降温后，再经过水泵进入发动机水套内，进行所谓的“大循环”，如图 8-4 所示。

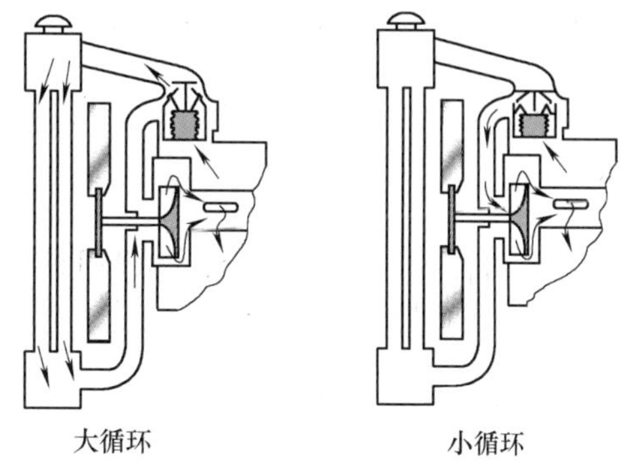


图 8-4　冷却液大、小循环示意图

改变风扇转速和百叶窗开度，可控制流经散热器的空气流量。驾驶人根据冷却液温度表或冷却液温度警告灯等控制散热器前面百叶窗的开度；风扇温控开关控制改变风扇的转速。

## 8.2　水冷系统的主要零部件

### 8.2.1　散热器

散热器的作用是将冷却液在发动机水套内吸收的热量传给空气，使其降温。散热器由进（上）水室、出（下）水室和散热器芯等组成，如图 8-5 所示。

进、出水室上分别装有进、出水软管，各自与气缸盖出水口和水泵进水口相连接。进水室顶部有加水口，冷却液由此注入，由散热器盖封闭。进、出水室还兼有储存、分配冷却液和气液分离的作用。散热器底部装有放水阀。

散热器芯由若干水管（散热管）和散热片组成，如图 8-6 所示。散热管两端与上、下水室焊接连通，冷却液从其中流过。散热管外部焊接散热片以增加散热面积，并增大散热器的刚度和强度。散热管的断面形状多为扁圆形，与圆形断面的散热管相比，能获得较大的散热面积，且当冷却液结冰时，可借助其断面变形避免破裂。

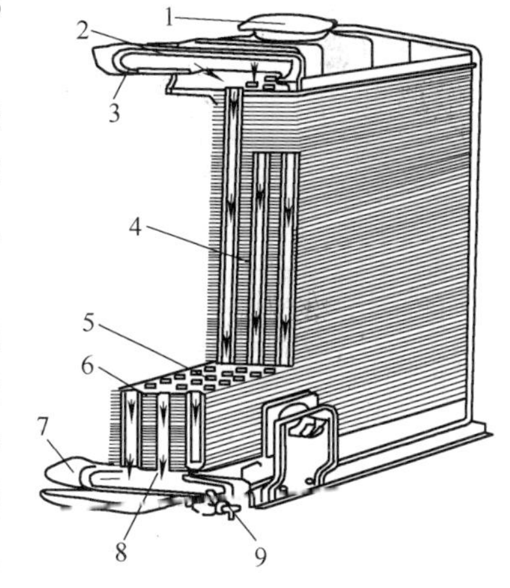


图 8-5　散热器

1—散热器盖　2—上水室　3—进水管　4—散热器芯　5—冷却管　6—散热片　7—出水管　8—下水室　9—放水阀

根据散热片结构的不同，散热器芯分为管带式和管片式二种。管片式散热器芯散热面积大，气流阻力小，结构刚度好；管带式散热器芯的散热片呈带状波纹形，其特点是结构简单、成本低、质量轻，散热能力比同体积的管片式的大，但刚度稍差。

根据冷却液流向的不同，散热器可分为竖流式和横流式（水平）两种。竖流式散热器

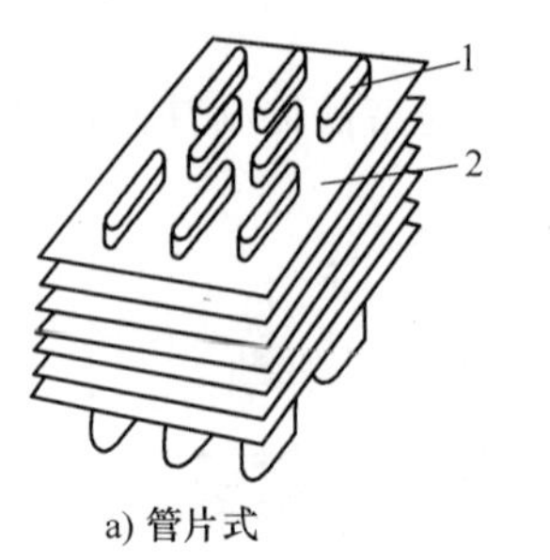


a) 管片式

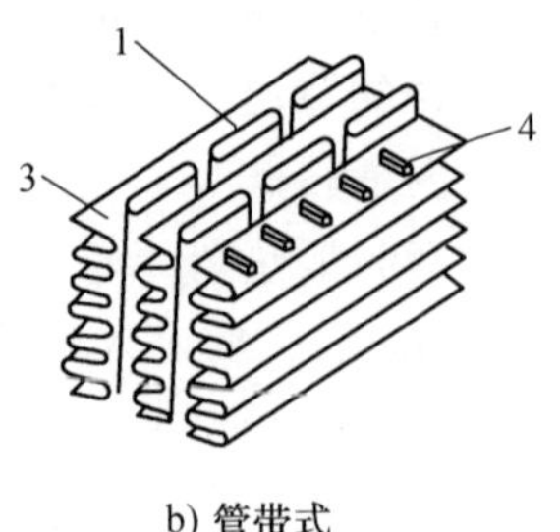


b) 管带式

图 8-6 散热器芯的结构

1—冷却管 2—散热片 3—散热带 4—缝孔

设置上、下水室，冷却液上下流动。横流式设置左、右水室，冷却液横向（水平）流动。大多数轿车采用横流式散热器，以降低发动机罩高度。

### 8.2.2 散热器盖和膨胀水箱

现代汽车发动机水冷系统大多是加压封闭式冷却循环系统。系统的密封既避免了冷却液的蒸发损失，又减少了紧急制动和颠簸时冷却液的溅出。冷却系统加压，可提高冷却液的沸点，使其可在较高温度下循环而不沸腾，增大了与外界空气的温差，提高了其流过散热器时的冷却效果，有利于减小散热器尺寸。但散热器内压力不能过高或过低，否则会胀裂或压瘪散热器和连接软管。散热器盖和膨胀水箱实现了系统的封闭和压力调控（一般为 100~200kPa）。

图 8-7 为散热器盖的结构与工作原理示意图。散热器盖内有两个阀，即真空阀（又叫空气阀）和压力阀（又叫蒸气阀）。正常状况下两个阀靠弹簧压紧在阀座上，处于关闭状态。散热器盖上有一根溢流管与透明的膨胀水箱相通，膨胀水箱内充有一定量的冷却液。

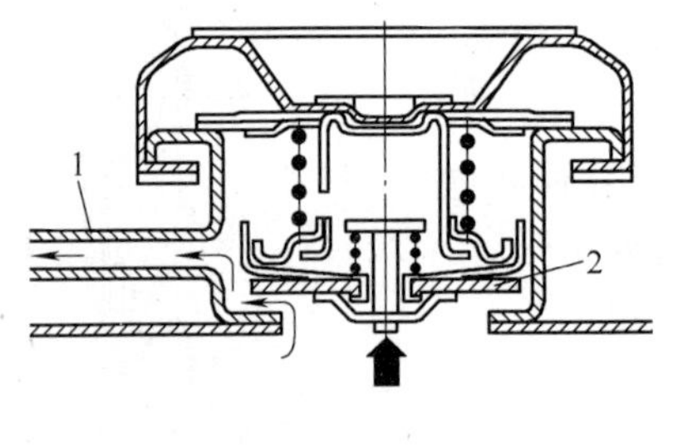


a) 蒸气阀开

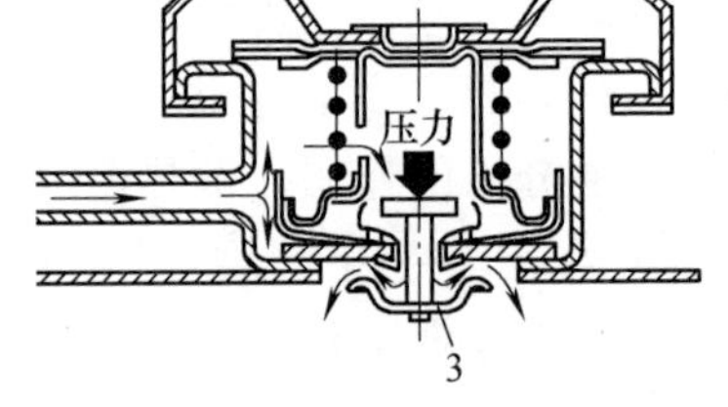


b) 空气阀开

图 8-7 散热器盖的结构与工作原理示意图

1—蒸气排出管 2—蒸气阀 3—空气阀

在发动机工作过程中，当冷却液温度升高、发生膨胀，使冷却系统内压力增加，达到设定值（一般为 126~137kPa）时，压力阀打开，一部分蒸气和冷却液经溢流管进入膨胀水箱。当发动机停转后，冷却液温度逐渐下降、收缩，系统内压力逐渐降低形成真空，当降到设定值（一般为 99~87kPa）时，大气压力推开真空阀，膨胀水箱内的部分冷却液流回散热器。

注意，发动机处于热状态时，绝不可急于拧下散热器盖，以免高温冷却液溅出而被其烫伤。应在散热器冷却下来后，先用一块布盖在散热器盖上，再缓慢旋开散热器盖 1/4 圈，到

达加注口安全限制位停留（此位置时只允许系统压力减小而不允许冷却液溢出），使冷却系统压力逐渐降低至不再排气时，才能将散热器盖从散热器加注口取下。

膨胀水箱由透明塑料制成，是热态时接收散热器溢出的冷却液和冷态时给散热器补充冷却液的装置，它也为不打开散热器盖检查冷却液位和添加冷却液提供了方便。膨胀水箱上都有正常的冷却液位标记线，使用中只需检查膨胀水箱内的冷却液位是否处于规定位置便知冷却液量的多少。需要时（冷却液位低于下标记线）向膨胀水箱内添加冷却液至上标记线即可。注意，如果反复加注几次后，冷却液位仍很低，则冷却系统可能存在泄漏。

### 8.2.3 水泵

水泵是水冷系统的心脏，其功用是对冷却液加压，驱动冷却液在冷却系统内循环。

#### 1. 水泵的结构与工作原理

离心式水泵结构简单，尺寸小，工作可靠，制造容易，在汽车发动机上得到广泛应用。如图 8-8 所示，离心式水泵主要由壳体、水泵轴、叶轮，以及进、出水管等组成。如图 8-9 所示，叶轮转动时，带动冷却液一起转动，在离心力的作用下，冷却液被甩向泵壳的边缘产生一定的压力，从出水管流出。同时，叶轮中心处压力下降，散热器中的冷却液被吸入。

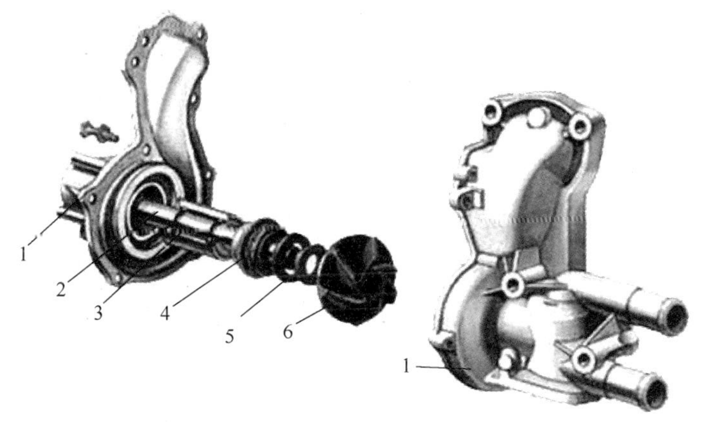


图 8-8 离心式水泵的结构

1—泵壳 2—水泵轴 3—轴承 4—水封皮碗 5—挡水圈 6—叶轮

水泵内，在叶轮与轴承之间有一弹性密封总成（又称水封），防止冷却液泄漏。在水封和轴承之间的水泵壳体下方设有泄水孔，一旦有冷却液从水封渗漏出来，可从泄水孔排出，防止冷却液进入轴承而破坏轴承润滑。如果发动机停机后仍有冷却液漏出，则表明水封已损坏。

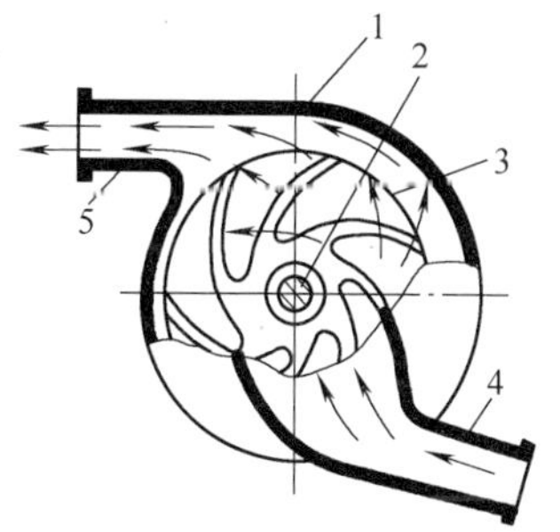


图 8-9 离心式水泵工作原理示意图

1—壳体 2—水泵轴 3—叶轮 4—进水管 5—出水管

#### 2. 水泵的驱动

水泵有发动机自身动力驱动和电动驱动两种。

发动机自身驱动的水泵，通常安装在发动机前端，一般与风扇同轴，由曲轴通过带轮和 V 带直接驱动，也有一些水泵由凸轮轴驱动。水泵转速与发动机转速成比例。

电动水泵的转速不受发动机转速的影响，由发动机 ECU

控制，根据冷却液温度调控转速，既能控制冷却效果，也能降低能耗，改善发动机经济性。

## 8.2.4　风扇

### 1. 风扇的作用与结构

风扇的作用是提高空气流过散热器芯的流速和流量，加快冷却散热。

车用发动机上广泛采用效率高、风量大，结构简单、布置方便的轴流式（吸风式）风扇，它位于散热器后方，旋转时使气流由前向后通过散热器。风扇叶片数为4~6个，与旋转平面成30°~45°角（称为叶片安装角），此角往往从叶根到叶顶逐渐减小。叶片间的间隔角多为不相等的，以减小旋转时的振动及噪声。

### 2. 风扇的驱动

传统上，曲轴通过传动带驱动风扇旋转，其转速依赖于发动机转速，多是为保证发动机在低速、大负荷下运行需强烈冷却的大风量而设计的，而在汽车高速行驶有强劲的迎面风吹过散热器或低气温下运行时，则有风扇转速过快、冷却过度及不必要的耗功和噪声大的问题。所以，为减小发动机高速或不需要强烈冷却时风扇消耗的功率和噪声，要根据发动机的工况调节风扇的转速。常采用的方法有两种：即在风扇和带轮之间安装离合器或采用不受发动机转速控制的电动风扇。

（1）硅油风扇离合器　图8-10所示是常见的硅油风扇离合器。前盖、从动板和壳体用螺钉连成一体，风扇安装在壳体上，壳体靠轴承支撑在主动轴（水泵轴）上。主动板与主动轴固连在一起。从动板与前盖之间的空腔为贮油腔，与壳体之间的空腔为工作腔，贮油腔内装有高黏度的硅油。从动板上有进油孔，其开、闭由阀片控制。阀片的偏转由螺旋状双金属感温器驱动。感温器的外端固定在前盖上，内端卡在阀片轴的槽内。从动板外缘有由球阀控制的回油孔。

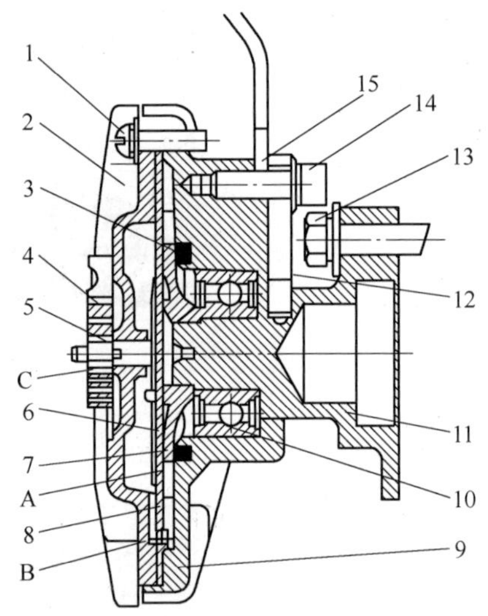

图8-10　硅油风扇离合器
1—螺钉　2—前盖　3—毛毡密封圈　4—双金属感温器　5—阀片传动销　6—阀片　7—主动板　8—从动板　9—壳体　10—轴承　11—主动轴　12—锁止板　13—螺栓　14—内六角圆柱头螺钉　15—风扇　A—进油孔　B—回油孔　C—泄油孔

当冷却液温度较低时，通过散热器的气流温度也较低，感温器的变形不足以使阀片打开进油孔，贮油腔内的硅油不能进入工作腔，离合器处于分离状态。随着冷却液温度的升高，流经散热器的空气温度也升高，感温器受热变形增大，带动阀片轴和阀片转动打开进油孔，硅油由贮油腔进入工作腔，将主动板上的动力传给从动板，使风扇转动。气流温度越高，则感温器变形越大，阀片转动角度越大，进油孔开度越大，工作腔内冲入的硅油越多，传递的功率越大，风扇转速越快。当气流温度达到65℃时，进油孔完全打开。工作腔中的硅油在离心力的作用下被甩向外缘，经单向球阀流回贮油腔，再经进油孔进入工作腔，形成循环；如果冷却液温度降低，则感温器变形减小，进油孔开度减小，风扇转速降低。当流过散热器的空气温度降至35℃时，感温片恢复原状，阀片

将进油孔关闭，工作腔内的硅油在离心力的作用下返回贮油腔，直至排空，离合器又处于分离状态，风扇停止转动。

（2）电动风扇　电动风扇由蓄电池提供的电力驱动，与发动机转速无关。电动风扇有高速和低速两个档位，由温控热敏电阻开关控制其运转状态。当散热器出口冷却液温度高于设定的温度（如 92~97℃）时，温控开关接通风扇电动机的低速档；当冷却液温度升高至更高设定值（如 99~105℃）时，温控开关接通风扇电动机高速档；当冷却液温度降到设定的温度（如 91~98℃）时，风扇电动机恢复低速档运转；当冷却液温度降到设定的温度（如 84~91℃）时，温控开关切断电源，风扇电动机停止运转。

有些发动机使用柔性风扇叶片，它可以根据发动机转速发生弯曲或改变倾斜角度。低速时叶片的斜度大，随着发动机转速提高，叶片的斜度减小，驱动功率和噪声随之降低。

### 8.2.5　节温器

节温器是自动控制冷却液循环路线（即大、小循环）和流量，调节冷却强度的热力阀。大部分发动机将节温器安装在气缸盖上冷却液出口处，也有部分发动机将其安装在冷却液入口，与水泵装为一体。

早期的节温器采用波纹筒式，现在几乎都采用蜡式。图 8-11 为蜡式节温器的结构和工作原理示意图。上支架、下支架和阀座连成一体。推杆上端固定在上支架上，另一端插在感温体内橡胶套的中心孔内，橡胶套与感温体外壳间密封有石蜡。感温体上端与控制通向散热器通道的主阀门相连，下端与控制旁通道的副阀门相连。在主阀门和下支架间装有回位弹簧。

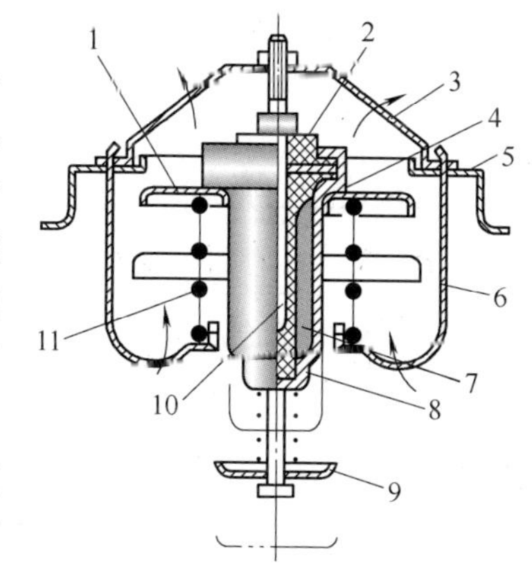


图 8-11　蜡式节温器的结构和工作原理示意图

1—主阀门　2—密封垫　3—上支架　4—橡胶套　5—阀座　6—下支架　7—石蜡　8—感温体　9—副阀门　10—推杆　11—回位弹簧

低温下石蜡呈固态，回位弹簧将主阀门压靠在阀座上，副阀门开启，冷却液只进行小循环，使整个发动机均匀地暖起来并消除热点。随着冷却液温度的升高，石蜡熔化、膨胀，迫使橡胶套收缩对推杆产生向上的推力，固定的推杆则对感温体产生向下的反推力。当冷却液温度高于设定值时，石蜡的膨胀力克服了回位弹簧的预紧力，主阀门开始打开，副阀门开始关闭，此时大、小循环同时进行。当冷却液温度继续升高至设定值时，主阀门完全打开，副阀门完全关闭，冷却液只进行大循环。

若节温器主阀门开启温度过高，甚至不能开启，或副阀门不能关闭，将导致发动机过热。若主阀门关闭不严，将导致发动机升温缓慢或发动机过冷。

## 8.3　冷却液

冷却液由软水和防冻剂按一定比例混合而成，大多按 1 : 1 混合。冷却液中加入其他添加剂，还可起到防止冷却系统零部件生锈、泄漏，抑制泡沫，减少水垢的形成，提高沸点的作用。

冷却液分为乙二醇-水型、乙醇-水型、甘油-水型三种，一般呈蓝色、绿色或黄色。使用最为广泛的冷却液是乙二醇-水型，其凝固点较低，沸点较高，不易蒸发，属于长效型防冻液；乙醇-水型冷却液，流动性好、散热快，但易蒸发，山区高原行驶的汽车不宜使用；甘油-水型冷却液，不易蒸发，但甘油降低冰点的效率较低，很少被使用。

使用冷却液时应注意以下事项：

1）所选用冷却液的冰点应比使用地区最低温度低5℃以上。

2）由于冷却液膨胀系数大，因此只能加注到冷却系统总容积的95%，以免受热膨胀后溢出。

3）加注前应仔细检查冷却系统的密封性。

4）需添加冷却液时，必须将发动机熄火，等待其降温后再添加。

5）不同类型的冷却液不可混用。

除了万不得已的情况下，不要直接使用自来水、河水、井水等做冷却液，否则，冷却水套中易产生水垢，使散热不良，导致发动机过热。

硬水软化的方法是：在1L水中加入0.5~1.5g纯碱（碳酸钠）或0.5~0.8g烧碱（氢氧化钠），或加入30~50mL浓度为10%的红矾（重铬酸钠）溶液即可。也可将硬水煮沸，冷却后使用。

## 8.4 水冷系统的检修

### 8.4.1 散热器的检修

在使用过程中，散热器的散热管易受腐蚀而产生破洞，焊缝易开裂，易被压扁，内部因沉积水垢而堵塞，外部尤其在散热片之间的缝隙处易沉积污垢及散热片倾倒等，使散热能力下降，严重时散热器“开锅”，汽车会无法行驶。散热器检修的主要任务就是清洗、焊漏、整形和密封检查。

**1. 清洗**

对外部污垢或散热片缝隙的堵塞，可用高压水流和压缩空气来冲洗，也可用机械疏通的方法来清理。

对内部积垢（水垢），一般采用化学方法清除，即用酸溶液清洗或碱溶液清洗。由于酸溶液较碱溶液的清洗效能高，目前多采用酸洗法清除水垢。

散热器可单独清洗，也可与气缸体、气缸盖冷却水套一起清洗。与冷却水套一起清洗时，应先拆去节温器，用配制好的酸性溶液以一定的压力（一般为10kPa）在气缸体、气缸盖冷却水套和散热器内循环清洗3~5min，也可运用怠速运转的方法进行循环清洗。之后，再用碱性溶液冲洗中和。如果散热器内部积垢严重，应拆去上、下水室，用通条或两根钢锯条焊接在一起进行通插。清除水垢后，用压缩空气和清水反方向循环冲洗内部，直至放出的水清洁为止。

**2. 渗漏的检验**

方法一：将散热器进、出水管口封闭，在散热器内注满水，并盖上散热器盖。将由压力表、橡胶管和橡胶球组成的试验器的橡胶管接到放水开关，旋开放水阀，捏动橡胶球加压。

当压力达到 50~100kPa 时，观察压力是否下降或散热器外部有无漏水现象。

方法二：将散热器进、出口堵死，在散热器内充入压力为 50~100kPa 的压缩空气，并将其放入水池中，察看有无气泡冒出。若散热器冒气点不多，则说明渗漏不严重，应找出渗漏部位并做出记号，以便焊修。

3. 修复

（1）补漏　散热器的渗漏往往发生在散热管与上、下储水室间的接触部位。对于破损、渗漏的散热管，可采用更换新管或焊修的方法进行修复；对于散热器外层便于施焊的散热管，可用钎焊法焊补；对于散热器内层的散热管，可采用把破漏处截断，将两端夹扁后再用焊锡堵死的方法。但堵住的散热管数不得超过总管数的 10%，因施焊而被切断的散热片的面积不得大于迎风面积的 10%。

当有轻微渗漏时，可采用与水的比例为 1∶20 的散热器堵漏剂就车进行修补。

（2）整形　意外的机械碰撞易造成散热器储水室塌陷或散热片倾倒变形。对于储水室的塌陷变形，可在凹坑的底部焊一钩环，在向外拉扯的同时，可用小锤轻轻击打凹坑四周，使外形复原，然后再将钩环解焊。另外可用专用工具对倾倒变形的散热片进行梳理扶正。

散热器修复后，应做渗漏实验。

### 8.4.2　水泵的检修

水泵常见的问题是水泵壳体及叶轮片破裂、水泵轴和轴承孔磨损、水封老化损坏等引起的泄漏及泵水无力。

1. 水泵外观检查

1）检查水泵壳体是否有裂纹或密封不严。

2）检查带轮的转动和轴向、径向窜动量：用手转动带轮应感到运转灵活，无卡滞现象，否则可能是泵轴弯曲或轴承浸水锈蚀。如果带轮的轴向和径向窜动量过大，说明水泵轴、轴承或水泵壳体上的轴承座孔出现较大的磨损。

对外观检查不合格的水泵，应拆检修理或更换（有的轿车不供应水泵零件）新水泵总成；对外观检查合格的水泵，应在试验台上按原厂规定的要求进行规定转速下的压力和流量试验，合格的水泵方可继续使用。

2. 水泵的修理

1）水泵带轮和壳体的检修。水泵盖与壳体的接合面变形大于 0.05mm 时应修平；轴承座孔磨损后可采用镶套的方法修复或换新泵；对于壳体裂纹，可进行焊修（方法同缸体裂纹的焊修）或更换。带槽底部磨亮的 V 带轮要更换，否则易打滑。

2）拆修水泵总成时，若水封总成磨损、变形、老化等，则应更换新件。

3）轴承滚道出现麻点凹坑，或当轴承的轴向间隙大于 0.30mm，顶隙大于 0.15mm 时，应予以更换。

4）水泵轴弯曲度大于 0.05mm 时，应冷压校直；水泵轴轴颈磨损后，应予以报废；轴端螺纹损坏后若不能修复，则应换用新件。

5）叶轮轴孔磨损过度或叶片出现严重“穴蚀”、破损时，应予以报废；叶轮外缘与水泵壳体内壁之间的间隙一般为 1mm，否则应更换叶轮；叶轮与水泵盖之间应有 0.075~1mm 的间隙，否则应用垫片调整。

6）水泵壳体下方的检视孔（泄水孔）和上方的通气孔应畅通。各部位的螺母、螺栓应按规定的力矩拧紧，锁止应可靠。水泵装合后，应对水泵轴承加注规定牌号的润滑脂。

3. 水泵的试验

水泵装复后，应对其进行试验，以确定是否达到工作要求。

1）用手转动带轮，水泵应转动灵活，无擦碰和卡滞现象。然后堵住水泵进水口，将水加入工作室，转动水泵轴，检视孔应无水漏出。

2）将水泵装在试验台上，按原厂规定测试规定转速下的压力和流量是否满足要求，且试验过程中应无任何碰击声和漏水现象。

3）就机检查（无试验设备条件下）水泵是否能保证冷却液循环良好。起动发动机，保持怠速运转。用一只手挤捏散热器上端软管连接处，另一只手使发动机加速。如果感到软管中有冷却液鼓涌，则表明水泵工作正常。

### 8.4.3　节温器的检修

节温器的常见故障是阀门开度不够、关闭不严，甚至不能开启或关闭。一般蜡式节温器的安全寿命为50000km（汽车行驶里程），应按照要求定期检修或更换。

节温器必须在规定的温度时开始打开，在温度超过开启温度一定值时必须完全打开。

检查节温器时，将节温器吊放并淹没在盛有水的器皿中，但不要触到底部，应悬在中下部。插入温度计，逐渐将水加热，仔细观察节温器主阀门开始开启和完全打开时的温度，及全开时阀门的升程。若开启温度和升程不符合规定，则应更换节温器。一般节温器主阀门正常开始开启的温度是68~85℃，完全打开的温度是80~85℃。但不同发动机的节温器主阀门开启、关闭温度也不同。例如桑塔纳JV发动机的节温器主阀门在87℃±2℃时开始开启，在102℃±3℃时完全开启，全开时阀门升程不小于7mm。

还可采用节温器就机检测的方法。散热器冷却后，将散热器盖拆下，把温度计直接插入冷却液中。起动发动机，让发动机温度升高，同时观察温度计和冷却液表面。当冷却液开始流动时，表明节温器已开启，温度计读数就是节温器开启温度。如果发动机还是冷态，而冷却液已经进行循环，说明节温器卡滞在开启位置。

注意，在更换节温器时，一定要使用与原始节温器相同型号、相同控制温度的节温器。若使用开启温度不同的节温器，则会引起发动机性能的问题。这是因为，发动机ECU根据冷却液温度传感器的信号调整喷油修正量，如果换用的节温器使冷却液温度比正常温度低，ECU就会按照冷态确定喷油量和点火正时，导致油耗和有害排放物增多。

## 8.5　冷却系统故障诊断

冷却系统故障的主要信号是冷却液温度过高及冷却液泄漏，凡是与冷却液循环过程及散热有关的零部件均与之有关。

### 8.5.1　发动机过热

1. 特征

冷却液温度超过正常温度范围，散热器“开锅”或“翻水”，功率降低等。

2. 原因及诊断

(1) 冷却液量充足时发动机过热　可能的原因是风扇传动带打滑或断裂、百叶窗关闭或开度不足、节温器或水泵工作不良、发动机冷却水套中水垢过多、散热器芯或散热片间堵塞、散热片过脏或变形、风扇离合器或温控开关失效、风扇叶片装反或变形、软管弯折等。

首先检查百叶窗开度、传动带张紧度、风扇叶片形状等，再检查散热器盖、节温器、水泵工作是否正常。

若风扇运转正常，则用手检查散热器与发动机冷却液温度差：若感觉散热器温度低，发动机温度很高，说明冷却液循环不良，应检查散热器进出水管、水泵、节温器的工作状况。

若散热器出水良好，则将节温器拆下，并松开散热器进水管，起动发动机进行试验。若冷却液排出有力，则说明节温器有故障；若冷却液排出无力或不排冷却液，则说明水泵有故障。

若散热器冷热不均匀，说明散热器芯堵塞或散热片变形。

若发动机后端温度明显高于前端，说明分水管已损坏或堵塞。

(2) 散热器盖向外“翻水”　“翻水”是指冷却液没有达到沸点，而由其他原因导致冷却液从加水口向外溢出的现象。可能的原因包括水垢过多、进出水管不匹配、循环管路堵塞、气缸垫密封不良、气缸体或气缸盖裂纹、气缸盖翘曲等。一旦有“翻水”现象，就伴随着冷却液消耗过快现象。

若发动机刚一起动就有冷却液从加水口喷出，可能是气缸盖、气缸体有小裂纹或气缸垫水道口被冲开，使高压、高温气体直接进入冷却水套，伴有发动机动力性的明显下降。

若发动机起动几分钟后散热器内的冷却液还是冷的，却有冷却液从加水口喷出，则可能的原因有：节温器损坏，只进行小循环没有大循环；水泵不泵水；水泵与散热器连接的橡胶管变质老化，水泵吸力使管子扁瘪。

(3) 其他　若冷却系统工作正常，则发动机过热的主要原因可能是点火过迟、气门间隙过大、混合气过浓或过稀使过后燃烧严重，或积炭过多、长时间大负荷工作使缸内最高温度升高等。

### 8.5.2　冷却液渗漏

1. 特征

冷却液消耗过快。

2. 原因及诊断

主要原因有散热器及冷却系统各管路及连接处破损或渗漏、散热器盖失效、暖气热交换器渗漏、水泵水封损坏、气缸体或气缸盖变形或破裂、气缸垫损坏、缸盖螺栓松动。

若发动机行驶无力，且排气管冒白烟，则表明缸垫损坏或缸盖螺栓松动，导致冷却液进入气缸，应拆检。

个别情况下，冷却液消耗过快可能是装合过程中的疏忽造成的。如气缸体、气缸盖接合面清洁不彻底，甚至在缸体、缸盖、缸垫之间夹入了棉纱或手套残线。

## 本章小结

冷却系统的作用是保持发动机在最适宜的温度范围内工作，防止其过热、过冷。发动机有风冷和水冷两种冷却方式。车用发动机多为强制循环闭式水冷系统，正常的冷却液温度一般为 80~95℃，有的高达 105℃。

典型的水冷系统由散热器、膨胀水箱、水泵、发动机水套、节温器、软管、百叶窗、风扇及冷却液等组成。风扇、水泵一般同轴安装在发动机的前端，由曲轴过驱动发电机的一根传动带来带动。

水泵强制冷却液在发动机内循环流动，在发动机水套内吸热升温的冷却液在流经散热器时得到冷却。风扇抽吸的空气流过散热器，以保证汽车在低速、怠速或大负荷下运行时的冷却强度，可采用硅油风扇离合器或电动风扇根据汽车行驶速度调节风扇转速。

节温器根据冷却液温度的高低控制冷却液大、小循环路线。发动机在冷态时，节温器关闭冷却液流经散热器的通道，进行小循环，保证暖机迅速；发动机在热态时，节温器打开冷却液流经散热器的通道，进行大循环。硅油风扇离合器利用流经散热器空气的温度控制风扇的转速，调节冷却强度。

散热器盖和透明的膨胀水箱实现了系统的封闭和压力控制，改善了冷却效果，为不打开水箱盖检查冷却液面或添加冷却液提供了方便。膨胀水箱上具有正常的冷却液位标记，需添加冷却液到膨胀水箱内时应注意液位线标记。

水冷却系统正常工作时应无泄漏，各处温度应正常。散热器在补漏、整形等维修后应做渗漏检验。水泵在维修后应检验工作是否达到要求。节温器应定期检修或更换，但发动机不应在拆去节温器后工作。

冷却系统故障的主要表现为散热器“开锅”或“翻水”、功率降低及冷却液泄漏等。发动机过热的主要原因是风扇传动带过松打滑或断裂、百叶窗关闭或开度不足、节温器或水泵工作不良、发动机冷却水套中的水垢过多、散热器芯或散热片间堵塞、散热片过脏或变形、风扇离合器失效、风扇叶片装反或变形等。

水垢过多、进出水管不匹配、循环管路堵塞、气缸垫密封不良、气缸体或气缸盖裂纹、气缸盖翘曲等易导致“翻水”现象。

冷却液是软水和防冻剂的混合液。注意，冷却液的冰点应比使用地区最低温度低 5℃ 以上。加注冷却液前应仔细检查冷却系统密封性，加注量不能超过冷却系统总容积的 95%，不可将不同类型的冷却液混用。

## 【复习思考题】

1. 冷却系统有何作用？最佳的冷却液温度范围是多少？
2. 水冷却系统由哪些主要零部件组成？它们分别有什么作用？
3. 简述发动机正常工作时的冷却液循环路线。
4. 冷却液为何要有大、小循环？说明大、小循环的路径。
5. 有哪几种方法可以调节发动机的冷却强度？如何调节？
6. 简述散热器盖和储水箱的作用？
7. 水泵一般如何驱动？
8. 如何就机检查水泵是否能保证冷却液良好循环？
9. 风扇有何作用？
10. 如何进行散热器渗漏检验？

11. 当蜡式节温器中的石蜡漏失时，节温器处于怎样的工作状态？发动机会出现什么故障？

12. 拆下节温器后如何检测其工作性能？

13. 如何就机检查节温器的工作状况？

14. 当冷却液量充足时，引起发动机过热的原因有哪些？

15. 若发动机刚一起动，就有冷却液从加水口喷出，可能的原因有哪些？

16. 若发动机起动几分钟后散热器内的冷却液还是冷的，却有冷却液从加水口喷出，可能的原因有哪些？

17. 发动机过热有何害处？

18. 发动机过冷有何害处？

19. 为什么发动机在低温下运行会加剧磨损？

20. 如何正确使用冷却液？

# 第9章

# 润滑系统

【学习目标】

1. 掌握润滑系统的作用、组成及工作过程。

2. 掌握润滑系统主要元件的作用、结构及检修方法。

3. 理解润滑方式及油路。

4. 理解润滑系统主要零部件的工作原理和损伤形式。

5. 了解曲轴箱通风系统的作用、组成、工作过程。

6. 认识润滑系统的构造、技术配置、技术状况与发动机性能及基本故障检修之间的关系，初步具有润滑系统常见故障诊断的能力。

## 9.1 润滑系统的功用与组成

### 9.1.1 润滑系统的功用

发动机工作时，很多零件做高速的相对运动，并同时承受很大的载荷，如轴颈-轴承、活塞组-气缸壁、气门-气门导管、配气机构各运动副等。如果这些零件表面直接接触摩擦，那么机械损失功率将大大增加，零件表面会迅速磨损，且干摩擦产生的热会使零件表面熔化，发动机很快就会损坏。因此，为保证发动机正常工作，提高机械效率，延长使用寿命，必须对相对运动零件的表面进行良好的润滑。

发动机润滑系统的任务就是将清洁的、压力和温度适宜的机油连续不断地输送到所有相对运动的零部件表面间，起到如下作用：

（1）润滑作用　在相对运动零件表面之间形成一层油膜，减少摩擦和磨损。

（2）冷却作用　机油循环流过零件表面，吸收并带走部分热量，回到油底壳内散热、降温。所以，润滑系统相当于小的冷却系统，对防止零件温度过高具有重要作用。

（3）清洗作用　流动的机油带走零件表面上的磨屑和其他污物，清洁零件表面。

（4）密封作用　零件表面上的油膜，填充了零件表面的凹凸不平及间隙，阻塞可能的间隙泄漏。如气缸壁、活塞环、活塞表面形成的油膜，提高了气缸的密封性。

实际检修作业中，可利用机油帮助密封气缸与活塞间隙的作用，在发动机不解体的情况

下，结合气缸压缩压力检查，判断气缸-活塞的磨损或配合间隙状况。

（5）防锈作用　附着于零件表面的机油膜，阻止了空气、水分、燃气等与零件表面的接触，减轻腐蚀生锈。

（6）液压作用　机油也是某些液压机构的液压油，如液压挺柱、可变配气正时机构等。

另外，机油膜可对承受冲击载荷的零件（如主轴承、连杆轴承等）起到缓冲、减振、降低噪声的作用。

### 9.1.2　润滑方式

各类内燃机中，除了摩托车用二冲程汽油机外，其他均采用了机油压力润滑、飞溅润滑和润滑脂润滑相结合的润滑方式，以满足不同工作条件运动零件表面的润滑需求。

#### 1. 压力润滑

压力润滑是利用机油泵将机油提高到一定压力，通过油道输送到摩擦表面进行润滑的方式。此种方式润滑可靠，清洗、冷却效果好，主要用于承受载荷较大的主轴承、连杆轴承、凸轮轴轴承、废气涡轮增压器轴承等摩擦表面。

#### 2. 飞溅润滑

利用发动机工作时某些运动零件溅起或挤出的机油滴或油雾飞落到摩擦表面进行润滑的方式称为飞溅润滑。机油不宜到达、外露表面或承受载荷不大的摩擦部位，如气缸壁、活塞环、气门与气门导管、下置式凸轮轴的凸轮表面与挺柱等零件均采用这种方式润滑。

#### 3. 润滑脂润滑

对机油难以到达的分散部位，采用定期加注润滑脂的方法进行润滑，如风扇、水泵、发电机、起动机等辅助装置的轴承等的润滑。近年来，有的发动机采用含有耐磨润滑材料（如尼龙、二硫化钼等）的轴承来代替加注润滑脂的轴承。

### 9.1.3　润滑系统的组成及油路

#### 1. 润滑系统的组成

汽车发动机润滑系统的组成及油路大致相同，一般由油底壳、集滤器、机油泵、机油滤清器、限压阀、旁通阀、机油冷却器、油压表、油温表、油管及气缸体和气缸盖内的主油道等组成。图 9-1 为某发动机的润滑系统示意图。

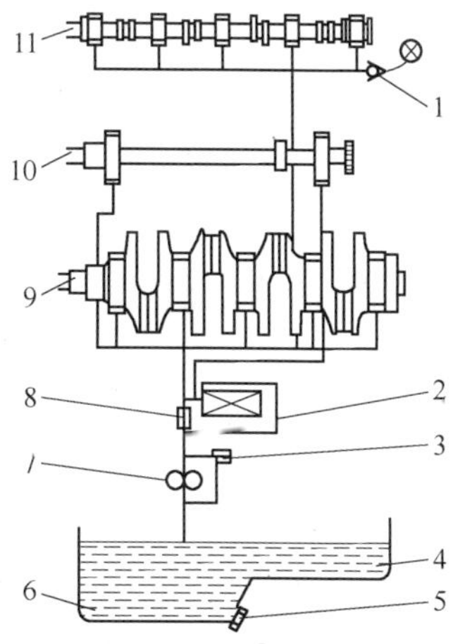


图 9-1　发动机润滑系统示意图

1—最低油压报警开关　2—机油滤清器　3—限压阀　4—油底壳　5—放油塞　6—机油　7—机油泵　8—旁通阀　9—曲轴　10—中间轴　11—凸轮轴

油底壳用以储集机油，并具有冷却机油的作用。其内装有集滤器，是机油进入润滑系统的入口，负责滤除大颗粒的杂质或油泥。

机油泵是润滑系统的心脏，是建立油压，循环输送一定量的机油至摩擦表面的装置。机油泵可安置在曲轴箱内，也可安置在曲轴箱外。

限压阀（又叫卸压阀）是防止机油压力过高，导致润滑系统中的密封元件、管路及连接处等遭到破坏，并减少机油泵功率消耗的元件。当机油压力超过规定值时，限压阀打开，一部分机油返回油底壳。限压阀多设在机油泵出口端，也可单独设置。

机油滤清器用来滤除机油中各种固体物质或胶质。机油滤清器内设旁通阀，保证在机油滤清器堵塞时机油仍可从旁通阀直接进入主油道，防止摩擦表面缺油。

机油冷却器在机油滤清器至主油道之间，用于高速、大功率发动机上对其进行降温。而一般发动机靠汽车行驶中的迎面气流吹拂油底壳底面使机油冷却。

机油油道包含了许多相互连通的管道，使机油可以输送到各个运动零件的表面。它们是在发动机制造过程中就已经钻好的。

润滑系统中还有机油压力表、机油温度表和机油标尺，用来检查润滑系统工作状况及油量的多少。

**2. 润滑系统油路**

在发动机工作时，机油经集滤器被吸入机油泵，提高压力后经过机油滤清器滤清后进入机体主油道。进入机体主油道的机油分为两路：一路通过分油道送至各主轴承，再经曲轴上的斜油道（孔）流向连杆轴颈，然后经连杆中心孔到达连杆小头轴承，最后回到油底壳；对凸轮轴下置的发动机，另一路先到达凸轮轴轴承，再向上到达气缸盖上气门摇臂轴的中心油道，润滑摇臂轴并流向摇臂的两端。流向气门端工作面的机油飞溅润滑气门与气门导管，流向另一端的机油顺推杆下流到挺柱内，再从挺柱流出，飞溅润滑凸轮工作面；对顶置凸轮轴的发动机，另一路机油从主油道流出，穿过气缸体上平面和气缸垫上的油孔，到达气缸盖油道，再输送到顶置凸轮轴颈与轴承、液力挺柱、摇臂轴等，大部分机油再经气缸体和气缸盖中的孔流回油底壳。另一小部分润滑摇臂和凸轮轴的机油渗流或滴落到气门杆、气门导管，对它们进行飞溅润滑。对有中间轴的发动机，主油道还需设分油道至中间轴。对增压发动机，还有通向增压器的机油管路。

旋转的曲轴将从油底壳带起的机油和从轴承中流出的机油甩出去，飞溅到气缸壁、活塞及下置凸轮轴的凸轮上，对它们进行飞溅润滑，再回到油底壳。

有的发动机在连杆大头上设有喷油孔，润滑连杆大头的机油通过该喷油孔喷射到气缸壁主推力面一侧，以强化活塞组-气缸壁的润滑。

发动机运转过程中，当机油压力低于 30kPa 时，低压报警开关闭合，机油压力警告灯闪烁。

## 9.2　润滑系统的主要零部件

### 9.2.1　机油泵

**1. 机油泵类型**

常用的机油泵有齿轮式和转子式两种。齿轮式又分内啮合齿轮式和外啮合齿轮式两种。常说的齿轮式机油泵是指外啮合齿轮式机油泵。

（1）齿轮式机油泵　图 9-2 是齿轮式机油泵。油泵壳体内有一对外啮合的齿轮，齿轮与壳体内壁间的间隙很小，齿轮端面由机油泵盖封闭。泵体和泵盖之间有密封衬垫，既可防止泄漏，又可用来调整齿轮端面间隙。泵体、泵盖、齿轮形成的多个齿槽腔中充满机油，齿轮脱离啮合的一侧泵腔体积增大，设置进油口。齿轮进入啮合的一侧，轮齿间携带的机油被挤

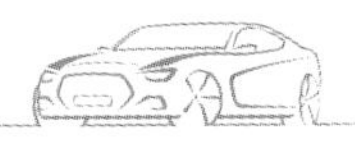

压，设出油口。工作时，随着齿轮的旋转，齿槽腔中的机油被送至出油口附近，通过齿轮啮合的挤压作用将油送出去。

齿轮式机油泵，结构简单、体积小、效率高、驱动功率小、工作可靠，得到了广泛应用。

（2）内啮合齿轮式机油泵　图 9-3 所示为内啮合齿轮式机油泵。外齿轮是主动齿轮，内齿轮（圈）是从动齿轮，二者偏心啮合，啮合后内齿轮与外齿轮间形成一个月牙形空腔，其内可设置一个月牙板，将内、外齿轮隔开。齿轮脱离啮合的一侧设有进油口，齿轮进入啮合的一侧设有出油口。

内齿轮式机油泵一般直接安装在曲轴前端，主动齿轮由曲轴直接驱动，零件少，占空间小，是近年来广泛使用的机油泵。

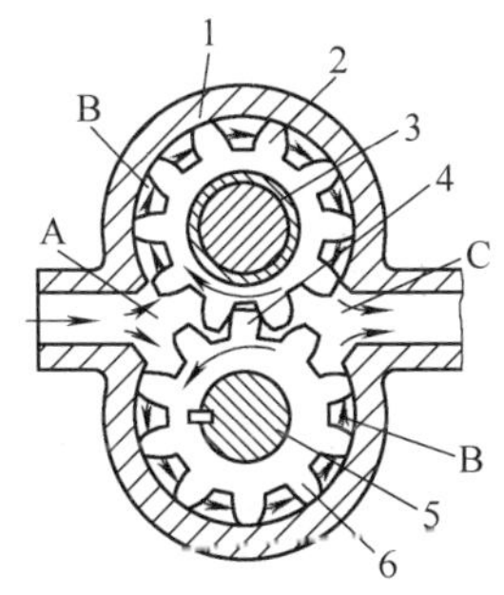


图 9-2　齿轮式机油泵

1—泵体　2—从动齿轮　3—衬套　4—泄压槽　5—驱动轴　6—主动齿轮

A—进油腔　B—过渡腔　C—出油腔

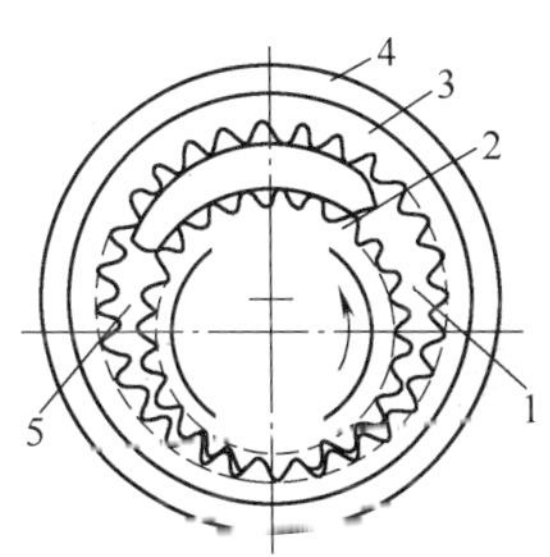


图 9-3　内啮合齿轮式机油泵

1—进油口　2—主动齿轮　3—内齿圈　4—泵体　5—出油口

（3）转子式机油泵　图 9-4 所示为转子式机油泵，内转子为主动转子，其上有 4 个或 4

a) 转子式机油泵构件

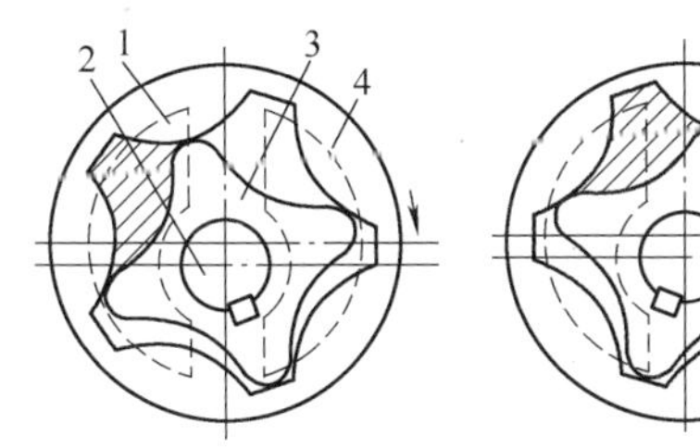


b) 转子式机油泵工作原理

图 9-4　转子式机油泵

1—进油腔　2—油泵轴　3—内转子　4—外转子　5—出油腔

个以上的凸齿，外转子上的凹齿（槽）比内转子多一个。内、外转子之间有一定的偏心距，特殊的齿形使两者间的空间被始终存在的接触点分成4个工作腔。工作时，内转子带动外转子转动，由于两者存在速度差，使工作腔的容积不断发生变化。机油从转子脱开啮合、容积正在增加的一侧进入，并转移到另一侧，此时转子进入啮合，油腔减小，将机油挤压出去。

转子式机油泵结构紧凑，泵油量大，供油均匀，噪声小，但需要的驱动力大，一般应用于小功率发动机上。

**2. 机油泵的驱动和泵油特性**

机油泵一般由曲轴或曲轴驱动的中间轴驱动，有的发动机由凸轮轴驱动，较早的汽油机由分电器轴驱动。因此，机油泵的转速与曲轴转速成比例，随发动机转速的升高，其泵油量增大，系统内机油压力升高。

机油泵必须能在怠速下具有足够的泵油量，以保证快速建立油压。显然，曲轴直接驱动机油泵的转速是凸轮轴驱动机油泵转速的2倍，泵油量较大，容易满足怠速油压的建立要求。这也是有的发动机怠速转速不能过低的原因之一。

为了防止高速时机油压力过高，并减少机油泵功率消耗，在机油泵出油口或主油道上设有限压阀，当机油压力超过规定值时，限压阀打开，一部分机油流回到油底壳。若限压阀因故不能打开，则会出现油压过高，润滑系统各连接、密封处泄漏的问题；若限压阀关闭不严或泄漏，会出现机油压力下降、供油不足、润滑不良、磨损加速的问题。

## 9.2.2　机油滤清器

**1. 滤清方式与机油滤清器类型**

为保证机油的清洁，需使其在循环过程中，流经具有不同滤清能力的机油滤清器滤除杂质。机油滤清方式有全流式、分流式和组合式三种，机油滤清器则分为全流式和分流式（旁通式）两种类型，如图9-5所示。

（1）全流式滤清　机油滤清器与主油道串联，从机油泵输出的所有机油全部流经机油滤清器过滤后进入主油道，相应的机油滤清器称为全流式机油滤清器，又称机油粗滤器。目前汽车发动机上多采用这种滤清方式，且机油滤清器内设有旁通阀。

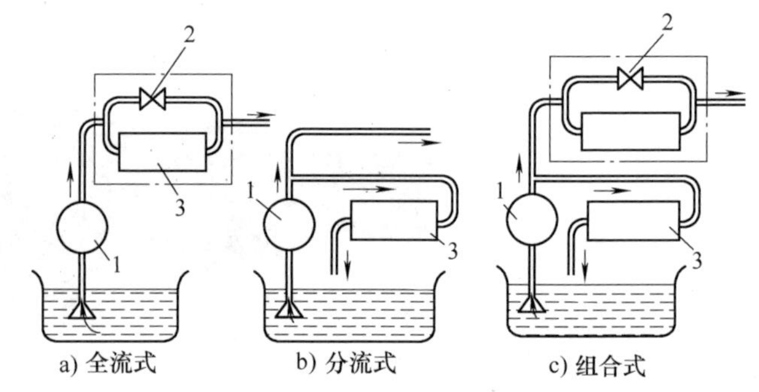


图9-5　机油滤清方式
1—机油泵　2—旁通阀　3—机油滤清器

（2）分流式滤清　机油滤清器与主油道并联，仅过滤机油泵供油的一部分。机油泵供来的机油，一路经机油粗滤器、主油道送至发动机各运动零件，另一部分则经过机油滤清器过滤掉细小杂质后回到油底壳，相应的机油滤清器称为分流式机油滤清器，又称为机油细滤器。机油细滤器的滤清阻力较大，故为分流式，对滤除油泥很有效。

（3）粗、细二级滤清　即上述两种方式的组合。机油粗滤器与主油道串联，流动阻力大的机油细滤器与主油道并联。载货汽车，尤其是重型载货汽车多采用这种滤清方式。这种滤清方式虽然机油细滤器仅过滤一小部分机油泵输出的机油，但是在整个工作期间，它不断

一部分、一部分地滤清整个系统的机油。

**2. 机油滤清器构造与工作原理**

（1）机油粗滤器　机油粗滤器主要有金属片缝隙式、金属带缝隙式、金属滤网式、纸质滤芯式和锯末滤芯式几种。

图 9-6、图 9-7 所示为两种不同的纸质滤芯式机油粗滤器，主要由纸质滤芯、旁通阀和外壳等组成。来自机油泵的机油从滤芯外围进入机油滤清器中心，干净的机油经出油口进入主油道，杂质被阻留在滤芯上。显然，杂质会越来越多，滤芯应按要求定期更换。当滤芯被杂质堵塞而未定期更换时，油压升高，将旁通阀顶开，直接进入主油道，保证机油正常循环，防止因缺机油造成机器损坏。除此之外，旁通阀还可在机油流量过大、机油冷态过于黏稠时开启。若旁通阀卡死在关闭位置或弹簧预紧力过大，则主油道缺油，后果严重；若旁通阀弹簧预紧力太小，则机油不经过过滤直接进入主油道，使磨损加速。

有些发动机还在滤清器进油口设置单向阀，防止停机后机油倒流，保证发动机起动时迅速建立油压，及时供油。

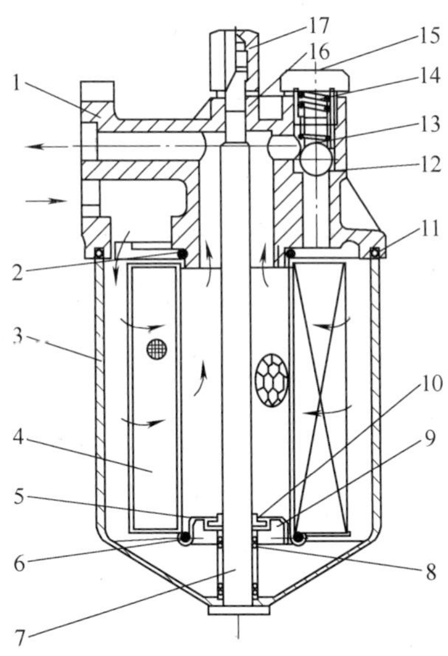


图 9-6　纸质滤芯式机油粗滤器

1—上盖　2、6、10、11、14、16—密封圈　3—外壳　4—纸滤芯　5—托板　7—拉杆　8—弹簧　9—垫圈　12—旁通阀　13—弹簧　15—阀座　17—螺母

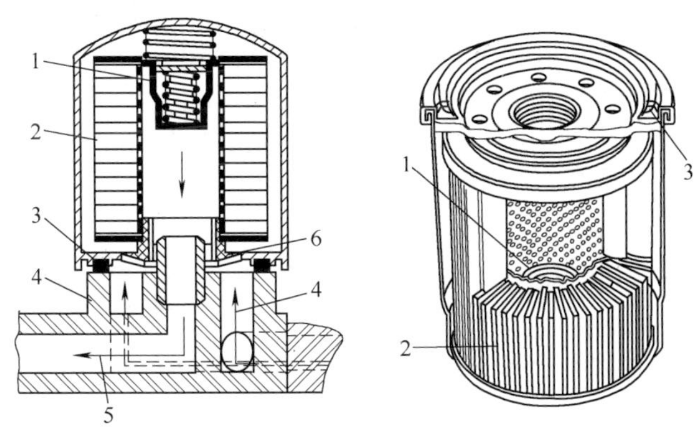


图 9-7　不可拆式纸质滤芯式机油粗滤器

1—旁通阀　2—纸质滤芯　3—密封圈　4—机油泵来油　5—出油　6—防漏阀

（2）机油细滤器　汽车发动机多采用离心式机油细滤器。图 9-8 所示为离心式机油细滤器，在底座上装有转子轴，转子体通过衬套安装在转子轴上，可绕转子轴自由转动。转子体底部有两个水平、对称布置的喷嘴。工作时，来自机油泵的油，由机油细滤器底座进油孔、低压限压阀、转子轴中心孔、转子体进油孔和导流罩油孔进入转子内腔，机油自两个喷嘴喷出，转子在反作用力的推动下高速旋转，油中的细小杂质在离心力的作用下被甩向转子内壁并沉积其上，干净的机油由机油细滤器下面的空腔回到油底壳。

当油压低于某一限定值时（如 EQ6100 为 0.1MPa，CA6102 为 0.147 MPa），进油限压

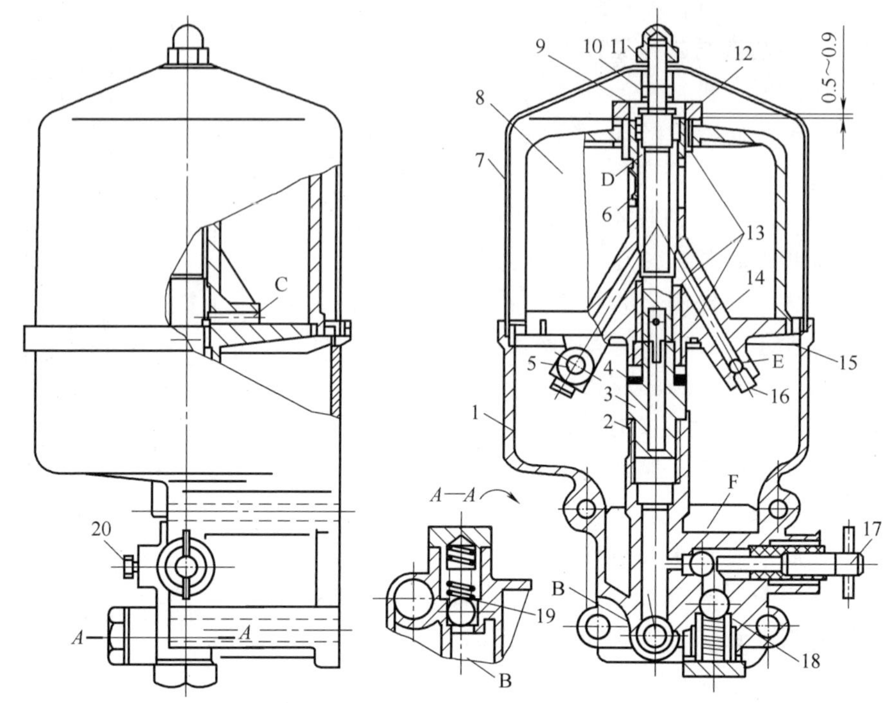


图 9-8　离心式机油细滤器

1—壳体　2—锁片　3—转子轴　4—推力轴承　5—喷嘴　6—转子体端套　7—机油滤清器盖　8—转子盖　9—支撑垫　10—弹簧　11—压紧螺套　12—压紧螺母　13—衬套　14—转子体　15—挡板　16—螺塞　17—调整螺钉　18—旁通阀　19—进油限压阀　20—管接头

B—机油滤清器进油孔　C—出油孔　D—进油孔　E—通喷嘴油道　F—机油滤清器出油口

阀关闭，此时机油不分流到机油细滤器，而是全部进入主油道，保证发动机可靠润滑。

（3）机油集滤器　安装在机油泵吸入口的滤网式机油集滤器起着辅助过滤的作用，分为浮式和固定式二种。

浮式机油集滤器由浮筒、滤网、浮筒罩及吸油管组成，如图 9-9 所示。滤网用金属丝制成，有弹性，中央有环口压紧在罩上。罩与浮子压合在一起，边缘有缝隙。机油泵工作时，机油经缝隙、滤网被吸入油管，较大的杂质被滤除。当滤网被杂质堵塞时，机油泵造成的真空迫使滤网向上，滤网环口离开罩板，机油便直接从环口进入吸油管，保证供油不中断。

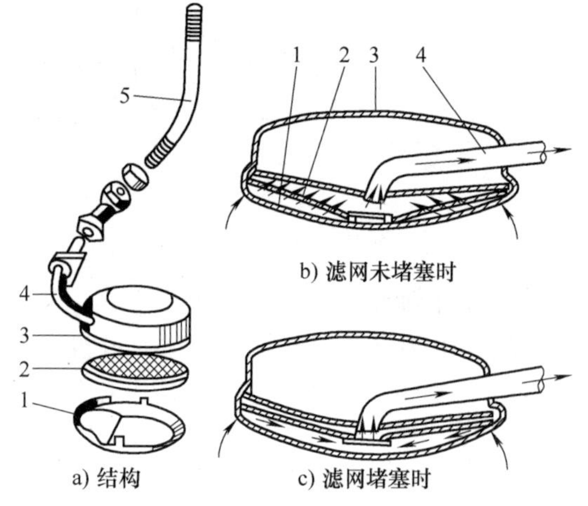


图 9-9　机油集滤器

1—罩　2—滤网　3—浮子　4—吸油管　5—固定油管

浮式机油集滤器靠浮子漂浮在机油表面上，能吸入上层较为清洁的机油，但易吸入泡沫而使油压下降。

固定式机油集滤器浸在油面下，吸入的

机油清洁度稍差，但可防止吸入泡沫，润滑可靠，结构简单，已逐步取代了浮式集滤器。

### 9.2.3 机油冷却器

机油冷却器在热负荷较大的高性能、大功率发动机上是必不可少的部件，分风冷式和水冷式两种类型。

风冷式机油冷却器一般装在发动机散热器前面，利用风扇的风力和汽车行驶迎面风对机油进行冷却，类似于散热器。由于其冷却效果受大气温度和车速影响较大，冷却强度难以控制，在发动机起动后暖机时间长，普通汽车一般都不采用，仅在赛车或少数涡轮增压发动机上采用。

现在，越来越多的汽车发动机采用油温易于控制的水冷式机油冷却器，如图 9-10 所示。水冷式机油冷却器装在机油粗滤器之后，利用从散热器出水管引来的冷却液进行冷却降温。

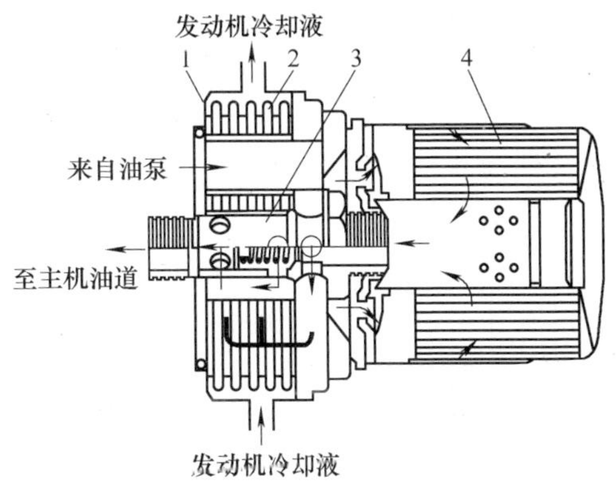


图 9-10 水冷式机油冷却器

1—壳体 2—冷却器芯 3—安全阀 4—机油滤清器

注意，与机油滤清器不同，机油冷却器没有堵塞时的旁通油道。如果机油冷却器堵塞，干轴承和轴颈在缺油的情况下，只需几千米就会烧蚀损坏。所以，发动机维修时，若主轴承、凸轮轴轴承或机油泵失效了，也要同时检查或更换机油冷却器，以免导致修复的发动机重复发生故障。

## 9.3 曲轴箱通风

发动机工作时，气缸中的少量可燃混合气和已燃气体不可避免地窜入曲轴箱，若不进行曲轴箱通风（也称曲轴箱换气）而使窜气滞留在曲轴箱内，则会带来以下危害：

1）窜气使曲轴箱内压力增大，引起机油从曲轴箱接合面、曲轴油封处泄漏，同时使活塞下行阻力增大。

2）窜气加速机油油性恶化及零部件磨损。主要原因如下：

① 窜入的高温燃气加速了机油的氧化、变质。

② 窜气中的酸性物质（二氧化硫）和水蒸气遇冷形成酸。

③ 窜气中的燃油蒸气冷凝后稀释机油，尤其是低温下加浓供给又不易蒸发的部分燃油以油滴形式顺着气缸壁进入油底壳，使机油变稀。

④ 低温下易形成油泥。窜气中的水蒸气凝结在冷的零件表面并留在曲轴箱内，气缸内燃气中的部分水蒸气遇低温的零件表面凝结后，通过气缸间隙进入曲轴箱中。水和机油一起在曲轴的搅拌下形成了黏稠的黑色胶状物——油泥。之所以呈黑色是由于积炭和尘土的污染。油泥使机油油性恶化，且会阻塞机油油路。

显然，冷天频繁起动或走走停停的行驶工况最易促使油泥形成、机油被稀释和酸性腐蚀。解决的方法除了定期换机油外，重要的是起动后暖机并增加每次行驶的里程。因为水和燃油只在发动机冷态时存留在机油中，当发动机达到正常工作温度后将蒸发为气体，所以需及时将其排出。上述原因中的②、③、④也是发动机在冷态下运行磨损加剧的原因。

曲轴箱通风系统的作用就是使窜入曲轴箱内的气体排出去，延长机油的使用寿命，防止曲轴箱内压力过高，提高发动机性能。

早期的曲轴箱通风系统是将曲轴箱内的窜气直接排到大气中去，叫作自然通风。窜气中含有CO、HC等污染物，通入大气会造成污染和浪费。所以现代汽车发动机都采用闭式曲轴箱强制通风系统（又称PCV系统），如图9-11所示，用一根管子和发动机内部的通道孔把空气滤清器与曲轴箱连通，新鲜空气进入曲轴箱与其内部的窜气混合，再从另一通道和管子经过PCV阀被吸入进气管，进入气缸再燃烧。因此，闭式曲轴箱强制通风系统还起到了节能、环保的作用。

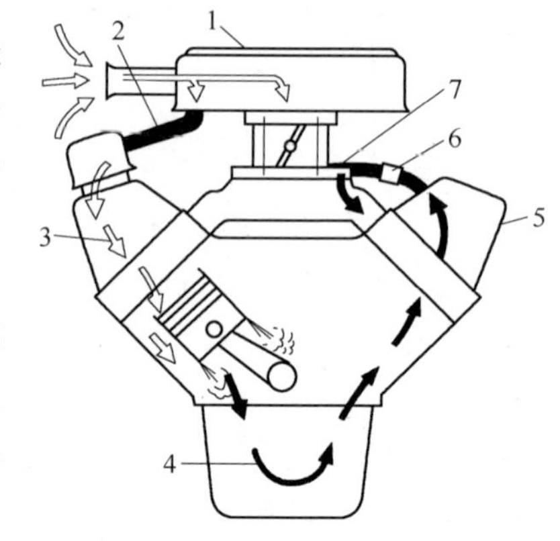

图9-11　曲轴箱强制通风系统示意图
1—空气滤清器　2—空气软管　3—新鲜空气　4—曲轴箱　5—气缸盖罩　6—PCV阀　7—曲轴箱气体软管

PCV阀是一个变流通截面的锥形单向阀（图9-12），可根据发动机工况的变化自动调节曲轴箱内的窜气被吸入气缸的数量。发动机在怠速或小负荷时，曲轴箱漏气量较少。而节气门开度很小，进气歧管内真空度很大，使锥形阀几乎关闭，只留一个很小的缝隙让曲轴箱中的气体通过；随节气门开度增大，窜气量增多，进气歧管真空度降低，阀门弹簧将锥形阀朝最大流量位置移动，让较多的曲轴箱窜气通过而进入气缸；如果进气管发生回火，进气歧管内的压力骤增，将锥形阀推向关闭，切断通道，防止回火进入曲轴箱，引起爆炸。

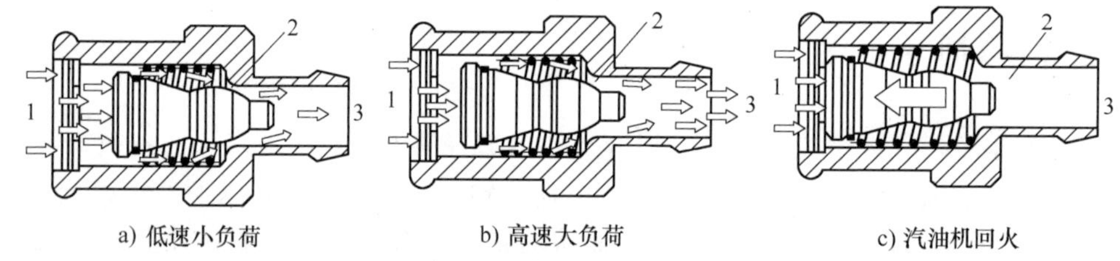

图9-12　PCV阀工作状况示意图
1—来自曲轴箱　2—锥形阀　3—去进气管

必须定期地对PCV阀进行检查、清洗或更换。若PCV阀或管路堵塞，或活塞环、气缸磨损严重，或气缸拉伤，均使曲轴箱内压力升高，不仅将造成前述危害，而且会使发动机怠速不稳，甚至熄火。部分窜气还会经过空气引入管和PCV滤清器进入空气滤清器，使PCV滤清器和空气滤清器沾上机油。若PCV阀卡滞在开启位置，通过该阀的过量窜气与新鲜空气混合气将造成空燃比过大，导致怠速不稳或熄火。PCV系统的检查方法如下：

1）在发动机怠速运转时，反复夹紧和放松连接PCV阀和进气歧管的软管，在夹紧时应能听到PCV阀的撞击声。若听不见撞击声，应进一步检查PCV阀衬垫是否损坏。若衬垫没问题，说明PCV阀已损坏，应更换。

2）怠速时，拆下PCV阀进气端软管，将手指按在阀端部应感觉有真空吸力，若真空很

小或没有真空，说明有堵塞或泄漏处，应清理或检查软管和 PCV 阀。将发动机熄火，拆下 PCV 阀，摇动 PCV 阀时应有响声，否则说明 PCV 阀已坏，应更换。

## 9.4　润滑系统检修

发动机润滑系统技术状况的好坏，常常根据机油压力来判断。机油压力则主要取决于机油泵泵油能力、机油流过的运动副间隙、机油管路的畅通性和密封性、机油黏度和温度等。

### 9.4.1　润滑系统的日常使用维护

对润滑系统，应定期检查机油的变化，补充或更换机油，清洗或更换滤芯。

1）行车前，要检查油底壳油位的高低。缺机油时应补加与原机油牌号相同的适量新机油。注意，不可混用不同牌号的机油，加注机油要适量，使油位在机油标尺刻度线之内。

2）行车中注意查看油压指示，若低压警告灯闪亮，就应查明原因，不得带病行驶。

3）注意查看机油颜色是否变黑或变白、黏度是否过大或过小、气味是否正常，有条件的可以定期检查机油各项性能指标。一旦发现有异常变化，应及时更换机油及机油滤清器滤芯。

4）更换机油。需要更换机油及滤芯时，应按以下要求和步骤进行。

① 在发动机热态时放净旧机油，并检查机油中是否有金属屑或其他杂质。若无金属屑和其他杂质，即可装回机油滤清器和放油螺塞；如果机油中有金属屑或其他杂质，则需进一步检查。此时应拆下油底壳，查看其内部是否有金属屑，若有大量的金属屑或杂质，必须查明原因并修复后才能添加新机油。通常的可能原因是出现了拉缸或烧瓦故障。

② 必要时用专用清洗设备清洗油道。

③ 加注新机油至规定的油位。注意，加注机油时不要拔出油标尺。

### 9.4.2　机油泵的检修

机油泵在机油进入机油滤清器前就得到了润滑，杂质可能会导致其早期磨损、卡死等。其主要异常是主动轴与轴孔磨损和变形、齿轮或转子磨损、泵盖磨损和变形，甚至泵壳破裂、轴折断等。磨损会使机油泵的端面间隙（齿轮或转子端面与泵盖平面的间隙）、齿顶间隙（机油泵体与齿顶的间隙）、齿轮啮合间隙、轴与轴承间隙增大，限压阀的密封性下降，导致泵油压力和泵油量降低。

#### 1. 不解体检验

在发动机修理过程中，一般不要轻易拆检机油泵，应首先用以下方法做不解体检验。

1）在试验台上检测机油泵的压力和流量。若压力和流量都正常，且无异响、渗漏等，机油泵可继续使用。

2）经验方法检验。用手拿着主动轴，并在径向、轴向推拉、晃动，如不松旷，表明磨损不严重。然后将其浸入清洁机油中，用手按工作时的转向转动机油泵主动轴，机油应从出油口流出。若用手堵住出油口，继续转动机油泵，手指会有压力感，且转动主动轴的阻力明显增大，直至转不动，则表明机油泵技术状况良好，可继续使用，否则应拆检修理或更换总成。

**2. 机油泵的拆检修理**

(1) 泵壳的检修 泵壳出现破裂时应焊修或更换。

(2) 泵盖与齿轮端面间隙检修 机油泵解体后，使齿轮或转子抵靠在泵体底部，将平直尺直边贴放在泵体端面上，用塞尺测量齿轮或转子端面与泵盖端面的间隙；在不解体时，可测泵轴的轴向移动量获得此间隙。端面间隙标准值是0.05~0.15mm，若端面间隙不符合标准，应通过增减泵盖与泵体之间的垫片进行调整或更换总成。

(3) 齿顶间隙和啮合间隙的检修 将塞尺插入齿轮或外转子背面与泵体之间的缝隙进行测量。此间隙标准值一般为0.03~0.06mm，使用极限一般为0.20~0.30mm。

用塞尺在互成120°的三点测量啮合间隙，三点间隙相差不应超过0.1mm。啮合间隙标准值一般为0.05mm，使用极限一般为0.20mm。若齿侧磨损不严重，可将齿轮转面使用。对转子式机油泵，应检查内、外转子的齿顶间隙，使用极限一般为0.25mm。

齿顶间隙和啮合间隙超过限度时，一般应更换齿轮副或转子副或总成，不再修复。

(4) 泵轴与轴承的检修 用百分表检查机油泵轴与轴承的间隙，此间隙的限值为0.15mm，超限时可换新轴套修复。若从动轴有明显的单面磨损，可将其压出，将磨损面调转180°后再装入继续使用；检查主动轴端隙（轴向间隙）时，可用塞尺测量传动齿轮与泵壳尾端的间隙，限值为0.15mm。若超限，可在泵壳尾端焊修或加垫片。

可用百分表检查泵轴的弯曲变形情况，当指针摆差超过0.06mm时，应进行校直。

(5) 限压阀的检修 检查限压阀，若弹簧折断或弹力减弱、钢球不圆或麻点过多，均应更换。若有杂质夹卡，则予以清除。

(6) 机油泵性能试验及压力调整 对检修装复完毕的机油泵，应按前述试验台试验法和经验法进行试验。若油压不符合标准，可以通过增减限压阀螺塞下面的调整垫片或增减限压阀弹簧座处的垫片来调整。

### 9.4.3 机油滤清器的检修

**1. 机油集滤器的检修**

机油集滤器常见的损伤是油管和滤网堵塞。可用柴油或煤油清洗后，再用压缩空气吹干。浮式机油集滤器的浮子如果破损，可进行焊修或更换。

**2. 机油粗滤器的检修**

1) 对可拆式的机油粗滤器，每次更换新机油时，同时用煤油清洗机油粗滤器各零件。清洗滤芯时，只要将其放入煤油池内转动，或用毛刷刷洗即可。密封垫圈若有老化、破损，应予以更换。

2) 更换滤芯时，应同时清洗其他零件，并更换易损的密封垫圈。

3) 将机油滤清器向气缸体上安装时，应先把机油滤清器内充满机油，并仔细观察其与气缸平面接合处是否平整无损、清洁，密封圈是否完好，并在密封圈上涂上干净的机油，最后将固定螺栓拧紧。

注意，为避免旁通阀开启压力发生变化，一般情况下不得拆卸和调整旁通阀。必要时旁通阀的开启压力应在试验台上调整。

**3. 机油细滤器的检修**

可拆式纸质滤芯式机油细滤器的检修方法与机油粗滤器相同。

离心式机油细滤器的常见故障有机件磨损、密封垫损坏、喷油孔堵塞、转子停转、轴承松旷等。

清洗转子罩内壁沉积物和转子。若喷嘴孔被脏物堵塞，应用压缩空气吹通，切忌用金属丝疏通，以免刮伤喷嘴孔。

密封圈若老化变硬、变形、损坏，应更换新件。

当转子轴与轴孔的配合间隙超过 0.15mm，与轴承的配合间隙大于 0.10mm 时，可对转子轴进行镀铬修复或更换轴承。

旁通阀、进油阀等的磨损，可用细研磨剂对阀座进行研磨，并更换钢球。若阀座磨痕较深，可先铣座口，后研磨，再换用加大钢球。若弹簧弹力降低、扭转或折断，则应更换新弹簧。

装配离心式机油细滤器时，应注意以下几个方面：为了不破坏转子总成的平衡，应注意将转子体与转子盖之间的装配记号对准；转子总成上端与压紧弹簧之间有一个支撑垫圈，其光面应对着转子，如漏装、反装，都会使转子不能转动；转子座下面的推力球轴承的座圈要放好，不可丢失；转子上部的压紧螺母拧紧力矩不得超过 29~49N·m，若拧得过紧，将影响转子的正常工作。

维修后的机油细滤器各项性能指标应在专用的试验台上进行试验，试验技术数据应符合原厂家的规定。

就车检验离心式机油细滤器工作是否正常也是一个行之有效的方法。当发动机的机油压力高于 0.1MPa（油压较低时机油不能进入机油细滤器）时，运转 10s 以上，然后立即熄火，在熄火后的 2~3min 内，若在发动机旁边听到机油细滤器转子转动的“嗡嗡”声，则说明机油细滤器工作正常。若响声持续时间太短（如不到 1min），则重新检修，必要时更换新件。

## 9.5　润滑系统常见故障诊断

润滑系统的主要故障是机油压力过高或过低、机油消耗过快及油位异常。

### 9.5.1　机油消耗过多

发动机运转时，机油可能从两个方面被消耗掉，即外部泄漏和内部烧机油。

**1. 外部泄漏**

诊断机油消耗过多故障时，应首先从检查外部是否有泄漏开始。可能发生外部泄漏的部位有油底壳、气缸盖、正时机构盖、气缸盖罩密封衬垫、曲轴及凸轮轴前后油封、油管及机油滤清器接头、机油泵衬垫等。常见的原因是机油滤清器安装不到位，油底壳放油螺塞松动、主油道油塞松动等。机油泄漏往往伴随着机油压力降低。

**2. 烧机油严重**

当烧机油严重时，通常伴随着排气管冒蓝烟，排气管内壁也会出现油斑或油层。机油可能进入燃烧室燃烧的路径有三个，即活塞环向上泵油、气门与气门导管间隙向下渗油、曲轴箱通风系统堵塞返油。

首先，检查最容易操作的曲轴箱通风系统是否堵塞。若 PCV 阀堵塞或卡死在关闭位置，曲轴箱内压力升高，大量窜气携带着曲轴箱内的油雾经过空气引入管和PCV滤清器流向空气滤清器，再进入进气歧管。空气滤清器有蒸气流出，PCV滤清器、空气滤清器、软管沾上机油等，常作为判断曲轴箱通风系统是否堵塞的依据。

其次，检查气门与气门导管间隙是否磨损过大或气门油封是否破损（详见4.4.3节）。若气门头部与气门杆圆弧过渡处有过量积炭，说明进气门油封损坏或气门导管磨损严重，则需更换气门油封或气门导管；若起动时排气管冒蓝烟，而随着发动机温度的升高蓝烟减轻或消失，往往是排气门与气门导管间隙太大所致；对没定期更换机油的发动机，油泥堵塞气缸盖内的回油孔，机油滞留在气门罩区域，冲刷气门导管，也是原因之一。

机油消耗过快最常见的原因是活塞环泵油严重。若排气管冒蓝烟，机油加注口也冒蓝烟或脉动冒烟，则多为活塞环泵油严重所致。这可能源于活塞及活塞环与缸壁磨损严重，或活塞环间隙不正常、活塞环卡死，甚至是活塞环安装方向颠倒、油环槽回油孔堵塞等。

实际工作中，维修技术人员常常利用机油在气缸与活塞间的密封作用（从火花塞孔向气缸内喷入机油），结合检查气缸压缩压力，判断烧机油是因活塞环泵油“上窜”入燃烧室还是经气门导管间隙“下流”入燃烧室所致。

观察火花塞黏附油污或积炭情况也是判断是否烧机油的方法。火花塞黏附油污或积炭，往往是烧机油所致。若火花塞只有一侧有油污，说明进气门油封破损或导管与气门杆磨损严重，导致进气门导管间隙过大。

个别情况下，机油消耗过快可能是维修过程中的疏忽造成的。如气缸体、气缸盖接合面清洁不彻底，甚至在缸体、缸盖、缸垫之间夹入了棉纱或手套残线。

### 9.5.2　机油压力过高

**1. 特征**

在发动机运转过程中，机油压力突然增高；机油压力增高后，又突然过低；甚至主油道油塞被冲开、机油滤清器胀裂等。

**2. 原因及诊断**

1）先检查机油黏度是否过大。抽出机油标尺，用手摸尺上的机油，若过厚，则说明机油黏度过大。

2）用新的机油压力表和传感器与旧机油压力表和旧传感器做对比试验，以检查机油压力表是否失准或传感器是否失效。

3）检查限压阀是否卡死在关闭位置或弹簧预紧力是否太大。

4）拆检机油滤清器，检查机油滤清器滤芯是否堵塞且旁通阀是否开启困难。

5）检查气缸体主油道是否堵塞。

6）检查新装发动机曲轴轴承、连杆轴承间隙是否过小。

### 9.5.3　机油压力过低

**1. 特征**

发动机起动后，机油压力迅速下降或怠速时无法建立油压；发动机运行过程中机油压力过低。

**2. 原因及诊断**

1）先查看机油标尺，检查机油量是否不足和机油黏度是否太低。

2）检查是否有机油泄漏。

3）检查机油滤清器旁通阀是否不能关闭或弹簧是否过软。

4）检查机油泵工作是否失常，泵油是否不足。

5）检查限压阀是否卡死在开启位置，弹簧是否过软、折断，是否漏装弹簧或钢球等。

6）检查机油压力表是否失准或传感器是否失效。

7）解体检查曲轴轴承、连杆轴承间隙是否过大。

### 9.5.4　油位升高

正常情况下，发动机工作过程中因存在活塞环泵油和润滑气门杆与气门导管的机油渗流入气缸的现象，机油总是有一定量的减少。若油底壳内油位升高，可能的原因有以下两个。

1）汽油进入油底壳。表现为机油压力近期不断降低，且机油似乎变稀了。可通过闻气味辨别。

2）冷却液进入油底壳，机油呈混浊乳白色。这主要源于气缸垫损坏或气缸体有裂纹。

水和汽油的混入，往往掩盖机油短缺的现象和产生机油消耗过快的假象。尤其是冬季城市里行驶，经常起动、停车，虽有机油消耗，但由于水和汽油的稀释，使机油仍保持一定的油平面。若随后高速行驶一定距离后，水和汽油蒸发，油位有了较多降低，会误以为机油消耗过快。

## 本章小结

润滑系统的主要作用是将机油送到各运动零件表面，减小摩擦、磨损，同时起到冷却、密封、清洁、防锈、缓冲等作用。汽车发动机采用压力润滑、飞溅润滑和润滑脂润滑相组合的润滑方式。典型的润滑系统包括油底壳、机油泵、机油滤清器、机油冷却器、主油道、机油压力表、机油温度表、限压阀、旁通阀等零部件。

油底壳用以储集机油，并具有冷却机油的作用。机油泵有齿轮式和转子式两类，泵送机油至各摩擦表面。机油泵出油口侧设有限压阀，以防止高速下油压过高。机油在被滤清前进入机油泵，杂质可能会导致其早期磨损、卡死等。维修中应检查机油泵的端面间隙、齿顶间隙、齿轮啮合间隙、轴与轴承间隙等，以确定其磨损情况，视具体情况修理。

离开机油泵的机油全部经过机油粗滤器，以滤除各种杂质。机油粗滤器内设有旁通阀，以保证滤芯堵塞时机油到达摩擦表面。应按规定定期清洗或更换滤芯，并同时清洗其他零件，更换易损的垫圈。重新装上机油滤清器时，勿忘先把机油滤清器内充满机油，切勿漏装密封垫。

注意机油压力的变化，它是判断发动机润滑系统技术状况好坏的主要依据。使用中要定期清洗油道，按规定的牌号更换机油，清洗或更换滤芯或更换机油滤清器总成，检查各连接部位是否可靠等。机油泵出现工作异常时，应检查是由泵壳破裂引起，还是由主动轴与轴孔磨损和变形、齿轮磨损、泵盖的磨损和变形等引起的配合间隙变化，修理后要进行性能检验。

汽车在经常起动和停车的情况下运行，很容易形成油泥。曲轴箱强制通风既可减缓油泥的形成和机油变质，又能达到节能、环保的目的。必须定期地对曲轴箱强制通风系统进行检查，清洗或更换PCV阀等。

机油消耗过快，主要是由于外部泄漏和烧机油。活塞、气缸磨损严重，气门与气门导管磨损严重，以及气门油封破损导致的窜机油是机油进入燃烧室燃烧的主要原因。

## 【复习思考题】

1. 润滑系统有何作用？
2. 车用发动机有哪几种润滑方式？分别列举各种润滑方式所润滑的主要零件。
3. 简述机油流动路线。
4. 说明润滑系统主要零部件及各自的作用。
5. 机油泵有哪几种？如何对其进行检验？
6. 润滑系统中为何要设置限压阀？
7. 机油滤清器中为何要设旁通阀？旁通阀堵塞有何危害？
8. 如何就车检验离心式机油细滤器工作状况的好还？
9. 何为曲轴箱强制通风？有何作用？
10. 油泥是如何形成的？
11. 发动机长期在冷态下工作会加剧零部件磨损吗？为什么？
12. 发动机冷起动后为何要进行适当的暖机？
13. PCV阀堵塞后有何危害？如何检查PCV阀？
14. 如果润滑系统密封良好，那么机油消耗过快的原因有哪些？
15. 如果不拆解发动机，如何判断烧机油严重是由气缸间隙过大所致？
16. 润滑系统可能泄漏的部位有哪些？
17. 曲轴轴承、连杆轴承间隙的大小对机油压力有何影响？
18. 简要说明可能导致机油压力过高的主要原因。
19. 简要说明可能导致机油压力过低的主要原因。
20. 引起机油油位升高的主要原因有哪些？

# 第10章

# 发动机的装配、磨合及验收

【学习目标】

1. 理解发动机装配的工艺和技术要求。
2. 理解发动机磨合规范和注意事项。
3. 理解发动机大修竣工验收标准。

发动机装配、磨合是发动机修理的最后一道工序，它是按照一定的工艺和技术要求，将各零部件及总成装配成完整的发动机总成，并进行磨合的工作过程。发动机的装配、磨合质量，将直接影响发动机修理质量及其工作状况。该过程的好坏对大修发动机使用寿命的影响约占40%。大修后必须按照发动机总成修理竣工技术条件进行验收。

## 10.1 发动机装配的基本要求

### 10.1.1 发动机装配前的准备

1）发动机的装配场地应该清洁、防尘，且室温较为稳定。

2）所有准备装配的零部件及总成必须经过检验和试验。

3）不能互换的零件（如气门、活塞组件、连杆组件、轴承盖等）和有安装方向或定位要求的零件（如活塞组件、气缸垫、连杆组件、轴承盖、正时机构等），需做好装配标记，以防装错。

4）清洁、清点全部待装零件，分类摆放整齐。

5）紧固锁止件、易损零件应全部换新，如开口销、自锁螺母、弹簧垫圈、气缸垫及其他衬垫等（不含螺栓、螺母）。

6）清洁气缸体及机油道，安装缸盖螺栓的盲螺孔中不得积存污物，以免旋入缸盖螺栓时挤压积液，使螺孔周围的缸体平面向上凸起或开裂。

7）在零件的配合表面和摩擦表面（如轴颈与轴承、活塞组、齿轮、凸轮、螺纹、摇臂头部等）上涂抹机油，做好润滑。

### 10.1.2　发动机装配中需注意的事项

1）备齐装配中所用的工具、量具，并需质量合格，装配中尽量使用专用器具。

2）作业中不得直接用锤子击打零部件，必要时应垫上铜棒等。

3）应确保各密封部位密封良好，防止漏水、漏油、漏气、漏电，对重要密封部位应涂密封胶。安装橡胶自紧油封时，需在外圆和唇口涂上机油，然后用压具压入油封承孔中。装配时，油封不得歪斜，应防止唇口损坏，弹簧出槽。

4）各部位的紧固螺栓、螺母应按规定紧固力矩、拧紧次序和方法拧紧。尤其在拧紧气缸盖螺栓、螺母，轴承盖、飞轮固定螺检，以及进、排气歧管螺栓时应特别注意。若螺栓有裂纹或变形，应立即更换。

5）注意有方位要求和无互换性配合零件上的安装标识或结构特征。

6）严格按照装配工艺进行发动机的装配作业，各部位的配合应符合技术要求。

7）装配中要做到工件不落地，工具、量具不落地，油渍不落地，并使工作台、工件盘、工具、量具保持清洁。

## 10.2　发动机的装配与调整

由于发动机结构特点、作业技术装备条件的差异，装配工序不完全一样，这里仅就一般发动机装配工序进行介绍。

#### 1. 安装曲轴

1）将缸体倒放在工作台上或拆装架上，用压缩空气再进行一次清洁，疏通机油道，把主油道堵头螺塞涂漆并拧紧。

2）检查和安装各道主轴瓦和止推片，并在轴瓦表面上涂上干净的机油（注意，机油不要抹在轴瓦背面，以免影响散热）。当上、下瓦片不通用时，切勿装错，应将带有油孔和油槽的一片装在气缸体瓦座上，并使两者的油孔对准，以免油眼被堵而破坏润滑。同时，确保轴承定位凸缘或定位销与轴承孔中相应的槽、孔对正，防止紧固轴承盖时造成轴承损坏、曲轴不能转动。

若止推片安装在第一道主轴颈上，则在安装曲轴之前，应先将正时齿轮和两片止推片装在轴颈上，并注意止推片的安装位置和方向要正确。再将正时齿轮压装入曲轴前端，以防止敲击正时齿轮损坏推力轴承的止推面。如果曲轴已经装到气缸体上，将齿轮加热后就容易安装了。

3）将曲轴的各主轴颈擦拭干净，轻抬、慢放，平稳地装入气缸体主轴瓦中。此时应仔细调整好曲轴止推片与瓦座的对应位置。

4）按标号装上主轴承盖，按规定力矩和次序拧紧轴承盖螺栓。每拧紧一道主轴承，转动曲轴 1~2 圈，如有阻滞现象，应及时查明原因并予以排除。待全部轴承上紧后，用手扳动曲柄臂或飞轮，应能无阻滞地转动。

5）曲轴装好后，检查其轴向间隙，若符合技术要求，则用钢丝将螺栓锁止。若不符合规定，则应重新调整。

6）安装油封。注意其松紧度应适中，切忌过松过紧，圆周各方向接触紧密且不应发生偏心。

### 2. 安装（下置）凸轮轴

1）在安装凸轮轴之前，先装好挺柱，并将正时齿轮、隔圈、止推凸缘装在凸轮轴上。

2）将凸轮轴涂上机油。

3）把凸轮轴平稳地装入轴承孔内，将凸轮轴正时齿轮与曲轴正时齿轮按记号对正，然后拧紧止推凸缘的固定螺栓。检查凸缘与隔圈的厚度差，即凸轮轴轴向间隙，是否应符合要求。

4）检查正时齿轮啮合间隙。检查时，用塞尺在齿轮圆周方向相隔 120°的三点进行测量，各点间隙差应不大于 0.10mm。

### 3. 安装活塞连杆组

（1）检查活塞是否偏缸　把气缸体侧放，将不装活塞环的活塞连杆组按装配记号穿过气缸装在曲轴上，并按规定力矩拧紧各道连杆轴承盖螺栓。转动曲轴，用塞尺检查活塞在上、下止点及行程中部三个位置时，活塞头部前、后方与气缸的间隙应不大于 0.10mm，否则为活塞偏缸。

检查活塞销座端面与连杆小头之间的间隙，不应小于 1mm，若小于 1mm，多为气缸中心线偏移所致。

发现活塞偏缸时，必须查明原因，予以消除，以免由此导致异常磨损、拉缸、密封性差。引起活塞偏缸的原因有：

1）活塞销座孔或衬套铰偏、连杆弯曲、曲轴轴向位移、气缸镗偏等引起的偏缸，使活塞在气缸中运动时始终偏向一个方向。

2）连杆扭曲或连杆轴颈和主轴颈在切向的平行度误差过大引起的偏缸，使活塞在气缸中部偏缸最大。

3）气缸轴线垂直度误差过大或曲轴轴颈与连杆轴颈在法向的平行度误差过大、曲轴连杆轴颈圆度误差过大引起的偏缸，使活塞在上止点或下止点改变偏斜方向。

（2）安装活塞环　检查无偏缸后，拆下活塞连杆，将活塞环装入环槽内。此时，应注意活塞环的断面形状、安装方向和顺序，并使各活塞环开口相互错开，详见 3.4 节。

（3）将活塞连杆组装入气缸　组装活塞连杆组时，在配合面上涂以机油。注意缸序及活塞顶部、连杆杆身、连杆盖上的安装方向标志，不得错装。

1）先在每个连杆螺栓上套上一小段软管，防止其刮伤气缸壁和曲柄销。

2）装入活塞连杆组。安装活塞连杆组时，一般应由两人配合作业。一人在气缸体的上端将活塞连杆组的安装方向对正后，装入配对的气缸中，摆正活塞环的开口位置后，用一只手将专用活塞环箍压紧在活塞环上，另一只手用锤子木柄端部轻击活塞顶部，若活塞向气缸内移动而不感到卡滞，则说明环未卡在缸沿上，直到活塞顶与缸沿平齐。与此同时，另一人在气缸下端配合作业，当连杆大头露出气缸下端后，用手托住使其对准处于下止点位置的连杆轴颈，继续轻击活塞顶，直至连杆轴瓦与连杆轴颈贴合。

3）从连杆螺栓上取下软管套，扣上连杆盖，并确认连杆盖上的安装标记与连杆上的一致且朝向正确。每个连杆和连杆盖上的标记应在同一侧。

4）用塞尺测连杆大头轴向间隙，或用手前后晃动连杆大端，应有极轻微的移动。

5）按规定力矩拧紧连杆螺栓。

6）检查安装好的活塞连杆组。每装好一道活塞连杆后，转动曲轴时应无阻滞现象，否则应认真查找原因，无阻止现象后方可继续安装；在所有活塞连杆组安装好后，用扭力扳手检查曲轴转动的阻力矩是否小于标准值，同时检查各缸活塞顶面在上止点位置时是否低于气缸体上平面（一般汽油机的活塞顶距缸体上平面不低于0.20mm，并且不高于0.05mm）。

另外，螺栓和螺母有锁止要求的应全部锁止。

**4. 安装正时齿轮室盖及曲轴带轮**

按正时记号装齐全部正时齿轮和传动齿轮后，将已装好油封的正时齿轮室盖装上，装好曲轴带轮，再均匀对称地将正时齿轮室盖螺栓拧紧。对于链传动或同步带传动，应在装好曲轴和凸轮轴的正时链轮或同步带轮并对准正时记号后，再安装链条或同步带及其张紧装置。

**5. 安装集滤器、机油泵和油底壳**

安装机油泵前，要先将机油泵腔填满机油，以免运转初始阶段出现干摩擦。要保证机油泵位置对正，特别注意机油泵传动轴端的槽口方向。确保机油集滤器安装适当。安装油底壳时，应认真装好密封垫，涂上少量密封胶（不要太多，以免漏入油底壳堵塞机油集滤器），按标准力矩均匀拧紧油底壳联接螺钉。

**6. 安装气门组和气缸盖**

1）将气门油封压装入气门导管上，注意油封一定要到位。

2）装好气门弹簧和弹簧座后，将气门杆涂上机油，按顺序记号分别装入气门导管。注意气门应对号安装，气门弹簧是不等距弹簧时，螺距大的一端应朝向弹簧座。

3）用气门弹簧装卸钳压紧弹簧，装入锁销或锁夹。

4）安装气缸盖时，先将气缸盖螺栓旋进到气缸体内的螺纹孔底，然后放好稍涂机油的气缸垫，注意其安装方向，使气缸垫和气缸体上的孔全部对齐。

5）平稳地装上气缸盖，装好弹簧垫圈，按要求的次序和力矩拧紧气缸盖螺栓。

6）安装挺柱、推杆、摇臂组零件。

**7. 顶置凸轮轴安装**

对挺柱直接驱动式凸轮轴，应先将传动件——挺柱装入，再装凸轮轴；对摇臂驱动式顶置凸轮轴，应先装凸轮轴，再装摇臂组。

装好凸轮轴后，将凸轮轴正时齿轮或正时链轮或正时带轮与曲轴正时齿轮或正时链轮或正时带轮按正时标记置于正确位置，装入正时链条或同步带，然后安装张紧轮及导链罩。

**8. 安装飞轮、飞轮壳、离合器**

装飞轮壳之前，应拧紧主油道堵头螺钉，检视定位销有无磨损。安装时应对孔装入，用专用仪具检查离合器后端轴承孔与曲轴中心线的同心度偏差。其值在0.125~0.200mm范围内时，可移动飞轮壳进行调整，直到误差小于0.125mm。当误差较大时，可用镶套法修理。按规定的力矩拧紧固定螺栓。

安装离合器时，先将飞轮、离合器压盘、中间压盘（双片式）工作面及离合器从动盘摩擦片擦拭干净。以变速器第一轴为导杆，套上从动盘、中间压盘和离合器盖及压盘总成。然后均匀地拧紧螺栓，将离合器盖对准安装记号固定在飞轮上，最后将变速器第一轴抽出。

**9. 其他**

1）调整气门间隙，安装气门室罩。

2）安装分电器传动轴、分电器、高压线、火花塞等，调整点火系统。

3）安装柴油机的喷油泵并调整喷油正时。

4）装上衬垫，安装进、排气歧管，按规定力矩拧紧固定螺栓。

5）安装水泵、节温器、风扇、冷却液温度传感器等。

6）安装细机油滤器、机油粗滤器、发电机、空气压缩机、风扇传动带、曲轴箱通风装置、起动机等附件，并调整风扇传动带的张紧度。

7）将发动机总成固定于试验台架上，加注机油、冷却液，并进行最后的全面测试。

## 10.3　发动机的磨合

### 10.3.1　概述

大修的发动机装配后必须在磨合台架上进行磨合，以提高配合零件的表面质量，减少初级阶段的磨损量，延长发动机的使用寿命，检查和消除修理、装配中的某些缺陷。

磨合要分三个阶段进行，即冷磨合、无负荷热磨合和有负荷热磨合。冷磨合是依靠外部动力带动发动机运转所进行的磨合。热磨合是发动机自行运转的磨合。

影响发动机磨合质量的重要因素是各阶段磨合转速、磨合载荷及磨合时间。不同的发动机，通过合理选择各磨合阶段转速、载荷及时间，可达到高质量快速磨合的目的。

大修的发动机，在磨合工序完成后还要测定发动机的最大功率、最大转矩和最低燃油消耗率，以鉴定发动机大修后的性能是否达到标准。

发动机装车出厂后，还要经过一段“汽车走合”期，才能投入正常工作。

### 10.3.2　冷磨合规范

冷磨合时，将发动机固定在冷磨合台架上，与可改变转速的动力装置（拖动装置）相连接。发动机冷磨合规范见表 10-1。

1）冷磨合应选用低黏度的机油，且需加足。若机油较浓，可加入 15%的煤油或轻柴油。

2）冷磨合转速。发动机冷磨合起始转速一般为 400～600r/min（额定转速的 20%～25%），然后以 200～400 r/min 的级差，分四级逐级增加转速，终止转速为 1200～1400r/min（额定转速的 40%～55%）。若冷磨起始转速过高，则摩擦副温度过高，将加剧磨合时的磨损；若起始转速过低，则将导致机油供给不足，同样加大磨合时的磨损量。

**表 10-1　发动机冷磨合规范**

| 发动额定转速/(r/min) | 磨合转速/(r/min) | 时间/min | 总时间/h |
|---|---|---|---|
| ≤3200 | 400～600 | 30 | 2 |
| | 600～800 | 30 | |
| | 800～1000 | 30 | |
| | 1000～1200 | 30 | |
| >3200 | 700 | 30 | 2 |
| | 900 | 30 | |
| | 1200 | 30 | |
| | 1400 | 30 | |

3）传统上，冷磨合时，侧置气门式发动机不装气缸盖，顶置气门式发动机装气缸盖而不装火花塞或喷油器（柴油机），单靠活塞连杆组产生的载荷磨合，时间长，效率低。而实践证明，装好气缸盖，堵死火花塞（或喷油器）孔，借助气缸的压缩压力增加冷磨载荷是极为有益的。

4）装上冷却系统、燃油系统等部分附件。冷却液一般不循环（拆除水泵传动带），冷却液温度控制在70℃左右。若冷却液温度达到90℃，应及时使用风扇冷却。

5）磨合时间可根据发动机零件表面质量、装配情况、磨合载荷等制定。一般每级转速下磨合30min，总时间1.5~2h。

6）整个冷磨过程中，都要注意观察机油压力表所示压力是否正常及各机件工作情况是否良好，若发现不正常现象或有异响，应立即停机，待检查排除后再进行磨合。

7）冷磨后，应将发动机再分解，检查主要摩擦副，如活塞、活塞环与气缸壁、各轴颈与轴承的磨合情况是否正常。若发现这些主要机件有缺陷，需重新更换、修磨，装复后应重新进行冷磨。

8）冷磨后的发动机应重新调整气门间隙，更换机油和机油细滤器滤芯，按规定标准全部清洗、装复后，准备进行热磨合。

### 10.3.3 热磨合规范

发动机冷磨合后，装上全部附件在磨合台架上进行热磨合试验。它是在冷磨合的基础上，使零件表面载荷再增加一些的进一步磨合。在磨合过程中进行发动机油、电、水路等的必要检查和调整，发现、排除发动机的故障，检查发动机是否达到了应有的性能，以保证发动机正常使用。

1）发动机冷却液温度应保持在75~85℃之间。

2）无负荷热磨合，空载下以规定的转速1200~1400r/min（额定转速的40%~55%）运转1h。

3）有负荷热磨合

① 磨合转速与载荷。起始转速为1200~1400r/min（额定转速的40%~55%），分四级调速逐渐增加转速，终了转速一般取额定转速的80%；起始加载取额定功率的20%，分四级加载，磨合终了前的载荷取额定功率的80%，应与四级调速相组合。

② 磨合时间。磨合时间的确定，多以每级磨合中的转速变化或机油温度来判断。当每级载荷不变时，随磨合时间的延续、零件工作表面质量的改善、摩擦损失的减小，发动机转速会有明显的升高，表明这一级磨合已达到了磨合要求，可以转入高一级转速、负载的磨合。也可用机油的温度变化评价每级磨合时间，当机油温度从升温转入温度稳定状态，此时就可以转入高一级磨合。总磨合时间为2~2.5h。

4）热磨合时用稀薄的车用机油。

5）在热磨合过程中检查下述各项内容，必要时进行调整：

① 注意观察有无漏油、漏水、漏气、漏电的现象。

② 查看电流表、机油压力表和冷却液温度表的读数是否正常。

③ 调整点火装置和燃油系统的工作。怠速应稳定在规定的转速范围内，各种转速下运转均应平稳。

④ 检查各缸工作是否良好，测听发动机内是否有不正常的响声。

⑤ 测量气缸压力是否正常。

6）热磨后的拆检项目：

① 检查活塞组与缸壁是否磨合正常，有无拉缸现象。

② 检查各螺母、螺栓的锁止情况。

③ 拆下主轴轴承盖和连杆轴承盖各一只，检查轴承、轴颈的磨合情况。

④ 重新调整气门间隙。

⑤ 更换机油和机油细滤器滤芯。

⑥ 加装限速装置。

在拆检中如发现缺陷，应修复。若重新更换曲轴轴承、活塞、活塞环、活塞销，或修磨气缸、活塞等，应再次进行冷磨合、热磨合。

热磨合试验后，气缸盖螺栓应按规定力矩再拧紧一次。铸铁气缸盖在发动机温度正常时拧紧，铝合金气缸盖则在发动机冷却后拧紧。

## 10.4　发动机大修竣工验收标准

大修的发动机经装合、冷磨与热磨后，在测功机上测出发动机外特性和负荷特性，且在热状态下（冷却液温度为 75~85℃时）进行竣工验收。合格的发动机应完全满足下列条件：

1）装备齐全，无漏水、漏油、漏气、漏电现象。

2）气缸压力应符合各种发动机的规定要求。各缸压力与平均压力值差：汽油机不超过 5%，柴油机不超过 8%。

3）机油压力应符合各种机型的规定要求。加注的机油量、牌号以及润滑脂符合原厂规定。

4）怠速时，以海平面为准，进气歧管真空度应为 57~70kPa。其波动范围：六缸发动机不超过 3.5kPa，四缸发动机不超过 5kPa。

5）怠速运转均匀稳定，怠速符合原厂要求。转速波动不大于 50r/min。

6）起动性能：热起动时，发动机在正常工作温度下，5s 内能起动；冷起动时，柴油机在 5℃，汽油机在-5℃环境下，起动顺利，允许连续起动不多于 3 次，每次起动不多于 5s。

7）发动机在各种转速下均应运转均匀，无断火或过热现象，改变转速时应过渡圆滑。

8）发动机突然加速或减速时，不得有突爆声，不得有断火、回火、放炮现象。

9）发动机排放应符合规定。

10）发动机在正常工况下，不允许有异响，如活塞、活塞环和活塞销的金属敲击声，曲轴或连杆轴承的碰撞声响，正时齿轮、机油泵齿轮和气门脚等处的显著声响，气缸衬垫漏气声音等。允许有轻微而均匀的正时齿轮、机油泵齿轮和气门脚的响声。

11）发动机最大功率和最大转矩不应低于原厂规定的 90%，最低燃油消耗率不得高于原厂规定值。

12）柴油机停机装置灵活有效。

发动机验收后的使用初期，应限制最大输出功率，需加装限速片或对限速装置做相应调整，并加封铅。

# 本章小结

发动机装配是按照一定的工艺和技术要求，将各零部件及总成装配成完整的发动机总成的过程。装配前必须认真清洗、清点各零部件及总成并放好，装配中要严格按要求的装配工艺进行，确保各连接、密封、配合处达到技术要求，发动机工作可靠、耐久。

发动机装合后，必须进行磨合。磨合分冷磨合、无负荷热磨合和有负荷热磨合三个阶段。冷磨合是依靠外部动力带动发动机运转所进行的磨合。热磨合是发动机自行运转的磨合。磨合要按合理的磨合转速、磨合载荷及磨合时间等规范进行，并注意各阶段和结束后检查、调整各系统、零部件的工作状况，若发现问题，则排除后再磨合。

磨合后的发动机，要在试验台上测出发动机功率特性、转矩特性和负荷特性，并在热状态下进行竣工验收。各项指标均应达到相应的规定，以保证发动机各项性能指标满足要求。

## 【复习思考题】

1. 分别叙述发动机装配对场所和待装零部件的要求。
2. 简述发动机装配中的注意事项。
3. 简述发动机装配工艺。
4. 简述发动机磨合的目的。
5. 发动机装合后需进行哪几个阶段的磨合？
6. 发动机冷磨合时有哪些规范和注意事项？
7. 简述发动机有负荷热磨合规范。发动机热磨合后应做哪些检查、调整和拆检？
8. 发动机大修竣工验收标准对气缸压力、进气歧管真空度、起动性能、最大功率和最大转矩有哪些要求？

# 参考文献


[1] 于增信. 汽车发动机构造与维修 [M]. 北京：中央广播电视大学出版社，2017.

[2] 于增信，孙莉. 汽车发动机原理 [M]. 北京：机械工业出版社，2020.

[3] 史文库，姚伟民. 汽车构造：上册. [M]. 6版. 北京：人民交通出版社，2013.

[4] 关文达. 汽车构造 [M]. 4版. 北京：人民交通出版社，2016.

[5] 卢若珊. 汽车发动机构造与检修 [M]. 北京：国防工业出版社，2006.

[6] 杨承明. 汽车发动机构造与维修 [M]. 杭州：浙江科学技术出版社，2006.

[7] 葛蕴珊. 汽车发动机原理与构造 [M]. 北京：中国劳动社会保障出版社，2001.

[8] 斋藤孟. 汽车柴油发动机 [M]. 张荣禧，译. 北京：人民交通出版社，1986.

[9] 王建昕，帅石金. 汽车发动机原理 [M]. 北京：清华大学出版社，2011.

[10] ERJAVEC. 汽车发动机及其诊断维修 [M]. 司利增，等译. 北京：电子工业出版社，2006.

[11] 斯卡沃勒尔. 汽车构造与维修应用（发动机篇）[M]. 吴友生，孟怡平，等译. 北京：机械工业出版社，2004.

[12] 吉尔. 汽车发动机诊断与大修 [M]. 张葵葵，等译. 北京：机械工业出版社，2009.

[13] 舒华，姚国平. 汽车新技术 [M]. 北京：国防工业出版社，2008.

[14] 汤定国. 汽车发动机构造与维修 [M]. 北京：人民交通出版社，2004.

[15] GP企画センター. 汽车构造（发动机）[M]. 董铁有，译. 北京：人民交通出版社，2005.

[16] 细川武志. 汽车构造图册 [M]. 巍朗，译. 北京：人民交通出版社，2005.

[17] 林学东，王霆. 车用发动机电子控制技术 [M]. 北京：机械工业出版社，2010.

[18] 肖永清. 汽车故障检修技术 [M]. 北京：金盾出版社，2007.

[19] 武华，侯建生. 汽车发动机故障与维修使用全书 [M]. 北京：学苑出版社，1996.

[20] 董敬，庄志，常思勤. 汽车拖拉机发动机 [M]. 3版. 北京：机械工业出版社，2010.

[21] 常思勤. 汽车动力装置 [M]. 北京：机械工业出版社，2006.

[22] 刘仲国. 汽车维修中级工培训教材 [M]. 北京：机械工业出版社，2003.

[23] 刘仲国. 汽车维修高级工培训教材 [M]. 北京：机械工业出版社，2003.